콘스탄티누스 가문의
기독교적 입법정책
(313-361년)

콘스탄티누스 가문의

기독교적 입법정책
(313-361년)

콘스탄티누스 황제에서
콘스탄티우스 2세까지의 입법정책 연구

남성현 지음

콘스탄티누스

이 저서는 2008년 정부재원(교육인적자원부)으로 한국연구재단의 지원을 받아 수행된 연구이다(과제번호 NRF-2008-812-A00098).

서문

본서는 콘스탄티누스와 그의 아들들이 입법했던 칙법(勅法) 중에서 기독교적 정신과 직간접적으로 연관되어 있는 약 100여 개의 칙법을 총 14개의 주제로 구분하여 연구한 것이다. 본서는 피에르 조아누(Pierre Joannou)가 자신의 저서(*La Législation impériale*)에 선별해 놓은 칙법을 필자가 주제별로 분류한 뒤 보다 세밀한 연구를 보태는 방식으로 계획되었다.

1-2장은 노예, 죄수, 어린이 등 약자에 대한 배려를 규정하는 법으로 기독교적 사고에 강하게 영향 받은 칙법에 해당한다. 노예나 죄수는 로마사회에서 인간의 기본적인 권리조차 보장받을 수 없었던 사회적 약자에 속해 있었다. 콘스탄티누스는 인간이 하나님의 형상으로 지음받았다는 기독교적 신앙의 기초 하에 노예와 죄수에 대한 가혹한 법적 관행을 완화시켜 나갔다. 죄수의 얼굴에 낙인찍는 것을 금하고 대신 팔이나 다리에 찍도록 하였으며 살인 검투경기 역시 법적으로 중지할 것을 명했다. 검투경기는 로마시민을 위한 대중적인 오락으로 오랫동안 자리 잡았기 때문에 칙법의 공포만으로 이런 관행을 중지시키는 것이 쉽지 않았으나 칙법의 실효성과는 별개로 기독교적 정신 하에 입법되었다는 점을 강조할 필요가 있다. 특히 눈에 띄는 것은 어린이의 권리를 규정하는 일련의 칙법

이다. 신생아 전시 및 어린이 매매를 금지했고 부모가 노예가 된다 해도 노예부모의 미성년 자녀를 동시에 노예로 취할 수 없도록 규정하였다. 금전적 대가를 받고 자신의 아이를 판 경우 부모에게 다시 그 아이를 사올 수 있는 권리를 부여했고 어린이에게 상속의 권리를 인정했다. 빈민 가정의 어린이에게는 국가보조금을 지급하기도 하는 등 현대적 사회복지의 개념도 도입하였다. 로마 역사상 어린이에 대해서 가장 우호적인 법이 제정된 때가 콘스탄티누스 황제 시대일 것이다.

3장 가족법도 마찬가지의 방향에서 이해할 수 있다. 콘스탄티누스는 가족제도의 기초를 성서적으로 이해하여 신성한 결혼이라는 입장에서 일련의 가족 관계법을 제정하였다. 그리하여 신성한 가족의 테두리 밖에서 벌어진 일의 결과에 대해서는 법적 권리를 인정하지 않는 방향으로 나아갔다. 신생아들이 노예로 태어나는 것을 방지하기 위한 조처도 취했다. 신약성서 시대뿐 아니라 4세기에도 여전히 교회는 경제체제의 근간으로서 노예제를 인정하였다. 콘스탄티누스는 이러한 교회의 시대적 한계 속에서 가족문제에 접근한다는 점을 이해할 필요가 있다.

4-7장은 각각 감독법정, 교회의 노예해방, 교회와 성직자의 특권, 기독교 관련 일반 규정을 다룬다. 이런 방향의 칙법은 황제권에 의해 기독교가 제국의 중심적인 종교로 부상하고 있음을 보여주는 것이다. 감독법정 혹은 교회법정은 로마법 체계상 초유의 일로 일반법정에서 시작된 법정심리를 피고가 원하기만 한다면 교회법정으로 옮겨서 재판받을 수 있도록 하는 내용을 골자로 한다. 교회와 감독이 국가의 사법권의 일정부분을 감당하면서 국가기관화 된다는 점

에서 콘스탄티누스의 대(對)교회 정책의 의도를 파악할 수 있다. 물론 감독법정은 폐해가 많았던 만큼 재입법을 통해서 다듬어진다. 감독법정과 아울러 교회의 권한으로 노예를 해방할 수 있도록 하고, 성직자에게 세금과 부역을 면제해주는 등 교회와 성직자에 대한 특혜를 통해 국가가 교회에 밀착되는 과정을 파악할 수 있다. 4-7장은 이른바 기독교 제국의 서막이 형성되고 있음을 보여주는 분명한 법적 증거에 해당한다.

8장은 이교를 제한하는 일련의 법을 다루며, 향후 로마제국의 반(反) 이교정책을 예시한다. 마술이나 개인의 조점(兆占) 혹은 장복(臟卜) 금지 등 개인적 차원의 이교의식이 금지되지만 공적인 차원의 이교는 여전히 허용된다. 이교의 사적인 차원에 제한을 가하는 반(反) 이교법은 콘스탄티누스의 아들들 때에 가서는 공적 차원의 금지로 확대된다. 이교시대의 몰락은 이렇게 콘스탄티누스 가문을 통해서 예견된다. 이 시대의 반이교법은 향후 로마 종교정책의 방향을 설정한다는 측면에서 그 의의가 크다고 할 수 있다. 9장은 반(反) 유대인 법으로 기독교와 관련하여 유대인에게 가해지는 여러 가지 제재에 초점이 맞추어져 있다. 전통적으로 인정받았던 유대교는 콘스탄티누스의 시대에도 여전히 종교로서의 지위를 인정받는다. 그러나 기독교인들과의 관계에 대해서 현저하게 불리한 입장에 처하게 된다. 유대인이 기독교로 개종한 경우 유대교의 규정으로 처벌할 수 없도록 하고 유대인이 기독교인 노예에게 할례를 행하지 못하도록 기독교인 노예에 대한 권한을 축소한다.

10-13장은 사법, 조세 및 사면, 행정권 등의 기타 사항으로 되어 있다. 이와 관련된 법은 로마법의 전통과 기독교적인 정신이 공존하

는 차원에서 해석이 가능하다. 자유와 평등이 법의 엄중함보다 우선한다는 칙법의 규정은 법은 평등을 구현하는 기술이라는 전통적인 로마법적 개념의 연장선 속에서 이해할 수 있다. 중상모략, 익명의 투서 등을 금지하는 일련의 법도 이미 2세기부터 칙법을 통해서 확인되는 법적 전통이지만 기독교적 윤리와도 연결점을 갖고 있다. 10-13장에 분류하고자 하는 칙법은 콘스탄티누스적 개혁이 전통적인 로마법의 연장선 속에서 이해될 수 있는 부분도 갖고 있음을 보여준다. 14장은 묘 도굴을 금지하는 칙법으로 콘스탄티누스 가문의 입법 중에서 가장 전통적인 영역에 속하는 내용으로 되어 있다. 이런 일련의 연구를 통해 기독교 시대의 서막은 기독교적 정신의 법제화라는 측면 외에도, 상당부분 전통의 연장선상에서 시작된 것임을 알 수 있다.

콘스탄티누스의 아들들은 아버지 콘스탄티누스가 열어놓은 기독교 시대를 계승하는데, 가장 큰 증거는 무엇보다도 입법 활동이다. 아들들의 정책은 아버지의 기독교적 정책을 계승하는 차원도 있고, 일정 부분 콘스탄티누스적 사고의 범주를 뛰어넘어 보다 급진적인 개혁을 하는 측면도 있다. 콘스탄티누스의 직접적인 후계자들의 칙법은 별도로 묶어서 다루지 않고 각 장에서 다루는 주제의 후반부에 배치해 놓았다. 이를 통해서 콘스탄티누스와 후계자들의 정책을 보다 수월하게 비교할 수 있을 것이다. 감독법정, 성직자와 교회의 특권, 기독교 관련 일반 칙법 등에서 아들들은 콘스탄티누스 황제의 기독교 정책을 계승한다. 교회와 성직자에게 부여했던 특권은 유지되며 이를 거스르는 방향의 입법은 거의 발견되지 않는다. 콘스탄티누스의 시대가 기독교를 국가통치에 도입했다는 측면에서 가히 혁

명적이라면 아들들의 통치시기는 그런 정신적 혁명을 내적으로 공고히 하는 시기에 해당한다.

콘스탄티누스의 아들들이 아버지의 정책을 평범하게 계승하는 차원에만 머문 것은 아니다. 예를 들어 반(反) 이교 및 반(反) 유대인 정책에 관련된 칙법은 분명 콘스탄티누스적 종교정책의 연장선상에 있지만, 동시에 탈(脫) 콘스탄티누스적인 시도가 이루어진다. 도시 성벽 안의 이교신전이 폐쇄되고 희생제의가 금지되는 등 콘스탄티누스조차도 감히 시도할 수 없었던 공적(公的) 이교제의의 금지라는 노골적인 반(反) 이교 정책이 표면화된다. 유대교에 대해서도 보다 엄격한 정책이 가시화된다.

새로운 시대는 새로운 법을 통해서 만들어진다. 콘스탄티누스 가문의 시대야말로 새로운 법이 새로운 시대를 열어갔던 시기였다. 아울러 새로운 법은 새로운 정신에 의해 기초되었다. 콘스탄티누스 가문의 칙법이 보여주는 사회적 약자를 배려하는 기독교적 정신과 이런 정신을 토대로 한 국가통치술은 이제 콘스탄티누스를 통해 시작된 비잔틴 세계가 기독교적인 국가로 부상할 것임을 예시한다. 물론 기독교 시대의 서막을 활짝 연 콘스탄티누스 자신은 스스로 몰두했던 실험이 가져올 미래를 마냥 낙관적으로만 확신하지 못했을 것이고, 자신이 역사의 대변혁을 이룬 자라는 평가를 받게 될 것도 예상하지 못했을 것이다. 그러나 그가 도입한 새로운 정신은 역동적으로 세계를 재창조했고 보수적인 이교 세력과 이념조차도 일단 뿌리내리기 시작한 기독교적 가치를 막기에는 역부족이었다. 고대의 이교성(異敎性)은 콘스탄티누스의 출현과 함께 약화되기 시작했으며, 그의 아들들에 의해 기독교적 이념은 더욱 깊이 뿌리내렸다. 기독교적 정신의 힘은 율리아누스(361-363년) 같은 배교자 황제의 힘으로도 되돌릴 수 없는 커다란 정신적 체계로서 고대 사회에 스며들었고, 급기야 테오도시우스 시대에 이르러 기독교 제국의 성립이라는 고전적 완성에 도달하게 된다.

필자는 지난 2005년 한국연구재단(구, 한국학술진흥재단)의 후원으로 테오도시우스 칙법전의 종교법 연구를 시작한 이후 2007년에 이르러 그 첫 결실인 『테오도시우스 법전 종교법 연구』를 출판하였다. 이후 국내외에서 여러 편의 후속 연구를 출판하였고 또 그 일환으로 2008년부터 본 연구서를 준비하기 시작했다. 하지만 여타 활동으로 인하여 연구의 맥이 끊겼다가 다시 이어지는 상황이 자주 반복되었다. 이로 인해 나름 야심차게 기획했던 본 연구는 본래 의도와는 달리 미흡한 것이 되고 말았다. 로마법 사료, 스토아 철학, 교부사상 등을 콘스탄티누스 가문의 역사 및 교회사의 사건들과 연결시키면서 콘스탄티누스 가문의 입법을 설명하려고 했던 본래의 연구 방향은 소수의 칙법에만 적용되었을 뿐이다. 하지만 상당수의 칙법들은 전해 내려오는 사료의 미흡함으로 그 역사적 기원을 추론하기가 거의 불가능하다는 점도 고려해야 한다는 변을 추가하고 싶다. 기회가 된다면 후속 논문을 통해서 못다한 연구를 더하고 싶은 욕심도 있고, 또 4-5세기 칙법에 관심을 갖는 학자들에 의해 필자의 연구가 보완되었으면 하는 바람도 있다.

이 책이 나오기까지 도움을 준 여러 분들께 감사의 뜻을 전한다. 무엇보다 본 연구계획을 후원하여 준 한국연구재단에 감사를 드리지 않을 수 없다. 한국연구재단의 후원이 아니었다면 본 연구를 시작하기가 쉽지 않았을 것이다. 또 필자의 『고대 기독교 예술사』(2011)

에 이어 본 연구서를 출판하기로 선뜻 결정해준 한국학술정보에 감사드린다. 마지막으로 짧지 않은 연구 기간 동안 여러 가지 충고와 조언으로 도움과 유익을 준 아내에게 고마움을 전한다.

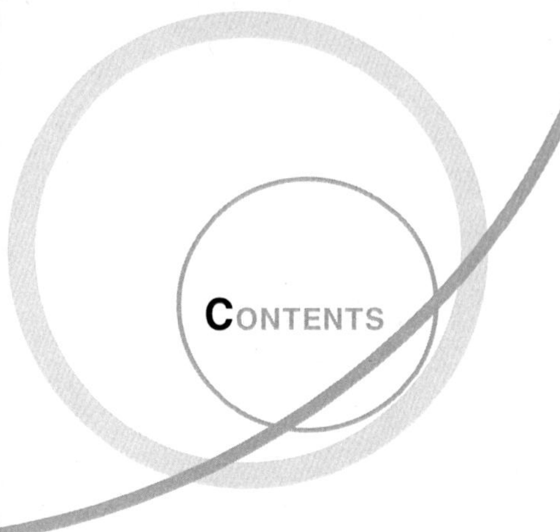

CONTENTS

1장

사회적 약자에 대한 칙법

1) 테오도시우스 칙법전 9권 40장 2절 / CTh 9.40.2 : 죄수 얼굴에 낙인찍는 것을 금지한다.

315년 3월 21일

Idem a. Eumelio. Si quis in ludum* fuerit vel in metallum* pro criminum deprehensorum qualitate damnatus, minime in eius facie scribatur, dum et in manibus et in suris possit poena damnationis una scriptione comprehendi, quo facies, quae ad similitudinem pulchritudinis caelestis est figurata, minime maculetur.

Dat. XII kal. april. Cavilluno Constantino a. IIII et Licinio IIII conss.

같은 황제가 에우멜리우스에게

체포된 자의 죄질(罪質)에 따라 경기장(競技場)이나* 광산(鑛山)으로*

처벌 받은 경우, 얼굴에 낙인(烙印)을 찍을 수 없다. 대신 그 정죄에 대한 형벌은 손과 종아리에 한 개의 표시로 찍을 수 있다. 그리하여 천상의 아름다움의 모양대로 만들어진 얼굴은 손상되지 않아야 한다.

아우구스투스 콘스탄티누스의 네 번째 집정관직과 리키니우스의 집정관직 하에 카빌루눔(Cabillunum)에서 4월의 열이틀 전(前)에 공포됨.

*

- ludus : "경기장." ludus는 문자적으로는 "경기"라는 뜻이지만, 여기에서는 경기가 벌어지는 장소인 원형경기장을 가리킨다. 원형경기장이나 극장 등 로마제국 내에서 공공오락은 단순한 오락이 아니라 상수도나 도로 등과 같은 국가 기간 사업에 해당하였다. 로마제국이 공공오락을 국가 기간산업으로 간주했다는 것은 그만큼 공공오락의 문화적 중요성을 대변해 준다. 로마제국은 극장에서 행해지는 연극과 원형극장의 다양한 오락을 로마화(Romanization)의 척도로 삼았다. 지중해 세계의 로마화는 극장과 원형극장을 통해서 이루어졌다고 해도 과언이 아닐 정도로 공공오락이 로마적 삶에서 차지하는 비중이 컸던 것이다. 공화정의 권력분립이 후퇴하고 원수정과 전주정기를 지나며 황제권이 점차로 강화되자, 황제와 시민들의 조우(遭遇)는 거의 대부분 원형경기장 등 공공오락 장소를 통해서 이루어졌다.[1]
  원형경기장에서 검투시합이 벌어지면 경기장은 곧 피로 붉게

물들었고, 이를 모래로 덮은 다음 살인 경기를 계속했기에, 원형경기장을 단순히 아레나(arena, '모래'라는 뜻)라고 부르기도 한다. 테오도시우스 칙법전 15권 5-13장은 공공오락에 대한 칙법 모음이며, 특히 12장은 검투사에 관한 세 개의 칙법으로 되어 있다.

- metallum : "광산." 광산에서는 금, 은, 동, 납, 철 등의 금속은 물론 대리석 등도 채굴했다. 로마제국의 주요 대리석 광산은 피레네 산맥, 콘스탄티노플 부근의 마르마라, 이집트의 반암 광산 등이었다. 금광(金鑛)은 발칸반도의 서부지역, 동광(銅鑛)은 팔레스티나, 철광석 광산은 카파도키아의 타우루스(Taurus)가 유명하였다. 광산형(condemnatio ad metallum)은 신분이 낮은 계층(humiliores)에 대한 형벌이었다(CTh 1.5.3과 9.18.1 참조).[2] 기독교인들의 순교사화에 따르면 많은 기독교인들이 광산형을 선고받았다. 그러나 대부분의 광부(metallarii)는 자유민으로서 그 신분이 세습되었다.[3]

*

1-4세기 초반까지의 기독교 박해 시대에 많은 기독교인들은 경기장

---

1) 원형경기장 등 로마의 공공오락에 대해서는 다음을 참조하라. Futrell, *The Roman Games.* Rostovzeff, *The Social and Economic History of the Roman Empire*, 81쪽, 148-149쪽. Landes, *Jeux et spectacles dans l'Antiquité tardive.*

2) Dupont, *Le Droit criminel dans les constitutions de Constantin, Les peines*, 30-33쪽을 참조하라.

3) Jones, *The Later Roman Empire*, 838쪽.

형이나 광산노역형(鑛山勞役刑)을 선고받았다. 마르쿠스 아우렐리우스의 박해 시대에 리옹의 원형경기장에서 기독교인들이 순교하였다.4) 리옹의 순교자들은 몬타누스주의자들에게 호의적이었으며 몬타누스적 기독교인들이었을 가능성도 배제할 수 없다.5) 이후 250-251년 데키우스의 박해 시대와 302-311년 디오클레티아누스의 대박해 시대에 많은 기독교인들이 경기장형과 광산형을 선고받았다.6)

강제노역형은 공화정기 로마 공법(公法)에서 알려진 바 없으며, 기원후 23년 티베리우스 시기의 원수정기에 도입된 것으로 보인다.7) 광산노역형은 사형 다음으로 엄중한 형벌로 인식되었다. 사형처럼 태형을 당한 뒤에 광산노역형에 처해졌는데 초기에는 종신형으로만 부과되었으며 시민으로서의 모든 권리도 함께 상실하였다. 광산노역형에 처해지는 자들은 달군 쇠로 낙인이 찍혔으며 머리카락의 절반이 제거되었고 노예처럼 취급받았다(servitus poenae).8) 광산형(metallum)과 광산노역형(opus metalli)은 쇠사슬(vincula)에 묶인 채로 노역하는가 아닌가의 차이가 있었다(D 48.19.8.4). 종신 광산노역형에 처해진

---

4) 에우세비오스, 『교회사』, 5.5.

5) Bernet, *Les chrétiens dans l'Empire Romain*, 222쪽.

6) 『초기 기독교 순교사화』, 67-90장(337-374쪽).

7) 이하 광산노역형 Mommsen, *Le droit pénal romain* 3, 292-296쪽(독일어 원문은 949-953쪽)을 참조하였다. 칙법상 광산노역형이 적용된 범죄는 시의원(市議員)이 여자 노예와 동거한 경우, 여자 노예는 광산형에 처하고 시의원은 유배형과 재산몰수형으로 처벌했다. 아울러 자유신분(自由身分) 확인소송(確認訴訟)에서 패소한 원고가 벌금지급 능력이 없을 때와 노예가 야만족의 땅으로 도망쳤을 때 광산형에 처했다. 광산형이 노예와 극빈층에 적용된 이유는 이들에 대한 벌금형이 실효성이 없었기 때문이었다. 그러나 전주정기의 칙법은 범인이 빈민계급(humiliores)인가 혹은 유산계급(honestiores)인가에 따라서 형벌의 적용을 달리하겠다는 일반원칙을 규정한 바가 없다고 한다. 칙법상 광산노역형에 대해서는 조규창, 『로마형법』, 678-679쪽을 참고하였다.

8) 하지만 콘스탄티누스의 시대에는 달라지는 것 같다. 공공노역형(opus publicum)으로 처벌되었다고 해서 반드시 노예상태(servitus poenae)로 전락하는 것은 아니다(CTh 4.6.2, 4.6.3). Dupont, *Le Droit criminel dans les constitutions de Constantin, Les peines*, 40쪽. servitus poenae는 형벌의 종류가 아니라 형벌에 처해질 경우 강요되는 노예신분을 일컫는다.

자들은 10년이 지난 후, 노역(勞役)에 적당하지 않은 것으로 판단되
면 가족에게로 돌아갈 수 있었지만 이는 노역에 적합하지 않은 자를
걸러내는 수단이었을 뿐, 정죄된 자의 신분에는 변함이 없었다. 광
산노역형은 성별과 나이를 불문하고 선고되었다. 공공노역형(opus
혹은 opus publicum)은 광산노역형과 유사하나 좀더 가벼운 형벌로
서 일반적으로 노예들에게 강요하던 도로보수, 공공 목욕장 종사,
공공 제빵소 종사, 여성들에 대한 황실 직물창 종사 등을 강제하였
다.9) 맥멀렌은 전주정기로 들어갈수록 공공노역의 필요성이 증가했
음을 설명한 바 있다.10) 전주정기의 광산형은 중노동형(重勞動刑)의
경우 2년이었고 경노동형(輕勞動刑)의 경우 그 이하였다. 뒤퐁(C. Dupont)
에 따르면 콘스탄티누스 황제 시대의 광산형은 이전의 시기와 비교
해서 본질적인 차이는 없다.11)

사형의 한 형태인 경기장형(condemnatio ad ludum)은 다양한 경축
일에 죄수를 검투사 경기에서 처형하는 방법과 맹수들을 통해 처형
하는 방법 등 두 가지 형태가 있었다.12) 맹수형의 경우 맹수들과 심
각하게 겨루는 방식을 피하고 죄수들이 손쉽게 희생될 수 있도록 하
였다.13) 남자들 사이의 검투형은 이와 달리 힘의 균형이 유지된 경
기가 가능했으며 의도하던 처형이 이루어지지 않는 경우도 있었다.

---

9) 공공노역형에 대해서는 Dupont, *Le Droit criminel dans les constitutions de Constantin, Les peines*, 34-36
쪽을 참조하라. 공공 노역형으로서의 제빵 노역은 효과적이었던 것 같다. CTh 9.40.3 참조. 공
공노역형(opus publicum)은 때로 vincula publica 혹은 vincula라고 불리기도 했다.

10) 맥멀렌, 『로마제국의 위기, 235-337년 로마 정부의 대응』, 김창성 역, 251-290쪽.

11) Dupont, *Le Droit criminel dans les constitutions de Constantin, Les peines*, 30-33쪽.

12) Mommsen, *Le droit pénal romain* 3, 263쪽(독일어 원문은 925쪽). 서원모, 「교회력의 법제화」,
97-98쪽도 참조하라.

13) 이하 이 단락의 내용은 Mommsen, *Le droit pénal romain* 3, 297쪽(독일어 원문은 953-954쪽)에서
참조한 것이다.

검투경기에서 승리할 경우 죄수에게 자유를 허락할 수 있는 권한은
황제에게만 있었고 실제로 죄수들은 검투경기를 통해 자주 자유를
얻었던 것으로 보인다. 부녀약취범(婦女略取犯)이 자유인인 경우 범인
을 참수형에 갈음하여 검투형에 처해 직업 검투사의 칼에 죽게 하였
다. 부녀약취범이 노예이거나 피해방인일 경우 맹수형(condemnatio ad
bestias)으로 처벌했다.[14]

검투사 양성소형(刑)은 검투형과는 완전히 구별되는 것이다.[15] 검
투사 양성소형은 자유상실형(刑)으로 로마형법의 체계에서는 광산
형과 같은 등급에 속하는 것이었다. 범죄자를 도시 로마의 여러 곳
에 있던 공립 검투사 양성소나 사립 검투사 양성소에 보내어 자유
인 직업 검투사나 노예 검투사와 나란히 훈련받게 하고 경축일에
검투경기에 내보냈으며, 경우에 따라서 범죄자는 완전한 자유를 얻
을 수도 있었다. 325년 콘스탄티누스 황제가 검투경기를 책망하는
칙법을 공포한 이후 호노리우스 시대에 이르러 검투경기가 폐지된
다. 이에 대해서는 본서의 CTh 15.12.1에 제시된 해설을 참조하라
(=CJ 11.44.1).

*

원수정기에는 광산형이나 경기장형을 선고받은 자의 얼굴에 낙인
을 찍었으나, 315년에 에우멜리우스에게 보낸 이 칙법은 얼굴 대신

---

14) 조규창, 『로마형법』, 671쪽.

15) 이하 이 단락의 내용은 Mommsen, *Le droit pénal romain* 3, 263쪽(독일어 원문은 925쪽)과
    298-299쪽(독일어 원문은 954-955쪽)에서 참조한 것이다.

팔이나 다리에 낙인을 찍도록 하였다. 콘스탄티누스는 이 칙법을 통해 안면(顔面)에 낙인찍는 것을 금하는 이유로 성서적인 근거를 들고 있다. 얼굴은 천상의 아름다움을 따라 만들어진 것이므로 낙인을 찍어 손상시킬 수 없다는 것이다. "천상의 아름다움의 모양대로"(ad similitudinem pulchritudinis caelestis) 만들어진 얼굴이란 표현에서 "천상의 아름다움의 모양"은 창세기 1장 26절의 "우리의 형상을 따라 우리의 모양대로"(ad imaginem et similitudinem)와 유사한 표현이다. 그런데 이 칙법은 하나님의 형상과 모양에 따라 만들어진 인간이라는 신학적 관념을 보다 국소적으로 인간신체의 얼굴(facies)에 적용하고 있다.

하나님의 형상을 따라 만들어진 얼굴에 낙인을 찍지 말아야 한다는 관념이 보다 구체적으로 어떤 신학적 전통에서 영향받은 것인가를 살펴볼 필요가 있다. 라틴신학의 아버지인 테르툴리아누스는 3세기 초반에 『마르키온 논박』에서 "인간은 하나님의 형상(imago)이요 하나님과 비슷하다(similitudo)"고 하였다.16) 그러나 여기서 인간이란 인간의 얼굴이나 육체를 의미하는 것이 아니다. 테르툴리아누스는 인간의 얼굴과 육체적인 특징은 너무나 다양하여서 하나님을 드러낼 수 없다고 한다.17) 그는 자유의지를 부여받은 인간 영혼이 하나님의 형상이라고 한다. 인간이 하나님의 형상이라는 말은 육체적 인간이 아니라 인간영혼에 한정된다. 테르툴리아누스의 신학적 사고는 4세기 밀라노 교회의 감독 암브로시우스를 통해서 아우구스티누스에게까지 영향을 미친다.18)

---

16) 『마르키온 논박』, 2.4.3. Solignac, "image et ressemblance", col. 1407-1410.
17) 『마르키온 논박』, 2.5.5-7.

그런데 락탄티우스(✝325년경), 프와티에의 힐라리우스(✝367년경), 마리우스 빅토리누스 (355년경 회심, ✝362년 이후) 등의 라틴 신학자들은 인간육체와 영혼 양자를 하나님의 형상과 모양(imago et similitudo)에 연관시킨다.[19] 락탄티우스는 인간영혼뿐 아니라 인간육체도 하나님의 형상으로 되어 있다고 한다. 하나님은 인간을 자기와 비슷하게 만들었다(qui hominem similem sui fecit).[20] 인간은 하나님의 모상(模像)이다(simularcum Dei... ipse homo).[21] 하나님은 자신을 위해 인간을 감각적이며 지성적인 모상, 즉 자신의 형상대로 만들었다(fecit sibi ipse simulacrum sensibile atque intellegens, id est ad imaginis suae formam).[22] 인간영혼과 몸 모두를 하나님의 형상으로 보는 락탄티우스의 입장은 프와티에의 힐라리우스와 아프리카의 수사학자 마리우스 빅토리누스에게도 영향을 준 것 같다. 힐라리우스를 따르면 창조시에 하나님의 형상이 단번에 실현된 것이 아니다. 오히려 인간은 영과 육의 결합체로서 제3의 요소인 의지를 통해 영적으로 진보하여, 옛사람을 벗고 인간을 창조하신 분의 형상을 따라 새사람을 입게 된다. 이렇게 하여 하나님의 형상인 인간은 완전에 도달한다(consummatur itaque homo imago Dei). 마리우스 빅토리누스는 하나님께서 "남자와 여자를 창조하셨다"는 구절(창 1,27)에 주목하면서 "하나님은 아주 신비한 방법으로 인간을 하나님의 형상에 따라 몸과 육으로 만들었다는 것이 명백하다"고 한다.[23] 마리우스

---

18) Solignac, "*image et ressemblance*", col. 1417-1422.

19) Solignac, "*image et ressemblance*", col. 1410-1417.

20) 『하나님의 진노(震怒)에 대해서』, 18.13.

21) 『기독교 강요(綱要)』, 2.2.10.

22) 『기독교 강요(綱要)』, 2.10.3.

빅토리누스는 심지어 로고스를 반남반녀(半男半女)의 양성적 존재로 생각하기까지 한다. "하나님의 형상은 로고스이며, 로고스 자신은 남성인 동시에 여성이다. 왜냐하면 로고스는 영적으로나 육적으로나 하나님 자신의 아들이기 때문이다." 힐라리우스와 빅토리누스에게서 인간의 몸도 하나님의 형상의 일부로 부각되는 것은 락탄티우스의 영향인 것처럼 보인다.

하나님의 형상에 대한 3-4세기 라틴신학의 입장은 두 가지 입장, 즉 영혼만을 하나님의 형상으로 간주하는 입장과 영과 육 전체를 하나님의 형상과 관련시키는 입장으로 구분할 수 있다. 이 두 경향 중에서 315년 혹은 316년에 공포된 칙법에 나오는 "천상의 아름다움의 모양대로 만들어진 얼굴"이라는 표현은 락탄티우스, 힐라리우스, 마리우스 빅토리누스의 신학적 성향에만 연결될 것이다. 시기적으로 락탄티우스의 신학적 입장에서 직·간접적으로 영향받았을 가능성이 있다. 락탄티우스는 316-7년경 콘스탄티누스의 장남인 크리스푸스(Crispus)의 가정교사가 되었기 때문에 이런 가정은 설득력이 있다.

소르본의 명예교수인 피에르 마라발(Pierre Maraval)은 콘스탄티누스가 다양한 수신자들에게 보냈던 기독교 관련 문서를 정리하여 최근에 출판하면서 락탄티우스의 작품과 콘스탄티누스의 문서 간의 내용적 혹은 문자적 유사성을 여러 번 지적한 바 있다. 피에르 마라발이 지적한 양자 간의 유사성은 다음과 같다. 락탄티우스의 작품에 나타나는 하나님의 존재 증명, 믿음의 필요성, 박해자들에게 내린 징벌 등의 대주제는 콘스탄티누스의 작품에도 유사하게 나타난다.[24]

---

23) Solignac, *"image et ressemblance"*, col. 1416.

24) Maraval, *Constantin, Lettres et discours*, 24장.

콘스탄티누스의 연설에 나오는 "덕의 영원한 성전(聖殿)"이란 표현은 락탄티우스의 표현인 "교회라고 불리는 영원한 성전(聖殿)"과 비슷하다.[25] 하나님의 섭리를 설명하기 위해서 콘스탄티누스가 사용하는 예는 락탄티우스의 작품에서도 발견할 수 있다.[26] 그 외에도 콘스탄티누스는 삼위일체 문제를 설명할 때에 락탄티우스를 따라서 성부와 성자의 관계만을 종속론적인 입장에서 말할 뿐 성령에 대해서는 어떤 언급도 하지 않는다. 뿐만 아니라 헤시오도스와 호메로스의 인용구, 그리스도를 고발한 것이 불경건한 짓이라는 견해 등에서도 콘스탄티누스는 락탄티우스를 따른다.[27] 콘스탄티누스의 작품과 락탄티우스의 작품을 비교할 때 관찰되는 문학적 유사성은 콘스탄티누스가 락탄티우스로부터 영향 받고 있음을 보여주는 증거이다.

이상의 논의를 통해서 9권 40장 2절에 나오는 "천상의 아름다움의 모양대로 만들어진 얼굴"이란 표현이 락탄티우스의 영향력 아래에서 들어간 것이 아닐까 추측해 볼 수 있다. 물론 칙법의 문학적인 내용 자체는 칙법조문을 직접 작성하던 실무책임자로 황실의 최고위직 중 하나인 황실법무총감(quaestor sacri palatii)이 쓴 것이다. 그러나 315-6년경의 콘스탄티누스의 황실법무총감이 누구인지 알려지지 않고 있다. 칙법의 문학적 저자는 황실법무총감이지만, 이 법은 신학적인 내용을 담은 연설문을 직접 작성하기도 했던 콘스탄티누스의 기독교적 배경에서 나온 것이다. 입법의 배후에 있는 인물로

---

25) Maraval, *Constantin, Lettres et discours*, 204쪽. "덕의 영원한 성전(聖殿)"이란 표현은 콘스탄티누스가 행한 <거룩한 모임에서 행한 연설>에 나오는 표현이다. 『콘스탄티누스의 편지와 연설』, 109-110쪽 참조.

26) Maraval, *Constantin, Lettres et discours*, 209쪽.

27) Maraval, *Constantin, Lettres et discours*, 212-213쪽.

지목할 수 있는 자는 락탄티우스가 가장 적당할 것이다.

4세기 후반경 카파도키아 3명의 신학자 중 하나인 닛사의 그레고리오스는 인간영혼만이 하나님의 형상으로 되어 있다는 동방신학의 일반적 경향에 충실하였지만, 동시에 인간영혼의 고귀함은 영혼의 도구인 몸에서도 샘솟으며, 신체적 외형(morhpe) 그 자체보다는 태도와 마음가짐(schema)을 통해서 드러난다고 하였다. 그리하여 위대한 동방신학자 중의 하나요 신비주의 대가였던 닛사의 그레고리오스는 안티오키아의 멜레티오스를 위한 조사(弔辭)에서 이렇게 썼다. 교회는 그(멜레티오스)에게서 "하나님의 형상으로 변화된 얼굴, 샘솟는 사랑, 입술에 넘쳐흐르는 사랑"을 볼 수 있었다.[28] 4세기 후반에 저술했던 닛사의 그레고리오스에게서 발견되는 "하나님의 형상으로 변화된 얼굴"이라는 관념은 비록 시간적 간격이 존재하지만, 테오도시우스 칙법전 9권 40장 2절에 나오는 "천상의 아름다움의 모양대로 만들어진 얼굴"이라는 표현과 유사하다. 인간의 몸도 하나님의 형상의 부분으로 보는 락탄티우스, 힐라리우스, 마리우스 빅토리누스로 연결되는 신학적 입장은 닛사의 그레고리오스에게서도 발견된다. 테오도시우스 칙법전 9권 40장 2절은 밀라노 칙령으로 인한 '교회의 평화'의 초기에 기독교적 정신이 제국 입법, 특히 약자들을 배려하는 입법에 영향을 끼친 명백한 예가 된다.

이 칙법이 공포된 315년은 콘스탄티누스의 통치 10주년 기념식(decennalia)이 있었던 해이다. 4세기 교회사가 에우세비오스의 설명을 따르면 이때를 기념하여 로마의 광장(forum)에는 십자가가 새겨

---

28) Leys, *L'image de Dieu*, 64-65쪽.

도 1. 크리스토그램, '기둥' 석관의 가운데
감실, 4세기 초반, 바티칸, 피오
크리스티아노 박물관

진 창을 든 콘스탄티누스의 조 각상이 세워졌다. 십자가가 새 겨진 창은 크리스토그램으로 장 식된 창을 의미한다.

아울러 306년 막센티우스가 로 마 광장에서 시작했던 바실리카 공사를 313-315년 콘스탄티누스 가 자신의 바실리카로 완공한다. 이 바실리카의 후진에는 15m 높 이의 거대한 콘스탄티누스의 좌 상이 놓였다. 콘스탄티누스의 바 실리카는 기독교 황제로서의 건 축물이 아니라 개선문, 원형묘당 등과 같이 국가의 공식적인 기념물로 세워졌던 것이다.[29]

그런데 312년 밀비우스 다리 전투의 승리에 뒤이은 후속조치인 313년 밀라노 칙령 이후 315년까지만 해도 기독교적 정신이 분명하 게 드러난 입법 사항은 발견되지 않는다. 312년 말이나 313년 초에 아프리카의 전집정관(前執政官) 아눌리누스(Anullinus)에게 보낸 칙서 (勅書)가 남아 있기는 하다.[30] 그러나 이 칙서는 디오클레티아누스의 대박해시에 몰수된 아프리카 교회들의 재산을 교회에 환수하도록 조치하는 내용을 담고 있는 지역법이었다. 제국 전체에 걸쳐 몰수된

---

29) 콘스탄티누스의 홍예문(개선문)과 바실리카, 그리고 콘스탄티누스 가문의 원형묘당에 대해서는
남성현, 『고대 기독교 예술사』, 256-278쪽을 참조하라.

30) 『콘스탄티누스의 편지와 연설』, 5-6쪽에 칙서(勅書)의 본문이 제시되어 있다.

교회재산의 환수를 규정하는 보편법(lex generalis)은 313년 6월 15일에 공포된 고시(告示, edictum)인 소위 '밀라노 칙령'이다(아래 연구 6장 1절 참조). 그러므로 315년에 공포된 테오도시우스 칙법전 9권 40장 2절은 313년 밀라노의 고시 이후 기독교적 정신을 담은 첫 번째 형법(刑法)이라는 데에 큰 의의가 있다.

2) 테오도시우스 칙법전 8권 5장 2절 / CTh 8.5.2 : 공공 오락에 사용되는 동물을 학대하지 말아야 한다.

316년 5월 14일

Idem a. ad Titianum. Quoniam plerique nodosis et validissimus fustibus inter ipsa currendi primordia animalia publica* cogunt quidquid virium habent absumere, placet, ut omnino nullus in agitando fuste utatur, sed aut virga aut certe flagro, cuius in cuspide infixus brevis aculeus pigrescentes artus innocuo titillo poterit admonere, non ut exigat tantum, quantum vires valere non possunt. Qui contra hanc fecerit sanctionem* promotus, regradationis* humilitate plectetur: munifex poenam deportationis* excipiat.

Dat. prid. id. mai. Sabino et Rufino conss.

같은 아우구스투스가 타티아누스에게

대부분의 사람들이 경주(競走)가 막 시작될 때에 매듭이 많고 아주 강한 곤봉으로 공공오락용 동물들을* 강제하여 그들이 갖고 있는 온 갖 힘을 빼내려고 하기 때문에, 어느 누구라도 달리면서 결코 곤봉이 아니라, 해(害)를 입히지 않고 느려지는 관절을 간지럼으로 자극할 수 있도록, 끝에 짧은 침이 박힌 회초리나 채찍을 사용하는 것이 좋고, 힘에 부칠 정도로 강요하지 않는 것이 좋다. 이 제재(制裁)*에 거스르는 자는 지위가 높은 기수라면 강등의* 수치로 벌을 받을 것이고 보통기수라면 추방형을* 받게 될 것이다.

사비누스와 루피누스의 집정관직 하에 5월 보름의 전날에 공포됨.

*

- animalia publica : "공공오락용 동물." 여기서는 경주에 관한 것이므로 사두마차(四頭馬車)의 말을 의미한다.[31]

- sanctio : "제재."

- regradatio : "강등." 강등은 장소 이동 없이 같은 장소에서 보다 낮은 직위로 좌천되는 것을 의미한다. 흔히 군사용어로 사용되었다. 이 단어 때문에 파르(Ch. Pharr)는 본문에서 '기수'로 번역한 단어를 '군인'으로 생각한다. 그러나 경마를 위한 전문적 기수가 존재했다는 사실을 기억해야 할 것이다.[32]

---

31) 경주용 말에 대한 자료는 Futrell, *The Roman Games*, 205-207쪽을 참조하라.

- deportatio : "추방형." CTh 3.16.1의 relegatio(경유배형)에 대한 설명을 참조하라.

*

경마는 로물루스(Romulus)의 건국신화에까지 연결되어 있는 가장 오래된 로마의 공공오락이다. 로물루스는 콘수스(Consus) 신(神)을 기념하는 축제의 경마경기(競馬競技, ludi circenses)를 이용하여 사비누스(Sabinus) 족의 여자들을 납치하였다고 한다. 이런 전설이 사실이든 아니든 관계없이 경마는 로마의 공공오락(公共娛樂, Ludi Romani) 중에서 가장 중요한 것이었다. 경마는 흔히 네 마리 말이 끄는 사륜마차(quadrigae) 시합이었고 경마 중 흔히 일어나는 마차 전복 사고는 파선(破船, naufragia, 문자적으로 '배가 침몰한다'는 뜻)이라고 하였다. 경마 팀은 색깔로 구분되었다. 테르툴리아누스를 따르면 본래 백색팀(albata)과 홍색팀(russata) 등 두 개의 팀이 있었다고 한다. 흰 눈을 가리키는 백색은 겨울의 상징이었고, 붉은 태양을 가리키는 홍색은 여름의 상징이었다. 이 두 팀 이후에 봄을 상징하는 녹색팀(prasina)과 푸른 하늘을 상징하는 청색팀(veneta)이 만들어졌다고 한다. 6세기 유스티니아누스 시대에 일어난 소위 니카(Nika) 폭동은 표면적으로는 녹색팀에 대한 황후 테오도라(Theodora)의 편애와 콘스탄티노플 경마에서 오랫동안 대립해 왔던 청색팀과 녹색팀의 갈등을 기폭제로 하였다. 그러나 니카 폭동은 실제로는 오리엔스 정무

---

32) Southern, *The Roman Army*, 147쪽 참조.

도 2. 사두마차 경주, 6세기, 보데 박물관

총감이었던 카파도키아의 요안네스가 상류계층을 압박하는 세금정
책을 펼친 것에 대해 불만이 고조되면서 생긴 것이었다.[33]

*

콘스탄티누스는 이 칙법에서 경주시 기수가 보다 빠른 속도로 달
리기 위해 곤봉(fustis)으로 말을 학대하지 말 것을 규정한다. 경주에
서 우승한 기수에게는 커다란 영예와 천문학적인 금전적 보상이 뒤
따랐기에, 경기 초반 승기를 잡기 위해 곤봉(fustis)을 사용한 것 같

---

33) 로물루스의 로마 건국신화와 경마의 관계에 대해서는 Futrell, *The Roman Games*, 189-190쪽을
보라. 경마 팀에 대한 테르툴리아누스의 설명은 『공공오락에 대해서』, 9.5에 나와 있다. 6세기
유스티니아누스 시대의 니카 폭동은 Futrell, *The Roman Games*, 215-218쪽과 Auguet, *Cruelty and
Civilization*, 140-141쪽을 보라.

다. 이 칙법을 통해 경마시에 곤봉 사용이 금지되었으며 회초리나 채찍만이 허용되었다. 이 칙법의 역사적 배경은 전혀 알려져 있지 않지만, 동물 학대를 부분적으로 금지한다는 측면에서 그 의의가 있다.

다른 서커스(ludi)와 달리 경마는 하루에도 여러 번 경기에 나설 수 있었고, 경기에서 이길 경우 상금 외에도 도박에 돈을 거는 사람들로부터 일정액을 받곤 했기에 우승의 유혹은 그만큼 컸다. 1세기의 전설적인 기수로 녹색팀의 일원이었던 스코르푸스(Scorpus)는 한시간만에 15개의 자루에 금화를 가득 채울 정도의 수입을 거두었다고 한다. 2세기의 유명한 기수였던 디오클레스(Diocles)는 4,257회의 경기에 출전하여 1,462번 우승을 차지하였다. 유명 기수들은 금전적인 보상 이외에 사회적 영예를 한 몸에 받곤 했다. 3세기 홍색 팀의 기수로 활약했던 폴리두스(Polydus)는 트리어(Trier)의 황실 목욕장 바닥 모자이크의 주인공이 되었다. 그의 애마(愛馬)였던 콤프레소르(Compressor)의 이름도 기수의 이름 아래에 함께 각인되었다. 6세기 초반 콘스탄티노플과 안티오키아에서 활약했던 포르피리우스(Porphyrius)의 경우 열성적인 팬 중에는 황제도 있었다. 황제를 포함한 그의 팬클럽은 포르피리우스의 황금상(像)을 건립해 주었다. 보통 유명 기수들의 청동상이 세워지곤 하던 것과는 차원이 다른 것이었다.[34]

경마의 승리는 기수뿐 아니라 말에게도 영광스러운 것이었다. 디오클레스가 거둔 1,462번의 우승 중에서 429번의 우승은 애마(愛馬) 투스쿠스(Tuscus)와 함께 거둔 것이었다. 칼리굴라(Caligula) 같은 황제는

---

34) 유명 기수들에 대해서는 Futrell, *The Roman Games*, 198-202쪽을 참조하였다.

도 3. 기수와 말, 3세기 초반, 로마 팔라조 마시모 박물관

자신의 애마였던 인키타투스(Incitatus)를 원로원의원에 지명했고 집정
관직을 수여했다고 한다. 인키타투스는 대리석으로 된 마구간과 노예
와 가구를 갖고 있었다. 황제 루키우스 베루스(Lucius Verus)는 녹색팀
의 말이었던 볼루케르(Volucer)에게 상금을 수여하기도 했다.[35]

　지적 엘리트 계층은 공중오락에 대해서 호의적이지 않았다. 아미
아누스 마르켈리누스(Ammianus Marcellinus)는 4세기에 공중오락장

---

35) 칼리굴라에 대해서는 Suetonius, *Caligula*, 55장을 보라. 베루스에 대해서는 Historia Augusta, *Verus* 6장을 보라. 명마에 얽힌 일화는 Futrell, *The Roman Games*, 205-206쪽을 참조하였다.

주변을 배회하던 태만한 자들을 비판한다. 프로코피우스(Procopius)는 정치적 목적으로 경마경기를 조작하던 유스티니아누스를 강하게 비판하였다. 교회의 교사들도 일반적으로 공공오락에 대해서 부정적인 입장이었다. 하지만 경마는 6세기 콘스탄티노플에서 가장 사랑받던 대중오락이었다. 한편 기독교인들도 경주용 말을 키우곤 하였다. 350년경 가자(Gaza)에 살던 이탈리쿠스(Italicus)는 기독교인으로 경마 기수였다.[36]

3) 테오도시우스 칙법전 9권 12장 1절 / CTh 9.12.1 : 노예를 학대하거나 잔혹하게 살해하는 것을 금지한다.

319년 5월 11일

Imp. Constantinus a. ad Bassum. Si virgis aut loris servum dominus adflixerit aut custodiae causa in vincla coniecerit, dierum distinctione sive interpretatione depulsa[*] nullum criminis metum mortuo servo sustineat. Nec vero inmoderate suo iure utatur, sed tunc reus homicidii sit, si voluntate eum vel ictu fustis aut lapidis occiderit vel certe telo usus letale vulnus inflixerit aut suspendi laqueo praeceperit vel iussione taetra praecipitandum esse mandaverit aut veneni virus infuderit vel dilaniaverit

---

36) 아미아누스 마르켈리누스와 프로코피우스의 견해는 Ammianus Marcellinus 28.4.28-31과 Procopius, *Secret History*, 7.1을 보라. 관계된 내용을 Futrell, *The Roman Games*, 213-215쪽에서 참조하였다. 가자의 이탈리쿠스에 대해서는 『힐라리온의 생애』, 20장을 보라.

poenis publicis[*] corpus, ferarum vestigiis latera persecando vel exurendo admotis ignibus membra aut tabescentes artus atro sanguine permixta sanie defluentes prope in ipsis adegerit cruciatibus vitam linquere saevitia immanium barbarorum.

Dat. V id. mai. Romae Constantino a. V et Licinio c. conss.

황제 아우구스투스 콘스탄티누스가 바수스에게

주인이 노예를 회초리나 챗열로 때리거나, 감시하려는 목적으로 차꼬를 채우는 경우, 노예가 죽는다면, 날짜의 구별이나 (법적) 해석이 폐지된 이상[*], 여하한의 죄책의 두려움을 갖지 않아도 된다. 그런데 그가 몽둥이질을 하거나 돌로 쳐서 노예를 고의로 죽이거나, 어찌 되었든 무기를 사용해 치명적인 상처를 입히거나, 올가미에 매달아놓도록 지시하거나, 끔찍한 명령을 통해 높은 데서 떨어뜨리도록 조치하거나, 독즙을 마시게 하거나, 야수의 발톱으로 옆구리를 찢고 혹은 불로 (몸의) 지체를 태우는 등의 공적 형벌에[*] 의해 몸을 찢거나, 관절을 흐물흐물하게 하고 죽은피가 섞인 검붉은 피를 흘리게 하여 정확히 말하면 거의 고문 같은 것에 의해 야만인의 기괴한 잔인함으로 생명을 포기하도록 강요한다면, 그는 실로 자신의 권리를 즉시로 누릴 수 없고 오히려 그 때는 살인에 책임을 져야 하는 자가 된다.

아우구스투스 콘스탄티누스의 다섯 번째 집정관직과 리키니우스의 집정관직 하에 로마에서 5월 보름의 닷새 전에 공포됨.

*

- dierum distinctione sive interpretatione depulsa : "날짜의 구별이나 (법적) 해석이 폐지된 이상." 노예가 즉시 죽었는지 일정 기간 후에 죽었는지를 구별하지 않고, 그에 따라 어떤 법적 해석도 하지 않을 것임을 의미한다. 이 구문은 시간적인 구별과 그에 따른 법적 책임을 묻는 법이 있었다는 것을 가정한다.

- poenae publicae : "공적 형벌." 공공 범죄의 처벌에 적용되는 형벌을 의미한다. 여기에서는 화형과 맹수형이 언급된다. 맹수형은 죄수를 맹수 가운데 던져주어 물려 죽게 하는 처형방식이다. 안티오키아의 이그나티우스는 110년경 로마로 이송되면서 콜로세움에서 맹수형으로 사형당할 것을 예견하였다. 188년 마르쿠스 아우렐리우스의 박해 시에 리옹의 원형경기장에서 죽어갔던 기독교인들 역시 맹수형으로 처형되었다. 맹수형은 흔히 대중 축제시에 오락의 일환으로 사용되었다.[37]
원수정 시대에는 주인이 노예를 대중오락을 여는 자에게 인도한 후 인수자가 노예를 맹수와 싸우게 했다. 4-5세기에 검투형이 폐지된 이후에도 맹수형은 사형집행방식으로 유지되었다. 하지만 499년 아나스타시우스(Anastasius) 때에 이르러 대중 소요의 가능성을 제공할 수 있다는 이유로 맹수형은 물론 '맹수를 대상으로 하는 여러 대중오락(venationes)'을 폐지한다. venationes의 사전적인 의미는 '사냥'이지만, 맹수를 대상으로 하는 원형경기

---

37) 기독교인들의 맹수형에 대해서는 Bernet, *Les chrétiens dans l'Empire Romain*을 참조하라.

장(arena)의 오락을 지칭하기도 한다. 원형경기장의 대중 공연과 관련하여 venationes는 야수들끼리의 싸움이나 야수와 검투사의 싸움, 혹은 극형의 방식으로 행해지는 맹수형 등을 포괄적으로 지칭한다.[38]

가자(Gaza)의 프로코피우스(Procopius)는 아나스타시우스가 맹수형을 폐지한 것에 대해 502년에 발표한 찬가(讚歌)에서 다음과 같은 찬사를 보낸다.

"그대(역주: 아나스타시우스)는 이어서 또 다른 개혁들을 이루어낸 바, 그러한 놀라움은 들어본 적이 없습니다. 예전의 도시들은 비(非)인간적인 오락을 제공하곤 했습니다. 불행한 자들은 대중 앞에 서 맹수에게 넘겨졌고, 구경꾼은 동일한 본성(本性)을 가진 사람들이었습니다. 유해가 땅에 묻히지도 못하고 맹수의 내장이 유해의 무덤일 따름인데, 사람들은 어찌 다른 사람의 몸이 갈기갈기 찢기는 것을 보며 즐거워하는지 나는 도대체 모르겠습니다... 참으로 수치스러운 그러한 관습을 그대는 그대에게 복종하는 자들의 눈으로부터 몰아냈고... 도시를 구했습니다... 이런 상황 속에서 우리는 아주 현명한 재판관인 그대에 의해 금지된 대중 공연을 열지 않습니다."[39]

맹수형이 금지된 이후 인기를 끈 것은 곡예였다. 이렇게 아나스타시우스 때에 맹수형이 잠시 중지되었지만 곧 재개되는 것 같다. 유스티니아누스 황제 때에 맹수형이 사형집행방식으로 사용되는 것이 여전히 확인된다. 화형(火刑)은 범인이 고통으로 치사하는(poena mortifera) 극형의 한 종류이다. 극형에는 화형 외에도

---

38) 가자의 프로코피우스, 『황제 아나스타시우스 찬가(讚歌)』, 261쪽 미주 404.

39) 가자의 프로코피우스, 『황제 아나스타시우스 찬가(讚歌)』, 15-16장과 29장(42쪽, 51쪽과 163-164쪽). 여기에서 문제가 되는 대중 공연은 맹수형과 춤이다. 맹수형은 499년에 그리고 춤은 502년에 각각 금지된다.

맹수형, 십자가형, 수장형 등이 있다.[40]

*

이 칙법은 기독교 시대에 제정된 노예 보호법의 첫 예이다. 노예를 회초리나 챗열로 때리거나 발에 차꼬를 채우는 것은 주인이 노예를 교화하려는 선의의(bona fide) 징계권 행사로 보아, 이 경우 노예가 사망한다 할지라도 치사를 적법한 권리행사로 보았다. 그러나 위에 소개된 가혹한 방법으로 처벌하던 중에 노예가 사망한 경우 주인을 살인죄(homicidium)로 처벌할 것을 규정하였다.[41]

노예 소유는 고대 사회의 일반적 현상이었고 기독교 시대가 개막된 4세기에 이르러서도 별다른 변화가 없었다. 히포(Hippo)의 아우구스티누스에 따르면 4세기 말 카르타고에는 거의 모든 가정에 노예가 있었다. 리바니오스(Libanios)에 의하면 4세기 후반 안티오키아에는 두세 명의 노예를 갖고 있는 사람은 부자 축에 끼지도 못할 정도로 노예 소유가 일반적인 현상이었다. 기독교는 박애주의의 입장에서 노예와 주인이 모두 하나님의 자녀임을 선언하였지만 노예제도 자체를 제도적으로 부정하는 데까지 이르지는 못하였다. 이런 태도는 4세기 카파도키아의 위대한 세 명의 교부 중에 하나였던 닛사의 그레고리오스에게서도 전형적으로 발견된다.[42] 그에 따르면 노예

---

40) 유스티니아누스 황제 때의 맹수형에 대해서는 조규창, 『로마형법』, 544쪽을 참조하라. 극형에 대해서는 조규창, 『로마형법』, 669쪽을 참조하라.

41) 현승종·조규창, 『로마법』, 353쪽 각주 114번에 기독교의 노예보호법에 대한 연구논문 목록이 제시되어 있다. 아울러 Grubbs, *Law and Family in Late Antiquity*, 26쪽과 Glancy, *Slavery in Early Christianity*를 참조하라. 검투경기의 성격에 대해서는 Auguet, *Cruelty and Civilization*, 184-199쪽을 참조하라.

역시 하나님의 형상을 따라 만들어진 인간이고 노예제도는 인간의 탐욕에 그 기원을 두고 있다. 하지만 그레고리오스는 노예제도 자체를 부정하지 않으며 노예를 비하하는 태도를 보이는 것 또한 사실이다. 이 당시 교회도 노예소유에 대해서 별다른 반성을 보이지 않고 경제체제로서 수용하는 입장이다. 도시 로마의 교회 등 중요 도시의 감독좌 교회들은 일반적으로 토지에 귀속된 노예를 소유하고 있었다. 300년경 열린 엘비라 교회회의 규정 5번에는 '여자가 화가 나서 여종을 때려 3일 안에 죽게 하면...'이란 조항이 들어 있을 정도이다.[43]

*

기독교는 로마제국의 노예 제도를 인정하고 수용했다. 하지만 종교적 관점에서 기독교적 정신은 노예를 단순한 물건(物件)이 아니라 주인과 동등한 하나님의 자녀로 볼 것을 요구했다. 이런 입장이 교회의 위계질서에도 반영되어 노예가 감독이 되는 경우도 있었다. 예를 들어 3세기 초반 본래 노예출신으로 로마의 지하묘지를 관리하는 매장꾼(fossor)이었던 칼리스투스(Callistus)는 217년 로마의 감독이 되기도 했다. 반면 305년 혹은 306년 5월 15일에 개최된 엘비라(Elvira) 교회회의의 80번째 조항은 이교도 주인이 해방시켜 준 피해방인은 성직자가 될 수 없다고 명시하였다.[44] 4세기의 수도자 스케

---

42) 하성수, 「니사의 그레고리우스의 노예제도 이해」를 참조하라.

43) 4세기 후반의 노예소유 현상에 대해서는 Alföldy, *Histoire Sociale de Rome*, 181쪽을 참조하라. 공화정 시기의 노예처벌에 대해서는 Nippel, *Public Order in Ancient Rome*, 23-24쪽, 88-89쪽을 참조하고, 노예 학대에 대해서는 Bradley, *Slavery and Society at Rome*, 165-170쪽을 참조하라. 노예에 대한 기독교의 입장에 대해서는 Glancy, *Slavery in Early Christianity*를 참조하며, 엘비라 교회회의의 규정에 대해서는 Adolf von Harnack, 2004, 242쪽 각주 2번을 보라.

티스의 압바 올림피오스는 노예였지만 주인들은 올림피오스를 존경
하였고 그의 뜻을 존중하여 사막의 수도자로 자유롭게 살아갈 수 있
도록 해주었다.[45]

히파티오스(Hypatios)의 수도원에 고위직 관료였던 모낙시오스
(Monaxios)의 소유인 다섯 명의 노예가 도망하여 들어왔다.[46] 모낙
시오스는 408-409년 수도총감(praefectus urbis)을 지냈고 412년, 414
년, 416-420년에 오리엔스 감영 정무총감(praefectus praetorio)을 역
임한 후에 419년 집정관(consul ordinarius)을 거친 인물이다. 도망 노
예 중에는 아들도 있었는데, 필시 여노(女奴)와 모낙시오스 자신에게
서 태어난 불법적인 아들이었을 것이다. 히파티오스는 이 노예들을
맞아들여 말씀으로 가르치면서 사제로 안수해줄 것을 고려하기까지
했다. 모낙시오스는 도망친 자신의 노예들이 히파티오스의 수도원에
있다는 사실을 알고 노예를 돌려줄 것을 요청한다. 히파티오스는 모
낙시오스를 만난 자리에서 이렇게 노예 주인을 설득한다. "인간의
생각으로 하면 그들은 당연히 당신의 노예입니다. 그러나 인간의 생
각이 아니라 하나님을 따라 생각한다면 당신의 노예가 아니라 당신
의 형제인 노예들입니다. 만약 그대가 그 형제들을 우리 모두의 주
님인 하나님으로부터 멀리한다면, 그분께서 그대를 향해 어떤 일을
행하실까요. 그대에게 하나님의 분노가 임하지 않겠습니까." 설복당
한 모낙시오스는 도망노예들이 하나님을 섬기며 살 수 있도록 허락
해 준다. 수도원은 자주 도망노예들의 도피처가 되었다. 바실리오스

---

44) Harnack, *Mission et expansion du Christianisme*, 240쪽 각주 1번.

45) 스케티스의 압바 올림피오스에 얽힌 일화는 『사막교부들의 금언집』, 15.47에 나온다. 남성현,
『사막교부들의 금언집』, 297-298쪽.

46) 히파티오스의 수도원과 모낙시오스에 얽힌 일화는 『히파티오스의 생애』, 21.1-16을 참조하라.

의 『수도규칙서』 대규칙 11항에는 수도원에 도망한 노예에 관한 규정이 명시되어 있다.[47] 만약 주인의 정당한 요구를 거절하여 도망한 노예라면 주인에게로 돌려보내야 한다. 그러나 노예가 주인의 불의한 요구를 피해 수도원으로 도망한 경우, 수도원은 사람의 제도나 뜻보다는 하나님의 뜻을 따라야 하므로 수도원은 주인에 맞서 희생을 감수하고서라도 노예를 보호해야 한다.

4) 테오도시우스 칙법전 9권 3장 1절 / CTh 9.3.1 (=CJ 9.4.1) : 피고(被告)에 대한 학대를 금지하고 햇볕을 쬘 수 있게 해주어야 한다.

320년 6월 30일, 혹은 12월 31일

Imp. Constantinus a. ad Florentium rationalem. In quacumque causa reo exhibito, sive accusator exsistat sive eum publicae sollicitudinis cura[*] perduxerit, statim debet quaestio fieri, ut noxius puniatur, innocens absolvatur. Quod si accusator aberit ad tempus aut sociorum[*] praesentia necessaria videatur, id quidem debet quam celerrime procurari. Interea[*] vero exhibito non ferreas manicas et inhaerentes ossibus mitti oportet, sed prolixiores catenas, ut et cruciatio desit et permaneat fida custodia. Nec vero sedis intimae tenebras[*] pati debebit inclusus, sed usurpata luce vegetari

---

47) 노예에 관한 바실리오스의 수도규칙에 대해서는 남성현, 『기독교 초기 수도원 운동사』, 151-152쪽을 참조하라.

et, ubi nox geminaverit custodiam[*], vestibulis carcerum et salubribus locis recipi ac revertente iterum die ad primum solis ortum ilico ad publicum lumen[*] educi, ne poenis carceris perimatur, quod innocentibus miserum, noxiis non satis severum esse cognoscitur.

Illud etiam observabitur, ut neque his qui stratorum funguntur officio neque ministris eorum liceat crudelitatem suam accusatoribus vendere[*] et innocentes intra carcerum saepta leto dare aut subtractos audientiae longa tabe consumere. Non enim existimationis tantum, sed etiam periculi metus[*] iudici imminebit, si aliquem ultra debitum tempus inedia aut quocumque modo aliquis stratorum exhauserit et non statim eum penes quem officium custodiae est adque eius ministros capitali poena[*] subiecerit.

Dat. prid. cal. iul. Serdicae Constantino a. VI et Constantino caes. conss.

황제 콘스탄티누스가 세무책임자 플로렌티우스에게

어떤 소송에서 고소인이 존재하건 혹은 공권이 애를 써서[*] 추적하였든지 간에 피고인이 생긴다면, (피의자가) 죄가 있다면 처벌하고 무고하다면 풀어주기 위해 즉시로 심리(審理)를 해야 한다. 그러나 만약 원고가 일정기간 떠나 있어야 하거나 공범(共犯)들의[*] 출석이 필요하다고 보인다면, 실로 그것은 가능한 한 빨리 이루어져야 한다. 그러는 동안[*], 실로 피고를 쇠로 되어 뼈를 옭죄는 수갑으로 채우지 말아야 하고, 대신 고통이 없으며 감호(監護)가 확고하도록 보다 헐렁한 사슬로 채워야 한다. 그리고 갇힌 자(역주 : 피고)는 깊은 감옥의 어듦을[*] 경험하지 말아야 하고, 감옥의 징벌로 죽지 않도록, 오히려 햇볕을 쬐여 생기가 돌게 해야 하며, 두 배로 감시해야 할 밤에는[*] 감옥의 입구로 그리고 건강에 유익한 곳으로 받아들여야 하고, 다시 날이 밝아 해가 돋을 때에 그곳으로부터 모두에게 한결같은 빛으로[*] 인도해야 한다. 이런 상황은 무고한 자들에게 동정적인 것이고 죄가 있는 자에게도 그렇게 가혹하지 않은 것으로 생각된다.

간수의 직무를 행하는 자들과 그 조수들은 자신의 잔인함을 고소인에게 팔지[*] 말아야 하고, 무고한 자들을 감옥의 울타리 안에서 죽이거나, 심리(변론)을 빼앗긴 자들이 오랜 쇠약으로 사라지지 않도록, 아울러 이 규정을 지켜야 할 것이다. 간수 중의 누군가가 어떤 마땅한 기간 이상으로 혹은 어떤 방법을 써서, 굶주림으로 해치는데도 재판관이 감호(監護)의 직무를 수중(手中)에 맡은 자와 그의 조수들에게 인두형(人頭刑)을[*] 즉시로 내리지 않는다면, 재판관에게는 존경에 대한 위협뿐 아니라 생명에 대한 위협이[*] 임할 것이다.

아우구스투스 콘스탄티누스의 여섯 번째 집정관직과 카이사르 콘스탄티우스의 집정관직 하에 소피아(세르디카)에서 7월의 하루 전에 공포됨.

*

- publicae sollicitudinis cura : "공권이 애를 써." 문자적으로는 '공적 근심을 돌보는 것', 즉 관료의 행정 수행을 의미하는 것이고, 여기서는 제국 경찰의 임무를 뜻한다. 범죄의 수사, 범인의 체포

와 감금, 범죄사실의 조사, 범인의 증인신문, 증거확보 등 기소 (起訴)에서 판결과 형(刑)의 집행을 통칭한다.[48]

- socii : "공범들." 2인 이상의 다수가 범죄에 참여한 경우 범죄행 위에 주도적 역할을 한 주범(主犯)외에 주범의 범죄를 협력, 교 사, 방조한 자를 종범(socius, 혹은 consortes, participes, conscius) 으로 규정하여 처벌하였다.[49]

- Interea : "그러는 동안." 원고가 일정기간 재판에 출석하지 못할 경우 원고가 다시 돌아올 때까지 피고를 유치하는 기간과 공범 이 재판에 출석할 때까지 피고를 유치하는 기간.

- sedis intimae tenebrae : "깊은 감옥의 어둠." 내옥사(內獄舍)의 어 두움을 의미한다. 내옥사(內獄舍, carcer)와 외옥사(外獄舍, lautumiae) 의 구별에 대해서는 아래의 연구 10장 CTh 9.3.2(326년)를 보라.

- ubi nox geminaverit custodiam : "두 배로 감시해야 할 밤에는." 문자적으로는 '밤이 감시를 두 배로 만들 때에'.

- ad publicum lumen : "모두에게 한결같은 빛(이 비추이는 곳)으로" 즉, 양지(陽地)로. publicus는 '공적인'이라는 의미 외에도 '모두 에게 공통인'이라는 뜻이 있다.

---

48) 조규창, 『로마형법』, 691-693쪽의 내용을 참조.
49) 조규창, 『로마형법』, 42쪽.

- crudelitatem suam accusatoribus vendere : "자신의 잔인함을 고소인들에게 파는 것." 고소인에게서 뇌물을 받고 수인(囚人)을 학대하는 것을 뜻한다.[50]

- periculi metus : "생명에 대한 위협." 문자적으로는 '위험에 대한 공포'이다. 문맥에 따르면 위험은 재판관의 생명에 대한 위협을 뜻한다.

- capitalis poena : "인두형(人頭刑)." 인두형(人頭刑, capitalis poena 혹은 poena capitis)은 무엇보다도 사형(死刑, supplicium)을 의미한다. 그런데 테오도르 몸센을 따르면 극형은 사형만을 의미하지는 않는다.[51] 사법(私法)상에는 '인두(人頭)의 제거'(capitis deminutio)라는 개념이 있었고 이에 부합하여 자유와 시민권의 상실도 항상 인두형(poena capitis)으로 이해되었다. 인두형(poena capitis)이 형벌 목록에 나타날 때는 '인두(人頭)에 관한 소송'(causa capitalis 혹은 res capitalis)이란 넓은 의미로 항상 사용되었다. 로마 변호사들은 '인두'(人頭, caput)란 용어를 시민권의 개념으로 확장해서 사용하곤 했다. 바로 이런 점 때문에 인두형(poena capitis)은 '가장 혹독한 형벌'(ultimum supplicium 혹은 summum supplicium)인 십자가형, 화형, 참수형, 수장형(水葬刑), 검투형 등 생명형일 수도 있고 시민권 상실형일 수도 있다. 위 칙법에서는 생명형인

---

50) Pharr, *The Theodosian Code*, 228쪽 각주 4번.

51) 이하 내용은 Mommsen, *Le droit pénal romain* 3, 241-243쪽과 246쪽(독일어 원문 908-9011쪽)을 참조했다.

사형(supplicium)을 뜻한다.[52] capitalis('인두에 관계된')라는 표현
은 severa('엄중한')의 뜻으로 이해할 수 있다.[53]

*

테오도르 몸센의 견해를 따르면, 콘스탄티누스의 이 칙법(CTh 9.3.1,
320년)은 옥사에 갇힌 자를 인간적으로 대우해 주도록 규정하는 첫
번째 법이다. 칙법의 첫 번째 문장은 피고인이 옥사에 구금되는 것
이 징역형이 아니라 재판을 위한 것임이 명시된다. "죄가 있다면 처
벌하고 무고하다면 풀어주기 위해"라는 구절이 암시하듯 피고인과
유죄판결을 받고 처벌을 기다리는 사람들이 서로 분리되어 있지 않
고 같은 장소에 구금되어 있었음을 알 수 있다.[54] 콘스탄티누스는
20년 뒤인 340년에 이르러 남녀 피의자를 각각 다른 장소에 구금하
도록 한다(CTh 9.3.3, 아래 연구 10장 참조).

특별히 "...고소인이 존재하건 혹은 공권이 애를 써 추적하였든
지..."라고 한 첫 문장에 주목할 필요가 있다. 형사소송은 고소인이
나 국가기관에 의해 시작될 수 있었다. 공화정기나 원수정기에는 고
소인이 형사소송을 진행하는 사인소추(私人訴追)가 존재하였고, 전주
정기에 이르러서는 국가기관이 형사소송을 진행하는 국가소추(國家

---

52) 여성에 대한 사형(supplicium)은 관료나 사제의 입회하에 비공개로 옥사에서 진행되기도 했고,
집에서 처형되기도 했다. 가내처형의 경우 여성의 권력을 가진 자에게 처형이 일임되었는데,
여성이 자권자(sui iuris)라면 가장 가까운 친척에게 일임되었다. 공화정 시대, 특히 원수정 시대
에는 가내에서 자살로 처형되는 경우도 있었다. Mommsen, *Le droit pénal romain* 3, 267-275쪽
(독일어 원문은 929-934쪽).

53) 뒤퐁(Dupont)은 *Le Droit criminel dans les constitutions de Constantin, Les peines*, 26-28쪽에서 콘스탄
티누스의 칙법에 6번 나타나는 poena capitalis라는 표현을 분석하였다.

54) Mommsen, *Le droit pénal romain* 1, 356쪽.

訴追) 방식으로 옮겨간다. 이 칙법에 제시된 "고소인이 존재하건"이라는 표현은 공화정기와 원수정기의 형사소송의 형태인 사인소추를 뜻하는 것처럼 보인다.

　로마법상 사인소추와 국가소추의 성립에 대해서 간략하게 소개하는 것이 도움이 될 것이다.[55] 공화정기의 주된 형사소송방식은 배심재판(陪審裁判)이었다. 배심재판의 본질적 특징은 로마시민이면 누구나 형사고소를 할 수 있었다는 점이다. 단 유아나 불명예자는 고소할 수 있는 권리가 없었고, 여성은 배우자 피살 등 특수한 조건이 성립될 경우에만 고소할 수 있었다. 고소가 들어오면 법무관이 범죄혐의와 이를 증명할 만한 상당한 증거가 확보되었다고 판단될 경우 기소를 결정했다. 피고가 배심재판소에 출정하면 법무관은 10일 이내에 재판기일(裁判期日, dictio diei)을 지정했으며, 이 기간 중에 원고는 증인을 확보하고 증거를 수집하는 등 소송을 준비했다. 원고와 피고가 재판기일에 출정(出廷)하면 법무관은 법이 정하는 바에 따라 배심원을 선출하도록 했고, 소송당사자의 소송대리인들이 변론할 수 있었다. 당사자는 소송대리인들을 통해 인증(人證)과 물증(物證) 등의 직접증거(直接證據)와 정황증거(情況證據) 등 모든 증거를 자유로이 제출할 수 있었다. 공화정기의 배심재판의 본질적 특징은 시민이면 누구든지 범죄혐의자를 직접 고소할 수 있는 '사인소추의 민중소송'(iudicia populi)의 원칙이었다. 국가기관이 공소권을 독점 행사하는 직권주의재판과 대비하여 이런 방식의 재판을 사인소추주의재판이라고 한다.

---

55) 배심재판에 대한 설명과 사인소추에 대해서는 조규창, 『로마형법』, 308-317쪽과 333쪽을 참조하였다.

　　원수정기에 형사재판권을 행사하던 주체로는 황제와 원로원 및 정무총감, 수도총감(praefectus urbi), 곡물조달감(praefectus annonae)과 소방감 등이 있었다.[56] 황제는 권위의 정점이었고 원로원에서 소방감에 이르기까지 황제의 권위에 반(反)하는 형사판결을 할 수 없었다. 그리하여 황제를 정점으로 하여 통일적인 재판조직이 조성되었다. 그런데 원수정기에 이르러서도 공화정기의 배심재판의 본질적인 특징인 사인소추의 민중소송은 계속 유지되었다. 원수정기에도 여전히 고소인은 형사재판에서 원고로서 소송을 주도하는 위치에 있었던 것이다. 반면 차이점도 존재한다. 공화정기의 배심재판은 상소가 허용되지 않는 확정판결이었지만, 원수정기에는 황제에 대한 상소가 허용된다는 점에서 다르다. 또 다른 변화는 원수정기의 사회와 경제 환경이 변화한 결과로 이루어진 특별심리소송(特別審理訴訟)이다. 원수정기에 나타난 경제 사회적 변화로 인해 공화정기의 특정범죄처벌법으로는 욕설, 비방, 성희롱 등의 인격침해(人格侵害)죄나 사기죄 등의 새로운 범죄를 제재할 수 없었다. 새로운 범죄는 황제의 칙법과 특별심리소송을 통해서 확립되었고, 이렇게 확립된 범죄를 특별범죄(crimina extraordinaria)라고 하였다. 특별심리소송이 취급한 범죄를 특별범죄라고 한 것은 법정(法定)된 기존의 일반범죄(crimina ordinaria)와는 다른 새로운 범죄였기 때문이다. 이렇게 하여 특별심리소송은 기존의 법정범죄를 확대한 일반범죄와 특별범죄를 다루게 되었다. 특별범죄의 내용으로는 사기죄(stellionatus), 절도, 인격침해와 묘지침해, 탈옥죄, 추방자 비호죄, 연소자 추행죄, 할례죄와 마법

---

56) 이 문단의 내용은 조규창, 『로마형법』, 333-338쪽을 참조한 것이다.

사용의 주술죄가 있었다.

공화정기의 배심재판과 원수정기의 특별심리재판에서는 사인소추 (私人訴追)의 원칙이 유지되었지만, 콘스탄티누스 황제는 범죄에 대한 소추권을 국가 관리에게 부여함으로써 형사재판은 사인소추와 국가소추가 선택적으로 경합하게 되었다.[57] 국가 관리에게 소추권을 인정한 이유는 범죄사건은 단순히 피해자나 시민 개인의 문제가 아니라 공공의 질서를 유지할 의무가 있는 국가의 중요한 과제라는 인식 때문이었다(CTh 9.37.1). 콘스탄티누스 황제는 위조범(crimen falsi)에 대한 칙법에서 고소인뿐 아니라 재판관도 범죄의 조사와 입증에 책임이 있다고 하였다. 콘스탄티누스의 규정은 위조사건뿐 아니라 모든 형사사건으로 확장되어 재판관은 직권으로 범죄를 조사하고 증거를 확보할 수 있게 되었다. 콘스탄티누스의 시대에 원고의 부재(不在)나 불기소 의사와는 관계없이 국가기관이 범죄사건을 직권으로 조사할 수 있는 국가소추의 원칙이 확립되었고 이후 형사소송은 국가소추주의로 정착하게 되었다.

그런데 320년에 공포된 위의 칙법(CTh 9.3.1)에 "고소인이 존재하건 혹은 공권이 애를 써 추적하였든지 간에 피고인이 생긴다면"이라고 규정한 내용은 사인소추와 국가소추가 병존하고 있는 상황을 드러낸다.

---

57) 이 문단은 조규창, 『로마형법』, 691-693쪽의 내용을 참조한 것이다.

*

　이 칙법(CTh 9.3.1)은 고소인이나 공범의 증언을 통해 죄가 확정되기 전에 피고인에게 "모두에게 한결같은 빛"(publicum lumen)을 쐬일 수 있는 권리를 허용한다. 햇볕을 쬘 수 있는 권리에 주목해야 하는 이유는 "모두에게 한결같은 빛"(publicus lumen)이란 표현이 로마법적인 정서보다는 풍부한 뉘앙스를 갖고 있는 빛에 관한 신학(神學)과 가까워 보이기 때문이다.

　태양신은 이집트에서 숭배된 이후 로마에서도 인기를 끌던 신이었으며 3세기 중반경의 그리스 로마의 제신(諸神)은 태양신으로 통합되는 경향을 보인다. 그리스 로마 전통에서는 아폴론−태양신이 크게 인기를 끌었다.

　3세기에 로마제국에 크게 퍼졌던 미트라스(Mitras)교는 빛의 종교였다. 미트라스는 태양신과 함께 나타나는 빛의 신이었다. 빛의 신 미트라스는 빛의 종교였던 기독교와 경쟁관계에 있었고, 유스티누스나 테르툴리아누스 같은 2-3세기 기독교 저자들은 미트라스교를 경계한다. 아울러 3세기부터 Sol Invictus(무적의 태양)가 숭배되었다. 콘스탄티누스는 태양신이 주조된 주화를 찍

도 4. 태양신의 제단, 1세기 중반, 로마 카피톨 박물관

어낸 바 있다.

요한복음 이래로 기독교 신학도 빛을 유비로 사용하여 신학을 전개하곤 했다. 요한복음 1장 9절에 따르면 "참 빛 곧 세상에 와서 각 사람에게 비추는 빛이 있었다"고 하였다. 또한 그리스도는 "나는 빛으로 세상에 왔나니 무릇 나를 믿는 자로 어둠에 거하지 않게 하려 함이로라"(요 12,46)고 하였다. 요한 1서 1장 5절에는 "하나님은 빛이시라 그에게는 어둠이 조금도 없으시다는 것이니라"고 하면서, 이어서 7절에 "그가 빛 가운데 계신 것 같이 우리도 빛 가운데 행하면 우리가 서로 사귐이 있고 그 아들 예수의 피가 우리를 모든 죄에서 깨끗하게 하실 것이요"라고 하였다. 기독교는 지중해 종교에서 흔히 나타나는 빛의 신학을 받아들여 그리스도와 하나님을 빛이라고 하였고, 그리스도 안에서 이루어지는 영적인 삶을 빛 가운데 살아가는 삶이라고 은유적으로 형상화하였다. 보다 결정적으로 예수는 산상수훈에서 하나님이 햇빛을 선인과 악인에게 한결같이 비춘다고 말하였다. "또 네 이웃을 사랑하고 네 원수를 미워하라 하였다는 것을 너희가 들었으나, 나는 너희에게 이르노니 너희 원수를 사랑하며 너희를 박해하는 자를 위하여 기도하라. 이같이 한즉 하늘에 계신 너희 아버지의 아들이 되리니, 이는 하나님이 그 해를 악인과 선인에게 비추시며 비를 의로운 자와 불의한 자에게 내려주심이라."(마 5,43-45).

삼위일체 신학과 관련하여 일찍이 2세기의 변증가 유스티누스(Justinus)는 태양과 태양의 빛으로 성부와 성자의 관계를 설명하였다. 유스티누스에 따르면 빛과 태양은 서로 구별되지만 나뉘지 않고 분리되지도 않는다.[58] 빛의 신학은 325년에 만들어진 '니케아 신조'에도 반영되어 있다. 니케아 신조에 따르면 우리 주 예수 그리스도는 "하나님의 아들이시며, 아버지로부터 나신 독생자이시되 아버지의 본질(ousia)로부터 나신 분이시고, 하나님으로부터 나신 하나님이시며, 빛으로부터 나신 빛이시다."

336년 콘스탄티누스의 즉위 30주년 기념 연회에서 카이사레아의 에우세비오스가 발표한 『콘스탄티누스 찬가』에도 빛의 신학이 계속된다. "로고스는 말할 수 없는 빛으로부터 나신 빛이요 영적으로 태어나신 분이다."[59] 더 나아가 에우세비오스는 빛의 상징으로 콘스탄티누스의 통치를 은유하는 정치신학을 전개한다. 이와 관계된 필자의 논문 일부를 재인용하면 다음과 같다.[60]

> "콘스탄티누스의 오랜 통치와 세 아들의 등극(登極)은 모든 자의 왕이신 하느님께서 '아주 사랑하는 왕'에게 내린 선물이다. 에우세비우스는 콘스탄티누스와 세 아들의 공동통치에 대해서 빛과 사두마차를 비유로 든다. 콘스탄티누스의 통치는 멀리서 오는 '햇빛과 같이' 제국을 비춘다. 콘스탄티누스는 《진실한 경건의 빛을 통해 인간의 영혼을 밝힌다.》 그의 세 아들들은 콘스탄티누스에게서 오는 빛을 받아 각 지역을 밝히는 '햇불과 등불' 같다. 아울러 콘스탄티누스에 의한 공동통치는 4두 2륜 마차에 비유된다. 콘스탄티누스는 하느님의 영감으로 조화와 협력 속에서 '네 명의 아주 용맹스런 카이사르'가 끄는 사두마차를 인도한다. 사두마차를 조종할 뿐 아니라, 마치 태양의 빛처럼 지상의 어디에든 존재하며 지상의 모든 것에 관여한다. 세 명의 아들 외에 달마티우스(Dalmatius)가 335년 9월 18일에 카이사르로 선포되었다. 이에 따라 에우세비우스는 네 명의 카이사르를 네 마리의 말에 비유하는 것이다. 그런데 왜 하필이면 태양과 사두마차의 은유에 힘입어 콘스탄티누스의 통치를 묘사하는 것일까? 잠시 눈을 돌려 이 당시에 태양과 마차의 상징이 문화적으로 어떻게 표현되었는지 살펴볼 필요

---

58) 올슨·홀, 『삼위일체』, 36쪽에서 재인용.

59) 에우세비오스, 『콘스탄티누스 찬가』, 12.8.

60) 아래 인용문은 남성현, 「에우세비우스의 정치신학」, 90-92쪽에서 재인용한 것이다.

가 있다. 태양과 왕권을 연결시키는 것은 순수 기독교적인 기원을 갖고 있는 것은 아니다. 307년에 발표된 막시미아누스와 콘스탄티누스의 송덕문에서는 콘스탄티누스의 아버지인 콘스탄티우스 클로루스를 가리켜 «태양이 당신을 마차에 태운 것은 당신을 하늘로 데려가기 위함이니이다»라고 하였다. 기독교 예술 쪽에서는 3세기에 만들어진 베드로 성당 율리우스 기념당(Mausoleum Julii)의 그 유명한 마차를 타고 하늘로 올라가는 그리스도-태양(Sol Christus)의 모자이크화를 쉽게 떠올릴 수 있다. 이 모자이크화의 우측과 상 하단은 푸른색의 포도나무 덩굴로 장식되어 있고 좌측은 두 필의 말이 이끄는 마차를 타고 하늘로 올라가는 그리스도의 모습이 제시되어 있다. 그리스도의 머리 주변은 빛나는 태양의 모습으로 되어 있으므로 이 모자이크화를 흔히 그리스도-태양의 모자이크화라고 부른다. 그리스도-태양의 모자이크화는 '정복되지 않는 태양신(Sol Invictus)'에 대한 도전으로 이교적인 모티프인 태양숭배를 기독교적으로 전환시킨 것이다. 제작 시기는 늦어도 4세기 초반이며 4세기 이전으로 볼 수도 있다. 기독교 문학에서도 그리스도-태양의 상징은 4세기 이전에 등장하였다. 알렉산드리아의 클레멘스(Clemens)는 «말을 타고 우주를 가로지르는 정의의 태양은 아버지를 본받아 또한 인류를 찾아온다»고 하였고 태양을 가리켜 «부활의 태양»이라고 하였다. 심지어 에우세비우스 자신이 로고스를 가리켜 '정의의 태양'이며 '모든 빛을 넘어선 빛'이라고 쓰고 있다.”

결론적으로 피고의 유죄가 확정되기 전에 “모두에게 한결같은 빛”(publicum lumen)을 쬘 수 있는 권리를 주어야 한다는 320년의 칙법은 지중해 종교와 기독교의 빛의 신학적 전통 선상에 위치시킬 수 있다고 본다. publicum lumen이란 표현 자체는 로마법적 용어라기보다는 종교적 용어로서 특히 기독교적 상징성이 풍부하며, 의미상으로는 “하나님이 그 해를 악인과 선인에게 비춘다”(solem suum oriri facit super malos et bonos)는 예수의 표현과 유사한 맥락이다. 단, 콘스탄티누스의 칙법은 피고가 유죄로 확정되기 이전까지만 햇빛에 대한 자연권을 허용한다.

5) 테오도시우스 칙법전 2권 33장 1절 / CTh 2.33.1 : 농장생산물의 채무에 대한 이자제한법.

325년 4월 17일

Imp. Constantinus a. ad Dracilianum agentem vices pf. p.

Quicumque fruges humidas vel arentes[*] indigentibus mutuas dederint, usurae nomine tertiam partem superfluam consequantur, id est ut, si summa crediti in duobus modiis[*] fuerit, tertium modium amplius consequantur. Quod si conventus[*] creditor propter commodum usurarum debitum recipere noluerit, non solum usuris, sed etiam debiti quantitate privandus est. Quae lex ad solas pertinet fruges: nam pro pecunia ultra singulas centesimas creditor vetatur accipere.

Pp. Caesareae xv. kal. mai., Paulino et Iuliano coss.

Interpretatio. Quicumque fruges humidas, id est vinum et oleum, vel quodcumque[*] annonae genus alteri commodaverit, non plus ab eo propter usuram quam tertiam partem accipiat, id est ut supra duos modios, qui accepit, tertium reddat. Quod si conventus[*] fuerit ille, qui commodat, et pro maiore usura noluerit debitum suum, adiecto tertio modio, a debitore recipere, etiam debitum perdat. Quam rem ad solas fruges praecipimus pertinere. Nam quando pecunia fuerit commodata, nisi unam tantum centesimam a creditoribus exigi non iubemus.

황제 아우구스투스 콘스탄티누스가 정무총감 대리자인 드라킬리
아누스에게

액류나 건류 농장생산물을* 필요한 자에게 빌려준 자들은, 이자의
명목으로 세 번째 추가분을 받게 된다. 즉, 빌려준 것의 합계가 2모
디우스라면,* 3번째 모디우스를 추가로 받게 된다. 그런데 만약 (채
무지불) 통지를 받은* 채권자가 이자의 이득을 위해 채무를 돌려받
기를 거절한다면, 그는 이자뿐 아니라 빛의 총액도 박탈당해야 한다.
이 법은 농장생산물에만 유효하다. 왜냐하면 금전에 대해서 채권자
는 (이자를) 1% 이상 수령하는 것이 금지되어 있기 때문이다.

파울리누스와 율리아누스의 집정관직 하에 5월의 열닷새 전에 고
시(告示)됨.

해석 : 포도주나 올리브유 등 액류 농산물이나 무슨 종류의 생산
물이든 타인에게 대여한 자는, 그로부터 이자로 세 번째 분량 이상
을 수령할 수 없다. 즉, 빌린 자는 2모디우스 외에도 세 번째 모디우
스를 돌려주어야 한다. 그런데 만약 대여한 자가 통지를 받고, 세 번
째 모디우스가 부가되었는데도 더 많은 이자를 위해 자신의 급부를
채무자로부터 수령하기를 거절하면, 그는 급부조차 잃게 된다. 우리
는 이것이 농장생산물에만 유효함을 규정한다. 왜냐하면 우리는, 금

전을 대여했을 때 채무자에게 1% 이상 요구할 수 없다는 것을 명하기 때문이다.

*

- fruges humidas vel arentes : "액류나 건류 농장생산물." fruges는 농장에서 생산되는 생산물을 가리킨다. humidae는 수분이 포함된 농장생산물을 가리키는데, 해석 부분을 참조하자면 포도주나 올리브 등 액체 생산물을 일컫는 것처럼 보이지만, "과일이나 채소, 고기" 등 수분이 함유된 생산물을 가리킬 수도 있는 것처럼 보이며, arentes는 밀 등의 곡류를 가리키지만 익힌 육류를 뜻할 수도 있다.[61])

- modius : "모디우스." 농장생산물, 특히 밀의 측정단위이다. 폼페이에서는 밀 1모디우스가 6.5kg이었다.[62]

- conventus : "통지를 받은." 채무자는 채무이행의 모든 요건을 갖추어 채권자에게 채무이행의 통지를 해야 했다.

*

이 법은 농장에서 생산되는 농산물의 이자를 50% 이내로 제한하

---

61) Pharr, *The Theodosian Code*, 61쪽 각주 3번과 4번.

62) www.leg8.com/textes/le_prix_des_choses

는 법이다. 2모디우스를 대여했다면 이자로 1모디우스를 추가해서 총 3모디우스를 돌려받을 수 있는 권리가 있고 그 이상은 허용하지 않는다. 단 금전 대여의 경우는 월 1%, 연리로 12%의 이자만 허용하고 그 이상은 허용하지 않는다는 종래의 규정을 상기시키고 있다. 이처럼 현물채무의 경우 금전채무보다 상대적으로 높은 이자가 적용되었지만, 칙법에서 암시되듯 50% 이상을 요구하는 채권자들 때문에 콘스탄티누스는 50%가 현물채무의 연리 상한선임을 규정하고 있다. 콘스탄티누스는 328년에 공포한 칙법에서 파종과 농산물 수확에 바쁜 경작자는 특별 부역(賦役)에 차출하지 않도록 규정한 바 있다(CTh 11.16.4). 해석 부분에서는 채무자가 현물채무와 채무의 50%에 해당하는 추가분의 상환을 통지했음에도 채권자가 더 높은 이자를 목적으로 수령을 거부할 경우, 추가분은 물론 채무 자체의 권리를 상실하게 됨을 규정한다.

  채권자의 수령지체(mora creditoris, mora accipiendi)는 일반적으로 채무자가 급부제공을 한다는 통지만으로 성립되지 않고, 채권자가 정당한 이유 없이(sine iusta causa) 급부를 수령하지 않거나 거절한 경우에만 성립되었다.[63] 그런데 이 칙법은 채권자의 수령지체를 보다 엄중하게 다스려, 채권자가 채무반환 통지와 함께 제공된 빚과 50% 이자를 수령하지 않는 경우, 채권의 권리 자체가 소멸됨을 규정하고 있다. 일반적으로 현물채무에 있어서 채무자는 채권자의 수령지체 중에 발생한 손해와 비용의 상환을 상계(相計)로써 주장할 수 있었고, 포도주 매매의 경우 매수인이 적시에 수령하지 않을 경우 매도인은 포도

---

[63] 이 문단의 내용은 현승종·조규창, 『로마법』, 684-685쪽을 참조하였다.

주 통을 사용할 필요에서 매수인의 포도주를 쏟아버릴 수 있었다.

칙법 본문은 금전채무의 경우 이자를 월 1%, 연리 12%로 제한한다고 밝히는데, 공화정 후기 이래로 연 12%를 최고 이율로 하였고, 이자의 총액이 원금을 초과할 수 없었으며, 연체이자의 경우에도 이자의 총액이 원금에 도달하면 이자발생이 중단되었다. 유스티니아누스 시대에는 금전채무의 경우 연 6%로 규정했고, 복리(anatocismus, usurae usurarum)의 취득은 폭리행위로 엄중히 제재되었다.[64]

6) 테오도시우스 칙법전 11권 16장 3절 / CTh 11.16.3 : 공부역(公賦役) 부과에서 빈자 보호법.

325년 4월 24일

Idem a. ad edictum Calchedoniensium et Macedoniensium.

Quotienscumque aliquam adscriptionem[*] fieri necesse est, rectorum consiliis et dispositione uniuscuiusque civitatis fiat adscriptio, ne libidini et commodo potiorum multitudo mediocrium subiecta gravibus et iniquissimis adficiatur iniuriis.

---

64) 이 문단의 내용은 현승종·조규창, 『로마법』, 667쪽에서 인용한 것이다. 이자율에 대한 보다 상세한 자료는 Andreau, *Banking and Business in the Roman World*, 90-99쪽을 보라. 농장생산물과 현물이자율에 대해서는 Erdkamp, *The Grain Market in the Roman Empire*, 122-123도 참조하라. 콘스탄티누스는 농번기에 농부들이 종교의식에 참여하지 않아도 좋다는 허락을 내린 바 있다. Kehoe, *Law and The Rural Economy in the Roman Empire*, 169쪽 참조.

Accepta VIII kal. mai. Crispo III et Constantino III aa. conss.

같은 아우구스투스가 칼케돈인(人)과 마케도니아인(人)의 고시에 대해서.

조세할당이* 필요할 때마다, 속주지사들의 계획과 규정에 따라 개별 시(市)의 징수가 이루어져서, 다수의 미천한 자들이 보다 위에 있는 자들의 욕구와 이익에 종속되어 중(重)하고 아주 부당한 불의를 당하지 않도록 해야 한다.

아우구스투스 크리스푸스와 콘스탄티누스의 세 번째 집정관직 하에 5월의 여드레 전에 수락됨.

*

- adscriptio : "조세할당." adscriptio는 조세, 특히 직접세의 하나인 부동산보유세(tributum, 혹은 재산세)가 부과될 때에 각 조세 단위당 거두어야 할 세금의 양을 정하는 행위이다.[65] 이 때문에 "조세할당"이라고 번역하는 것이 타당하다. 정무총감(praefectus praetorio)은 각 속주마다 건물과 토지 등에 대해서 부동산보유세를 할당하고, 속주지사들은 이를 각 도시에 할당하며, 각 도시의 시의회는 토지 소유자들에게 세금을 할당한다.

---

65) 이하 내용은 Dupont, *Le Droit criminel dans les constitutions de Constantin, Les infractions*, 88쪽을 참조하였다.

*

공화정 시대에 시민은 세금을 많이 낼수록 많은 권리를, 적게 낼수록 적은 권리를 가졌다. 성곽으로 둘러싸인 수만 개의 도시로 구성된 로마제국은 시 단위로 세금을 납부하고 관리했다. 이 칙법은 속주의 재정계획이 세밀하지 못한 경우 약자들이 필요 이상의 세금을 낼 수 있었으므로 면밀한 재정계획 하에 세금징수를 할 것을 촉구하고 있다.[66]

7) 테오도시우스 칙법전 11권 39장 1절 / CTh 11.39.1 : 피고(**被告**)의 점유권 보호에 관한 법.

325년 9월 17일

Imp. Constantinus a. Aurelio Helladio. Etsi veteris iuris definitio et retro principum rescripta[*] in iudicio petitori eius rei[*] quam petit necessitatem probationis dederunt, tamen nos aequitate et iustitia[*] moti iubemus, ut, si quando talis emerserit causa, in primordio iuxta regulam iuris petitor debeat probare, unde res[*] ad ipsum pertineat; sed si deficiat pars eius in probationibus, tunc demum possessori necessitas imponatur probandi[*], unde possideat vel quo iure teneat, ut sic veritas examinetur.

---

66) 농장생산물과 경작지에 대한 세금징수 방식에 대해서는 Duncan-Jones, *Money and Government in the Roman Empire*, 47-63쪽을 참조하라.

Dat. Naisso XV kal. octob. Paulino et Iuliano conss.

황제 아우구스투스 콘스탄티누스가 아우렐리오 헬라디우스에게

구법(舊法)의 규정과 전임 원수들의 회답을 통해* 원고(原告)에게 그가 청구하는 물건(物件)에* 대해 증명할 필요성을 지적했음에도 불구하고, 공평과 정의에* 감동된 우리는, (재판이) 시작되면서 그런 경우가 생길 때마다 법규에 따라 어떻게 해서 물건이* 자신에게 속하는지를 반드시 증명하도록 명한다. 그러나 만약 증거 불충분이라면, 그때는 결국 점유자가 어떻게 해서 소유하게 되었고 또는 어떤 권리로 보유하고 있는지 증명할 필요가 있고*, 이렇게 하여 진실을 조사하도록 한다.

파울리누스와 율리아누스의 집정관직 하에 10월의 15일 전에 공포됨.

*

- rescripta : "회답." 지방 관료들이 특정 사항에 대해서 황제에게 문의한 것에 대해 황제가 내리는 답신을 가리켜 회답이라고 한다. 칙법의 한 형태이다.

- res : "물건(物件)." 로마법상 물건을 지칭하는 라틴어 res는 그 의미와 내용이 매우 포괄적이다.[67] 좁은 의미의 물건은 실재하

는 독립한 유체물(有體物)을 말하나, 넓은 의미의 물건이란 사법과 소송의 목적이 될 수 있는 권리의 객체와 가산을 구성하는 권리 및 경제적 가치가 있는 것의 총체를 의미하기도 했다. 가이우스(Gaius)는 사람의 감각기관에 의한 식별을 기준으로 만져볼 수 있는 물건을 유체물(res corporales)이라 했고, 만져볼 수 없는 용익권, 상속권, 채권과 같은 권리를 무체물(res incorporales)이라 했다.

- aequitas et iustitia : "공평과 정의." 법이 '공평과 정의의 기술'(ars aequitatis et iustitiae)이라는 말은 로마법의 대명제이다. 황제의 통치권한도 공평과 정의를 실현하는 하나의 도구로 인식되었다. 물론 이런 개념은 기독교 시대의 도래와 함께 서서히 황제권이 신의 뜻을 이루는 도구라는 방향으로 변화한다.

- possessori necessitas imponatur probandi : "점유자가… 증명할 필요가 있고." probandi는 possessor에 걸린다. 문자적으로는 '증명해야 하는 것이 점유자에게 필요성으로 놓인다'이다.

*

로마법은 소유권의 보호와 동시에 점유를 보호하여 특정인의 어느 물건에 대한 사실상의 지배가 진정한 권리관계와 일치하느냐를

---

67) 물건에 관한 아래 내용은 현승종·조규창, 『로마법』, 477-478쪽을 참조하였다.

불문하고 타인의 점유에 대한 침해를 물적 질서에 대한 교란행위로
제재했다.[68] 로마법은 일찍이 법률상의 지배인 소유와 사실상의 지
배인 점유를 분리했고, 사비누스(Sabinus)는 점유가 일정한 사실에
불과하나 법률상 권리로 나타난다는 이유에서 점유를 권리로 구성
하여 점유권이란 개념을 만들었다. 위의 칙법은 소유와 점유를 확고
히 구분하는 로마법의 전통에 근원을 두고 있다.

8) 테오도시우스 칙법전 15권 12장 1절 / CTh 15.12.1 : 살인 검투경기 금지법.

325년 10월 1일

Imp. Constantinus a. Maximo praefecto praetorio. Cruenta spectacula[*]
in otio civili et domestica quiete non placent. Quapropter, qui omnino
gladiatores[*] esse prohibemus[*] eos, qui forte delictorum causa hanc
condicionem adque sententiam mereri consueverant, metallo magis facies
inservire, ut sine sanguine suorum scelerum poenas agnoscant.

Proposita Beryto kal. octob. Paulino et Iuliano conss. (325 oct. 1).

황제 아우구스투스 콘스탄티누스가 정무총감 막시무스에게

---

68) 이 문단의 내용은 현승종·조규창, 『로마법』, 497-500쪽을 참조하였다.

유혈(流血) 경축행사는* 시민의 평화와 가정의 평온함 속에서 유쾌하지 않다. 이 때문에 우리는 검투사들이* 존재하는 것을 전적으로 금지한다.* 귀하는 우연하게도 범죄 때문에, 이런 조건과 선고가 타당하다고 관습에 따라 인정된 자들이 자신의 피를 흘리지 않고 범죄에 대한 형벌을 받도록, 오히려 광산에서 노역(勞役)하도록 해야 할 것이다.

파울리누스와 율리아누스의 집정관직하에 10월 초하루에 베리투스(현재의 베이루트)에서 게시됨.

*

- spectacula : "경축행사." 경축행사는 극장의 연극과 원형 경기장에서 벌어지는 검투경기, 맹수형 등 여러 가지 경축일에 행해지는 대중오락을 총칭한다. 칙법 본문에서 언급된 '유혈경축행사'(cruenta spectacula)는 검투경기에 한정된다.

- prohibemus : "우리는... 금지한다." 테오도르 몸센은 prohibemus를 금지보다는 책망의 뉘앙스로 해석한다. 반면 샤포(M. Chapot)는 검투경기의 금지를 원하는 측과 원하지 않는 측 모두를 만족시키기 위한 수사학적 표현으로 생각한다.[69]

- gladiatores : "검투사들." 직업검투사들도 있었지만 많은 경우 형벌로서 검투경기에 투입되었다(CTh 9.40.2 참조).

---

69) Dupont, *Le Droit criminel dans les constitutions de Constantin, Les peines*, 38쪽.

도 5. 아레나(원형경기장), 1세기, 님므

*

이 칙법은 원수정기에 본격적으로 시작된 유혈 공연 중 검투경기를 금지하고 있다. 기독교는 생명존중의 사상이 있었고 특히 대중오락의 일환으로 살해를 동반하는 검투경기에 대해서는 극히 부정적이었다. 로마의 지식인들 중에는 세네카 정도만 검투경기에 부정적이었을 뿐 대다수는 무비판적으로 유혈 대중오락을 받아들였다. 그러나 이 칙법에도 불구하고 검투형과 검투경기는 즉시 중단되지 않았다.[70]

---

70) 엘비라 교회회의는 민속신앙의 제관이 여러 신에게 제사를 지낸 후 검투시합을 준비하고 살생(殺生)에 가담하므로 이들의 죄는 검투사보다 두세 배나 무겁다고 했다(조규창, 『로마형법』, 672-673쪽).

도 6. 검투사들의 무기, 1세기, 님므 원형경기장 전시관

고드프로이(Godefroy)는 325년 공포된 콘스탄티누스의 위 칙법이 로마제국의 동방지역만을 위한 것이었다고 생각한다. 반면 테오도르 몸센은 콘스탄티누스의 325년 칙법의 뉘앙스가 검투형의 금지를 명하는 것이 아니라 검투형 자체를 비판하는 정도에 머문다고 생각한다.[71] 콘스탄티누스 이후 황제들은 기독교의 생명존중 사상에 근거하여 검투경기를 금하는 칙법을 공포한다.[72] 콘스탄티우스는 357년에 황실관료를 검투사 양성소형(刑)에 처하는 것을 금했으며, 발렌티니아누스 황제도 366년(혹은 367년)에 기독교인과 황실 관료를 검투사 양성소형에 처하는 것을 금했다(CTh 9.40.8과 9.40.11). 하지만

---

71) Mommsen, *Le droit pénal romain* 3, 299쪽 각주 1번(독일어 원문은 955쪽). Dupont, *Le Droit criminel dans les constitutions de Constantin, Les peines*, 38쪽.

72) 이하 내용은 Mommsen, *Le droit pénal romain* 3, 299쪽(독일어 원문은 955쪽)을 참조하였다.

검투경기가 완전히 금지되는 것은 405년 호노리우스 황제에 이르러
서였다. 범죄자를 맹수형으로 처형하는 방식은 아나스타시우스 황제
때에 잠시 중단되었다가 유스티니아누스 황제 때에 다시 확인된다.[73]

*

위의 칙법 본문에서는 배타적인 기독교적 뉘앙스를 가진 표현은
찾을 수 없다. "시민의 평화와 가정의 평온함"이라는 표현은 무엇보
다도 그리스-로마적 가치였고 기독교도 공유하던 것이다. 기독교적
표현이 결여되어 있다고 해도 이 칙법에 교회의 영향력이 깊게 스며
들어 있다는 것이 전제되어야 한다. 기독교는 초기부터 로마의 대중
오락에 대해서 뿌리 깊고도 지속적인 반감을 갖고 있었다. 검투경기
는 로마의 일반적 지성도 찬성하고 즐기던 사회 기반적 개념으로서의
공공 오락이었다. 따라서 한 번의 칙법을 통해서 검투경기를 없애는
것은 가능하지 않았을 것이다. 기독교적 관점 외에는 검투경기를 종
식시킬 만한 정신적 토대가 존재하지 않았다. 기독교 저술가들은 검
투경기를 호의적으로 묘사하거나 필요악으로 묘사한 경우조차 없다.
2-3세기에 카르타고에서 활동했던 테르툴리아누스는 검투경기에
대한 반감을 극명하게 표현한 바 있다. "광장에서 손짓하며 논쟁하
는 자를 잠잠하게 만들거나 저주하는 자는, 경기장에서 주먹으로 사
람을 패면서 박수를 받는 자와 같다. 그리고 죽은 사람의 시체를 보
면서 전율하는 자는, 원형경기장에서 찢기고 썰리어 피로 검붉게 물

---

73) 본서의 CTh 9.12.1의 해설 부분과 D 48.19.8.11을 참조하라.

든 몸들을 바라보는 자와 같다. 더욱이 살인의 형벌에 박수갈채를 보내기 위해 연극을 보러가는 자는, 채찍질과 몽둥이질을 통해 검투사로 하여금 자신의 의지와는 상관없이 살인하도록 유도하는 자와 같다. 악명 높은 살인자에 대해서 사자를 불러낼 것을 주장하는 자는, 사나운 검투사에게 방망이를 준 다음, 그에게 보상으로 자유민의 모자를 수여하는 자와 같다."[74]

고의적 살인에 대한 기독교적 반감은 저술가들을 통해서 지속적으로 표현되었고 이는 교회의 대표자들이 공유하던 바이기도 했다. 이런 기독교적 합의는 325년 검투경기의 금지를 처음으로 표현하던 콘스탄티누스의 칙법 이후 405년 검투형과 검투경기가 종식되기까지 뿌리 깊은 로마적 관행을 없애는 근본적인 토대였다. 수도자 힐라리온은 광란의 서커스나 피로 얼룩진 아레나나 도를 넘은 연극 등을 보지 않았다고 한다. 힐라리온은 경건한 자로 그의 기쁨은 오직 교회의 모임이었다.[75]

검투경기를 금지하는 콘스탄티누스의 325년 칙법을 엘비라 교회회의의 조항과 관련시켜 볼 수도 있다. 305년(혹은 306년) 5월 15일 엘비라(Elvira)에서 열린 교회회의 법규 2번 조항은 이교 사제들이 신들에게 희생제사를 드리고 검투경기를 여는 것을 비판한다.[76]

---

74) 테르툴리아누스, 『공공오락에 대해서』, 21.3-4. 공공오락에 관한 교부들의 부정적인 일반론은 Futrell, *The Roman Games*, 160-188쪽을 참조하라.

75) 『힐라리온의 생애』, 2장

76) Dupont, *Le Droit criminel dans les constitutions de Constantin, Les peines*, 39쪽.

9) 테오도시우스 칙법전 11권 16장 4절 / CTh 11.16.4 : 가난한 자는 시의회의 특별세 납부 명부에서 마지막에 기록하도록 규정.

328년 5월 9일

Idem a. ad Aemilianum praefectum praetorio. Extraordinariorum munerum[*] distributio non est principalibus[*] committenda, ideoque rectores provinciarum monendi sunt[*], ut eam distributionem ipsi celebrent manuque propria perscribant adque encauto nomina adnectant, ea forma servata, ut primo a potioribus, dein a mediocribus adque infimis quae sunt danda praestentur. Neque umquam sationibus vel colligendis frugibus insistens agricola ad extraordinaria onera[*] trahatur, cum providentiae sit opportuno tempore his necessitatibus satisfacere. Quae res neglecta vicariorum[*] tuorum verecundiam tangit[*], ad rectorum autem officiorum capita venietur. Manu autem sua rectores scribere debebunt, quid opus[*] sit et in qua necessitate[*] per singula capita[*] vel quantae angariae vel quantae operae vel quae aut in quanto modo praebendae sint, ut recognovisse se scribant, exactionis praedicto ordine inter ditiores mediocres atque infimos observando.

Lecta VII id. mai. Romae Ianuarino et Iusto conss.

같은 아우구스투스가 정무총감 아에밀리아누스에게

지도적인 시의원들에게* 특별 부역(賦役)의* 할당을 맡기지 말아야
한다. 그리고 이에 대해서 속주지사들 자신이 그 할당을 행하고, 자
신의 손으로 쓰고 잉크로 이름을 기입하도록 권면한다.* 처음에는
보다 나은 자들, 다음으로 중간층 사람들과 하층 사람들이 제공해야
할 것을 구별하는 그런 형식을 사용해야 한다. 파종과 농산물 수확
에 바쁜 경작자는 특별 부역(賦役)에* 결코 차출되지 않도록 해야 하
는데, 그런 필요를 적절한 때에 채우는 것이 선견지명이 있기 때문
이다. 이 지시를 무시하면* (정무총감의) 대리인들인* 당신들의 존경
에 흠이 나고* 또한 속주지사의 업무를 맡은 자들은 중한 벌을 받을
것이다. 그리고 속주지사 자신의 손으로 써서, 어떤 공역(公役)이* 있
고 각각의 일할 수 있는 사람(頭)마다* 어떤 부역(賦役)이* 있는지 혹
은 얼마만큼의 수송부역이, 얼마만큼의 일이, 무엇을 혹은 어떤 방
법으로 하는지 제시해야 한다. 이렇게 하여 속주지사 자신이 점검했
다고 써야 하고, 보다 부유한 자들과 중간층의 사람들과 하층 사람
들 사이에서 앞서 말한 부역의 질서를 지켜야 한다.

야누아리누스와 유스투스의 집정관직하에 로마에서 5월 보름의
이레 전에 낭독됨.

*

- principales : "지도적인 시의원들." 시의회(decurio)에서 가장 주도
  적인 역할을 하는 인물들을 가리킨다. 412년 다르다누스(Dardanus)
  에게 보낸 칙법을 따르면 '지도적인 시의원들'은 시의회에서 선

출했고 15년의 임기를 끝으로 은퇴하도록 규정한다.[77]

- extraordinaria munera : "특별부역." extraordinaria sordida라고 하기도 한다. 보통세(munera pecuniaria) 외에 부과되는 세(稅)로 금전이나 현물 대신 보수 없이 노동력을 제공하는 일종의 강제 노역에 해당한다. 특별부역은 중간계층과 하층에 가장 무겁게 부과되었다. functio, munus, munia, necessitas, officium 등의 단어가 특별부역을 가리키는 데에 사용되기도 한다.[78]

- rectores provinciarum monendi sunt : "속주지사들…권면한다." 문자적으로는 '속주지사들은…권면 받아야 한다'이다.

- extraordinaria onera : "특별 부역." extraordinaria munera를 참조하라.

- vicarii : "대리인들." 콘스탄티누스는 제국을 여러 개로 분할하여 정무총감에게 행정 및 재판권을 맡겼다.[79] 군사권은 행정에서 분리하여 기병사령관이나 보병사령관 등에게 맡겼다. 정무총감의 관할지역은 아주 넓은 지역이었으므로 행정적으로 수십 개의 속주로 분할되어 있었고, 각 속주에는 속주지사가 정무총감의 대리인(vicarius)으로 주의 행정업무를 관장하고 처리했다. 속주지사가 정무총감의 대리인(vacarius)이라는 것은 일종의 형용적

---

77) Jones, *The Later Roman Empire*, 731쪽을 보라.

78) Pharr, *The Theodosian Code*, 577쪽의 compulsory public services를 보라. 보다 자세한 내용은 A. Piganiol, *L'Empire chrétien*, 379쪽을 참조하라.

79) 이하 내용은 Piganiol, *L'Empire chrétien*, 354쪽을 참고하였다.

의미인 반면, vicarius 직위가 별도로 존재했다. vicarius의 주된 업무는 금전 세금과 현물 세금을 거두어(collatio) 전달하는 것 (transmissio)이었다. 콘스탄티누스 치하에서 vicarius의 직위는 집 정관(consulares)과 전집정관(proconsulares)의 중간단계에 해당한다.

- Quae res neglecta verecundiam tangit : "이 지시를 무시하면...존경에 흠이 나고." 문자적으로 '무시된 이 지시는 존경을 건드린다'이다.

- quid opus : "어떤 공역(公役)." 공역(opera publica)은 도시 성벽이나 신전, 교회, 다리 등의 공공건물 보수, 공중목욕탕이나 경기장, 대수로 등 대중오락이나 위생을 위한 노역 등을 포괄한다.[80]

- necessitas : "부역." extraordinaria munera를 참조하라.

- caput : "일할 수 있는 사람(頭)." 다시 말해 부역을 제공할 수 있는 건강한 개인을 의미한다. 김창성은 caput를 정(丁)으로 번역한 바 있다.[81]

---

80) Pharr, *The Theodosian Code*, 592쪽을 참조하라.
81) 맥멀렌, 『로마제국의 위기, 235-337년 로마 정부의 대응』, 김창성 역, 228쪽.

도 7. 수로용 다리(Pont du Gard), 1세기, 남 프랑스의 가르(Gard)

*

　일반적으로 각 도시의 시의원들은 사재(私財)를 털어 공공사역에 지출했다. 4세기에 시의원들의 의무가 과중하여 세습직인 시의원직 (decurio)을 버리고 야반도주하는 사례가 많이 발생하였다. 시의원계층은 공공사역에 대한 지출뿐 아니라 황실관료들의 손쉬운 먹이가 되었기 때문에 4세기 말경에는 이런 현상이 특히 심화된다. 시의원들의 좋은 도피처 중의 하나가 성직이었고 시의원이 성직자가 되는 것을 막는 법이 4세기 말까지 꾸준히 공포되는 것을 보면 그 어려움을 짐작할 수 있다.

　반면 다른 면이 있다. "시의원들이 폭군이 아닌 도시와 마을이 있는가?"라고 살비아누스(Salvianus)가 말한 바 있다. 시의원들은 일반적으로 황실 관료들의 희생양이었지만, 반면 시의원들은 자신들의 도시에서 보다 약한 계층의 노동력을 착취했다. 이 때문에 콘스탄티누스는 시의회의 지도적인 인물들(principales)이 부역의 목록과 명부를 만드는 것을 엄격하게 금지하고, 보다 공정하게 공역(公役)을 부과하기 위해 이 임무를 속주지사들(rectores)이 맡을 것을 규정한다. 공역 목록은 부유한 계층, 중간계층, 소규모 지주인 하층민의 순으로 이름을 쓰고, 해야 할 공역의 종류와 방식 등을 자세하게 기입하도록 지침을 주었다.[82] 본 연구의 CTh 11.16.3에 나오는 adscriptio (조세할당)에 대한 설명을 참조하라.

---

82) 3세기 시의원들(ordo decurionum)은 일반적으로 부유하였다. 반면 4세기 시의원들의 경우 과도한 경제적 부담 때문에 시의원직을 기피하는 것이 일반적인 현상이었다. Alföldy, *Histoire Sociale de Rome*, 152-153쪽과 179-180쪽을 참조하라.

10) 테오도시우스 칙법전 1권 22장 2절 / CTh 1.22.2 : 과부, 고아, 지체부자유자에 대한 고소는 해당 속주 안에서만 가능하다.

334년 6월 17일

Idem a. Andronico. Si contra pupillos, viduas vel morbo fatigatos et debiles impetratum fuerit lenitatis nostrae[*] iudicium, memorati a nullo nostrorum iudicum compellantur comitatui nostro sui copiam facere[*]. Quin imo intra provinciam, in qua litigator et testes vel instrumenta[*] sunt, experiantur iurgandi fortunam[*], atque omni cautela servetur, ne terminos provinciarum suarum cogantur excedere. Quod si pupilli vel viduae aliique fortunae iniuria[*] miserabiles iudicium nostrae serenitatis[*] oraverint, praesertim cum alicuius potentiam perhorrescunt, cogantur eorum adversarii examini nostro sui copiam facere[*].

Dat. xv. kal. iul. Constantinopoli, Optato et Paulino coss.

같은 황제가 안드로니쿠스에게

만약 미성년자, 과부 또는 병약한 자나 불구인 자에 대해 우리의 성은(聖恩)으로[*] 재판이 수락된다면, 우리의 어떤 재판관도 언급된 자들을 우리의 궁정에 출정(出廷)하도록[*] 할 수 없다. 덧붙여 그와 반대로 소송 중에 있는 자들은 소송인과 증거 또는 증서(證書)가[*] 있는 속주

안에서 재판받도록[*] 해야 한다. 그리고 모든 점에서 주의를 기해 그들이 자신의 속주의 경계를 벗어나지 않도록 해야 한다. 그런데 만약 미성년자나 과부 그리고 다른 자들이 불의한 재판으로[*] 불행하게 되어 우리의 혜은(惠恩)에[*] 재판을 요청한다면, 특히 그들이 어떤 자의 권력을 두려워한다면, 그들의 적은 우리가 조사하도록 출정(出廷)해야 한다.

옵타투스와 파울리누스의 집정관직 하에 콘스탄티노플에서 7월의 열닷새 전에 공포됨.

*

- lenitas nostra : "우리의 성은(聖恩)." 문자적으로는 '우리의 성은의'. 속격으로 iudicium을 수식한다. 공동통치하는 카이사르들이 있기 때문에 '우리의'라고 표현한다. 테오도시우스 칙법전에서 황제를 가리키는 표현은 거의 항상 복수로 나타난다.

- sui copiam facere : "출정(出廷)하다."

- testes vel instrumenta : "증거와 증서(證書)." 증서에는 공문서, 공증문서, 사문서 등이 있고 공증력에 따라 증거가치를 달리했다. 증인의 법정자백은 완전한 증명력이 인정되었고, 기독교의 영향으로 선서의 효력이 강화됨으로써 선서에 완전한 증명력이 인정되었다.[83]

- fortuna : "재판." fortuna는 문자적으로 '운명', '운', '행운'의 뜻
  이다. 문맥상 fortuna는 재판에 의해 실현될 수 있는 것이므로
  본문에서는 '재판'으로 옮겼다.

- fortunae iniuria : "불의한 재판으로." 문자적으로는 '운명의 불
  의에 의해'이나 우리말 표현을 고려하여 형용사적으로 처리했
  다. fortuna에 대해서는 앞의 설명을 참조하라.

- nostra serenitas : "우리의 혜은(惠恩)." 문자적으로는 '우리의 고요'.
  황제권을 표현하는 기술적 용어로, 본문에서는 속격으로 되어
  있지만 "우리의 혜은에"로 옮겼다.

*

　　로마의 전통적인 소송방식은 방식서 소송이지만 4세기에 들어가
면서 방식서 소송이 소멸하고 특별심리소송이 정착한다.[84] 방식서
소송은 사건의 심리와 판결을 각각 다른 사람이 하는 것이고, 특별
심리소송은 소송의 심리와 판결을 동일한 정무관이 행하는 것이다.
위의 칙법은 특별심리소송이 정착된 시대의 것이다. 이 칙법을 통해
콘스탄티누스는 소송에서 피고가 미성년자나 과부, 병약자나 지체부
자유자 등 이동에 제약이 있는 약자일 경우, 원고의 황제권상소를

---

83) 현승종·조규창, 『로마법』, 307-309쪽.

84) 아래 내용은 현승종·조규창, 『로마법』, 303쪽 이하와 313쪽 이하를 참조한 것이다. 아울러 316년
   1월 11일에 공포된 칙법(CTh. 1.22.1)은 조세를 납부하지 못한 가부권자(家婦權者, materfamilias)
   를 공공의 장소로 끌어낼 수 없음을 규정한다. Grubbs, *Women and the Law*, 49-50쪽을 참조하라.

금지하는 것을 골자로 한다. 즉, 이런 약자들을 상대로 소송사건이
생기는 경우 소송은 해당 속주에서 진행해야 하고 해당 속주의 경계
를 넘지 말아야 한다. 반면 이런 약자들이 황제권에 상소할 수 있는
기회는 여전히 인정되었다.

원수정 이후 상소권이 정착된다. 1심은 각 지역에서 지역 정무관
이나 법무관에 의해 이루어지고, 이에 불복할 경우 최종심으로 황제
에게 직접 상소할 수 있었다. 황제의 판결은 종국판결이었고, 1심의
재판결과를 완전히 무효로 한 상태에서 진행되었다. 이 칙법은 이동
이 불편한 약자의 입장을 고려하여 이런 약자를 상대로 한 재판의
상소권을 박탈하는 것을 골자로 한다. 그러나 약자들의 황제 상소권
은 여전히 인정되었다.

2장
어린이에 대한 칙법

1) 테오도시우스 칙법전 11권 27장 1절 / CTh 11.27.1 : 유기(遺棄) 대상 어린이는 국가에서 지원한다.

315년 5월 13일

Imp. Constantinus a. ad Ablavium. Aereis tabulis vel cerussatis aut linteis mappis scripta per omnes civitates Italiae proponatur lex, quae parentum manus a parricidio arceat[*] votumque vertat in melius. Officiumque tuum haec cura perstringat[*], ut, si quis parens adferat subolem, quam pro paupertate educare non possit, nec in alimentis nec in veste impertienda tardetur, cum educatio nascentis infantiae moras ferre non possit. Ad quam rem et fiscum nostrum et rem privatam[*] indiscreta iussimuas praebere obsequia[*].

Dat. III id. mai. Naisso Constantino a. IIII et Licinio IIII aa. conss.

황제 아우구스투스 콘스탄티누스가 아블라비우스에게

부모의 손으로부터 비속살해를 막고[*] 보다 나은 희망으로 돌아서도
록 하는 법을 동판이나 혹은 백연(白鉛)으로 칠하거나 아마(亞麻)로 된
천에 써서 이탈리아의 모든 도시에 고시해야 한다. 그리고 귀하의 직무
는 이 지침을 애써 돌보는 것으로,[*] 어떤 부모가 가난 때문에 아이를 기
를 수 없다고 보고하면, 태어난 어린 아이의 양육은 미룰 수 없으므로,
지체하지 말고 음식과 의복을 나누어주어야 한다. 이 일을 위해 우리는
우리의 국고(國庫)와 황실사유재산을[*] 구별 없이 사용하도록[*] 명령한다.

아우구스투스 콘스탄티누스의 네 번째 집정관직과 아우구스투스
리키니우스의 네 번째 집정관직 하에 나이수스에서 5월 보름의 사
흘 전에 공포됨.

*

- parentum manus a parricidio arceat : "부모의 손으로부터 비속살
  해를 막고." 문자적으로는 '(법이) 부모의 손을 비속살해로부터
  멀리 두도록 하다'이다. parricidium은 문맥상 부모가 자녀를 죽
  이는 것이므로 "비속살해"라고 번역하였다. parricidium는 존속
  살해, 혹은 근친살해를 포괄하는 개념이다. 이에 대해서는 본 연
  구 CTh 9.15.1의 parricidium(근친살해)에 대한 설명을 참조하라.

- haec cura perstringat : "이 지침을 애써 돌보는 것으로." 문자적

으로는 '(귀하의 직무는) 이것을 돌봄으로 바싹 조이다'이다.

- et fiscus noster et res privata : "우리의 국고와 황실사유재산." 국
고(國庫, fiscus)는 황제의 금고(fiscus Caesaris)로서 4세기 중반까지
원로원 금고(金庫, aerarium)와 대립되는 개념이었다. 4세기 중반
에 원로원 금고(aerarium Saturni)를 담당하는 세 명의 금고감(金
庫監, praefectus aerarii)이 확인된다. 율리우스 에우불리다스(Julius
Eubulidas)는 콘스탄티누스 치세 말기에 금고감(金庫監, praefectus
aerarii sacri Saturni)을 지냈고 344년에 아프리카의 관구장(管區長)
이었다. 아티우스 카이킬리우스 막시밀리아누스(Attius Caecilius
Maximilianus)는 350년을 전후한 시기에 금고감(金庫監, praefectus
aerarii Saturni)을 지냈고 357년에 곡물조달감을 역임했다. 플라
비우스 아틸리우스 테오도투스(Flavius Atilius Theodotus)는 콘스
탄티우스 2세의 치세 말기에 금고감(金庫監)을 지냈다.

국고(國庫, fiscus)는 여러 책임자(praefectus)와 재정담당 대관(大官,
comes)들이 관리책임을 분할하였다. 일반적인 의미에서 fiscus나
fiscalis라는 용어는 시의회 재정이나 원로원 재정과 대비되는 제국
의 조세 전체를 총칭하였다. 4세기 중반 이후 aerarium이란 용어는
황실세금부(皇室稅金部, sacrae largitiones)와 동일시되어 쓰이기도 했
으므로, 황실세금부(sacrae largitiones = aerarium)는 국고(fiscus)의
일부분이 되었다. 이후 aerarium은 황실세금부(sacrae largitiones)와
동일시되기도 하고(CTh 16.5.54, 414년), 황실사유재산부(皇室私
有財産部, res privata)와 동일시되기도 하는 등 국고(fiscus)의 일부
분이 되었다(CTh 11.18.1, comes aerarii privati). 황실세금부(sacrae

largitiones = aerarium)의 주된 수입원 중의 하나는 부동산에 부과하는 부동산 보유세(tributum)였다.[1] 원로원 금고는 일반적으로 arca 또는 arca quaestoria라는 용어로 지칭되었다.

황실사유재산(res privata)은 본래 그 기원에 있어서 황제가문의 사유재산으로서 국고(fiscus)와는 구별되었다. 황제가 사망하면 국고의 사용권은 다음 황제에게로 넘어가지만 황실사유재산은 황제 개인의 것으로 황제의 사망시에 그 상속자에게로 귀속되었다. 그러나 330년 이후에는 fiscus와 res privata의 구별이 거의 사라진다. 이 시기 이후에 fiscus와 res privata라는 용어는 같은 의미로 사용되며(CTh 9.42.9, CJ 7.37.2), 황실사유재산의 수입은 국고로 귀속된다(CJ 11.62.1, 71.1). 벌금에 관한 유스티니아누스의 여러 칙법에서 국고와 황실사유재산은 분명하게 동의어로 사용된다(NJ 112.2, 123.43, 124.3, 128.25). 유기 대상 어린이에 대한 국가의 지원을 선언하는 콘스탄티누스의 칙법은 315년에 공포된 것이므로 국고(fiscus)와 황실사유재산(res privata)의 구별이 사라지기 직전의 시대를 반영하고 있다.[2]

황실사유재산(res privata)에 대해서는 326년 3월 5일에 공포된 CTh 10.4.1을 보라.

- indiscreta...praebere obsequia : "구별 없이 사용하도록." indiscreta

---

1) Dupont, *Le Droit criminel dans les constitutions de Constantin, Les infractions*, 88쪽.

2) 이상의 내용은 Delmaire, *Largesses Sacrées et Res Privata*, 4-8쪽을 참조하였다. 국고(fiscus)에 대한 내용은 Delmaire, *Largesses Sacrées et Res Privata*, 11-13쪽을 참조하였다. 아울러 Duncan-Jones, *Money and Government in the Roman Empire*, 33-46쪽을 보라. 305년 디오클레티아누스 이후 4세기 말 제국의 화폐시스템이 붕괴되기까지의 재정개혁에 대해서는 Harl, *Coinage in the Roman Economy, 300 B.C. to A.D. 700*, 158-180쪽을 참조하라.

obsequia는 문자적으로 '구별 없는 사용'이라는 뜻으로 앞에 놓인 '우리의 금고와 사유재산을'의 보어이다.

*

로마공법은 가장(家長, paterfamilias)의 독자적 지위를 인정하여 모든 가족원은 가장권(家長權)에 종속되도록 규정했다. 가장은 자녀의 생사여탈권(ius vitae et necis), 매각처분권(ius vendendi), 신생아 유기권(ius exponendi), 가해자 인도권(ius noxae dandi) 등 자녀에 대한 절대적 지배권을 갖고 있었다.

기원전 1년 7월 17일에 기록된 한 파피루스 자료(*P. Oxy* IV.744)는 이와 관련하여 흥미로운 예를 제공한다. 인용하면 다음과 같다.

"일라리온은 누이 알리스에게 안부를 전하며, 나의 사랑하는 베루스와 아폴리나리온에게 안부를 전합니다. 나는 지금도 여전히 알렉산드리아에 머물고 있음을 알립니다. 그들이 함께 돌아오는지에 대해(?) 걱정하지 마십시오. 하여튼 나는 알렉산드리아에 머물고 있습니다. 내가 구하고 권하는 바는 그 아이에 대해서 주의해 달라는 것입니다. 내가 선물을 받게 되면 곧 그것을 그대들에게로 보낼 것입니다. 만약 (?)가 아이를 갖게 되거든 사내아이라면 그냥 두고 여자아이라면 갖다 버리길 바랍니다. 그대들은 아프로디시아스에게 '나를 잊지 말라'고 말했습니다. 내가 어찌 그대들을 잊겠습니까? 그러니 걱정하지 않기를 바랍니다. 카이사르 제 29년 파우니(pauni)의 제 23일에. (뒷면) 일라리온이 알리스에게 보냄."[3]

이 편지는 아이가 태어나자마자 곧바로 버려지던 로마의 관습을

---

3) Koskenniemi, *The Exposure of Infants*, 1쪽에서 재인용.

확인해 준다. 이 편지가 보여주는 것처럼 상대적으로 여자아이를 버리는 경우가 더 많았던 것 같다. 아우구스투스 시대를 전후(前後)한 시기에 탄생한 문학작품에는 신생아유기(新生兒遺棄)에 대한 언급이 많이 나온다.[4] 로마의 상류계층에서도 여자아이를 버리는 경우가 흔했고 이는 상류층의 남녀성비(男女性比)의 불균형을 초래하였다. 디오 크리소스톰(Dio Chrysostom)을 따르면 아우구스투스는 이런 문제에 대한 대책으로, 원로원 의원을 제외한 로마 상류층의 남자들이 피해방녀(被解放女)와 결혼할 경우 그 사이에서 난 아이를 합법적인 자녀로 인정해 주었다고 한다.[5] 이는 유아유기(幼兒遺棄)의 이유가 극도의 경제적 궁핍 때문만이 아니라, 남아(男兒) 선호사상 내지는 여아(女兒)에 대한 문화적 편견에 기인하는 것임을 보여준다. 버려진 아이의 경우 아사(餓死)나 야생동물의 먹이가 되는 등 불행한 종말을 맞이하기도 했지만, 낯선 자들이 발견하여 양육하는 경우도 있었다.

*

유대교 전통은 자녀에 대한 생사여탈권(ius vitae et necis)이나 신생아 유기권(ius exponendi)에 대해 아주 비판적인 태도를 취했고, 기독교 역시 유대교와 같은 입장을 취한다.[6] 1세기 말에서 2세기 초반경의 기독교 문서인 『바나바의 편지』와 『디다케』에는 "낙태하지 말며, 갓 태어난 아이를 죽이지 말라"고 하는 구절이 등장한다.[7] 3세

---

4) Koskenniemi, *The Exposure of Infants*, 3쪽.

5) Dio Chrysostom, 54.16.2.

6) Koskenniemi, *The Exposure of Infants*, 15-87쪽에서는 유대교의 비판적 입장을 그리고 88-145쪽에서는 기독교의 비판적 입장을 상세하게 다룬다.

기 초반경 테르툴리아누스는 『이교도에게』라는 작품에서 자녀를 죽이는 로마 전통적인 관습에 대해서 이렇게 보도한다. "그러나 당신들은(이교도들은) 보다 잔인한 방법으로 자녀를 없애고 있다. 당신들은 아이들을 추위와 배고픔에 버려두거나 혹은 야생 짐승에게 버린다. 혹은 물에 빠뜨려 보다 서서히 죽임으로 그들을 제거한다."[8] 반면 테르툴리아누스는 "우리(기독교인)의 경우, 살인은 완전히 금지되어 있고, 우리는 자궁 안에 있는 태아조차도 죽이지 않는다"고 하면서 기독교인들의 생명존중사상을 강조한다.[9] 신생아 유기의 관습은 3세기 알렉산드리아에서도 확인된다. 알렉산드리아 교리문답학교 교장이었던 클레멘스는 3세기 초반에 쓴 『교육가』라는 책에서 다음과 같이 언급한다. "그들(이교도)은 앵무새와 마도요는 기르면서도 고아를 맞아들이지는 않는다. 그들은 집에서 태어난 아이들을 버리면서도 어린 새는 기르며, 이성적인 피조물보다 비이성적인 피조물을 선호한다."[10]

315년에 공포된 이 법은 부모가 부양능력이 없어 버리는 어린이들을 국고와 황제의 개인 비용을 들여 부양하도록 조치하는 내용을 담고 있다. 318-319년 콘스탄티누스는 가족 살해를 살인죄로 규정하고 수장형(水葬刑)으로 제재하였으므로(CTh 9.15.1) 이후 가장의 생사여탈권은 허용되지 않았다. 하지만 신생아 유기는 5세기 초반 요안네스 크리소스토모스와 아우구스티누스의 시대에도 관습적으로

---

7) 『바나바의 편지』, 19.5. 『디다케』, 2.2.
8) 테르툴리아누스, 『이교도에게』, 1.15.3-5.
9) 테르툴리아누스, 『변증』, 9.6-8.
10) 알렉산드리아의 클레멘스, 『교육가』, 3.4.30.

계속되었다.[11] 아울러 자녀에 대한 매각처분권도 여전히 인정되었다 (CTh 11.27.2, 322년). 콘스탄티누스 황제는 315년 5월 13일의 칙법을 통해 황제가 지출해야 할 예산항목에 유기대상인 어린이를 지원하도록 조처하였다.

콘스탄티누스의 칙법과 락탄티우스의 『기독교강요』(基督敎綱要, Divinae Institutiones)의 일부를 비교해볼만 하다. 락탄티우스는 『기독교 강요』 6권 20장에서 신생아를 유기하거나 죽이던 전통적인 관습을 통렬하게 비판한다.

> "그러므로 어느 누구도 신생아를 목졸라 죽이는 것이 허용되었다고 상상하지 말라. 이것은 가장 큰 죄악이다. 하나님이 신생아에게 생명을 주신 것은 그 아이가 살도록 하기 위한 것이지 목이 졸려 죽으라고 하신 것이 아니다... 기만적인 종교심으로 자신의 아이들을 버리는 자들은 어떤 자들인가? 자신의 자녀를 개한테 먹이로 주는 자가 죄가 없다고 생각할 수 있을까? ... 남자아이나 여자아이를 막론하고, 심지어는 실수로 일어날 수도 있는 일이나 흔히 일어나는 있는 일들을 누가 이해하지 못하며 누가 모르겠는가? 두 가지 죄로 얼룩진 오이디푸스만의 예를 통해서도 알 수 있다. 그러므로 죽이는 것만큼이나 버리는 것 역시 사악한 짓이다. 그러나 실로 수입이 부족하다고 불평하며 가족살인(parricidium)을 하고, 더 많은 아이들을 키우기에는 수입이 충분치 않다고 하여 가족살인을 주장한다. ... 만약 **누군가가 가난 때문에 아이들을 기를 수 없다면**, 사악한 손으로 하나님의 작품을 훼손하기 보다는 결혼을 삼가는 것이 더 나을 것이다."

315년 5월 13일에 공포한 콘스탄티누스의 칙법은 "만약 어떤 부모가 가난 때문에 아이를 기를 수 없다고 보고하면(si quis parens adferat subolem, quam pro paupertate educare non possit), 태어난 어린 아이

---

11) 각각 Koskenniemi, *The Exposure of Infants*, 108-109쪽과 112-115쪽을 보라.

의 양육은 미룰 수 없으므로, 지체하지 말고 음식과 의복을 나누어 주어야 한다”고 규정한다. 락탄티우스는 “수입이 부족하다고 불평하며 가족살인(parricidium)을 하고, 더 많은 아이들을 키우기에는 수입이 충분치 않다고 하여 가족살인을 주장한다”고 쓰고 있다. 311년 이전에 쓰인 락탄티우스의 글은 콘스탄티누스의 칙법과 비슷한 맥락이다. 더 나아가 “누군가가 가난 때문에 아이들을 기를 수 없다면(si quis liberos ob pauperiem non poterit educare)”이란 문장은 콘스탄티누스의 칙법에 나오는 본문과 유사하다. 비록 콘스탄티누스의 칙법 본문에 기독교적인 용어는 전혀 남아 있지 않지만, 락탄티우스가 쓴 본문의 맥락과 유사한 점이 있는 것을 우연의 결과로만 돌리는 것은 적절치 않을 것이다. 유기(遺棄) 대상 어린이에 대한 국가의 지원을 선언한 315년의 칙법의 배후 인물로 콘스탄티누스의 아들들의 가정교사였던 락탄티우스를 가정하는 것이 타당하다고 본다.12)

하지만 신생아 및 어린이 판매는 콘스탄티누스 시대에도 계속되었다는 점을 언급해야 할 것이다.13) 329년의 칙법은 부권을 가진 자가 신생아를 판매해도 결코 약취범(plagiarius)으로 인식되지는 않았다(CTh 5.10.1).

---

12) 에르키 코스케니에미(Erkki Koskenniemi)는 락탄티우스의 본문과 콘스탄티누스의 칙법 본문의 문자적 유사성에 대해서는 지적하지 않지만, 락탄티우스가 전개한 신생아 유기에 대한 기독교적 반대 입장을 콘스탄티누스가 공유했을 것이라고 추측하였다. “This means that the Emperor was certainly aware of Lactantius's view of the value of every human being, a view which perhaps also extended to newborn children’ (Koskenniemi, *The Exposure of Infants*, 111쪽).

13) Dupont, *Le Droit criminel dans les constitutions de Constantin, Les infractions*, 62쪽.

2) 테오도시우스 칙법전 9권 18장 1절 / CTh 9.18.1 : 어린이 유괴범에게 경기장형(競技場刑)을 선고한다.

315년 8월 1일

Imp. Constantinus a. ad Domitium Celsum vicarium Africae. Plagiarii*, qui viventium filiorum miserandas infligunt parentibus orbitates, metalli poena cum ceteris ante cognitis suppliciis* tenebantur. Si quis tamen eiusmodi reus fuerit oblatus, posteaquam super crimine patuerit, servus quidem vel libertate donatus* bestiis primo quoque munere obiiciatur, liber* autem sub hac forma in ludum detur gladiatorium, ut, antequam aliquid faciat, quo se defendere possit, gladio consumatur. Eos autem, qui pro hoc crimine iam in metallum dati sunt, numquam revocari praecipimus.

Dat. kal. aug. Constantino a. IV. et Licinio IV. coss.

Interpretatio. Hi, qui filios alienos furto abstulerint et ubicumque transduxerint, sive ingenui* sive servi sint, morte puniantur.

황제 아우구스투스 콘스탄티누스가 아프리카의 속주지사 켈수스에게

살아있는 자식을 잃는 고통을 부모에게 가하는 약취범(略取犯)들은* 광산형과 이전에 알려진 다른 고통형에* 처해졌다. 그런데 만약 어떤 자가 이런 종류의 일로 고소당한다면, 노예나 자유를 부여받은

자이면,* 그가 죄가 있다고 밝혀진 후에, 바로 첫 번째 경기에서 맹수들 앞에 던져지도록 한다. 반면 자유인(自由人)이면,* 그가 스스로를 방어하기 위해 무언가를 하기 전, 칼에 죽도록 검투사 경기에 넘겨져야 한다. 그런데 우리는 이런 범죄로 이미 광산으로 보낸 자들을 결코 다시 부르지 않도록 명하는 바이다.

아우구스투스 콘스탄티누스와 아우구스투스 리키니우스의 네 번째 집정관직의 해에 8월 초하루에 공포됨.

해석 : 다른 사람의 아이들을 도둑질하여 어디론가 데려가는 자들은, 생래자유인(生來自由人)*이든 노예이든 간에 죽음으로 처벌받아야 한다.

*

- plagiarii : "약취범들." 공화정 말기에 인신(人身)에 대한 주권(主權) 침해(plagium)를 금지하기 위해 파비우스 법(lex Fabia)이 제정되었다.14) 파비우스 법은 로마시민을 그 의지에 반(反)하여 납치할 때, 혹은 로마시민의 피해방 라틴인이나 외국인 포로를 로마시민의 의지에 반해서 납치할 때, 혹은 주인의 의사에 반해서 노예를 납치할 때에 대한 규정이었다. 하지만 파비우스 법은 외국인으로 자유인 신분인 자, 라틴인, 외국인의 노예에 대한 납치 등과는 무관하였다. 파비우스 법은 공화정 말기 이탈리아를 혼

---

14) 약취(plagium)에 대한 아래의 내용 전체는 Mommsen, *Le droit pénal romain* 3, 90-93쪽 (독일어 원문은 780-783쪽)을 참조했다.

란으로 몰아넣은 무정부상태 시에 노동력 확보를 위하여 남자들과 노예들 납치가 성행한 것을 막기 위한 조치였다. 인신 약취의 방법은 중요한 사항이 아니었으며, 약취범(plagiator)이 노예를 약취할 때에 노예의 의사에 반해서 범죄를 저질렀는가 아닌가도 문제시되지 않았다. 보다 후대에는 도망한 노예를 맞아들인 사람들의 경우 주인과 협상하여 헐값에 노예를 양도받는 경우가 많이 발생하였으며 이를 방지하기 위해 도망한 노예의 소유권을 이전하는 것을 금하기도 했다.

파비우스 법은 인신약취에 대해서 1인당 50,000 세스테르티우스의 벌금형만을 선고했는데, 이중 원고를 위한 몫을 제외한 다음 나머지 금액은 원로원 금고(金庫, aerarium)로 귀속되었고 후대에는 국고(fiscus)로 귀속되었다. 노예가 인신약취를 했을 경우에 인신약취범 노예는 10년 동안 해방될 수 없었다. 카라칼라(Caracalla)의 시대에 이르러 인신약취는 형법상 중한 범죄(crimina)가 되었고 형벌도 가중되었다. 인신약취범(plagiator)은 신분이 높을 경우 재산몰수와 유배형에 처해졌으며, 신분이 낮은 자들은 광산형이나 사형에 처해졌다.

하지만 부(父)가 자신의 아이를 매매하는 경우는 인신약취에 해당하지 않는다. 부(父)는 아이에 대한 소유권을 갖고 있기 때문이었다. 디오클레티아누스는 부권(父權, paterfamilias)에서 자녀매각권을 제거하였고, 콘스탄티누스는 자녀매각권을 다시 복원하였다. 하지만 매각된 아이가 완전히 노예가 되는 것은 아니었다(CTh 4.8.6, CTh 5.10.1, CTh 11.27.2).[15]

- supplicium : "고통형." 본 연구 CTh 9.9.1의 capitalis sententia에 나오는 고통형 혹은 사형(supplicium)에 대한 설명을 참조하라.

- libertate donatus : "자유를 부여받은 자." "자유를 부여받은 자"라는 표현은 노예였다가 해방된 피해방인(libertini)을 가리킨다. 울피아누스(Ulpianus)는 사람의 신분을 생래자유인(ingenuus), 노예(servus), 피해방인(libertinus)으로 구분하였고 이를 통해 보건대 생래자유인과 피해방인의 권리능력에는 차별이 존재하였다는 것을 알 수 있다. 생래자유인과 달리 피해방인은 공법상의 권리가 제한되어 자유인 여성과 결혼할 수 없었다. 피해방인은 사법(私法)상 완전한 권리능력을 부여받지 못했으며 주인의 보호권에 종속되었다.[16]

- liber : "자유인." 타고난 자유인, 즉 생래자유인(ingenuus)으로서 공법과 사법상의 완전한 권리능력을 인정받는 자를 가리킨다.

- ingenui : "생래자유인." 타고난 자유인을 의미한다. liber(자유인)를 참조하라.

*

본래 인신약취죄는 노예나 자유인 등을 납치해서 노예로 취급하

---

15) Dupont, Les Constitutions de Constantin, Les Personnes, 27-28쪽과 140쪽 이하를 참조하라.
16) 현승종 · 조규창, 『로마법』, 371-374쪽에서 참고하였다.

던 행위를 다루었다. 그런데 콘스탄티누스의 이 칙법은 성인이 아니라 미성년자를 대상으로 한 인신약취죄를 규정한다는 점에서 차이가 있다. "살아있는 자식들을 잃는 고통을 부모에게 가하는 약취범(略取犯)들은 광산형과 이전에 알려진 다른 징벌에 처해졌다"는 것은 어린이 약취범에 대해서 광산형과 벌금형을 가하던 이전의 법률을 상기시킨다. 그런데 콘스탄티누스는 어린

도 8. 발에 박힌 가시를 빼는 소년,
1세기 중반경, 대영 박물관

이 약취죄에 대한 처벌을 가중한다. 어린이 약취죄가 확인되고 난 후 약취범의 신분에 따라 다른 종류의 형벌을 규정한다. 즉, 약취범이 노예나 해방된 노예인 피해방인이라면 맹수형에 처해져야 하고, 생래적 자유인이라면 검투형에 처해져야 한다.

3) 테오도시우스 칙법전 2권 19장 2절 / CTh 2.19.2 : 유산 없는 아들은 유언장 고발가능

321년 2월 6일

Idem a. ad Claudium praesidem* Daciae. Licet legum auctoritas filiorum[*] potius quam matrum personis voluit laborem incumbere, ut de inofficioso[*] agentes intra praefinita tempora doceant, nullo suo vitio factum, nec offensionem se parentibus praestitisse, sed iugiter obsecutos, ut naturae ipsius religio flagitabat, disciplinam illaesam inoffensamque servasse, ut his probatis removeant parentum voluntatem[*]: tamen si mater contra filii testamentum inofficiosi[*] actionem instituat, inquiri diligenter iubemus, utrum filius nulla ex iusta causa laesus matrem novissima laeserit voluntate[*], nec luctuosam ei nec legitimam reliquerit portionem[*], ut testamento remoto matri successio deferatur, si tamen defuncto consanguinei agnati[*] non sunt superstites: an mater inhonestis factis atque indecentibus votis filium forte obsedit, insidiisque eum vel clandestinis vel manifestis appetiit, vel inimicis eius suas amicitias copulavit, atque in aliis sic versata est, ut inimica potius quam mater crederetur: hoc probato, invita etiam acquiescat filii voluntati.

Dat. viii. id. febr. Serdica, Crispo caes. ii. et Constantino caes. ii. coss.

Interpretatio. Quamvis leges filiis[*], si praetermissi testamento fuerint, maiorem quam matribus agendi dederint potestatem, ut de inofficioso matris testamento[*] proponant, id est, si quarta debitae portionis suae filio dimissa non fuerit: ita tamen, si probare potuerint, quod matris in nullo laeserint pietatem, sed se obsequium, ut decuit, praestitisse: sic testamentum matris, in quo praetermissi fuerint, non valebit. Nam si mater contra testamentum filii, quod inofficiosum[*] dixerit, agat, debet diligenter requiri, si contra filium mater nihil egisse probatur, aut si nullis insidiis vel publice vel secrete eum laedere fortasse tentaverit: nec forsitan consilium adversus filium inimicis suis, quod impium est, auxiliumque praestiterit. Quod si factum non fuerit, potest removere praetermissa mater, quia ei quartam de rebus suis portionem filius non dimisit, quod filius fecerat testamentum: si tamen filio fratres consanguinei agnati, id est uno patre nati, aut eorum filii per virilem sexum non esse probantur. nam si mater, ut superius dictum est, pro manifestis inimicitiis suis praetermissa docebitur, invita acquiescat laesi filii voluntati.

같은 아우구스투스가 다키아의 지방장관* 클라우디우스에게

법의 권위는 (반인륜유언을 증명하는) 수고가 어머니보다는 아들의 인격에 달려있다고 명했다. 그러므로 반인륜(反人倫)에* 대해서 소송하는 자들(아들)은, 정해진 시간 내에, 이런 행위가* 자신의 어떤 악덕에 의한 것도 아니며, 자신이 부모를 공격했던 것도 아니며, 오히려 자연 그 자체의 종교가 요구하는 것처럼 끊임없이 복종하면서 가르침을 흠 없고 어김없이 지켰다는 것을 보여주어야 한다. 그리하여 이런 것들이 증명되면 부모의 의사(意思)는* 철회될 것이다.

그러나 만약 어머니가 반인륜적(反人倫的) 아들의* 유언에 대해서 소송을 제기한다면, 아들이 어떤 정당하지 못한 이유로 공격당했다 할지라도 마지막 의사(意思)로* 어머니를 공격했는지와 슬픔어린 합법적인 몫을* 어머니에게 남겨놓지 않았는지를 성실히 조사하도록 우리는 명령한다. 그리하여, 만약 사망한 자에게 피를 나눈 혈족으로서[*] 생존한 자가 없다면, 유언이 철회되고 상속은 어머니에게로 이전될 것이다. 만약 어머니가 불명예스러운 행위와 부적절한 의도로 혹시 아들을 공격하거나, 숨겨진 혹은 명백한 함정에 그를 빠뜨리거나, 아들의 적들과 친분을 나누고, 어머니보다는 적으로 여겨지게끔 다른 자들에 대해 행동한다면, 그런 것이 증명되고 난 후, 어머니는 동의하지 않더라도 아들의 의사(意思)를 신뢰해야 한다.

카이사르 크리스푸스와 카이사르 콘스탄티누스의 두 번째 집정관직의 해에 세르디카에서 2월 보름의 여드레 전에 공포됨.

해석 : 아들이 유언에서 제외되었다면, 즉 어머니의 예정된 몫의 1/4이 아들을 위해 남겨지지 않았다면, 법률은 어머니에게보다 아들에게 소송을 제기할 더 큰 권한을 주어, 어머니의 반인륜유언에 대해[*] 소송하도록 한 만큼, 아들이 어떤 점에서도 어머니에 대한 공경을 해하지 않고, 오히려 그 자신이 마땅한 순종을 보여주었음을 증명할 수 있다면, 이렇게 하여 아들이 제외되어 있는 어머니의 유언은 유효하지 않게 될 것이다.

그런데 어머니가 아들의 유언에 반(反)해, 그것이 반인륜이라고[*] 말하면서 소송한다면, 어머니가 아들에 반(反)해 어떤 것도 행하지 않았음이 증명되는지 혹은 어떤 공공연한 또는 비밀스런 올가미로 어쩌면 아들을 공격하려고 했는지 그리고 아들의 적들에게 아들에 반(反)하는 해로운 조언과 도움을 제공하지나 않았는지를 성실히 조사해야 한다. 그런데 그런 것을 행한 적이 없었다면, 무시당한 어머니는, 아들이 그녀에게 자기 소유의 1/4을 남겨놓지 않은 이상, 아들이 했던 유언을 취소할 수 있는데, 아들에게 한 피를 나눈 혈족, 즉 같은 아버지에게서 난 형제들이나 혹은 남자 쪽으로 그 형제들의 아들이 없다는 사실이 증명되는 한에서이다. 그런데 만약 어머니가 위에서 말한 것처럼, 자기 자신의 명백한 적대적 행위 때문에 제외된 것이 증명된다면, 어머니는 동의하지 않을지라도 공격받은 아들의 의사(意思)를 따라야 한다.

*

pro·con·su·lar

- praesides : "지방장관." 속주총독의 네 가지 서열 중에 최하위에 속하는 관료를 일컫는다. 속주총독은 3명의 전집정관(pro-consulares, 각각 아시아와 아프리카와 아카이아의 전집정관)과 집정관(consulares), 교정감(correctores), 그리고 마지막 서열인 지방장관(praesides) 등이다. 지방장관은 정무총감, 수도치안감, 속주지사(vicarius)와 함께 황제에 갈음하여 재판권을 행사하였다.[17]

- filii : "아들." 이하 "아들"로 옮겨진 단어는 실제로는 대부분 복수형 "아들들"(filii)이다.

- inofficiosus : "반인륜(反人倫)." 아래의 반인륜유언(inofficiosum testa-mentum)을 참조하라.

---

17) Piganiol, *L'Empire Chrétien*, 350-351쪽에서 참조하였다.

- voluntas : "의사(意思)." 본문에서 voluntas는 유언(testamentum)과 동의어이다.

- agnati : "혈족." 시민법상 "혈족"(agnati 혹은 cognati)은 부모와 자녀간의 혈연관계만이 아니라 공동의 조상을 가지고 있는 자의 상호관계를 말하기도 했다. 더 나아가 子와 父뿐 아니라 子와 母의 혈족 간에도 혈족관계가 인정되었다. 위의 칙법 본문에 나오는 "피를 나눈 혈족"(consanguinei agnati)이란 표현은 모계를 포함하는 보다 넓은 혈족의 개념이며, 해석(interpretatio)에서는 "한 피를 나눈 혈족, 즉 같은 아버지에게서 난 형제들이나 혹은 남자 쪽으로 그 형제들의 아들들"(fratres consanguinei agnati, id est uno patre nati, aut eorum filii per virilem sexum)이란 표현은 부계혈족으로 엄격하게 제한된다.

- filii testamentum inofficiosi : "반인륜적(反人倫的) 아들의 유언." 아래의 반인륜유언(inofficiosum testamentum)을 참조하라.

- novissima voluntate : "마지막 의사(意思)." 마지막 의사는 유언(testamentum)을 뜻한다.

- luctuosa et legitima portio : "슬픔어린 합법적인 몫." 아들의 죽음을 슬퍼하면서 법에 따라 받을 수 있는 합법적인 유산상속의 몫을 의미한다.

- inofficiosum testamentum : "반인륜유언." 반인륜유언(inofficiosum testamentum)이란 왜 상속받지 말아야 하는지 혹은 왜 상속에서 제외되지 말아야 하는지를 증명하는 것이다(Inofficiosum testamentum dicere hoc est: allegare quare exheredari vel praeteriri non debuerit).[18]

*

도덕적으로 마땅히 해야 하는 의무를 저버리고 어머니가 아들에게 유산 상속을 하지 않을 경우, 혹은 아들이 어머니에게 유산 상속을 하지 않을 경우를 다루는 칙법이다. 먼저 첫 번째 경우, 즉 어머니가 아들을 유산 상속에서 제외시킨 반인륜유언(inofficiosum testamentum)의 경우, 아들이 주도적으로 소송을 걸어 상속을 청구할 수 있다. 이때 아들이 어머니에게 마땅한 의무를 다했는지 여부가 조사 대상이 된다. 로마의 가족법에서 "아들은 부모에게 순종하고 부모를 공경할 의무가 있었으며, 부가 가장권자(家長權者)이냐의 여부는 문제시되지 않았다."[19] 아들이 부모에 대한 의무를 다했다는 것이 판명되면, 아들을 상속에서 제외한 어머니의 유언은 철회된다.

어머니의 유언에 대해서는 보충설명이 필요하다. 고대시대 이래로 여성에게도 유언의 능력이 있었으나 여성은 종족이나 씨족의 가장권에 종속되어 있었으므로 유언능력을 갖기 위해서는 가장권에서 해방되어 자주권자가 되어야 했다.[20] 그러나 시간이 흐르면서 여성

---

18) www.miolegale.it에서 인용.

19) 현승종·조규창, 『로마법』, 929쪽.

20) 이하 이 문단의 내용은 현승종·조규창, 『로마법』, 1003-1004쪽에서 인용하였다.

에 대한 가장권이 후견권(後見權)으로 완화됨에 따라 후견인의 동의하에 유언할 수 있었고, 기원전 2세기 이전에 여성의 유언능력이 관습법으로 확립되어 있었다. 이후 하드리아누스 시대의 원로원의결이 여성의 유언에 법적 효력을 인정함으로써 여성의 유언능력이 제도적으로도 확립되었다. 이 시대 이후로 여성은 유언능력을 얻기 위해 가장권에서 해방되거나 후견인의 동의를 얻지 않고서도 자유로이 유언할 수 있게 되었다.

반면 아들이 유언을 통해 어머니를 유산상속에서 제외시킨 반인륜유언(inofficiosum testamentum)의 경우, 어머니는 아들에 대해 소송을 제기할 수 있다. 이 소송에서 어머니는 아들에게 해를 입히지 않았고 아들의 적들과 합세하거나 이를 통해 아들에게 불이익을 끼치지 않았다는 것이 증명된다면, 아들의 부계혈족 남자(형제나 형제의 아들들)가 존재하지 않는 경우에 한해, 상속분의 1/4을 유산으로 받을 수 있다고 규정한다.[21]

5세기 초반 수도적 삶을 선택했던 로마 원로원 가문 출신인 멜라니아의 전기 『멜라니아의 생애』(Vita Melaniae)에는 유산 상속에 관한 흥미로운 일화가 실려 있다. 원로원 가문에 속했던 멜라니아(Melania)와 남편 피니아누스(Pinianus)는 수도적 삶에 헌신하기 위해 상속받은 거대한 규모의 재산을 매도하려고 하였다. 그러나 원로원 가문의 재산은 원로원의 항렬(ordo)에 속한 사람들 이외의 다른 계층에게는 팔 수 없었고, 멜라니아의 경우 21살에 불과해서 자유롭게 재산을 매각할 수 있는 법정 연령에 미치지 못했다. 법이 정하

---

21) Grubbs, *Law and Family in Late Antiquity*, 117쪽.

는 성년(成年)인 25세가 안 되는 딸이 재산을 매각하고 수도적 삶에 헌신하려고 한다는 사실을 알게 된 멜라니아의 아버지 푸블리콜라 (Publicola)는 딸의 재산을 빼앗아 "다른 자녀들"에게 주려고 하였다.

푸블리콜라에게 멜라니아 외에 "다른 자녀들"이 있었다는 것은 전기의 저자인 게론티우스(Gerontius)가 잘못 기록한 내용으로 보인다. "다른 자녀들"은 푸블리콜라가 입양한 자녀이거나 혹은 멜라니아의 아이들일 가능성이 있다. 멜라니아와 피니아누스의 재산은 서방 지역의 각처에 산재해 있었고 황제 호노리우스는 지방 관리들의 책임 하에 각 지역에 있는 이들의 재산을 매각한 후 그 대금을 멜라니아와 피니아누스에게 전달하도록 하였다. 이 경우에 있어 멜라니아의 재산을 매각하고 그 대금을 전달하도록 임무를 맡은 지방 관리들은 멜라니아의 후견인이 된 셈이다. 그러나 멜라니아 부부는 자신들이 살았던 로마의 대저택(villa)이나 기타 재산을 다 처분하지 못한 채 로마를 떠났다. 그들이 로마를 떠난 후에 로마의 수도총감(praefectus urbis Romae)이었던 폼페이아누스(Pompeianus)는 원로원과 결탁하여 그들의 재산을 압류하여 국고(demosion)로 귀속시키려 했다(『멜라니아의 생애』 19장). 하지만 알라릭의 로마 포위로 인해 식량부족에 직면한 성난 군중이 폼페이아누스를 살해하는 것으로 이와 관련된 이야기는 막을 내린다.[22]

---

22) 『멜라니아의 생애』, 12장. 장 가스쿠(Jean Gascou)는 원로원 계층의 재산이 원로원 항렬에 귀속되어 있다는 사실을 지적하면서 원로원 계층이 소유한 사유(私有) 대토지(大土地)가 반(半) 공적(公的)인 기능을 갖고 있었음을 피력한다. Gascou, *Les Grands Domaines*, 155-156쪽.

4) 테오도시우스 칙법전 11권 27장 2절 / CTh 11.27.2 : 어린이 판매를 방지하기 위한 법.

322년 7월 6일

Idem a. Menandro. Provinciales egestate victus atque alimoniae inopia laborantes liberos suos vendere vel obpignorare cognovimus. Quisquis igitur huiusmodi repperietur, qui nulla rei familiaris substantia fultus est quique liberos suos aegre ac difficile sustentet, per fiscum nostrum, antequam fiat calamitati obnoxius, adiuvetur, ita ut proconsules prae-sidesque et rationales per universam africam habeant potestatem et universis, quos adverterint in egestate miserabili constitutos, stipem necessariam largiantur atque ex horreis substantiam protinus tribuant competentem. Abhorret enim nostris moribus, ut quemquam fame confici vel ad indignum facinus prorumpere concedamus.

Dat. prid. non. iul. Romae Probiano et Iuliano conss.

같은 아우구스투스가 메난드로스에게

생필품의 궁핍과 식량 부족으로 곤란을 겪는 속주민들이 자신의 아이들을 매도(賣渡)하거나 저당잡히고 있다는 것을 우리는 알았다. 따라서 가산(家産)으로부터 어떤 지원도 받지 못하는 자와 자신의 아이들을 힘들고 어렵게 부양하는 자는, 재앙에 노출되기 전에 우리의 국고를 통해 도움 받아야 한다. 그리하여 아프리카 전체의 전집정관과 지방장관과 세무책임자들은 권한을 갖고, 비참한 곤궁에 놓여 있는 모든 자들을 주목하여 필요한 돈을 나누어주고, 창고에서 적절한 식량을 즉시로 배분해야 한다. 왜냐하면 어떤 자를 굶주림에 이르게 하거나 혹은 가당치 않은 행위로 추락하도록 우리가 용인하는 것은 우리의 관습에 혐오스러운 것이기 때문이다.

프로비아누스와 율리아누스의 집정관직의 해에 로마에서 7월 상현(上弦)의 하루 전에 공포됨.

*

가장의 생사여탈권, 신생아 유기권, 매각처분권 등에 대해서는 315년 5월 13일에 공포된 칙법에서 설명한 바 있다(CTh 11.27.1). 이 칙법에서 콘스탄티누스는 아이들을 매각하거나 저당 잡혀야 할 정도의 상황이 발생하기 전에 국가곡물창고를 열어 이들 빈민 계층을 무상 원조할 것을 규정하고 있다. 아마도 북아프리카의 기근을 배경으로 하고 있는 것 같다. 로마제국 하층민들의 생

도 9. 미소짓는 소년의 두상, 기원전 4-3세기, 대영 박물관

활은 극도로 궁핍했고 식량이 부족한 위기 상황이 닥치면 가부장은 자녀들을 매도할 수 있는 권한이 있었다.

368-369년경 소아시아에 대기근이 발생했을 때에 해산물을 구할 수 없었던 내륙지방에서 자녀매매 현상이 특히 심각했다. 카파도키아의 카이사레아의 감독인 바실리오스는 이런 위기 상황에서 자신의 소유를 처분하여 굶주린 자들에게 식량을 공급했으며, 부자들이 곡식창고를 열어 굶주림으로 죽어가는 자들을 도와줄 것을 설교하였다. 빈민 아동에 대한 원조는 국가와 교회가 공유하던 가치였다. 특히 350년대 전후로 교회와 감독들을 중심으로 가난한 자를 위한 복합적 기능의 구호단체들이 우후죽순으로 만들어진다. 4세기의 콘스탄티누스 이후의 시기에서 교회가 가난한 자를 주도적으로 도왔다는 것은 오늘날 역사가들이 일반적으로 인정하는 부분이다.[23]

5) 테오도시우스 칙법전 3권 30장 1절 / CTh 3.30.1 : 미성년자 유산탈취 방지를 위한 법. 후견인 또는 보좌인이 미성년자의 재산상 손해를 끼칠 경우 변제해야 한다.

314년 3월 26일

Imp. Constantinus a. Pro officio administrationis tutoris* vel curatoris* bona, si debitores exsistant, tanquam pignoris* titulo obligata, minores*

---

23) 가난한 자에 대한 감독과 교회의 도움에 대해서는 브라운, 『고대 후기 로마제국의 가난과 리더십』을 참조하라.

sibimet vindicare minime prohibentur.

Dat. vii. kal. april. Treviris, Volusiano et Anniano coss.

Interpretatio. Quicumque tutor sive curator negligentia administrationis suae debitor minoribus comprobatur, noverit facultates* suas ita obligatas, ut, si non satisfecerit, ratione* deducta, bona sua a minoribus loco pignoris teneantur.

황제 아우구스투스 콘스탄티누스가

만약 관리업무 때문에 빚을 지게 된다면, 후견인이나* 보좌인의* 재산이 저당의* 명목으로 담보로 잡힌 만큼, 미성년자는* (그 재산을) 자신을 위해 주장하는 것을 금하지 않는다.

볼루시아누스와 아노니아누스의 집정관직의 해에 트레베리에서 4월의 이레 전에 공포됨.

해석 : 후견인이나 보좌인이 누구이든 간에 자신이 허술하게 관리하여 미성년자에게* 빚진 자로 증명된다면, 만약 그가 변제하지 못한다면, 그는 자신의 급부 능력이* 담보로 잡혀있는 결과로, 비용을* 제하고 난 후, 자신의 재산이 미성년자에 의해 저당잡히게 됨을 알아야 한다.

*

- tutor : "후견인." 주로 자주권자(自主權者)인 미성숙자(未成熟者)와 여성을 보호하기 위한 제도로 후견(後見, tutela) 제도가 발달하였다. 로마법상 유아는 7세까지의 아동을 말하여, 미성숙자(impubes)는 남자의 경우 7-14세, 여자의 경우 7-12세였다. 유아(幼兒, infans)의 경우 절대적 무능력자로 간주하여 후견인이 의사능력을 대신했지만, 미성숙자나 여성은 상대적인 무능력자로 후견인은 그의 재산상태를 호전시키는 법률행위는 단독으로 할 수 있었으나, 악화시키는 행위는 할 수 없었다.

시민법상 후견인은 관리재산의 소유권자(loco domini)로서 피후견인의 재산을 매각하거나, 용익 및 담보물권의 설정, 변제의 수령 등 자유로운 처분권과 관리권이 있었으나, 그 권리는 재산보호행위로 점차 축소되어 갔다.[24] 후견인은 일반적으로 피후견인의 양육과 감독 및 인적인 보호 의무를 부담했다. 고대에는 후견이 재산관리 및 처분권을 의미했으므로 후견인이 그의 업무를 수행함에 있어서 손해를 발생시키더라도 법률상 아무런 책임을 부담하지 않았으나, 불성실한 재산관리 및 기타 피후견인의 재산에 입힌 손해에 대해서 책임을 추궁하게 되었다.

- curator : "보좌인." 보좌(保佐, cura)는 자주권자인 정신이상자, 낭비자 혹은 성숙기 이상(남자는 14세 이상, 여자는 12세 이상) 25세

---

24) 이하 내용은 현승종·조규창, 『로마법』, 401-411쪽에서 인용한 것이다.

미만의 미성년자를 보호하기 위하여 발달한 제도이다.[25] 고대 농경사회에서 14세의 성숙자가 거래생활에 참여하는 데는 아무런 장애가 없었으나, 2차 포에니 전쟁 이후 농경사회에서 상거래사회로 바뀌면서, 거래생활에 지능과 경험이 요구되자 미성년자를 보호하기 위한 보좌제도가 발달하게 된다. 본래 후견과 보좌는 그 기원을 달리한 것처럼 보이나 고대 후기에 들어와서 후견과 보좌의 차이점이 줄어들게 되었다.

- pignus : "저당." 고전기에 피후견인의 재산보호를 강화할 목적으로 후견인의 재산을 담보로 설정하는 경우를 말한다.

- minores : "미성년자." 로마법상 미성년자는 성숙자이나 아직 성년(成年, 25세)에 도달하지 않은 자를 말한다.[26]

- facultas : "급부 능력." 피후견인의 재산상의 손해를 보전할 수 있는 능력을 의미한다.

- ratio : "비용." 후견인이 피후견인의 재산관리를 위하여 비용을 지출한 경우 이 비용은 피후견인이 부담하는 것이 원칙이었다.

---

25) 이하 내용은 현승종·조규창, 『로마법』, 421쪽과 425쪽에서 인용한 것이다.
26) 현승종·조규창, 『로마법』, 425쪽.

*

고전기의 법은 후견인과 피후견인의 관계에 있어서 피후견인의 보호를 강화하는 방향으로 발전하게 된다.[27] "클라우디우스 황제 이후에는 후견인의 책임을 가중하여 법무관은 후견인수시에 피후견인의 재산을 감소시키지 않겠다는 재산보전의 담보문답계약(cautio vel satisdatio rem pupilli salvam fore)을 강제하였고 의무위반이 있을 때에는 후견 종료 후에 손해배상의 문답계약소송으로 문책했다." 피후견인에 대한 손해배상 의무는 고전기에 확립된다. "후견인의 위법행위로 피후견인에게 손해가 발생한 경우 피후견인은 후견인이 설정한 담보재산을 집행하여 변제받을 수 있었으며, 특히 후견인의 모든 채권자에 우선하여 변제받을 수 있었다".

콘스탄티누스의 칙법은 이런 고전기의 전통을 더욱 강화하는 방향으로 나아간다.[28] 이 칙법을 통해 콘스탄티누스는 피후견인이 후견인의 재산 전체에 대한 담보권을 얻어 후견인에 대한 채권을 변제받을 수 있도록 하였다. 또한 본래적으로 후견인은 여성과 미성숙자를 보호하기 위한 것이었고 보좌는 미성년자 등을 보호하기 위한 것이었으나 이 칙법에서는 후견인과 보좌인의 구분이 모호해진 점을 지적할 수 있다.

*

『올림피아스(Olympias)의 생애』에 나오는 일화를 살펴보는 것이

---

27) 이 문단의 내용은 현승종 · 조규창, 『로마법』, 414쪽과 417쪽에서 인용한 것이다.

28) 현승종 · 조규창, 『로마법』, 417쪽과 428쪽 참조.

도움이 될 것이다. 올림피아스는 테오도시우스 황제의 친척이었다. 올림피아스는 부모가 세상을 떠난 후 콘스탄티노플의 정무총감 네브리디오스(Nebridios)와 결혼했으나 1년 후인 386-388년경 남편과 사별한다.[29] 그녀는 기독교 신앙에 열심이었고 사람들은 그녀가 완전한 삶, 즉 수도적인 삶에 물들어 재산을 가난한 자들에게 나누어 줄까 걱정하여 테오도시우스 황제에게 올림피아스가 재산을 소진할 가능성에 대해서 고발한다. 황제는 자신과 친척관계에 있던 엘피디오스(Elpidios)를 그녀와 결혼시키려고 했다. 그러나 올림피아스는 엘피디오스의 요청을 거절한다. 그녀는 황제에게 자신이 수도적 삶을 살아갈 수 있도록 해달라고 간곡히 요청한다. 황제는 올림피아스의 요청을 들어주면서 콘스탄티노플의 정무총감 클레멘티노스(Clementinos)를 후견인으로 지명하여 "과부가 서른살에 도달할 때까지 재산을 보호하도록" 조치를 취한다. 황제의 지시로 올림피아스의 후견인이 된 클레멘티노스는 엘피디오스의 사주를 받고 올림피아스가 교회의 감독들과 대화조차 할 수 없도록 방해하고 엘피디오스와 결혼시키려고 애쓴다. 이에 올림피아스는 테오도시우스 황제가 막시무스를 무찌르고 콘스탄티노플로 돌아온 391년 11월 10일 이후 어느 날 황제에게 다시 한 번 청원한다. 황제는 올림피아스가 '수도적 삶'에 헌신적인 것을 고려하여 올림피아스가 아직 서른살이 되지 않았음에도 불구하고 재산을 자유로이 처분할 수 있는 권한을 부여한다. 자신의 재산을 처분할 수 있는 권한을 얻은 올림피아스는 콘스탄티노플의 감독인 요안네스 크리소스토모스에게 엄청난 규모의 부동산과 주화

---

29) 네브리디오스는 386년 7월 26일 공포된 테오도시우스 칙법전 3권 4장의 칙법에 언급된다.

를 바쳐서 가난한 사람들을 위해 사용하도록 하고 자신은 수도원을 건립하여 약 200여 명의 동정녀들과 함께 살아간다. 『올림피아스의 생애』에 나오는 이 일화는 4세기 말, 홀로 살아가는 여성들이 30살이 될 때까지 후견인의 보호아래 있었음을 보여준다.[30]

6) 테오도시우스 칙법전 3권 30장 3절 / CTh 3.30.3 : 미성년자 유산탈취 방지를 위한 법.

326년 3월 15일

...vel curatore[*] sollicito, ut easdem inspiciat frequenti recognitione incolumes.

Animalia quoque supervacua minorum veneant, non vetamus.

Dat. id. mart. Sirmio Constantino a. vii et Constantio c. conss.

반복된 조사를 통해 이런 규정들이 흠 없도록 살펴, 보좌인이[*] 책임지고...

우리는 그들이 또한 미성년자의 잉여 동물을 매각하는 것을 금하지 않는다.

---

30) 『올림피아스의 생애』, 3-6장.

아우구스투스 콘스탄티누스의 일곱 번째 집정관직과 카이사르 콘스탄티우스의 집정관직 하에 시르미움에서 3월 보름에 공포됨.

*

- curator : "보좌인." CTh 3.30.1의 설명을 참조하라.

3장

가족에 대한 칙법

1) **테오도시우스 칙법전 4권 12장 1절 / CTh 4.12.1 :
자유인 여자가 납치되어 노예와 결혼한 경우 자유인 여
자와 그 여자의 아이는 노예가 된다.**

314년 4월 1일

Imp. Constantinus a. ad Probum. Si quae mulieres liberae vel a servis vel a quolibet alio vim perpessae[*] contra voluntatem suam servilis condicionis hominibus iunctae sint, competenti legum severitate[*] vindictam consequantur[*]. Si qua autem mulier suae sit immemor honestatis, libertatem amittat atque eius filii servi sint domini, cuius se contubernio[*] coniunxit. Quam legem et de praeterito[*] custodiri oportet.

Proposita kal. april. Volusiano et Anniano conss.

Interpretatio. Per vim contra voluntatem servo iuncta alieno et vindictam consequitur. Si vero sponte fit ancilla, et eius filii servi sunt.

황제 아우구스투스 콘스탄티누스가 프로부스에게

만약 어떤 자유인 여자가 노예나 또는 어떤 다른 자에 의해 강제로* 자신의 의사(意思)에 반(反)해 노예상태의 남자에게 결합되었다면, 그 여자는 해당하는 엄중한 법으로* 권봉(權棒)을 받아야 한다.* 그러나 어떤 여자가 자신의 존엄함을 기억하지 못하면, 그는 자유를 잃고 그의 아이들은 자신과 동거관계로* 결합한 (노예의) 주인의 노예가 될 것이다. 이 법은 과거의 것으로부터* 보존되어야 한다.

볼루시아누스와 아니아누스의 집정관직하에 4월 초하루에 고시(告示)됨.

해석 : 자신의 의사(意思)에 반(反)해 다른 자에게 속한 노예와 강제로 결합당한 여자는 권봉(權棒)을 받는다. 만약 그녀가 자발적으로 그렇게 했다면, 그녀의 아이들은 노예가 된다.

*

- vim perpessae : "강제(强制)로." 문자적인 뜻은 '완력을 당하는 (자유인 여자들)' 혹은 '폭력을 당하는 (자유인 여자들)'이다.

- competenti legum severitate : "해당하는 엄중한 법으로." 문자적

으로는 "해당하는 법의 엄중함으로"이다.

- vindictam consequi : "권봉을 받는다." 권봉(權棒, vindicta)은 노
  예를 해방할 때 '자유의 동행인'(assectro libertatis)이 노예의 머
  리를 건드리던 막대기이다. "권봉을 받는다"는 것은 노예상태에
  서 해방된다는 것을 의미한다.[1]

- contubernium : "동거관계." 노예의 결혼은 사실관계이지 법적 관
  계가 아니었으므로, 노예는 혼인을 통해서 동거관계(contubernium)
  에 들어가게 된다.[2]

- de praeterito : "과거의 것으로부터." 기원후 52년에 제정된 클라
  우디우스(Claudius) 원로원의결(元老院議決, senatusconsultum)에는
  자유인 여자와 남노(男奴)의 동거관계에 관한 규정이 들어 있다.
  이 원로원의결을 따르면 남노의 주인이 3번 이상 경고했음에도
  불구하고 자유인 여성이 남노와 동거(contubernium)를 유지한
  경우, 여성 자신과 그녀의 아이들은 남노 주인의 노예가 되었다.
  314년 4월 1일 공포된 콘스탄티누스의 칙법은 클라우디우스 원
  로원의결을 여전히 유효한 것으로 상기시킨다. 기독교 시대에도
  노예제도는 경제체제의 근간으로 유지되었고 교회의 지도자들
  이나 교사들도 노예학대나 율리우스 법이 허용하는 여노(女奴)와

---

1) Gaffiot, *Dictionnaire Latin*, 1679쪽.

2) 노예의 사실혼을 표현하는 동거에 대한 자료는 J. E. Grubbs, *Women and the Law in the Roman Empire*, 2002, 138쪽 이하와 현승종·조규창, 『로마법』, 345쪽, 그리고 Bradley, *Slavery and Society at Rome*, 50쪽을 참조하라.

의 성적 교섭 등을 비판했지만, 노예제도 자체를 비판하는 데까
지는 이르지 못했다.[3]

*

이 칙법은 두 부분으로 구성되어 있다. 첫 번째 요소는 자의(自意)
에 반(反)해 완력(腕力)으로 남노(男奴)와 동거관계에 들어간 자유인
여성의 경우를 다룬다. 억지로 노예나 다른 남자와의 결혼관계에 들
어가게 되는 경우 '권봉을 받아' 자유인의 신분을 회복할 수 있다.
완력에 의한 결혼은 그리스 시대 이래로 계속되어온 결혼 관행을 고
려해야 한다. 여자를 납치해 결혼하는 것은 그리스 시대의 풍습 중
하나였다. 간혹 납치에 의한 결혼은 실제 완력을 사용한다기보다 결
혼에 대한 의지를 표현하는 상징으로 받아들여지곤 했다. 그러나 고
대 후기에 이르러 납치에 의한 결혼은 실제적인 사회문제로 등장한
다. 콘스탄티누스는 납치문제에 대한 다른 칙법을 공포한 바 있다
(본 연구 CTh 9.24.1 참조).[4]

둘째 부분은 의지적으로 남노(男奴)와 결혼한 자유인 여자에 관계
된다. 기원후 52년부터 남노와 동거하는 자유인 여자와 그 아이들은
남노 주인의 노예가 된다는 법률이 지속적으로 인정되어 왔고 콘스
탄티누스도 이를 재차 유효한 것으로 선언한다.

역사적으로 이 칙법은 동방을 다스리던 리키니우스의 것이라고

---

3) 클라우디우스 원로원의결에 관한 내용은 Berger, *Encyclopedic Dictionary of Roman Law*, 697쪽의
Senatusconsultum Claudianum에서 참조했다.

4) Pomeroy, *Women in Classical Antiquity*, 19쪽과 37쪽.

보는 견해도 있다. 막시미누스 다이아(Maximinus Daia)는 313년 리키니우스와 싸워 패하게 된다. 락탄티우스는 막시미누스 다이아가 자신의 노예들을 자유인 여자들과 결혼시켰다고 보도한다. 이것이 사실이라면 리키니우스는 막시미누스 다이아의 땅을 차지한 후 남노와 강제로 결혼한 자유인 여자들을 해방시키기 위해 이 칙법을 공포했을 가능성이 있다.[5]

2) 테오도시우스 칙법전 2권 25장 1절 / CTh 2.25.1 : 노예가족 이산방지법.

325년 4월 29일

Imp. Constantinus a. Gerulo rationali trium provinciarum. In Sardinia fundis[*] patrimonialibus vel emphyteuticariis[*] per diversos nunc dominos distributis, oportuit sic possessionum[*] fieri divisiones, ut integra apud possessorem[*] unumquemque servorum agnatio permaneret. Quis enim ferat, liberos a parentibus, a fratribus sorores, a viris coniuges segregari? Igitur qui dissociata in ius diversum[*] mancipia traxerunt, in unum redigere eadem cogantur: ac si cui propter redintegrationem necessitudinum servi cesserunt, vicaria per eum, qui eosdem susceperit, mancipia reddantur. Et invigilandum, ne per provinciam aliqua posthac querela super divisis mancipiorum affectibus perseveret.

---

5) Grubbs, *Law and Family in Late Antiquity*, 264-266쪽과 Grubbs, *Women and the Law*, 176쪽을 참조하라.

Dat. iii. kal. mai. Proculo et Paulino coss.

Interpretatio. In divisione patrimoniorum seu fiscalium domorum[*] sive privatorum observari specialiter debet, ut, quia iniustum est, filios a parentibus vel uxores a maritis, quum ad quemcumque possessio[*] pervenerit, sequestrari, mancipia, quae permixta fuerint, id est uxor cum filiis et marito suo, datis vicariis, ad unum debeant pertinere, cui necesse fuerit commutare, quod sollicitudo ordinantium debet specialiter custodire,[*] ut separatio fieri omnino non possit.

황제 아우구스투스 콘스탄티누스가 세 개의 속주의 세무책임자인 게룰루스에게

최근 사르디아에서 여러 주인을 통해 상속경작지 혹은 장기임대차 계약의[*] 경작지가[*] 분배되었는데, 노예들의 부계혈족 전체가 한 명의 점유자에게[*] 남는 방식으로 점유지의[*] 분할이 이루어져야 했다. 자녀와 부모, 형제와 자매, 남편과 부인이 헤어지는 것을 누가 용인하겠는가? 그러므로 노예들을 분리해서 다른 소유권으로[*] 끌고간 자는 하나의 동일한 소유권으로 회복시켜야 한다. 그리고 만약 가족관계의 회복 때문에 그에게서 노예가 떠났다면, 그 노예를 받은 자가 대체 노예를 제공해야 할 것이다. 그리고 이후로는 어떤 속주에서도 노예들의 애정이 갈라진 것에 대해 계속해서 민원이 제기되지 않도록 주의해야 한다.

프로쿨루스와 파울리누스의 집정관직하에 5월의 사흘 전에 공포됨.

해석 : 상속 (경작지)의 분할이나 과세대상인 대저택[*] 혹은 개인 (경작지)의 분할시(時), 어떤 자가 점유하게 될 때, 아들과 부모, 또는 부인과 남편을 분리하는 것이 부당하기 때문에, 대체노예를 제공하고, 함께 사는 노예들, 즉 부인은 자신의 아이들과 남편과 함께, (노예) 교환을 해야 할 하나의 점유자에게 속해야 한다. 그리고 업무를 맡은 자들은, 그들이 결코 헤어지지 않도록, 책임지고 이를 특별히 돌보아야 한다.[*]

*

- fundi : "경작지." fundus는 이탈리아와 서방의 속주에서 소유권의 기본단위이다. 경작지는 Fundus Cornelianus처럼, 대개 지속적으로 사용되는 개인의 이름을 따라 명명되었다. 경작지의 크기는 다양했으며, 분할상속이나 분할매각이 가능했다.[6]

- emphyteuticarius : "장기임대차 계약의." 장기임대차 계약(emphyteusis)은 사유지나 황실 영지에 대한 장기임대차 계약이다. 일반적인 농지 임대차계약은 임대인이 토지세를 부담하고 임차인이 임대주에게 임대료를 납부하는 방식이나, 장기임대차계약에서는 임차인이 토지 소유주에게 임대료를 지급하는 것은 물론 토지세

---

6) Jones, *The Later Roman Empire*, 785-786쪽에서 참조하였다.

를 당국에 납부하였고 임대차계약이 상속되는 등 계약기간도 길었기 때문에, 임차인은 거의 토지 소유주와 비슷한 입장에 있었다. 임대료(pensio, canon)나 세금을 3년 동안 납부하지 않은 경우나 임차인이 상속자 없이 사망한 경우에는 장기임대차계약이 해지되었다.

가이우스(Gaius)는 『법학원론』 3.145에서 "si qua res in perpetuum locata sit...(어떤 토지가 영구적으로 임대된다면)"라고 하지만, emphyteusis란 용어는 사용하지 않는다. 컴포트(Comfort)의 견해를 따르면 emphyteusis라는 용어가 처음으로 나타나는 것이 293년이다.[7] 콘스탄티누스의 칙법에서는 315년(CJ 11.62.1)에 처음으로 나타나고 319년(CJ 11.63.1)에도 확인된다. 콘스탄티누스의 시대에 본격적으로 사용되기 시작한 용어는 이미 잘 알려지고 친숙한 용어인 것처럼 사용된다.[8]

하지만 장기임대차계약 방식은 4-5세기에 경작지(fundus)의 표준적인 계약방식이 된다. 황제 제노(Zeno, 474-491)의 시대에 공포된 칙법(CJ 4.66)에는 장기임대차계약(emphyteuticum ius)을 임차나 양도가 아닌 제 3의 것으로 분류해야 한다고 명시한다. 유스티니아누스는 530년에 이르러 emphyteusis를 삼 세대로 제한하고(CJ 1.2.24), 535년 4월 15일에 재차 확인한다(NJ 7). 아울러 종교기관 소유의 토지에 대해서 2년 동안 임대료를 납부하지 않는 경우 계약이 해지되도록 했다. 장기임대차계약은 6세기 교회적 기관의 토지계약의 일반적 방식이었다.[9]

---

7) Comfort, *"Emphyteusis among the Papyri"*, 4쪽.

8) Johnson and West, *Byzantine Egypt*, 72-74쪽.

- possessio : "점유(占有)." 점유는 물건에 대한 지배라는 점에서는 소지(所持, detentio)와 일치하나 소유의 의사로써 목적물을 보유하려는 의지가 없다는 점에서 점유와 다르다. 로마의 토지제도는 소지(detentio)보다 점유(possessio)를 중심으로 발달하였는데, 이는 이탈리아 반도와 일부 속주의 제한적 토지를 제외하고 대부분의 토지가 국유지로서 임차인이 경작했기 때문이며, 국유지 임차인은 토지의 소지자(detentor)가 아니라 소유 의사가 있는 점유자(possessor)로서 토지를 사용하고 수익을 거두었다. 로마법에서는 토지의 이용관계를 중심으로 점유가 압도적인 비중을 차지한다.[10] 그러나 4세기 이후 possessor는 여전히 용어적인 차이가 존속했음에도 불구하고 점유자 혹은 소지자라는 양가적인 의미를 동시에 갖게 되면서 혼동되기도 한다. 그리하여 토지 소지자인 지주를 의미하기도 했고, 시의원직의 계승자를 뜻하기도 했다.[11]

- possessor : "점유자(占有者)." possessio를 참조.

- ius diversum : "다른 소유권." ius는 법 혹은 법률이란 뜻 외에도, 일반적 의미의 권리, 물건이나 사람에 대한 권리를 뜻한다. 여기서는 문맥상 노예에 대한 소유의 권리를 뜻한다.[12]

---

9) 유스티니아누스의 칙법 본문은 Kaplan, *Les propriétés de la Couronne et de l'Eglise*, 37쪽과 45-47쪽을 참조하라.

10) 현승종·조규창, 『로마법』, 501-502쪽을 참조하라.

11) 이에 대한 자세한 내용은 Laniado, *Recherches sur les notables municipaux dans l'empire protobyzantin*, 185-200쪽을 참조하라.

12) Gaffiot, *Dictionnaire Latin*, 874쪽.

- domus : "대저택." 경작지의 가운데에 위치한 대저택을 가리킨다.[13]

- quod sollicitudo ordinantium debet specialiter custodire : "그리고 업무를 맡은 자들은… 책임지고 이를 특별히 돌보아야 한다." 문자적으로는 "그리고 업무를 맡은 자들의 책임은 이것을 특별히 돌보아야 한다"이다.

*

대토지의 소유권을 이전할 때에 토지에 결속되어 있는 노예도 함께 소유권이 이전되었다. 대토지 매각시에는 토지에 결속된 노예들이 소유주의 매각의사에 반대하여 반란을 일으키기도 하였다. 400년경 멜라니아는 여러 속주에 흩어져 있는 자신의 대토지 상속분을 매각하려 하였다. 멜라니아의 남편 피니아누스(Pinianus)의 형제인 세베루스(Severus)는 로마 근교에 있던 멜라니아의 대토지를 탐내었고 그곳의 노예들을 사주하였다. 노예들은 세베루스만을 자신들의 새로운 주인으로 받아들일 수 있다고 멜라니아에게 집단적으로 항의하였다. 멜라니아는 황후 세레나(Serena)를 알현하여 황제 호노리우스(Honorius)에게서 재결(裁決)을 받아냄으로 노예들의 반항과 세베루스의 의도를 꺾을 수 있었다.[14]

---

13) 북아프리카의 대저택을 그린 모자이크화는 A. Ben Abed(edition), *Stories in Stone conserving mosaics of Roman Africa, Masterpieces from the National Museums of Tunisia*, Los Angeles : Getty Publications, 2006과 A. Ben Abed, *Tunisian Mosaics, Treasures form Roman Africa*, Los Angeles : Getty Publications, 2006을 참조하라. 대저택에 그려진 벽화에 대해서는 Donatella Mazzoleni, *Domus, Wall Painting in the Roman House*, Los Angeles : The J. Paul Getty Museum, 2004를 참조하라.

14) 『멜라니아의 생애』, 10-12장.

노예의 혼인관계는 법률상 의미가 없는 단순한 사실관계, 즉 동거에 지나지 않아 법적 보호의 대상이 될 수 없었으며, 따라서 노예의 친족관계는 인정되지 않았다. 주인은 자신의 노예를 자유로이 사용, 수익, 처분할 수 있었을 뿐 아니라 신분적 지배권에 기하여 징계, 처벌권의 행사는 물론 노예를 유기, 훼손, 살해할 수도 있었다. 기독교는 노예제도를 부인하지 않고 묵인했으며, 기독교가 신앙의 자유를 얻은 313년 이후에도 노예제도는 로마제국 경제체제의 근간으로 유지되었다. 교회는 노예제도의 전면적 폐지라는 급진적 방법이 아니라 점진적인 개선을 통하여 이들의 사회적, 법적 지위향상에 기여했고, 노예해방이 모든 신도의 종교적 의무임을 강조함으로써 노예제도의 완화와 노예해방을 촉진하는 데 기여했다.[15]

3) 테오도시우스 칙법전 9권 24장 1절 / CTh 9.24.1 (CJ 9.13.1) : 처녀납치에 대한 처벌.

326년 4월 1일

Imp. Constantinus a. ad populum. Si quis nihil cum parentibus puellae ante depectus invitam eam rapuerit vel volentem abduxerit, patrocinium ex eius responsione sperans, quam propter vitium levitatis et sexus mobilitatem atque consilii* a postulationibus et testimoniis

---

15) Glancy, *Slavery in Early Christianity*, 92-96쪽과 151-152쪽, 그리고 현승종·조규창, 『로마법』, 337쪽, 349쪽, 352쪽을 참조하라.

omnibusque rebus iudiciariis antiqui penitus arcuerunt, nihil ei secundum ius vetus prosit puellae responsio, sed ipsa puella potius societate criminis obligetur. Et quoniam parentum saepe custodiae nutricum fabulis et pravis suasionibus deluduntur, his primum, quarum detestabile ministerium fuisse arguitur redemptique discursus[*], poena immineat, ut eis meatus oris et faucium, qui nefaria hortamenta protulerit, liquentis plumbi ingestione claudatur.

Et si voluntatis assensio detegitur in virgine, eadem, qua raptor, severitate plectatur, quum neque his impunitas praestanda sit, quae rapiuntur invitae, quum et domi se usque ad coniunctionis diem servare potuerint et, si fores raptoris frangerentur audacia[*], vicinorum opem clamoribus quaerere seque omnibus tueri conatibus. sed his poenam leviorem imponimus solamque eis parentum negari successionem praecipimus. Raptor autem indubitate convictus si appellare voluerit, minime audiatur. Si quis vero servus raptus facinus dissimulatione praeteritum aut pactione transmissum detulerit in publicum, Latinitate[*] donetur, aut, si Latinus sit, civis fiat Romanus: parentibus, quorum maxime vindicta intererat, si patientiam praebuerint ac dolorem compresserint, deportatione plectendis. Participes etiam et ministros raptoris citra discretionem sexus eadem poena praecipimus subiugari, et si quis inter haec ministeria servilis condicionis fuerit deprehensus, citra sexus discretionem eum concremari iubemus.

Dat. kal. april. Aquileia, Constantino a. VI. et Constantino c. coss.

Interpretatio. Si cum parentibus puellae nihil quisquam ante definiat, ut eam suo debeat coniugio sociare, et eam vel invitam rapuerit vel volentem, si raptori puella consentiat, pariter puniantur. Si quis vero ex amicis aut familia aut fortasse nutrices puellae consilium raptus dederint aut opportunitatem praebuerint rapiendi, liquefactum plumbum in ore et in faucibus suscipiant, ut merito illa pars corporis concludatur, de qua hortamenta sceleris ministrata noscuntur. Illae vero, quae rapiuntur invitae, quae non vocibus suis de raptore clamaverint, ut vicinorum vel parentum solatio adiutae liberari possent, parentum suorum eis successio denegetur. Raptori convicto appellare non liceat, sed statim inter ipsa discussionis initia a iudice puniatur. Quod si fortasse raptor cum parentibus puellae paciscatur, et raptus ultio parentum silentio fuerit praetermissa, si servus ista detulerit, Latinam percipiat libertatem, si Latinus fuerit, civis fiat Romanus. Parentes vero, qui raptori in ea parte consenserint, exsilio deputentur. Qui vero raptori solatia praebuerint, sive viri sive feminae sint, ignibus concrementur.

아우구스투스 황제 콘스탄티누스가 백성에게

만약 소녀의 대답에서 도움을 얻기를 바라며, 소녀의 부모와 어떤 것도 미리 합의하지 않은 자가 소녀의 뜻에 반(反)해 납치하거나 기꺼이 따르는 소녀를 데려간다면, 변덕의 악덕과 불안정한 성(性)과 판단* 때문에 선인(先人)들이 소송과 증언 그리고 모든 사법적인 것에서 소녀를 제외했으므로, 옛 법을 따라 소녀의 대답은 그에게 어떤 도움도 되지 못하고, 오히려 소녀 자신은 범죄의 공모에 책임을 져야 할 것이다. 그리고 유모의 대화와 사악한 설득이 자주 부모의 보호를 조롱함으로, (유모의) 돌보는 일이 혐오스럽다고 판명되고 대화가 대가를 받은 것이라면,* 액체 상태의 납을 부어 사악한 조언을 내놓은 유모의 입과 목구멍을 막아버리는 형벌을 가해야 할 것이다.

그리고 만약 처녀에게서 의지적 동의가 발견되면 그녀는 납치범과 동일한 엄중함으로 처벌될 것이다. 결혼하는 날까지 집에서 자기 자신을 지킬 수 있고, 만약 납치범이 담대하게 문을 부순다면* 소리를 질러 이웃사람들의 도움을 청(請)하고 모든 노력을 기울여 자신을 보호할 수 있어야 함에도 불구하고, 자기 의사에 반(反)해 납치된 자들도 처벌을 면제받지 말아야 한다. 그러나 우리는 이런 자들에게 보다 가벼운 형벌을 가하고, 부모의 상속만이 이들에게서 인정되지 않도록 명한다. 그런데 만약 의심할 바 없이 확인된 납치범이 상소를 원한다면 들어줄 필요가 없다. 만약 어떤 노예가 묵과함으로 지나버렸거나 합의로 통과된 납치의 범죄를 공공법정에 고발한다면, 라틴인의 자격을* 수여할 것이고, 만약 그가 라틴인이라면 로마시민으로 만들 것이다. 특히 범죄에 연관되었던 부모는 만약 인내를 보이고 고통을 억누른다면 추방형으로 처벌받아야 한다. 또한 우리는 납치의 공범(共犯)과 조력자들이 성(性)의 구별 없이 같은 형벌을 받도록 명령한다. 그리고 만약 이런 일을 하다가 잡힌 자가 노예 신분이라면 성(性)의 구별 없이 불태우도록 명령한다.

아우구스투스 콘스탄티누스의 네 번째 집정관직의 해와 콘스탄티누스 카이사르의 집정관직의 해에 아킬레이아에서 4월 초하루에 공포됨.

해석 : 만약 어떤 자가 자신과의 결혼을 통해 결합하도록 소녀의 부모와 어떤 것을 미리 확정하지 않고, 그녀의 의지에 반(反)해서건 혹은 자발적으로건 납치한 경우, 만약 소녀가 납치범에게 동의한다면 그들은 동일하게 처벌받을 것이다. 친구중의 누군가나 혹은 가족이나 아마도 소녀의 유모가 납치의 조언을 주었거나 또는 납치의 기회를 주었다면, 범죄를 사주(使嗾)하는 데에 사용되었다고 인식된 신체의 부분을 마땅히 막기 위해, 녹인 납을 그들의 입과 목구멍에 부어야 한다. 반(反) 의지적으로 납치되었으되, 이웃이나 부모의 도움을 받아 풀려날 수 있도록 납치범을 향해 소리를 지르지 않은 여자들은 부모 의 상속을 받을 수 없다. 납치범으로 확인된 자는 상소를 할 수 없고 심리의 처음에 재판관에 의해 즉시로 처벌받게 될 것이다. 만약 납치 범이 소녀의 부모와 합의에 도달하고 부모가 침묵함으로 납치의 복 수가 묵과된 경우, 노예가 그것을 고발한다면 라틴인의 자유를 얻을 것이고, 그가 라틴인이라면 로마시민이 될 것이다. 이런 일에 있어 납치범에게 동의한 부모는 유배형으로 처벌받을 것이다.

*

- sexus mobilitas atque consilii : "불안정한 성(性)과 판단." 문자적
  으로는 '성(性)과 판단의 불안정성'이다.

- redemptique discursus : "대화가 대가를 받은 것이라면." 문법적
  으로 모호하다.

- si fores raptoris frangerentur audacia : "만약 납치범이 담대하게 문을 부순다면." 문자적으로는 '만약 문이 납치범의 담대함에 의해 부서진다면'이다.

- latinitas : "라틴인의 자격." latinitas는 latina libertas 혹은 latini Iuniani와 동의어이다. 해방노예로 자유민이 되었으나 로마 시민권을 획득하지 못하고 정치적인 권리 없이 단지 라틴인의 자격만을 얻은 경우를 가리킨다. 라틴인은 로마시민과 상거래를 할 수 있는 자유를 갖고 있었고(ius commercii) 거래를 통해 물건을 소유하거나 상속인으로 물건을 획득할 수 있었으나 유언을 할 자격은 없었다. 아울러 라틴인은 로마시민과 결혼할 권리(ius conubii)가 없었다. 라틴인의 지위는 "자유인으로 살지만 노예처럼 죽는다"라는 격언 속에 압축되어 있다. 라틴인의 지위는 유스티니아누스에 의해서 폐지된다.[16]

*

남자나 여자의 납치는 부(父)나 남편에 대한 침해로 간주되어 형사 소송의 대상이 될 수 있었다.[17] 하지만 콘스탄티누스 황제 이전에 납치는 공적인 범죄가 아니었다. 콘스탄티누스는 결혼의 의사를

---

16) Berger, *Encyclopedic Dictionary of Roman Law*, 537쪽.

17) 이하 이 문단의 내용은 Mommsen, *Le droit pénal romain* 2, 429-431쪽(독일어 원문은 701-702쪽)을 참조했다. 동정녀 납치에 대한 칙법은 콘스탄티우스 2세가 354년에 공포한 CTh 3.25.1이 있다. 납치에 대한 제재는 처음에는 납치된 여자가 의지에 반(反)해 납치된 경우만을 다루었으나 후에 더 멀리까지 나아간다. CJ 9.13.1, NJ 123.43 등을 보라(Mommsen, *Le droit pénal romain* 2, 430쪽 각주 3번).

불문(不問)하고 기혼 혹은 미혼의 자유인 여자를 성적인 관계를 목적으로 납치하는 것을 처음으로 범죄로 규정하였다. 하지만 납치된 여자의 부모나 친척이 결혼에 동의한다면 범죄는 사라진다. 부모나 근친이 반대함에도 불구하고 여자가 납치되었을 때에 한하여 범죄가 된다. 이 때 납치된 여자가 납치범에게 동의했는가 저항했는가는 중요하지 않다. 만약 동의했다면 납치된 여자는 납치범과 같은 형벌로 처벌된다. 콘스탄티누스는 납치된 여자가 자신의 의지에 반하여 강제로 납치되었을 경우에도 처벌을 받도록 규정한다. 반면 유스티니아누스는 이 구절을 삭제한다(CJ 9.13.1). 납치는 인두형(人頭刑)으로 엄중하게 제재당했으나 시효가 5년이었다.

테오도르 몸센을 따르면 콘스탄티누스가 납치에 부과한 형벌은 콘스탄티누스의 칙법 중에서 가장 불합리한 경우에 해당한다.[18] 이에 따라 콘스탄티우스 2세는 형벌의 엄중함을 약화시켰고(CTh 9.13.2) 율리아누스 황제는 납치에 대해 생명박탈형을 선고하는 것은 불법이라고 하였다. 하지만 율리아누스 이후의 황제들은 납치를 보다 엄중하게 다스린다. 이에 대해서는 요비니아누스가 공포한 CTh 9.23.2(= CJ 1.3.5)와 소조메노스의 『교회사』, 6.3을 참조하라.

*

이 칙법은 현대의 법 해석가들에게 상당히 충격적이었다. 납치자뿐 아니라 납치를 당한 여자도 같은 종류의 형벌에 처한다는 규정

---

18) 이하 이 문단의 내용은 Mommsen, *Le droit pénal romain* 2, 429쪽 각주 3번을 참조했다.

때문이었다.[19] 콘스탄티누스는 이 법을 통해 오랜 전통이었던 결혼을 위한 처녀 납치의 관례를 근절하고자 하였다. '신부 도둑질'이라고 불릴만한 이런 전통은 지중해 주변에서는 20세기까지도 계속되었다고 한다. 이 칙법에서는 완력에 의한 강간보다는 납치에 의한 결혼에 초점을 맞추고 있다. 4세기에는 납치에 의한 결혼이 공공연하게 있었던 것 같다.

닛사의 그레고리오스는 320년경 자신의 어머니 엠멜리나(Emmelina)가 결혼할 무렵의 이야기를 남겨 놓았다. 젊은 시절 아름다웠던 그녀의 어머니는 일찍이 부모를 여의었다. 그녀의 아름다움에 이끌린 자들은 결혼을 청했다. 그런데 "그녀의 아름다움에 사로잡힌 어떤 자들이 그녀를 납치하려고 준비하고 있었기 때문에, 그녀는 명성이 높으며 존경받는 삶으로 유명한 남자를 택해서 자신의 삶을 위한 보호자로 삼았다".[20] 그녀는 326년경 결혼하여 맏이인 마크리나를 327-329년경 낳고 둘째 바실리오스를 329년 혹은 330년에 낳는다. 엠멜리나는 남편을 후견인으로 택한 후에 결혼했을 가능성도 있다.

374년 카이사레아의 감독 바실리오스는 한 『편지』에서 어떤 소녀가 납치당한 일을 놓고 개탄한다.[21] 그는 편지의 수신자에게 그 아이를 찾아서 부모의 품으로 돌려보내는 데에 최선을 다해 달라고 당부한다. 납치에 공모한 자들은 그들의 가족까지 포함해서 3년 동안 출교할 것을 권면한다. 납치한 아이인줄 알고도 모른체한다면 마을 전체 사람들도 함께 출교하도록 한다. 납치자는 "뱀과 같은 자로 공동

---

19) 이 법에 대한 주석은 Grubbs, *Women and the Law*, 182쪽을 참조하라.

20) 『마크리나의 생애』, 2장.

21) 바실리오스, 『편지』, 270.

의 적"이다. 1년 뒤인 375년 바실리오스는 이코니움의 암필로키오스에게 보낸 교회법에서 처녀 납치에 대해 항목 한 개를 할애한다.[22] 납치한 여자를 데리고 있는 자들은 일단 교회에 받아들여서는 안 된다. 여자를 자유롭게 해주고, 본래 결혼하기로 약속했던 남자가 납치되었던 여자와 여전히 결혼을 원하는지 아닌지를 알아본 후에 더 이상 원하지 않는다면, 납치했던 자들은 그제야 여자를 데려갈 수 있다.

4) 테오도시우스 칙법전 9권 8장 1절 / CTh 9.8.1 : 피후견인 여성과 동침한 후견인 처벌.

326년 4월 4일

Imp. Constantinus a. ad Bassum vicarium Italiae. Post alia: ubi puellae ad annos adultae aetatis accesserint et adspirare ad nuptias coeperint, tutores necesse habeant comprobare, quod puellae sit intemerata virginitas, cuius coniunctio postulatur. Quod ne latius porrigatur, hic solus debet tutorem nexus adstringere, ut se ipsum probet ab iniuria laesi pudoris immunem. Quod ubi constiterit, omni metu liber optata coniunctione frui debebit; officio servaturo, ut, si violatae castitatis apud ipsum facinus haereat, deportatione plectatur, atque universae eius facultates fisci viribus vindicentur, quamvis eam poenam debuerit sustinere, quam raptori leges imponunt.

---

22) 바실리오스, 『편지』, 199.22.

Dat. prid. non. april. Aquileia, Constantino a. VI. et Constantino c. coss.

Interpretatio. Ubi primum puellae sub tutore viventes ad annos pervenerint nuptiales, et quicumque petitor accesserit, non prius puella iungatur, nisi virginitas illius, quod a tutore servata sit, fuerit approbata: nam si ab ipso tutore convincitur eius violata virginitas, statim exsilio deputetur, et res illius omnes fiscus usurpet.

황제 아우구스투스가 이탈리아의 속주지사 바수스에게

이전 생략 : 소녀가 성장한 나이의 연수에 도달하고 결혼을 열망하기 시작할 때에, 후견인은 결혼을 요청하는 소녀의 동정이 때묻지 않았음을 증명해야 한다. 그런데 이런 규정을 보다 폭넓게 적용하지 말아야 한다. 단지 이 규정은 후견인에 해당하는 의무이어야 한다. 자존감이 상처받았다는 불의함에 대해서 그는 자신의 책임이 없음을 증명해야 한다. 그리고 이것이 확립되었을 때, 모든 두려움에서 해방되어 혼인할 수 있을 것이다. (귀하의) 직무는 (다음과 같은 것을) 행하는 것인데, 즉, 순결을 범한 죄가 후견인 자신에게 확정된다면 그는 유배형으로 처벌받을 것이며, 법률이 납치범에게 부과하는 처벌을 그가 받는다 할지라도 그의 모든 재산은 국고로 귀속될 것이다.

아우구스투스 콘스탄티누스의 여섯 번째 집정관직과 카이사르 콘스탄티누스의 집정관직 하에 아킬레이아에서 4월 상현의 하루 전에 공포됨.

해석 : 후견인의 (보호) 아래에 살던 소녀가 결혼 연령에 도달했을 때에 소송인이 생긴다면, 만약 그녀의 동정이 후견인에 의해 지켜졌다는 것이 증명되지 않을 경우, 소녀는 결혼하지 못할 것이다. 만약 동정이 범해진 것이 후견인 자신에 의한 것이라면, 그는 즉시로 유배형으로 처벌받을 것이고 그의 모든 재산은 국고로 몰수될 것이다.

*

이 칙법은 9권 24장 1절이 나온 지 3일 후에 공포되었다. 콘스탄티누스의 칙법의 전체적인 맥락에서 볼 때에 콘스탄티누스 황제는 후견인(tutores)과 보좌인(curatores)을 높이 평가하지 않았다. 4세기 전통에서 여자는 12세가 되면 후견인의 보호에서 벗어날 수 있었지만 보좌인의 보호 아래 들어가야 했고, 남자의 경우 14세 이후 25세까지 보좌인의 책임아래 놓였다.[23]

이 칙법은 후견인이 결혼연령 이전에 있는 피후견인 여자와 동침한 경우 강간으로 간주해서 처벌한다. 그러나 일반강간범보다는 약한 처벌을 주문한다. 이처럼 9권 8장 1절이 후견인 자신이 피후견자의 동정을 범했는가 아닌가에 초점을 둔다는 것은 이 칙법에 대한 일반적인 해석이다.

이에 대한 또 다른 해석도 있다. 그것은 이 칙법이 억지로 피후견인 소녀(pupillae)와 결혼하기 위해서 후견인(tutores)이 피후견인 소

---

23) Grubbs, *Law and Family in Late Antiquity*, 194쪽을 참조하라. 남자들의 초혼(初婚) 연령은 18-30세 정도였고, 여자의 경우는 12-16세 정도가 초혼 연령이었으며 24세 이후에 결혼하는 경우는 많지 않았다. Patlagean, *Pauvreté économique et pauvreté sociale*, 146-148쪽 참조.

녀를 유혹하는 경우를 문제삼는다는 것이다. 후견인 혹은 후견인의 아들과 피후견인 소녀와의 결혼은 마르쿠스 아우렐리우스와 코모두스 시대의 원로원의결(senatusconsultum) 이래로 금지되었다. 그런 결혼은 법적인 효력이 없었으며 간통으로 간주되었다. 이 법의 목적은 피후견인의 자유의지와 유산을 보호하고자 하는 것이었다. 그러나 이 법에도 불구하고 황제의 회답(rescriptum)을 통해서 후견인은 피후견인 여자와 결혼하는 것을 허락받을 수도 있었다. 파레고리우스(Paregorius)에게 보낸 디오클레티아누스와 막시미누스 시절의 한 회답에 따르면 황제의 허락 없이 후견인이나 후견인의 아들이 피후견인 여자와 결혼한 경우, 불명예(不名譽, infamia)로 제재를 받으며, 여자의 가자(嫁資)를 돌려줄 것을 규정하고 있다.

콘스탄티누스의 칙법은 이런 맥락에서 이해될 수 있다. 만약 후견인이 황제의 회답을 통해 피후견인 여자와 결혼하기를 원한다면 먼저 피후견인 여자가 동정을 지켰는지를 증명해야 한다. 왜냐하면 후견인이 피후견인 여자를 범했다면 순결을 상실한 여자는 후견인과 결혼할 수밖에 없다는 체념을 하게 될 것이므로 이런 결혼은 피후견인 여자의 자유의사를 박탈한 상태에서 이루어진 강제적인 결혼이 되는 셈이다. 그러므로 먼저 피후견인 여자의 동정이 유지되었는가를 조사해야 한다. 검사는 산파에 의해서 이루어졌다. 산파가 여자의 동정을 검사한 전례는 이미 3세기 카르타고의 감독인 키프리아누스(Cyprianus)에 의해서 확인된다. 키프리아누스는 그리스도와 살기로 한 동정녀가 한지붕 아래에서 남자 수도자와 함께 수도생활을 하다가 결혼을 원하게 될 경우 먼저 산파가 동정녀의 처녀성이 유지되었는가를 확인하는 과정을 거쳐야 한다고 규정한 바 있다. 가장

(paterfamilias)이 없는 피후견인 여자의 동정을 산파가 검사해야 한다는 콘스탄티누스의 규정은 산파가 동정녀의 처녀성을 조사하던 교회적 전통에서 영감을 얻은 것임에 틀림없다. 결혼하지 않은 여자의 처녀성은 1세기 이후 로마사회는 물론 특히 기독교적 관점에서 중요한 것이었다. 콘스탄티누스의 이 칙법은 이렇게 마르쿠스 아우렐리우스 이후의 전통과 동정녀의 처녀성을 조사하던 기독교적 전통이 합쳐져서 만들어진 칙법이다.[24]

5) 테오도시우스 칙법전 9권 7장 2절 / CTh 9.7.2 : 간통 죄에 대한 제삼자 소추 금지.

326년 4월 25일

Idem a. ad Euagrium pf. p. Quamvis adulterii[*] crimen inter publica referatur, quorum delatio in commune omnibus sine aliqua legis interpretatione conceditur, tamen, ne volentibus temere liceat foedare connubia, proximis necessariisque personis solummodo placet deferri copiam accusandi, hoc est patri vel consobrino et consanguineo maxime fratri, quos verus dolor ad accusationem impellit.[*] Sed et his personis legem imponimus, ut crimen abolitione compescant.[*] In primis maritum genialis

---

24) Grubbs, *Law and Family in Late Antiquity*, 193-202쪽의 내용을 보라. virgo와 virginitas에 대해서는 Adams, *The latin sexual vocabulary*, 195-196쪽을 참조하라. 『히파티오스의 생애』 28.14-38에 나오는 불임(不姙) 부인과 남편의 지참금 이야기를 참조하라.

tori[*] vindicem esse oportet, cui quidem ex suspicione etiam ream coniugem facere, nec intra certa tempora inscriptionis vinculo[*] contineri, veteres retro principes annuerunt. Extraneos autem procul arceri ab hac accusatione censemus. Nam etsi omne genus accusationis necessitas inscriptionis adstringat, nonnulli tamen proterve id faciunt et falsis contumeliis matrimonia deformant.

pp. Nicomediae VII. kal. mai., Constantino a. VII. et Constantio c. coss.

Interpretatio. In adulterio extraneam mulierem nullus accuset, sed propinqui, ad quorum notam pertinet, hoc est frater germanus, frater patruelis, patruus et consobrinus, qui tamen ante inscriptionem, si accusata acquieverit, possunt per satisfactionem veniam promereri. Reliqui ab accusatione prohibentur. Maritis sane etiam ex suspicione accusare permissum est.

같은 황제가 정무총감 에바그리우스에게

간통죄(姦通罪)가[*] 공적(公的) 범죄에 포함되며 간통에 대한 고발권은 일반적으로 법의 다른 해석 없이 모든 자에게 주어짐에도 불구하고, 경솔하게 결혼을 더럽히려는 자들에게 고발권을 허락하지 않기 위해, 가장 가깝고 친밀한 자들만, 즉 아버지나 외사촌이나 특별히 피를 나눈 형제들에게 - 이들은 너무나 괴로운 나머지 고발하게 된다[*] 고발권이 주어지도록 결정한다. 또한 우리는 이런 자들에게 소송(訴

訟)의 취소(取消)를 통해 범죄를 없애도록* 하는 법을 부여한다. 무엇보다 남편은 혼실(婚室)을* 복수(復讐)하는 자이어야 한다. 과거의 옛 원수(元首)들은 남편에게 의심에 근거해서도 배우자를 피고인으로 만들고, 얼마만큼의 시간 안에서 (소송고지서의) 등록의 구속에* 얽매이지 않도록 특권을 부여했다. 그런데 우리는 외부인들이 이런 고발에서 멀리 떨어져 있도록 규정한다. 왜냐하면 모든 종류의 고발에는 등록의 의무가 있지만, 어떤 자들은 이것을 성급하게 행하고 거짓된 모욕으로 결혼을 파괴하기 때문이다.

아우구스투스 콘스탄티누스의 일곱 번째 집정관직과 카이사르 콘스탄티우스의 집정관직 하에 5월의 이레 전에 니코메디아에서 고시됨.

해석 : 어떤 자도 가족 외의 여자를 간통으로 고발할 수 없다. 불명예가 귀속되는 친척들, 즉 친형제, 부계(父系) 형제, 부계(父系) 삼촌과 모계(母系) 사촌이 고소할 수 있다. 만약 피고인이 동의한다면 그들은 (소송고지서를) 등록하기 전에 조정을 통해 (간통죄를) 용서할 수 있다. 나머지 사람들의 소송은 금지된다. 절대적으로 남편만이 의심에 근거해서도 소송할 수 있도록 허용된다.

*

- adulterium : "간통(姦通)." 로마법상 간통죄는 여성의 죄였다.[25]
  아우구스투스가 간통에 관한 율리우스 법을 제정함으로 간통죄

---

25) 간통죄에 대한 개략적인 설명에 대해서는 Bauman, *Crime and Punishment*, 32-34쪽, 127-128쪽, 153-155쪽을 참조하라.

가 공범죄(共犯罪)가 되었다. 결혼한 여자가 기혼남이든 미혼남
이든 외간 남자와 정을 통하면 간통죄가 성립되었다. 남자의 경
우는 여자가 간통죄에 해당하는 한에 있어서 간통죄가 적용되
었다. 기혼남의 경우 미혼녀, 과부, 법정혼인연령에 도달하지 않
은 소녀 등과 성관계를 갖는 것은 간통(adulterium)이 아니라 간
음(stuprum)에 해당하였다. 특히 남자가 여노(女奴), 무희(舞姬),
배우, 가수, 숙박업 종사자 등 여성의 정숙함을 기대하기 힘든
하층여인과 정(情)을 통하는 것은 별다른 법적 제재가 없었다.
종합하면, 기혼녀는 다른 남자와 혼외정사를 갖는 경우 자신의
남편에 대해서 간통죄가 구성되는 것이며(adultera), 남자의 경우 정
(情)을 통한 기혼녀의 남편에 대해서 간통죄가 구성되었다(adulter).

- quos verus dolor ad accusationem impellit : "이들은 너무나 괴로
  운 나머지 고발하게 된다." 문자적으로는 "진정한 고통이 그들
  을 고발하게끔 한다"이다.

- ut crimen abolitione compescant : "소송(訴訟)의 취소(取消)를 통해
  범죄를 없애도록." 'abolitio'는 소송을 취하하는 것을 뜻한다. 이
  칙법의 해석(interpretatio) 부분에는 친척들이 소송고지서를 등록
  하기 전에(ante inscriptionem) 소송을 취소하여 간통죄를 용서할
  수 있다(possunt veniam promereri)고 되어 있으나 올바른 해석으
  로 보이지 않는다. 친척들이 간통죄를 고소하려면 먼저 소송고지
  서를 등록(inscriptio)해야 했고, 이후에 특정한 방식의 소송취하
  (abolitio)를 통해 형사고발을 취소할 수 있다고 해석해야 할 것이다.[26]

- genialis torus: "혼실(婚室)." 문자적으로는 "결혼의 침대"이다.

- inscriptionis vinculum : "(소송고지서의) 등록의 구속(拘束)." 소송고지서의 등록(inscriptio)이란 특별심리소송의 한 단계로서 피고를 고발한다는 증명서를 등록하는 것을 뜻한다.[27] 특별심리소송은 제소자가 소송고지서(denuntatio litis vel actionis)를 상대방에게 전달함으로써 개시되었는데, 최초의 소송고지서는 사문서(私文書)에 지나지 않았으나, 콘스탄티누스가 322년 모든 소송고지서를 등록하게 함으로써 소송고지서는 공정증서(公正證書)의 성격을 가지게 되었다.[28]. 소송고지서의 '등록(inscriptio)'은 CTh 9.10.3(319년), CTh 9.1.5(320년), CTh 9.1.9(366년), CTh 9.1.19(423년) 등에 언급되어 있다.[29] 소송고지서의 '등록의 구속'(inscriptionis vinculum)이란 표현은 CTh 9.1.11(368년), CTh 9.1.14(383년), CTh 9.2.16(395년) 등에 언급되어 있다.[30]

*

콘스탄티누스가 326년 4월 25일에 공포한 이 칙법은 '간통에 관

---

26) 이는 보캉의 해석이다(Beaucamp, *le droit impérial* 152쪽 각주 83번). 유스티니아누스 칙법전에서 형사고소의 취소는 언제나 desistere, deserere, destituere 동사로 표현된다. pacisci 혹은 transigere 는 사적(私的)인 합의를 통해 고발을 취소하고 향후 재차 고발하지 않는다는 의미와 결합되어 사용된다(225년에 공포된 CJ 9.9.10과 294년에 공포된 CJ 8.37.9.2). 따라서 compescere는 pacisci 혹은 transigere의 의미로 해석하지 말아야 한다. Beaucamp, *le droit impérial*, 152쪽 각주 83번.

27) 현승종·조규창, 『로마법』, 304쪽.

28) 현승종·조규창, 『로마법』, 304쪽.

29) Grubbs, *Law and Family in Late Antiquity*, 210쪽 각주 24번.

30) Beaucamp, *le droit impérial*, 157쪽 각주 3번.

한 율리우스 법에 대해서'(Ad Legem Juliam de Adulteriis)라는 부제(副題)를 달고 있는 테오도시우스 칙법전 9권 7장에 편집되었다.[31] 또한 유스티니아누스 칙법전에서는 '간통과 간음에 대한 율리우스 법에 대해서'(Ad legem Iuliam de adulteriis et de stupro)라는 표제 하에 9권 9장에 편집되었다.[32] 그러므로 콘스탄티누스의 이 칙법이 간통죄에 대한 고전기 로마법의 규범을 어떻게 수정하였는가를 살피기 위해서는 간통에 대한 율리우스 법에 대해서 연구하는 것이 선행되어야 한다.[33]

아우구스투스가 제정한 간통에 관한 율리우스 법의 내용은 그 자체로 정확하게 보존되어 있지 않고 여러 가지 법원(法源)을 통해서 간접적으로만 알려져 있어서 재구성해야 하는데, 그 특징을 몇 가지 범주로 구분하여 설명하면 다음과 같다.

첫째로, 간통에 관한 율리우스 법에 따르면 간통(adulterium)이란 결혼한 여성에 대해서만 성립되는 범죄이다.[34] 그 이유는 결혼한 여성이 남편이 아닌 외간 남자와 성적 교섭을 함으로 남편 이외의 다른 남자에 의해서 임신하여 가계의 혈통을 교란할 수 있기 때문이었

---

31) 이하의 내용은 전체적으로 필자의 연구인 남성현, 「간통 및 이혼에 관한 로마법과 기독교의 전통」, 201-209쪽을 거의 직접적으로 인용하였다.

32) CJ 9.9.30.

33) 로빈슨은 아우구스투스의 율리우스 간통법의 원리를 적절하게 해설하여 설명하였다. Robinson, *The Criminal Law*, 58-64쪽. 맥긴은 간통금압에 관한 율리우스 법을 자세히 분석하고 후속 법률과 법학자들의 주석을 설명하였다. McGinn, *Prostitution*, 140-247쪽. Beaucamp, *le droit impérial*, 139-158쪽. Lewis and Reinhold, *Roman Civilization*, 603-604쪽. Raditsa, *"Augustus' Legislation Concerning Marriage"*, 310-318쪽에는 간통에 관한 율리우스 법의 핵심적인 사항이 실려 있다. 그럽스는 아우구스투스의 간통법보다도 그 이후의 법적용에 대해서 지면을 할애한다. Grubbs, *Law and Family*, 94-102쪽.

34) D 48.5.6. 이 개소(個所)는 파피니아누스의 책에서 발췌한 것인데, 간통에 관한 율리우스 법의 일부라기보다는 그에 대한 파피니아누스의 주석으로 보인다. 그럼에도 간통에 관한 이런 정의는 아우구스투스의 반(反)간통법의 취지를 정확하게 설명해 주고 있다. 모데스티누스도 파피니아누스와 동일한 간통 개념을 갖고 있다. D 48.5.34.1.

다. 결혼하지 않은 처녀나 과부 등과의 성교는 간통이 아니라 간음
(stupurum)으로 간주되며, 이 두 개념은 분명하게 구별되는 것이었
다.[35] 타인의 여노(女奴)와의 성적 교섭은 간통이나 간음이 아니라
아킬리우스 법(Lex Aquilia)에 의해 여노의 주인에 대한 권리침해
(iniuria)로 간주되어 상해(傷害)에 해당하는 만큼의 손해배상을 해야
했다.[36] 결혼한 여자의 혼외정사는 간통죄에 해당하지만, 남자의 경
우 기혼이든 미혼이든 간에 상간녀(相姦女)가 간통죄에 해당하는 한
간통남이 되었다.[37] 이렇듯 간통에 관한 율리우스 법은 부(婦)와 간
통남의 성적 교섭을 부(夫)에 대한 침해로 보았다.[38] 그런데 간통
(adulterium)이나 간음(stuprum)은 상간녀(相姦女)가 "정숙한 행동을
기대할 만한" 여자인 한에서만 성립되었다.[39]

간통에 관한 율리우스 법의 두 번째 특징은 간통자에 대한 사적
(私的) 살해권(ius occidendi)이 간통녀의 아버지와 남편에게 주어진다

---

35) 법학자들과 칙법 전통에서 adulterium과 stuprum은 항상 엄격하게 구별되어 사용되지는 않고
혼용되는 것이 다반사였다. 그럼에도 간통금압에 관한 율리우스 법이 제재 대상으로 하는 기
혼여성의 혼외정사와 미혼여성 혹은 과부의 성적 교섭은 분명히 구별되어야 하는 개념이다.

36) D 48.5.6. 아킬리우스 법은 기원전 2세기 중반 혹은 3세기에 공포된 법으로 타인의 소유물에
대해 손해를 끼친 경우 배상하도록 하는 규정을 담고 있다. Berger, *Encyclopedic Dictionary of Roman
Law*, 547-548쪽. 아킬리우스 법에 대해서는 Institutiones 4.3, D 9.2, CJ 3.35 등을 참조하라.
반면 여노(女奴)와의 성적 교섭으로 상처를 입히지 않는 한 주인에 대한 침해가 구성되지 않는
다. Sententiae 2.26.16.

37) Robinson, *The Criminal Law*, 59쪽. 앤서니 에버릿은 흥미 있는 일화를 소개한다. 아우구스투스
앞에 부부가 불려왔는데 현재의 결혼 전에 여자는 이미 기혼녀였던 상황에서 현 남편과 간통
을 했다는 이유였다. 아우구스투스는 난감했다고 하는데, 그 이유는 자신 역시 기원전 38년 리
비아와 결혼하기 전에 그녀와 간통하고 있었기 때문이었다. 아우구스투스는 "우리의 생각을
미래로 돌리자. 그러면 이같은 일이 다시는 일어나지 않을 것이다"라고 했다고 한다. Anthony
Everitt, *The first emperor Augustus*, (2006), 조윤정 역, 『로마 최초의 황제 아우구스투스』(서울,
2008), 386쪽 참조. 224년의 칙법(CJ 9.9.7)은 기혼녀와 간통한 이후 그 간통녀와 결혼한 남자
는 결혼 후에 이전의 간통에 대해서 자신의 부인을 소추할 수 있다는 해석의 여지를 남겼다.

38) adultera는 외간 남자와 정을 통함으로써 자신의 남편에 대해 죄를 지은 여자를 가리킨다. 반면
adulter는 상대녀와 정을 통함으로써 자신의 부인에 대해 죄를 지은 남자를 가리키는 단어가
아니다. adulter는 상대녀의 남편에 대해서 죄가 있다는 의미에서 간통남이다.

39) Robinson, *The Criminal Law*, 59쪽.

는 점이다.[40] 이런 자력구제(自力救濟) 방식은 간통금압법의 2장에 기록되었는데, 엄격한 조건이 뒤따랐다. 간통녀의 아버지의 경우, 자신의 집이나 사위의 집에서 벌어진 정사(情事)에 대해서 간통남을 현행범으로(in flagrante delicto) 잡을 경우 간통남을 죽인다면 딸을 반드시 함께 죽여야 했다.[41] 반면 부(夫)의 경우에는 자력구제의 방식이 보다 협소하여, 부(夫)는 부(婦)의 상간남(相姦男)을 자신의 집에서 현행범으로 체포할 경우 자신에 대한 모욕 때문에 상간남을 죽일 권한이 있었지만 어떤 경우에라도 자신의 아내를 죽일 수는 없었다.[42] 아울러 상간남을 죽인다면, 반드시 자신의 아내와 즉각 이혼해야 했다. 만약 이혼하지 않는다면 간통남의 살해에 대해 살인죄가 적용될 수 있었다. 만약 부(夫)가 간통남과 부(婦)를 현장에서 체포한 후에 간통남을 죽이기를 꺼려하거나 죽일 수 없을 경우, 범죄의 증거를 얻기 위해 주야(晝夜)를 불문하고 20시간 동안 그를 구금할 수 있었다.[43]

아우구스투스의 간통금압법의 세 번째 특징은 간통죄에 대한 소추(accusatio) 방식이다. 부(夫)는 부(婦)의 간통사실을 알게 되면 반드

---

40) 모세의 법에는 이런 조항이 나온다. "남자가 다른 남자의 아내 곧 자기의 이웃집 아내와 간통하면, 간음한 두 남녀는 함께 반드시 사형에 처해야 한다."(레 20,10)

41) Sententiae 2.26.1, D 48.5.22.2.4, D 48.5.23.2.4. 파울루스의 의견서(Sententiae) 2.26.1을 따르면 아버지가 딸과 상간남을 죽이는 조항은 간통금압에 관한 율리우스 법의 2장에 나온다. 반면 파울루스의 의견서(Sententiae) 2.26.4에는 남편은 간부(姦婦)를 절대로 죽일 수 없다는 조항이 나오나 간통금압에 관한 율리우스 법의 2장이라고 명시적으로 밝히지 않는다. Lewis and Reinhold, *Roman Civilization*, 603쪽에 종합되어 있다. 가장(paterfamilias)은 자신의 권력(potestas) 하에 있는 자녀에 대해 생사여탈권(生死與奪權)을 가지므로 간통 중에 잡힌 딸을 죽일 수 있는 것은 당연해 보인다. 그러나 아직 가남(家男, filius familias)인 아버지에게는 이런 권한이 주어지지 않았다. Robinson, *The Criminal Law*, 60-61쪽.

42) Sententiae 2.26.4. 간통금압에 관한 율리우스 법은 부(夫)에 의한 간통녀 살해에 대해 명시적으로 밝힌 바가 없다. 하지만 간통녀에 대한 남편의 사적(私的) 살해권은 결코 부여되지 않았다. Frier & McGinn, *A Casebook On Roman Family Law*, 114-115쪽. 2세기의 칙법은 간통현장에서 붙잡은 처를 살해한 남편의 경우 합당한 분노를 절제하기 어렵다는 취지하에 살인죄를 적용하지 않고, 신분이 낮은 경우 종신강제노역형에, 신분이 높은 경우 유배형에 처했다(D 48.5.39.8).

43) D 48.5.25. 울피아누스의 작품에서 발췌한 내용으로 간통에 관한 율리우스 법 5장의 내용이다.

시 먼저 이혼을 한 후에야 부(婦)를 간통혐의로 고소할 수 있었다.[44] 이때 부(婦)와 상간자(相姦者)를 동시에 고소할 수 없었으며 차례로 고소해야 했다.[45] 현행범으로 잡힌 부(婦)를 계속 데리고 있고 간통남이 가도록 내버려 두거나, 부(婦)의 간통에 대해서 금전적인 대가를 받으면 음행매개죄(lenocinium)로 부(夫) 자신이 처벌되었다.[46] 이혼을 한 날로부터 60일, 즉 2달 동안은 남편이나 부(婦)의 가장(paterfamilias)인 아버지에게 소추권이 우선적으로 주어졌다(accusatio iure mariti vel patris).[47] 이때 남편이 자권자(自權者, sui iuris)인가 가남(家男, filiusfamilias)인가는 문제되지 않았고,[48] 남편과 부(婦)의 아버지가 동시에 소추한다면 남편에게 우선권이 주어졌다.[49] 간통혐의로 이혼을 할 경우 부부의 노예 혹은 부모의 노예는 이혼한 날로부터 두 달 동안 해방될 수 없었고 필요할 경우에는 노예들을 고문할 수 있었다. 부(夫)와 장인의 소추 가능 기간이 지난 후 4개월 동안(menses utiles)은 제삼자의 소추가 가능하여 형사재판에서 정죄된 자 등 몇 가지 부류를 제외하고 시민권자라면 누구나 간통남녀를 고소할 수 있었다(accusatio publica 또는 accusatio iure extranei).[50] 이로

---

44) D 48.5.11.10과 D 48.5.26. pr.1.

45) CJ 9.9.8. 알렉산데르 황제에 의해 225년에 공포된 이 칙법은 간통에 관한 율리우스 법을 인용한다.

46) D 48.5.29. McGinn, *Prostitution*, 171-194쪽은 아우구스투스의 간통금압에 관한 율리우스 법에 나타난 남편의 음행매개죄를 재구성하고 있다. 반면 조규창, 『로마형법』, 476-477쪽에 음행매개죄(lenocicnium)에 대해서 정리되어 있으나, 조규창은 율리우스 법의 본래적인 내용과 후대의 부가조항을 구별하지 않고 있다.

47) D 48.5.11.6.

48) 법적으로 다른 자의 가부장권(patria potestas)에 속하지 않고 독립되어 있는 자를 자권자(sui iuris)라고 한다. 가남(filius familias)은 아버지(paterfamilias)의 권력(potestas) 아래에 있는 아들로서 아버지의 법적 권력 아래 있다는 의미에서 타권자(alieni iuris)가 된다. Berger, *Encyclopedic Dictionary of Roman Law*, 723쪽과 472쪽.

49) D 48.5.6.2.

50) D 48.5.12.5-6. 결국 여자는 이혼 이후 6개월 이내에만 소추될 수 있다(D 48.16.1.10). 소추를 할 수 없는 부류는 D 48.2.4, D 48.2.8을 보라. 간부(姦婦)가 죽었다 할지라도 상간남(相姦男)에

인해 간통은 공범죄(公犯罪, crimina publica)가 되었다. 후에 제삼자
의 소추기간은 5년으로 연장되었다.[51] 반면 부(婦)의 경우 부(夫)와
이혼을 할 수는 있었지만, 부(夫)를 간통 혐의로 고발할 수는 없었
다.[52] 부(婦)가 부(夫)의 간통에 대해 금전적 대가를 받고 눈감아 준
다면 부(婦)는 간부(姦婦, adultera)인 것처럼 처벌되어야 한다는 규정
은 아우구스투스 시대의 것이 아니라 후대의 것처럼 보인다.[53]

간통에 관한 율리우스 법의 마지막 특징으로 처벌을 꼽아야 할
것이다. 아우구스투스는 간통(adulterium)을 다루기 위한 상설재판소
(quaestio perpetua)를 설치해서 간통죄를 다루었는데, 간통남녀에 대
한 처벌로 경제적인 손실만을 부과한 것처럼 보인다.[54] 상설재판소
(quaestiones perpetuae)는 원로원과 기사계층의 재판관으로 구성된
상설형사법정인데, 첫 번째 상설재판소는 기원전 149년 독직죄(瀆職
罪, repetundae)를 다루는 칼푸르니우스 법(lex Calpurnia)에 의해서
만들어진 이후 살인, 불경죄, 묘지침해죄, 폭력, 남성유괴 등을 다루

대해서 제삼자가 소추할 수 있는 유효기간이 5년이라는 규정은 후대의 것으로 보인다(D
48.5.11.4와 D 48.5.29.5-6).

51) D 48.5.29.5-6.

52) 이 조항은 본래적으로 아우구스투스의 간통금압법에 들어 있던 내용이었다. 필자는 이 규정을
『법학전집』에서 찾지는 못하였다. 198년에 공포된 한 칙법(CJ 9.9.1)에는 율리우스 법에 대한
설명이 있는데, "율리우스 법을 따르면 부(婦)는 결혼의 서약을 어긴 것에 대해서 부(夫)를 고
소할 수 있지만(역주: repudium, 즉 일방 이혼을 의미), 부(婦)가 부(夫)를 공적 재판을 통해 간
통죄로 고소할 권리는 없다 : publico iudicio non habere mulieres adulterii accusationem, quamvis
de matrimonio suo violato queri velint, lex Iulia declarat"고 되어 있다. 이에 대한 해설은 Frier &
McGinn, *A Casebook On Roman Family Law*, 120쪽을 참조하라.

53) D 48.5.11.1과 D 48.5.34.2. 도브는 이런 법규가 고전기의 끝자락인 3세기경에 도입된 것이라
고 주장한다. Daube, *The Lex Julia Concerning Adultery*, 373-375쪽.

54) 상설재판소에 대한 자세한 설명은 Mommsen, *Le droit pénal romain* 1, 215-257쪽(독일어 원문은
186-221쪽)을 참조하라. 간통에 관한 형사소송을 다루는 상설재판소는 다음을 참조하라. Mommsen,
Le droit pénal romain 1, 236쪽(독일어 원문은 203-204쪽). Robinson, *The Criminal Law*, 66쪽.
Bauman, *Crime and Punishment*, 32-33쪽. 그런데 간통사건을 다루는 상설재판소(quaestio perpetua
de adulteriis)는 세베루스 시대에 이르러 특별심리소송(extraordinaria cognitio / extra ordinem)으
로 대체되었다. Garnsey, *Adultery Trials*, 56-60쪽.

는 상설재판소가 설치되었고 아우구스투스는 간통사건을 재판하는 10번째 상설재판소를 설치했다.[55] 간부(姦夫, adulter)는 가산(家産)의 절반을 몰수당했고 간부(姦婦)는 가산의 1/3을 몰수당함과 동시에 가자(嫁資, dos)의 절반을 상실했다.[56] 로빈슨을 따르면 간통범에 대한 경(輕)유배형(relegatio)은 3세기에 부가된 것이라고 한다. 아울러 간통죄로 확정된 여자는 재혼이 금지되었고 이 조항에 대해서는 3세기에 여러 부가 조항이 확인된다.[57] 이와 더불어 간통죄로 확정된 남자는 법정 증언 능력을 상실하였다.[58]

*

콘스탄티누스가 326년 4월 25일 니코메디아에서 공포한 칙법은 아우구스투스 시대에 만들어진 간통에 관한 율리우스 법과는 현저한 차이가 있다.[59] 콘스탄티누스의 칙법이 가져온 근본적인 변화는 간통죄에 대한 제삼자 소추권(iure extranei)의 폐지이다. 아우구스투

---

55) Mommsen, *Le droit pénal romain* 1, 236쪽. Berger, *Encyclopedic Dictionary of Roman Law*, 663쪽. 상설재판(quaestiones perpetuae)은 공화정 시기에는 사인소추의 민중소송(iudicia publica)의 형식으로 진행되었다. 예를 들어 독직죄(瀆職罪)에 관한 재판을 이끄는 사법관은 1800명의 유산자(有産者, possessores) 기사계급 중에서 1년직의 배심원으로 지명될 수 있는 450명의 기사를 선택하여 재판소 앞에 공시(公示)했다(Mommsen, *Le droit pénal romain* 1, 245쪽). 아우구스투스는 관료중심의 형사재판을 집정관과 원로원, 그리고 황제 중심의 형사재판으로 바꾼다(Mommsen, *Le droit pénal romain* 1, 251-326쪽).

56) Sententiae 2.26.14. 가자(嫁資, dos)는 결혼생활을 도울 목적으로 일반적으로 부(婦)의 아버지가 딸에게 주는 자금이다. 법률적으로 가자는 남편의 소유였지만, 결혼 해소시에 남편이 부인에게 돌려주어야 하는 일종의 신탁재산이었다. Berger, *Encyclopedic Dictionary of Roman Law*, 444쪽. 조규창, 「로마법 발전에 미친 기독교의 영향」, 156-157쪽.

57) D 48.5.12.13. 예를 들어 CJ 9.9.9(225년)는 간통 사실을 알고도 결혼하는 자는 음행매개죄(lenocinium)에 해당하는 처벌을 받을 것이라고 하였다.

58) D 22.5.14, D 22.5.18.

59) 이하 간통죄에 대한 기독교 시대의 처벌까지의 전체 내용은 남성현, 「간통 및 이혼에 관한 로마법과 기독교의 전통」, 209-226쪽 중에서 핵심적인 내용을 재인용한 것이다.

스의 간통금압법은 이혼(repudium) 60일 이후에 4개월간 제삼자가 간통소송을 할 수 있도록 규정하였다.[60] 후대에는 제삼자의 소추권 유효기간을 5년으로 연장하였다.[61]. 그런데 콘스탄티누스는 남편과 함께 가까운 친척들, 즉 아버지, 부계 삼촌, 모계 사촌, 친형제에게만 간통에 대한 소추권을 허락하였고, 결과적으로 가족 외에 제삼자의 소추권이 폐지되었다.[62] "경솔하게 결혼을 더럽히려는 자들(volentes temere foedare connubia)"과 "거짓된 모욕으로 결혼을 왜곡하는 자들(falsis contumeliis matrimonia deformant)"로부터 신성한 결혼을 보호하기 위함이었다. 제삼자 소추가 폐지됨으로써 간통죄는 아우구스투스가 부여했던 공범죄(crimen publicum)의 특징을 벗게 되고, 아우구스투스 이전에 간통죄를 다루었던 가사고문단(家事顧問團, consilium propinquorum)의 권위와 공권력에 의한 재판이 결합된 방식으로 간통소송이 진행되었다.[63] 이로써 아우구스투스의 간통에 관한 율리우스 법은 약 250년 만에 간통죄의 공범죄화(共犯罪化, crimen publicum)라는 그 본래적인 취지를 거의 상실하였다.

---

60) 60일 소추기간에는 60일째 되는 날도 포함된다(D 48.5.30).

61) D 48.5.29.5-6과 D 48.5.11.4. 소추기간 5년은 공휴일을 뺀 재판가능 날짜를 의미하는 것이 아니라, 간통이 일어난 날부터 연속적으로 계수된 5년이다(D 48.5.31.1).

62) 이로써 남편과 아버지는 이혼 60일 이내에, 다른 친척들은 그 이후 4개월 이내에 간통죄로 고발할 수 있게 되었다.

63) 가사고문단(家事顧問團, consilium propinquorum)은 아우구스투스에 의해 간통죄가 공권력으로 다스려지기 이전에 간통죄를 다루던 방식이다. 가장권자(paterfamilias)는 부(夫)와 연로한 친척(propinqui)을 소집하여 자문을 구한 후에(consilium) 간통녀를 사형에 처할 수도 있었다. Treggiari, *Roman Marriage*, 264-268쪽. 그러나 가사고문단은 법률적 권한은 없었으며 가장권자가 가사고문단의 의견을 반드시 따를 필요도 없었다. Berger, *Encyclopedic Dictionary of Roman Law*, 408쪽. 아우구스투스는 간통죄에 대한 가사고문단의 권위를 무력화시킨 것 같다. 풍속의 변화로 도시 로마 등의 지역에서 남편과 가문(家門)의 수치가 되는 간통죄를 가사고문단을 통해 드러내지 않으려 한 것이 그 한 이유일 수도 있다. Grubbs, *Law and Family*, 211-213쪽. 발렌티니아누스의 칙법은 가계의 젊은이들에 대한 가사고문단의 사법적 기능을 어느 정도 인정하고 있다(CTh 9.13.1).

도 10. 카이사르 크리스푸스,
니코메디아에서 317-320년에 발행된
금화(5.33g), 파리 국립도서관 주화실

도 11. 도 10의 뒷면

콘스탄티누스의 개혁이 나온 역사적 배경에 대해서는 전혀 알려진 바가 없다. 이 칙법이 326년에 벌어진 황후 파우스타와 장남 크리스푸스의 처형이라는 콘스탄티누스 가문의 비극적 사건과 모종의 연관성이 있을 가능성도 배제할 수 없다.64) 요안네스 크리소스토모스의 설명을 따르면, 콘스탄티누스는 파우스타를 나체 상태로 묶은 다음 산에 버려두어 야생동물의 밥이 되게 했다고 한다.65) 그런데 칙법의 본문은 무고(誣告, calumnia)의 폐해에 대해서 말하기 때문에, 제삼자 소추권의 폐지는 연정문제에 대해 외부의 개입을 차단하여 결혼생활에 안정을 기하기 위한 것으로 보아야 한다. 주지하다시피 기

---

64) 쿠플러는 콘스탄티누스 가문의 비극을 간통문제를 다루는 326년의 칙법(CTh 9.7.1과 9.7.2)과 연결시키려고 한다. Kuefler, *The Marriage Revolution in Late Antiquity*, 357쪽. 아울러 파우스타와 크리스푸스의 처형에 관해서는 다음 연구를 참조하라. Drijvers, *Flavia Maxima Fausta*, 500-506쪽. 드릿벌(Drijvers)은 326년의 두 칙법이 콘스탄티누스 가문의 비극과 모종의 연관이 있다고 하지만 파우스타의 처형에 대해서는 유보적 입장이다. 거스리(Guthrie)는 크리스푸스의 처형과 326년의 입법은 상관관계가 없다고 한다. Guthrie, *The Execution of Crispus*, 325-331쪽.

65) Drijvers, *Flavia Maxima Fausta*, 506쪽 각주 41번.

독교는 그 시작부터 결혼의 신성함을 강조했다. 프랑스의 학자 앙리 크루젤은 1-5세기 교회의 교사들이 어떻게 결혼의 신성함을 지키려고 노력했는가를 상세하게 종합한 바 있다.[66] 교회의 교사들이 간통 문제에 대해서 일치된 견해를 가진 것은 아니지만 간통에 관한 율리우스 법을 성급하게 적용하는 경우는 없으며 이혼에 대해서는 극도로 부정적이었다. 2세기에 지어진 『헤르마스 목자서』의 경우 간통한 아내가 뉘우치기만 한다면 이혼해서는 안 된다는 가르침을 준다.[67] 그러나 이런 기독교적 입장에 근거해서 간통한 배우자와 결혼 생활을 유지하려고 해도 아우구스투스의 간통금압법에 의해 제삼자가 소추할 경우 혼인은 위태로운 상황에 빠지게 된다. 제삼자 소추권만 없다면 결혼은 보다 안정될 수 있을 것이며, 바로 이런 맥락에서 콘스탄티누스의 칙법의 본래적인 의도에 근접할 수 있을 것이다. 아울러 칙법은 친척들이 고발을 취소하여 범죄를 없앨 수 있다(legem imponimus ut crimen ablolitione compescant)고 규정한다.[68] 결혼의 신성함이라고 하는 종교적인 입장이 아니고서는, 제삼자 소추권 제거와 친척들의 고소취하 규정으로 아우구스투스가 제정한 간통금압법의 본래적 의도를 거의 폐기하려 한 콘스탄티누스의 의도를 제대로 이해할 수 없을 것이다.

간통죄의 고발을 극소화하여 결혼을 보호하고자 했던 콘스탄티누스의 개혁적 측면에도 불구하고, 이 칙법은 일정부분 과거의 보수적인 잔재를 갖고 있다. 첫째, 콘스탄티누스는 남편으로서의 고소권

---

66) Crouzel, *L'Eglise Primitive face au divorce*.

67) Crouzel, *L'Eglise Primitive face au divorce*, 44-45쪽을 참조하라.

68) 이는 돈을 받고 간통남에 대한 고소를 취소하는 등의 금전적 이득을 위한 고소취하는 아니다. CJ 9.9.10 (226년) 참조.

도 12. 아우구스타 파우스타, 325년경
발행된 솔리두스(4,63g), 파리 국립도서관
주화실

도 13. 도 12의 뒷면

(iure mariti)에 대해 소송고지서의 작성(inscriptio)을 면제한다는 "옛
원수(元首)들"이 수여한 특권을 재차 인정했다. 소송고지서를 작성할
경우 원고가 패소하면 피고의 혐의가 입증될 경우 받아야 할 형벌과
동일한 형벌을 원고가 받아야 했다. 콘스탄티누스는 남편이 아내를
간통죄로 고발할 경우(iure mariti), 아내의 혐의가 입증되지 못해도
남편은 아무런 형벌을 받지 않는다는 과거의 법 전통을 수용했다.[69]
두 번째 보수적인 측면은 콘스탄티누스의 칙법이 이혼 후에 고소해
야 한다는 아우구스투스의 규정을 버리지 않은 것이다.[70] 유스티니

---

69) 반면 아버지를 포함한 친척들은 부(婦)를 간통죄로 고발할 경우 혐의를 입증하지 못하면 형벌
을 받아야 했다. 그런데 여기서 과거의 법 전통이 무엇인지 모호하다.

70) 258년에 공포된 칙법(CTh 9.9.17)에 따르면, 남편은 아내와 이혼하지 않고도 아내를 간통죄로
고소할 수 있었다. 만약 자신의 고발이 경솔했을 경우 아내와 결혼생활을 지속할 수 있었다.
그러나 이런 법 전통은 콘스탄티누스 시대는 물론 4-5세기의 전통과도 반대된다. 테오도시우
스 칙법전에는 간통금압에 관한 율리우스 법이 정하는 절차인 이혼 후 고소만 확인된다. CTh
3.1.1(331년), CTh 3.16.2(421년) 등에서는 이혼 후 소송의 절차가 확인된다. Beaucamp, *le droit
impérial*, 160쪽 각주 160번.

아누스의 칙법전에 편집된 동법(同法)은 중간에 "부(夫)가 단지 부(婦)를 의심한다면, 부(夫)는 부(婦)를 집에 구금할 수 있다"라는 구절이 삽입되어 있는데, 이 구절은 아마도 6세기에 첨가된 것으로 보아야 한다.[71] 그럽스(Grubbs)는 콘스탄티누스의 칙법이 결혼을 신성하게 보는 기독교적 관점에 영향 받았는지에 대해서는 회의적이다.[72] 하지만 이 칙법에 대한 기독교적인 영향을 인정하는 것보다 부정하는 쪽이 더 어렵다.

콘스탄티누스 때에 대폭 손질된 간통죄의 소송방식은 6세기 유스티니아누스 황제 때에 이르러 또다시 수정된다.[73] 콘스탄티누스와는 달리, 유스티니아누스 황제는 남편도 소송고지서를 작성하도록 했다. 542년에 공포된 그의 신칙법은 부(夫)가 부(婦)의 간통에 대해서 의심한다면, "부(夫)는 먼저 부(婦)에 대해 소송고지서를 등록해야 한다"라고 규정한다.[74] 이로써 부(夫)의 간통 고발권은 현저하게 축소되어, 부(夫)의 고발과 친척들의 고발 사이에는 별다른 차이가 없게 되었다. 부(夫)가 형사소송을 통해 부(婦)의 혐의를 입증하지 못하면, 부(婦)에게는 이혼 선택권이 주어졌고, 가자(嫁資, dos) 전체와 혼인수증재산(婚姻受贈財産)을 받았으며, 부(夫)는 부(婦)의 혐의가 입증되었을 때에 부(婦)가 받아야 할 형벌과 동일한 형벌에 처해졌다.[75]

또한 유스티니아누스는 콘스탄티누스 이후에도 계속되었던 '이혼 후

---

71) CJ 9.9.30 : si tantum suspiciatur, penes se detinere non prohibetur.

72) Grubbs, *Law and Family*, 210쪽.

73) Beaucamp, *le droit impérial*, 162-165쪽.

74) NJ 117.8.2 : (Si de adulterio maritus putaverit posse suam uxorem convinci,) oportet, virum prius inscribere mulierem aut etiam adulterum...

75) NJ 117.9. 유스티니아누스는 남편이 부인을 간통죄로 고발했으나 간통죄를 증명하지 못하면, 부인이 간통죄로 증명되었을 때에 받을 처벌을 남편이 받도록 했다.

(後) 고발'이라는 아우구스투스의 간통 소송 방식을 폐지한다. 부(夫)는 소송을 제기하여 "만약 고발이 사실로 입증되면 이혼(repudium) 통지서를 보낸 후에 가자(嫁資)는 물론 혼인증여재산을 갖는다."[76] 이렇게 유스티니아누스는 간통죄 소송을 선(先) 고발과 후(後) 이혼으로 바꾸어서, 결혼 상태에서도 간통죄 소송이 가능하도록 하였다. 이런 변화를 통해 간통에 관한 율리우스 법이 정한 음행매개죄(lenocinium)의 효력이 상실되었고, 이혼 후 60일 기간 내에 남편과 아버지가 고소할 수 있다는 조항도 무력화 되었다.[77] 부(夫)의 간통 고발권 축소와 '고발 후(後) 이혼'이라는 유스티니아누스의 개혁적 입법은 무분별한 고발을 억제하여 혼인을 보호하고 이혼을 억제하려는 의도 외에 다른 것으로는 적절히 설명될 수 없다.

콘스탄티누스는 간통죄에 대한 제삼자 소추를 금지하고 친척들의 소송취하를 인정함으로써 아우구스투스가 제정한 간통에 관한 율리우스 법의 본래적인 효과를 거의 무력화하였다. 아울러 유스티니아누스는 콘스탄티누스 이후에도 계속되었던 선(先) 이혼과 후(後) 고발의 방식을 선(先) 고발과 후(後) 이혼으로 바꾸었다. 기독교 황제들의 간통죄 소송 방식의 변경은 결혼의 불가해소성이라는 기독교적 관점에 의해서 영향받은 것이 분명하다. 그럼에도 간통죄 자체가 기혼녀의 범죄라는 남녀차별적인 시각에는 변함이 없었다. 나지안주스의 그레고리오스나 히에로니무스 같은 교회의 교사들이 기독교적 입장에 근거하여 남녀차별적인 로마법상의 간통죄를 분명하게 반대

---

76) NJ 117.8 : si huiusmodi accusatio verax ostenditur, tunc repudio misso habere virum super ante nuptias donationem etiam dotem.

77) Beaucamp, *le droit impérial*, 159쪽.

했으나 그런 입장은 간통죄가 여성의 죄라는 로마법의 관념에 아무
런 영향을 미치지 못했다.[78]

간통죄의 처벌은 기독교 시대에 계속적으로 변해간다. 아우구스
투스의 본래적인 간통금압법은 유죄로 확정될시 경제적인 처벌만을
부가했다. 그런데 가이우스의 『법학원론(Institutes)』은 상간자(相姦者)
양자에게 참수형을 부과하고,[79] 3세기의 칙법과 유스티니아누스의
칙법에 편찬된 326년의 콘스탄티누스의 칙법에도 같은 방향의 처벌
이 규정되지만, 이런 내용은 6세기의 편집시에 변형되거나 삽입된
내용일 가능성이 많다.[80] 2세기 후반 마르쿠스 아우렐리우스와 콤모
두스는 현장에서 간통 중 잡힌 부인을 죽인 남편에 대해서 유배형을
선고하는 회답에서 "그가 복수해야 하는 것 이상으로 행했기 때문에
처벌되어야 한다"고 했다.[81] 이 회답에는 간통에 대해 죽음이란 대

---

78) 나지안주스의 그레고리오스의 『설교』, 37.6 (283-285쪽). 우리말 번역은 다음과 같다. "그런데
어찌하여 그들은 (간통한) 여자는 처벌하고 남자는 처벌하지 않은 채 내버려 두는 것입니까?
남편의 침실을 더럽힌 배우자는 간통한 자이므로 법의 엄한 제재가 뒤따릅니다. 반대로 부인
에게 불충실한 남자는 어떤 처벌도 받지 않습니다. 나는 이런 법을 받아들일 수 없습니다. 나
는 이런 관습에 동의하지 않습니다. 이런 법을 만든 것은 남자들입니다." 그레고리오스는 황제
와 황실고문단 앞에서 바리새파의 율법해석을 비판하는 척하면서, 우회적으로 아우구스투스
이래로 전통이 된 간통에 관한 율리우스 법을 강하게 질타하고 있다. 그레고리오스가 가한 비
판의 핵심은 간통의 기준이 남편과 아내에게 각각 불평등하게 적용되는 것이 잘못이라는 것이
다. 뒤이어서 그레고리오스는 하나님께서 남녀를 평등한 존재로 만드셨으므로 법도 남녀에게
평등하게 적용되어야 한다는 점을 역설한다. 약 20년 뒤인 399년경 히에로니무스는 오케아누
스(Oceanus)에게 보낸 한 편지에서 그레고리오스와 비슷한 논조의 입장을 전개한다. "카이사르
의 법은 그리스도의 법과 다르다. 파피니아누스와 사도 바울이 명령하는 것은 각각 다르다. 세
상의 법은 남자의 욕망을 풀어준다. 그리하여 창녀와 여노(女奴)에게서는 육욕이 제어되지 않
아도 무방하다. 그러나 우리 그리스도인들에게 있어서는 여자에게 불법적인 것은 마찬가지로
남자에게도 불법적이다. 둘 모두 같은 하나님을 섬기고 둘 모두 같은 의무를 지고 있다." 히에
로니무스의 『편지』, 77.3(해당 본문은 38-40쪽).

79) Institutes 4.18.4. 아울러 간음(stuprum)의 경우 신분이 높으면 재산의 1/2을 몰수하고 보통 시
민은 체형과 추방형으로 처벌했다.

80) CJ 2.4.18(293년), CJ 9.9.9(224년) 등에도 극형(極刑)을 규정하는 내용이 있지만 이 역시 6세기
의 편집에 의해 본문이 오염된 것이다. CJ 9.9.30.4(326년)에는 "결혼의 신성함을 더럽힌 자들
은 사형으로 처벌받아야 한다"라고 되어 있지만, 상응하는 CTh 9.7.2(326년)의 본문에는 그런
내용이 없다. J. Beaucamp, *Le statut de la femme à Byzance I: le droit impérial*, 166-167쪽.

가를 지불하는 것은 타당치 않다는 아우구스투스적인 법정신이 스며들어 있다.

그러나 4세기에 들어와서 그 상황이 바뀐다. 아마도 콘스탄티누스가 313년 11월 3일에 공포한 형벌에 대한 규정이 간통죄에 대해 극형을 선고하는 첫 번째 예가 될 것이다(CTh 1.40.1). 이 칙법에서 콘스탄티누스는 고문(tormenta)의 결과로 얻은 자백(confessio)을 유죄판결의 근거로 삼아서 간통, 살인, 마술 등의 범죄를 저지른 자에게 생명형(summum supplicium)으로서의 인두형(人頭刑, capitalis sententia)이나 중형(重刑)을 선고할 수 있다고 하였다. 이어서 339년 8월 29일 콘스탄스는 간통죄를 보다 엄하게 다루는 칙법을 공포한다(CTh 11.36.4). 콘스탄스는 간통죄로 선고받은 자들을 존속살해현행범(尊屬殺害現行犯, parricidae manifesti)처럼 다루어 가죽 부대에 넣어 꿰맨 후에 화형시킬 것을 규정한다. 왜냐하면 이들은 "결혼을 신성모독적으로 더럽힌 자들"이기 때문이다. 이런 식의 표현은 스토아주의적인 것도 아니고 고전기 로마법학의 관념일 수도 없다. 318년 11월 16일에 콘스탄티누스가 공포한 칙법을 따르면 존속살해범은 가죽부대에 뱀과 함께 넣어 수장형(水葬刑)으로 처벌받아야 한다고 했다(CTh 9.15.1). 이런 형식의 처벌은 사형방식 중에서도 가장 혹독한 것이었다.[82] "결혼을 신성모독적으로 더럽힌 자들"이란 표현에서 보듯, 간통죄로 확정된 자를 존속살해범에 준하는 형벌로 제재한 것은 신성한 결혼

---

81) D 48.5.38.8. 동(同)칙법은 현장에서 간통 중에 잡힌 부인을 죽인 남편에 대해, 남편이 그런 상황에서 합당한 분노를 절제하기 어렵다는 취지하에 살인죄를 적용하지 않고, 신분이 낮은 경우 종신강제노역형에, 신분이 높은 경우 유배형에 처했다.

82) 존속살해 또는 존속살해에 대한 수장형(水葬刑)에 대해서는 O. F. Robinson, *Penal Practice and Penal Policy in Ancient Rome*, 44-47쪽, 185-186쪽과 O. F. Robinson, *The Criminal Law of Ancient Rome*, 46-47쪽. 현승종·조규창, 『로마법』, 436-437쪽과 624쪽을 참조하라.

이라는 기독교적 결혼관이 아니라면 설명할 수가 없다. 결혼을 신성하게 보는 기독교적 견해는 기독교 자체만큼이나 오래된 것이고, 히포의 아우구스티누스에 이르러 결혼은 기독교적 신비인 세례나 성찬처럼 성례(sacramentum)에 준하는 신적 예식으로 보고자 하는 경향이 생겨난다.[83] 로마법상 결혼은 개인주의적이어서 당사자 간의 동의만으로 성립되었으므로[84] 간통으로 결혼이 해소(解消)되었다고 하여 존속살해범에 준하는 형벌을 부과하는 것은 법리상 맞지 않는다.

그러나 콘스탄스가 규정한 수장형(水葬刑)이 항상 지켜진 것은 아니었다. 373년 히에로니무스는 인노켄티우스(Innocentius)에게 보낸 편지에서 알프스 부근의 베르켈라에(Vervellae)라는 마을에서 일어난 간통죄 심리 장면을 생생하게 묘사한다.[85] 지방 총독이 순회할 때 한 남자가 자신의 아내와 어떤 젊은 남자를 간통죄로 고발하였다. 지방 총독은 자백(confessio)을 얻기 위해 피고를 잔인하게 고문(tormenta)한다. 피로 뒤범벅이 된 젊은 남자는 고문에 못 이겨 허위 자백을 하였으나 기독교 신자였던 여자는 끝까지 간통혐의를 부인하여 계속하여 잔인한 고문을 당한다. 거짓 자백을 한 젊은 남자는 참수형을 당했으나 기독교인 여인은 기적적으로 죽음을 면하고, 사제 에바그리오스의 도움으로 황제의 사면을 얻어 자유의 몸이 된다. 이런 이야기를 하며 히에로니무스는 "최고의 법이 있는 곳에 최고의 불의가 있다"(summum ius, summa iniuria)는 격언을 인용한다. 히에로니무스가 전해 주는 바, 고문에 의한 자백을 범죄의 증거로 남용

---

83) Ph. L. Reynolds, *Marriage in the Western Church*, 13-20쪽과 280-311쪽.

84) D 23.2.1-2. 현승종·조규창, 『로마법』, 946쪽.

85) 히에로니무스의 『편지』 1번.

하던 이러한 고대 후기 형사재판의 피해자들은 필시 하층민(humi-liores)이었을 것이다.[86) 반면 상류층(honestiores)에 대해서는 간통죄의 처벌은 보다 관대했다. 459년 암브로시우스(Ambrosius)라는 인물이 간통죄로 유배되었으나 유배지에서 도망가는 일이 발생했다. 마조리아누스 황제는 도망자의 재산을 국고로 몰수하고 체포하여 사형에 처하라고 명령한다.[87)

이렇듯 4-5세기가 신의 계획 속에서 만들어진 신성한 결혼이란 관념을 바탕으로 하여, 가혹하며 불의하기까지 한 형사재판을 통해 평민계층의 피고를 돌이킬 수 없는 운명으로 몰아넣었다면, 556년 유스티니아누스 황제는 동일한 기독교적 믿음을 통해 이번에는 여성에게 보다 우호적인 법을 만든다.[88) 심리를 통해 피고의 간통죄가 확립되면 남자(adulter)는 사형에 처해지는 반면, 간부(姦婦, adultera)는 체형(體刑)을 받은 뒤에 수도원에 유폐된다. 만약 남편이 원한다면 2년 이내에 부인을 되찾아와 아무런 문제없이 결혼 생활을 지속할 수 있다. 만약 2년이 경과하거나 2년 이내에 남편이 죽는다면, 부인은 수도복을 입고 수도자로 평생을 지내야 한다. 간통에 관한 율리우스 법 전통이 규정한 섬 유배형(relegatio)은 수도원의 공간 안에 갇히는 종교적 유배로 대체되었다. 이 법에 스며있는 기독교적인 영

---

86) 콘스탄티누스는 313년 11월 3일, 고문(tormenta)의 결과로 얻은 자백(confessio)을 유죄판결의 근거로 인정한다(CTh 9.40.1). 이는 콘스탄티누스가 신설한 것은 아니며 전주정기의 일반적 경향이었다. 고문과 자백에 관한 로마형사소송법의 변화는 조규창, 『로마형법』, 590쪽과 691-693쪽을 참조하라.

87) 마조리아누스의 신칙법 9 (C. Pharr, *The Theodosian Code*, 560쪽). 하층민(humiliores)과 상류층(honestiores)의 구분은 형사소송에서 중요한 역할을 한다. 히에로니무스가 보도하는 것처럼 형사소송에서 하층민이 극형에 처해지는 경우에도, 상류층은 단순히 유배형으로 갈음했다. A. Berger, *Encyclopedic Dictionary of Roman Law*, 489-490쪽.

88) NJ 134.10.

향력은 의심의 여지가 없다. 수도원은 회개와 용서의 공간으로 등장하며, 신성한 결혼이라는 암묵적 관념 하에 결혼은 최소 2년 동안 법적으로 지속된다. 간통은 여전히 근본적 개념에 있어 기혼녀의 범죄로 남아 있지만, 아우구스투스 이후 공범죄화 되어 국가의 권력으로 다스려졌던 간통은 이처럼 6세기 중반에 이르러 기독교 신앙과의 관계 속에서 재조명되어 처벌보다는 용서와 회개가 요청되는 종교적인 죄로 변해갔다.

6) 유스티니아누스 칙법전 5권 26장 1절 / CJ 5.26.1 : 내연관계(內緣關係)의 여자를 금지하는 칙법.

326년 6월 24일

De concubinis

Imp. Constantinus A. ad populum

Nemini licentia concedatur constante matrimonio* concubinam* penes se habere.

PP. XVIII kal. Iul. Caesareae Constantino A. VII. et C. conss

내연녀(內緣女)에 대해서

황제 아우구스투스 콘스탄티누스가 백성에게

지속적인 혼인(婚姻)[*] 속에서 내연관계(內緣關係)의 여자를[*] 소유하여
갖는 것은 어느 누구에게도 허용되지 않는다.

아우구스투스 콘스탄티누스의 일곱 번째 집정관직과 콘스탄티누
스의 집정관직 하에 카이사레아에서 7월의 열여드레 전에 공포됨.

*

- matrimonium : "혼인(婚姻)."[89] 고전기 로마법상 혼인에 있어서
  가장 중요한 것은 혼인 당사자의 동의(consensus)였다.[90] 결혼은
  결혼 당사자의 동의 없이 성립되지 않는다.[91] 부모의 허락도 결
  혼의 성립을 위한 중요한 요소이지만 결혼에 반대하지 않는다
  는 소극적인 의사표시에 불과했다. 기원전 18년에 아우구스투스
  는 결혼질서에 관한 율리우스 법(Lex Iulia de maritandis ordinibus)
  을 공포했는데, 동법(同法) 35장에 따르면 부권(paterfamilias) 아
  래 있는 자녀의 결혼에 합당한 이유 없이 반대할 경우 가부권자
  (父나 祖父)는 전집정관이나 총독 앞에 소환되어야 했다.[92] 결혼
  당사자의 동의는 결혼의 성립을 위한 거의 유일한 조건이었으

---

89) 혼인에 관한 내용은 남성현, 「간통 및 이혼에 관한 로마법과 기독교의 전통」, 227쪽에서 재인
  용하였다.

90) Gaudemet, *Le Marriage en Occident*, 29-31쪽.

91) D 23.2.2.

92) D 23.2.19.

며, 결혼의 방식이나 혼인 예물의 유무 등 요식행위는 결혼의
성립요건은 아니었고 결혼했다는 증거에 불과했다.93) 전주인(前
主人)도 피해방녀(被解放女)의 동의가 없이는 피해방녀와 결혼할
수 없었으나, 결혼을 목적으로 하여 여노(女奴)를 해방한 경우에
는 예외였다.94) 아울러 결혼한 척 하는 것은 결혼으로 성립되지
않았다.95)

- concubina : "내연관계(內緣關係)의 여자." 내연관계(concubinatus)
  란 법에 부합하는 혼인이나 사실혼(事實婚)이 아닌 남녀 간의 지
  속적인 결합관계를 의미한다.96) 적법혼(適法婚)과 사실혼(事實婚)
  밖에서 이루어지는 남녀 간에 지속적인 결합을 한다는 의미에서
  일시적인 동거(同居, contubernium)와는 구별된다.

*

아우구스투스 이전의 전통에서 남녀 간의 내연관계(內緣關係)는 단
순한 사실관계로 일정한 범위 내의 여성과의 내연관계는 인정되었
다. 남녀 간의 내연관계가 법률상 문제된 것은 아우구스투스의 간통
처벌법(lex Iulia de adulteriis)과 Papia Poppaea법이 제정된 결과인 듯
하다. 이 법률은 혼인 외의 성적 교섭을 간통죄 혹은 음란죄(stuprum)
로 제재하는 한편, 양가(良家)의 규수가 아니거나 또는 그러한 품위

---

93) 현승종·조규창, 『로마법』, 954쪽.

94) D 23.2.28-29.

95) D 23.2.30.

96) 현승종·조규창, 『로마법』, 959쪽.

나 행실을 기대할 수 없는 여성을 간통죄의 적용대상에서 제외함으로써 이들 여성은 타인과 내연관계를 맺을 수 있음을 사실상 승인하였다. 이러한 부류의 여성으로는 배우, 무희, 가수 등 대중 유흥업 종사여성과 창녀, 포주, 노예와 같은 천민계급여성과 피해방여성 및 간통죄로 유죄판결을 받은 양가출신녀와 신원불명(obscuro loco natae)의 여성을 들 수 있다. 이와 같이 아우구스투스의 간통처벌법은 내연관계를 발생시킨 계기가 되었으며, 또한 Papia Poppaea법은 내연생활을 조장하는 결과를 가져왔다고 한다.

그런데 그 후에는 양가(良家)의 여성도 내연(內緣)의 처가 될 수 있었다는 사실로 미루어 간통처벌법의 적용범위가 현저히 축소되었고 또한 법적 효력도 극히 약화되었다. 한편 원수정하에서는 내연관계가 널리 행하여졌으며, 많은 황제와 지배계급이 내연관계에 있었고,[97] 흔히 피해방여성은 자기를 해방시킨 전주인(前主人)의 내연의 처가 되었다. 카이사르, 안토니우스, 옥타비아누스 등 우리에게 친숙한 로마 공화정 말기의 인물들은 세 번 이상 결혼하였으며 부인들 역시 여러 번 남편을 바꾸었다. 예수 시대의 클라우디우스 황제는 결혼을 네 번이나 했지만 어떤 아내도 그를 사랑하지 않았다고 한다.[98] 로마 지배계급의 재혼(再婚)은 내연의 관계를 전제하지 않고서는 설명되지 않는다. 사도 바울과 거의 동시대를 살았던 세네카는 단지 두 명의 정부(情婦)에 만족한다면 그 남편은 운이 좋은 편이라고 하였다. 이 시대의 어떤 비문에는 '40여 년의 긴 세월 동안 한 명의 부인에게 충실하였노라'고 적혀있다.[99] 고전기의 내연은 법적 구속력이

---

97) 하이켈하임, 『로마사』, 508-509쪽, 749-750쪽.
98) 하이켈하임, 『로마사』, 646쪽.

없는 단순한 사실관계였음에도 불구하고, 내연의 처도 여주인(matrona) 또는 가부권자(mater familias)로 인정되었으며, 또 정조의무가 있어 제삼자와의 통정은 간통죄로 처벌되었다.[100]

기독교의 결혼관은 내연관계가 결혼의 신성함을 해친다고 보았기에 콘스탄티누스는 혼인관계가 유지되는 상황 속에서 내연관계를 금지하는 칙법을 326년에 공포하였다(CJ 5.26.1). 콘스탄티누스는 10년 뒤인 336년에 내연관계에서 태어난 사생자(私生子, liberi naturales)의 법적 지위 및 경제적 지위를 현저하게 약화시키는 칙법을 공포한다 (CTh 4.6.3). 이 법에 따르면 여노의 자녀, 피해방여성과 그의 딸, 배우나 배우의 딸, 여인숙 주인이나 그 주인의 딸, 천한 계급의 여자, 포주나 검투사의 딸 등은 합법적인 자녀가 될 수 없으며, 부(父)가 이런 자들에게 준 모든 것은 환수하여 합법적인 후손이나 부의 친족들에게 주도록 규정한다. 뿐만 아니라 내연(內緣)의 처(妻)에게 준 모든 것도 환수하도록 조처하였다. 326년 이전까지는 언급된 종류의 여자들과의 혼외정사는 간통죄로 처벌되지 않았으므로 내연관계가 성립될 수 있었다. 그러나 콘스탄티누스는 326년의 칙법을 통해 내연관계를 인정하지 않았고, 10년 뒤인 336년에 이르러 내연의 처(妻)와 사생자(私生子)들의 지위를 현저하게 약화시켜 내연관계의 폐지를 시도한 것이다.[101]

---

99) 몬타넬리, 『로마제국사』, 328쪽.

100) 현승종·조규창, 『로마법』, 960쪽.

101) 현승종·조규창, 『로마법』, 960-961쪽.

*

콘스탄티누스 황제는 이 칙법을 통해 혼인이 지속되는 한(constante matrimonio) 적법혼(適法婚) 밖에서 이루어지는 내연관계(內緣關係)가 금지된다는 것을 밝힌다. 전술하였듯이 로마법상 혼인은 당사간의 합의(合意)에 의해서 성립되었는데, 이 합의는 혼인을 할 뿐 아니라 부부의 공동생활을 통해서 혼인관계를 유지하겠다는 합의를 포괄하는 것이었다. 당사자간의 합의에 의해서 결혼이 성립되고 유지되는 것이므로, 역으로 배우자 중 일방(一方)이 이혼의사를 표시함으로써 결혼관계는 소멸하였다. 그러므로 혼인관계가 지속된다는 것은 혼인관계를 유지하겠다는 합의를 계속적으로 갖고 있음을 뜻한다.

콘스탄티누스의 이 칙법(CJ 5.26.1)은 결혼을 신적인 제도로 보는 기독교의 결혼관에서 영향 받은 것이다. 결혼을 하나님이 만든 신적인 제도로 보면서 신학적 주제로 승화시킨 최초의 라틴신학자는 테르툴리아누스이다. 그는 『단혼론(De monogamia)』과 『정숙에 대한 권면(De exhortatione castitatis)』에서 기독교인의 삶에 합당한 유일회적 결혼의 가치를 역설하였다. 결혼에 관한 테르툴리아누스의 입장은 기독교인은 오직 한 번만 결혼해야 한다는 것이다. "결혼은 한 번만 허용된다."[102] "오직 하나이신 하나님처럼 오직 한 번의 결혼이다."[103] 유일회적인 결혼의 근거는 무엇보다 첫 아담과 두 번째 아담 그리스도이다. 하나님이 아담과 하와 사이에 맺어준 최초의 결혼은 유일회적인 결혼이었다.[104] 둘이 한몸을 이루었고 하나님이 맺

---

102) 테르툴리아누스, 『정숙에 대한 권면』, 4.2.

103) 테르툴리아누스, 『단혼론』, 1.1.

어주신 것은 나뉘어서는 안 된다. 단혼의 기원은 "육체적으로는 아담이고, 영적으로는 그리스도이다".105) 이외에도 여러 가지 근거를 제시한다. 제사장에게는 단혼만 허락되었듯이, 영적으로 제사장인 기독교인들에게도 단혼이 이상적이다.106) 마리아도 예수를 낳은 후에 한 번만 결혼했고 베드로도 그러했다.107) 이방인들의 삶도 기독교인들에게 모범이 된다. 카르타고를 건설했던 여왕 디도(Dido)는 이상형인 아에네이스와 재혼(再婚, nuptia secunda)을 원했지만 실패하자 재혼하기보다는 불에 타서 숨지는 쪽을 택했다.108) 마지막 때에, "(재혼하기보다 불에 타 죽는 것을 택한) 카르타고의 여왕이 일어나 (두 번 이상 결혼한) 기독교인들을 심판할 것이다."109) 인간의 삶뿐 아니라, 심지어는 자연의 순리도 단혼이다. 짐승들은 모두 한 쌍씩 방주 안으로 들어갔으며, 재혼은 저주받은 인간인 라멕과 함께 생긴 것에 불과하다.110) 고린도전서 7장 39-40절을 해석하면서 테르툴리아누스는 재혼을 허용하지만 나이가 지긋한 과부에 한정한다.

---

104) 테르툴리아누스, 『정숙에 대한 권면』, 5.2. 『단혼론』, 4.2.

105) 테르툴리아누스, 『정숙에 대한 권면』, 5.4.

106) 테르툴리아누스, 『정숙에 대한 권면』, 7.1. 『단혼론』, 7.8-9.

107) 테르툴리아누스, 『단혼론』, 8.2와 8.4.

108) 테르툴리아누스, 『정숙에 대한 권면』, 13.3. 『단혼론』, 17.1. 베르길리우스(Vergilius)의 서사시 『아에네이스(Aeneis)』의 네 번째 노래는 오래전 남편을 잃은 카르타고의 여왕 디도와 서사시의 주인공인 아에네이스와의 사랑과 이별을 그리고 있다. 둘은 사랑한다. 그러나 운명의 힘에 이끌려 아에네이스는 밤을 틈타 몰래 이탈리아 반도로 떠났고, 사랑하는 사람이 떠난 것을 안 디도는 장작을 쌓아놓은 다음에 칼로 자결하고 시녀에 의해 불태워진다. 테르툴리아누스는 이 비극을 약간 변형시켜서 사용한다. 본래 이야기는 사랑을 잃은 슬픔 때문에 불행이 찾아오는 것이지, 테르툴리아누스가 쓰고 있는 것처럼 '두 번째 결혼을 맛보지 않기 위해서' 디도가 스스로 목숨을 끊는 것이 아니다. 아에네이스는 본래 트로이 사람으로 로마 건국의 시조인데, 아에네이스와 카르타고의 디도의 사랑과 불행은 장차 카르타고와 로마 사이에 일어날 불행을 설명하는 기원론적 비가(悲歌)이다. 베르길리우스, 『아에네이스(Aeneis)』, 125-155쪽.

109) 테르툴리아누스, 『단혼론』, 17.1.

110) 테르툴리아누스, 『단혼론』, 4.5. 『정숙에 대한 권면』, 5.24.

"이단들(haeretici)은 결혼을 제거하며 육적인 사람들(psychici)은 결혼을 되풀이한다. 첫 번째 부류는 단 한 번도 결혼하지 않지만, 두 번째 부류는 한 번 이상 결혼한다."111) 테르툴리아누스는 결혼을 금지하거나 재혼하는 자들은 이단이거나 육적인 사람들이라고 하며, 영적인 기독교인들은 유일회적 결혼 속에서 살아간다고 하였다. 보혜사 성령에 의해서 인도받는 영적인 사람들만이 한 번만 결혼하면서 진리의 길을 따른다.112)

유일회적 결혼을 하나님께서 만드신 거룩한 제도로 보는 테르툴리아누스의 생각은 근본적으로 2-3세기의 기독교 열광주의 운동이었던 몬타누스적 입장에 근거한 것이었다.113) 4세기에는 수도적 삶의 부흥으로 인해 그리스도와의 영적인 결혼이 강조되면서 독신(獨身)이 이상적인 삶의 방식으로 생각되었다. 그럼에도 불구하고 혼인(婚姻)을 거룩한 제도로 보는 경향은 지속되었다. 교부들 중에는 히에로니무스처럼 혼인을 폄하하는 경우도 있었다. 히에로니무스는 잠언 30장 15절을 "만족을 찾지 못하는 세 가지 것이 있는데, 그것은 지옥, 여성에 대한 사랑, 목마른 땅이다"라고 70인역에 따라 인용하면서 이렇게 주석한다. "이 구절은 매춘이나 간음과 관계있는 것이 아니다. 여성에 대한 일반적인 사랑이 고발되어 있다. 그 사랑은 항상 만족할 줄 모르고, 일단 꺼진 다음에 다시 불붙고, 충족에서 부족으로 옮겨가며, 강인한 영혼을 나약하게 만들며, 강박관념 이외의 다른 생각을 허락하지 않는다."114) 히에로니무스는 4세기 이후 기독

---

111) 테르툴리아누스, 『단혼론』, 1.1.

112) 테르툴리아누스, 『단혼론』, 1.2.

113) Barnes, *Tertullian*, 136-140쪽.

교 세계를 휩쓰는 수도적(修道的) 열광주의의 대변자였고 결혼과 이성(異性)에 대한 사랑 자체를 폄하하였다.

그러나 히에로니무스가 결혼을 정죄하는 것 같은 발언을 했더라도 자신은 결혼을 정죄하지 않고 동정의 삶 아래에 둔다고 언급할 수밖에 없었다. 신성(神聖)한 제도인 결혼을 완전히 부정하는 것은 기독교적인 삶을 송두리째 부정하는 것과 동의어였기 때문이다. 4-5세기의 주요 교부들은 대개 동정(童貞)의 삶에 관하여 논문을 남겼는데 이런 논문들은 흔히 히에로니무스의 방식을 따라 혼인을 동정의 삶 아래에 두지만 동시에 혼인은 하나님이 만드신 거룩한 제도라는 양가적(兩價的)적인 태도를 취했다. 닛사의 그레고리오스가 동정의 삶을 결혼보다 낮게 여기는 그 당시의 경향에 거부감을 나타내면서 4세기의 저자들 중에서는 결혼을 가장 적극적으로 옹호한다.

4세기 이후의 기독교 세계가 동정의 삶을 혼인관계보다 더 나은 영적인 삶으로 보았음에도, 이런 파격적인 사고 체계는 혼인이 하나님께서 만드신 거룩한 제도라는 규범적 틀 안에서만 가능한 것이었다. 로마의 가족법 전통에서 용인되어 왔던 내연관계(內緣關係)가 콘스탄티누스의 시대에 이르러 금지되는 것은 테르툴리아누스에게서 본격적으로 논의된 명제인 혼인(婚姻)이 신적인 거룩한 제도라고 하는 기독교적 결혼관을 근거로 하지 않고는 적절하게 설명될 수 없을 것이다.

---

114) 마라발, 『제롬의 생애와 편지』, 84-85쪽.

7) 테오도시우스 칙법전 9권 9장 1절 / CTh 9.9.1 : 자유인 여자가 노예와 간음하는 경우는 사형에 처한다.

329년 5월 29일

Imp. Constantinus a. ad populum. Si qua cum servo occulte rem habere detegitur, capitali sententiae* subiugetur, tradendo ignibus verberone, sitque omnibus facultas crimen publicum arguendi, sit officio copia nuntiandi, sit etiam servo licentia deferendi, cui probato crimine libertas dabitur, quum falsae accusationi poena immineat.

Ante legem nupta tali consortio segregetur, non solum domo, verum etiam provinciae communione privata, amati abscessum defleat relegati. Filii etiam, quos ex hac coniunctione habuerit, exuti omnibus dignitatis insignibus, in nuda maneant libertate, neque per se neque per interpositam personam quolibet titulo voluntatis accepturi aliquid ex facultatibus mulieris.

Successio autem mulieris ab intestato* vel filiis, si erunt legitimi, vel proximis cognatisque* deferatur vel ei, quem ratio iuris admittit, ita ut et quod ille, qui quondam amatus est, et quod ex eo suscepti filii quolibet casu in sua videntur habuisse substantia, dominio mulieris* sociatum a memoratis successoribus vindicetur.

His ita omnibus observandis, et si ante legem decessit mulier vel amatus, quoniam vel unus auctor vitii censurae occurrit.

Sin vero iam uterque decessit, soboli parcimus, ne defunctorum parentum vitiis praegravetur; sint filii, sint potiores fratribus, proximis atque cognatis, sint relictae successionis heredes.

Post legem enim hoc committentes morte punimus. qui vero ex lege disiuncti clam denuo convenerint, congressus vetitos renovantes, hi servorum indicio vel speculantis officii vel etiam proximorum delatione convicti poenam similem sustinebunt.

Dat. IV. kal. iun. Serdicae, Constantino a. VII. et Constantio c. coss.

Interpretatio. Si qua ingenua mulier[*] servo proprio se occulte miscuerit, capitaliter puniatur. Servus etiam, qui in adulterio dominae convictus fuerit, ignibus exuratur. In potestate habeat huius modi crimen quicumque voluerit accusare. Servi etiam aut ancillae, si de hoc crimine accusationem detulerint, audiantur: ea tamen ratione, ut si probaverint, libertatem consequantur, si fefellerint, puniantur. Hereditas mulieris, quae se tali crimine maculaverit, vel filiis, si sunt ex marito suscepti, vel propinquis ex lege venientibus tribuatur.

황제 아우구스투스 콘스탄티누스가 백성에게

어떤 여자가 자신의 노예와 은밀하게 관계를 갖다가 발각되면, 인두형(人頭刑)의 선고를[*] 받아야 하고 악한(惡漢)은 불에 던져져야 한다. 공범죄(公犯罪)를 고발할 권한은 모든 자에게 있고, 그것을 알릴 권한이 공직자에게 있다. 노예라도 고발할 자유가 있으며, 잘못된 고발에 대해서는 형벌을 받지만, 범죄가 증명되면 노예는 자유를 얻을 것이다.

이 법 이전에 결혼한 여자는 그런 결합에서 분리될 것이고, 집은 물론 속주의 공동체를 상실하고 추방된 연인(戀人)의 부재(不在)를 통곡할 것이다.

이런 연합에서 그녀가 갖게 될 아이들 또한 모든 지위의 표시를 박탈당하고, 벌거벗은 자유 안에 머무를 것이며, 그 자신을 통해서건 그리고 중개자를 통해서건 여하한의 유언의 형태로 여인의 재산 중 아무 것도 받지 못하게 될 것이다.

유언하지 않고 사망한[*] 여자의 상속은, 아이들이 합법적이라면 아이들에게 또는 최근종족(最近宗族)과 혈족에게[*] 또는 법의 법칙이 인정하는 자에게 수여된다. 그리하여 과거에 사랑받던 남자와 그로부터 잉태된 아이들이 우연히 자기들의 재산으로 소유했다고 여긴 것은 무엇이든지 여자의 소유권에[*] 결합되어야 하고, 위에 언급된 상속자들에 의해 자기 것으로 주장되어야 한다.

이 법(이 공포되기) 이전에 여자나 남자 연인이 죽는다 해도, 한 사람이라도 악덕을 저지르면 엄중함 앞에 세워야 하기 때문에, 이 모든 것들은 이와 같이 지켜져야 한다.

그러나 만약 두 사람이 이미 죽었다면, 후손이 죽은 부모의 악덕에 짓눌리지 않도록 우리는 후손을 용서한다. 그들은 (합법적인) 아이들이 될 것이며 최근종족인 형제들과 혈족 이상이 될 것이며, 남겨진 유산의 상속자가 될 것이다.

이 법 이후에 이런 것을 저지르는 자들을 우리는 죽음으로 처벌한다. 그런데 이 법에 의해 분리된 후 은밀하게 다시 합해 금지된 관계를 새롭게 하며, 노예들의 제보나 암행업무 혹은 최근종족의 고발에 의해 확인된 자들은 유사한 처벌을 받게 될 것이다.

아우구스투스 콘스탄티누스의 일곱 번째 집정관직과 카이사르 콘스탄티우스의 집정관직 하에 6월의 나흘 전에 공포됨.

해석 : 만약 어떤 생래자유인(生來自由人) 여자가* 자신의 노예와 비밀리에 결합한다면, 극형(極刑)으로 처벌될 것이다. 여주인과의 간통으로 확인된 노예 또한 불태워질 것이다. 원하는 자는 누구든지 이런 종류의 범죄를 고발할 권리가 있다. 그들이 증명한다면 자유를 얻게 될 것이고, 그들이 위증(僞證)한다면 처벌받게 됨을 고려하여, 남노(男奴)나 여노(女奴)가 이 범죄에 대해 고소한다면 그들의 진술을 들어야 한다. 그런 범죄로 자신을 더럽힌 여자의 유산은 남편에게서 얻은 아이들이나 법에 따라 오는 친척들에게 주어질 것이다.

*

- capitalis sententia : "인두형(人頭刑)의 선고." 테오도르 몸센은 인두형(人頭刑, poena capitalis 혹은 poena capitis)이란 표현이 원수정기 이후로 거의 고통형(苦痛刑, supplicium, 혹은 사형)과 동의어로 사용되었다고 한다(CTh 9.3.1 poena capitalis 참조).[115] 그러나 뒤퐁(C. Dupont)은 CTh 1.22.1에서 인두형(poena capitalis)

---

115) Mommsen, *Le droit pénal romain* 3, 241-243쪽 참조.

과 고통형(supplicia exquista)이 구별되었다는 점과 다른 몇몇 예를 들면서 인두형과 고통형은 구별되어야 한다고 결론짓는다.[116) 인두형(capitalis sententia)은 사형과 동의어로 보아도 무방하다.[117)

- ab intestato : "유언하지 않고 사망한."[118)

- proximi cognatisque : "최근종족(最近宗族)과 혈족." "가내상속인(家內相續人)"이 없을 경우에는 피상속인의 최근종족이 제2순위로 상속했다. "피상속인의 사망시에는 그의 최근족이 상속했고, 피상속인과 동일한 촌수의 종족이 다수일 경우에는 전원이 공동상속했다."[119)

- dominium mulieris : "여자의 소유권." "사람과 물건에 대한 포괄적인 지배권인 소유권은 초기에 수권(手權)에서 유래된 'mancipium' 또는 'mancupium'을 사용했고, 그 후에는 목적물의 전면적, 배타적인 지배 상태를 의미하는 'dominium', 'proprietas'로 표시했다. … 즉 로마소유권은 법문화의 시대적 변천에 따라 mancipium, dominium 또는 proprietas등의 표현으로 옮겨가나 소유권의 본질적인 내용은 일관성 있게 유지되었다. 로마 법학자나 비잔틴 법학자도 소유권을 일원적인 단독소유권으로 구성했다."[120)

---

116) Dupont, *Le Droit criminel dans les constitutions de Constantin, Les peines*, 15-21쪽을 참조하라.

117) Dupont, *Le Droit criminel dans les constitutions de Constantin, Les peines*, 24쪽.

118) Gaffiot, *Dictionnaire Latin*, 847쪽.

119) 현승종 · 조규창, 『로마법』, 1104쪽.

120) 현승종 · 조규창, 『로마법』, 524-525쪽.

- ingenua mulier : "생래자유인(生來自由人) 여자." 본래 피해방인
  은 생래자유인이 될 수 없었으나, "예외적으로 황제가 국가에
  대한 공로의 포상으로 피해방인에게 기사신분의 상징인 금반지
  를 착용할 수 있는 권리(ius aureorum anulorum)를 부여한 경우
  피해방인은 생래자유인의 신분을 취득했다. 나아가 원수정 하에
  서는 황제의 특전에 의해 생래자유인의 신분을 취득하는 사례
  가 빈번했으며 이를 출생신분의 회복(restitutio natalium)이라 했다.

*

verbero, rem habere cum, amatus 등의 표현은 문학작품에 사용되
던 용어이다. 칙법에 이런 용어를 사용한 것은 이 법의 작성자인 법
무총감(quaestor sacri palatii)이 법률가 출신이 아니라 수사학자 출신
이라는 것을 보여준다.[121]

콘스탄티누스의 이 칙법을 평가하기 위해서는 콘스탄티누스가 내
연관계에 대해서 어떤 입장을 갖고 있었는지를 점검하는 것이 필요
하다. 내연관계는 아우구스투스 이래로 일정한 범위 내에서 법률적
인 인정을 받았고 사회적으로도 만연하던 현상이었다. 이 법은 콘스
탄티누스가 내연관계를 막기 위해서 공포했던 다른 법들과의 연관
성 속에서 파악되어야 한다. 예를 들면 콘스탄티누스는 336년 내연의
처와 그 출생자녀에 대해 증여와 유증을 제한하는 칙법(CTh 4.6.3)을
공포했으며, 내연을 혼인관계로 유도하기 위해 사후혼인(事後婚姻)을

---

121) Grubbs, *Law and Family in Late Antiquity*, 274쪽.

인정하기도 했다(CTh 5.25.5). 내연관계를 억제하려 한 콘스탄티누스의 칙법은 결혼을 신적 제도로 보던 기독교적 결혼관과 엄격한 성윤리를 강조하던 기독교적 성(性)윤리관에 바탕을 두고 있다.

*

콘스탄티누스는 이 칙법을 통해 자신의 노예와 관계를 갖다가 적발된 여주인의 경우를 다룬다. 이 경우 다른 사람의 노예와 관계를 갖다가 적발된 여자의 경우보다 더 가혹한 처벌을 받게 된다. 자신의 노예와 관계를 갖다가 적발된 경우 여주인은 극형에 처해지고 노예는 화형으로 다스려질 것을 규정한다. 이들 사이에서 태어난 아이들은 모든 지위와 권리를 박탈당한다. 단 이 법이 공포되기 전에 부모가 모두 죽은 경우는 예외로 한다. 만약 이런 사례가 있다면 적극적으로 관계당국이든 친척이든 노예이든 더 고발할 것을 독려한다.

그런데 이 법에서는 여주인이 자신의 피해방노예와 관계를 가진 것인지 혹은 결혼한 것인지에 대해서는 구체적인 언급이 없다. 150년 후 유스티니아누스 시절 안테미우스(Anthemius)라는 인물이 주도하여 만든 법이 있다. 율리아(Julia)라는 여자는 자신의 피해방노예와 오래전에 결혼하였다. 율리아는 자신이 법을 어겼을 수도 있다는 사실을 직감하고 안테미우스에게 청원한다. 율리아는 자신의 남편과 결혼하기 전에 남편을 노예에서 해방시켰으며 따라서 자신과 피해방노예와의 결혼은 합법적이라고 주장한다. 안테미우스는 율리아에게 결혼이 합법적이며 결혼관계에서 나온 아이들도 합법적이라고 선언하지만, 후에 자신의 피해방노예와 결혼한 여자는 노예와 불법적인 결혼을 한

것으로 간주해서 그에 해당하는 형벌을 부과하겠다고 규정한다.[122]

콘스탄티누스의 칙법에는 구체적인 사항들이 언급되어 있지 않다. 여주인이 자신의 피해방노예와 결혼한 것인지가 불분명하다. 또 여주인의 합법적인 아이들이 언급되는 것으로 보아 전남편과 사별한 것인지 혹은 이혼한 것인지도 불분명하다.[123] 콘스탄티누스는 내연관계에서 출생한 사생자(liberi naturales)가 친모의 재산을 상속하는 길을 차단함으로 지위를 약화시키면서 내연을 억제하고자 한다. 유사한 법은 CTh 4.6.3이다.

8) 테오도시우스 칙법전 5권 9장 1절 / CTh 5.9.1 : 제삼자가 데려다 키운 아이에 대해 부모와 스승은 권리를 갖지 못한다.

331년 4월 17일

Imp. Constantinus a. ad Ablavium pf. p. Quicumque puerum vel puellam proiectam de domo, patris vel domini voluntate scientiaque, collegerit ac suis alimentis ad robur provexerit, eundem retineat sub eodem statu, quem apud se collectum voluerit agitare, hoc est sive filium sive servum eum esse maluerit: omni repetitionis inquietudine[*] penitus summovenda eorum, qui

---

122) Grubbs, *Law and Family in Late Antiquity*, 275쪽.

123) Grubbs, *Law and Family in Late Antiquity*, 274-275쪽과 Grubbs, *Women and the Law*, 178-179쪽을 참조하라. 피해방노예에 대한 공화정시대의 법에 대해서는 Williamson, *The laws of the Roman People*, 10쪽, 12쪽, 330쪽을 참조하라. 노예의 결혼에 대해서는 Bradley, *Slavery and Society at Rome*, 50쪽을 참조하여 보충하라.

servos aut liberos* scientes propria voluntate domo recens natos abiecerint.

Dat. xv. kal. mai. Constantinopoli, Basso et Ablavio coss.

Interpretatio. Quicumque expositum recenti partu, sciente patre vel matre vel domino, collegerit ac suo labore educaverit, in illius, a quo collectus est, potestate consistat, seu ingenuum seu servum, quem nutrivit, esse voluerit, et si adoptare voluerit in filium vel libertum aut in servitium permanere, propria utatur potestate.

황제 아우구스투스 콘스탄티누스가 정무총감 아블라비우스에게

누구든지, 아버지나 주인의 뜻과 인지(認知) 하에 집 밖으로 버려진 소년이나 소녀를 데려다가 자신의 음식으로 강성(强性)할 때까지 키운 경우, 그는 (아이를) 자신에게로 데려올 때 점유하기를 원했던 지위, 즉 아들이든지 노예이든지 그가 선호하는 대로 그를 소유할 것이다. 자신의 뜻에 의해 노예이든 혹은 사생자(私生子)이든* 갓 태어난 아이들을 집 밖에 버린 자들이 요청하는 모든 혼란은* 철저하게 배격되어야 한다.

바수스와 아블라비우스의 집정관직 하에 콘스탄티노플에서 5월의 열닷새 전에 공포됨.

해석 : 갓 태어난 후에 밖에 버려진 아이를 아버지나 어머니 혹은 주인의 인지(認知) 하에 데려다가 자신의 수고로 키운 자는 누구이든

지, 그가 양육한 자가 생래자유인(生來自由人)이나 혹은 노예가 되기를 원한다면 데려온 자의 권한 아래 두어야 하고, 만약 그가 해방노예를 아들로 입양하거나 혹은 노예상태에 두기를 원한다면, 자신의 권한을 사용할 것이다.

*

- omnis repetitionis inquietudo : "요청의 모든 혼란." 버린 아이를 돌려달라는 반환청구소송을 가리키는 표현이다.

- liberi : "사생자(私生子)들." 고전기의 사생자(liberi naturales)는 동거관계의 출생자를 의미했으나 고전후기의 사생자는 자유인 부(父)와 내연의 처(妻)에게서 출생한 자를 의미하게 되었다.[124]

*

콘스탄티누스의 이 칙법은 버려진 아이에 대한 양육권의 문제를 다룬다. 부(父)나 주인이 버린 아이를 그들의 동의하에 어떤 사람이 양육했을 경우, 그 아이가 노예나 사생자라면 아이에 대한 소유권은 양육한 자에게 있다고 규정한다. 물론 이런 규정은 생래자유인의 아이에게는 해당되지 아니하고, 태어난 지 얼마 되지 않은 갓난아이만을 대상으로 한다.

전통적인 법에서는 결혼하지 않은 딸에게서 태어난 아이라든가

---

124) 현승종·조규창, 『로마법』, 931쪽.

간통한 부인에게서 출생한 아이 등 버려진 아이는 가장의 생사여탈권에 종속되어 있었기 때문에 가장이 죽일 수 있었다. 그런데 콘스탄티누스는 318년의 법에서 가장이 버려진 아이를 죽이는 것을 금지하였다. 가족에 대한 가장 스스로의 복수의 권한을 인정하지 않은 것이다. 331년에 공포된 5권 9장 1절은 버려진 아이를 데려다 키우는 경우에 초점을 맞춘다. 유기된 아이는 아마도 결혼하지 않은 딸이나 혹은 간통한 부인이 출산한 아이일 것이다. 아이를 버린 가장은 아무런 처벌을 받지 않지만, 이 아이를 데려다가 키운 자는 자신의 의지에 따라 아이의 신분을 결정할 수 있다.[125]

9) 테오도시우스 칙법전 3권 16장 1절 / CTh 3.16.1 : 이혼을 억제하는 법.

331년 5월 5일 (혹은 331년 말)

Imp. Constantinus a. ad Ablavium pf. p. Placet, mulieri non licere propter suas pravas cupiditates marito repudium mittere[*] exquisita causa, velut ebrioso aut aleatori aut mulierculario, nec vero maritis per quascumque occasiones uxores suas dimittere, sed in repudio mittendo a femina haec sola crimina inquiri, si homicidam vel medicamentarium[*] vel sepulcrorum dissolutorem maritum suum esse probaverit, ut ita

---

125) Grubbs, *Law and Family in Late Antiquity*, 325쪽. 노예아이의 전시, 노예아이를 방치하여 죽게 하는 것 등에 대해서는 Bradley, *Slavery and Society at Rome*, 25-27쪽, 35쪽, 43쪽과, Patlagean, *Pauvreté économique et pauvreté sociale*, 181쪽, 363쪽을 참조하라.

demum laudata omnem suam dotem[*] recipiat. Nam si praeter haec tria crimina repudium marito miserit, oportet eam usque ad acuculam capitis in domo mariti deponere, et pro tam magna sui confidentia in insulam deportari.[*] In masculis etiam, si repudium mittant, haec tria crimina inquiri conveniet, si moecham vel medicamentariam[*] vel conciliatricem repudiare voluerit. Nam si ab his criminibus liberam eiecerit, omnem dotem restituere debet et aliam non ducere. Quod si fecerit, priori coniugi facultas dabitur, domum eius invadere et omnem dotem posterioris uxoris ad semet ipsam transferre pro iniuria sibi illata.

Dat. iii. non. mai. Basso et Ablavio coss.

Interpretatio. Certis rebus et probatis causis, inter uxorem et maritum repudiandi locus patet; nam levi obiectione matrimonium solvere prohibentur. Quod si forte mulier dicat maritum suum aut ebriosum aut luxuriae deditum, non propterea repudiandus est, nisi forte eum aut homicidam aut maleficum aut sepulcri violatorem esse docuerit, quibus criminibus convictus sine culpa mulieris merito videtur excludi, et mulier recepta dote discedit: nam si haec crimina mulier non potuerit approbare, hac poena mulctatur, ut et dotem, quam dederat vel pro ipsa data fuerat, et donationem,[*] quam percepit, amittat atque etiam exsilii relegatione[*] teneatur. Quod si a viro mulier repellatur, nec ipse, nisi certis criminibus ream docuerit, pro levi, ut assolet, iurgio repudiare non permittitur, nisi fortasse adulteram aut maleficam aut conciliatricem eam probare sufficiat. Quod si docere non potuerit, dotem mulieri restituat et aliam ducere non praesumat uxorem. Quod si forte tentaverit, habebit mulier liberam facultatem, quae innocens eiecta est, domum mariti sui atque omnem eius substantiam sibimet vindicare. Quod dignoscitur ordinatum, ut etiam secundae uxoris dotem repudiata iniuste mulier iubeatur acquirere.

황제 아우구스투스 콘스탄티누스가 정무총감 아블라비우스에게

왜곡된 욕구 때문에 주정뱅이나 노름꾼이나 바람둥이라는 날조된 이유로 여자가 남편에게 이혼의 의사(意思)를 표시하는* 것도 허락하지 않고, 어떤 상황에서도 남편이 자기 부인과 이혼하는 것을 허용하지 않음을 기뻐하는 바이다. 그런데 여자가 이혼 의사(意思)를 표시한 경우 이런 범죄들만이 조사되어야 한다. 즉, 그의 남편이 살인자나 마법사나* 묘 도굴꾼임을 증명한다면 그 결과 진술을 인정받은 그녀는 자신의 모든 가자(嫁資)를* 돌려받을 것이다. 만약 이 세 가지 범죄를 제외하고 남편에게 이혼의 의사를 표시한다면, 그녀는 남편의 집에 머리핀까지 내놓아야 하고 그처럼 커다란 자신의 뻔뻔함으로 인해 섬으로 추방되어야* 한다. 남편이 이혼의 의사표시를 한다면 남편에 대해서도 역시 이 세 가지 범죄, 즉 간통한 여자나 여자 마법사나* 바람둥이 여자와 이혼하는지가 조사되어야 한다. 왜냐하면 만약 이런 범죄에서 자유로운 여자를 버린다면, 그는 그녀의 가자(嫁資)를 돌려주어야 하고 다른 여자를 들여놓지 말아야 하기 때문이다. 그럼에도 그가 이것을 행한다면 전처(前妻)는 그의 집에 들어가 그녀 자신에게 가해진 침해에 대해 후처(後妻)의 가자(嫁資) 전체를 그녀 스스로 자기 자신에게로 이전할 수 있는 권한을 갖게 될 것이다.

바수스와 아블라비우스의 집정관직의 해에 5월 상현(上弦)의 사흘 전에 공포됨.

해석 : 어떤 사건과 증명된 이유를 근거로 처(妻)와 부(夫) 사이에 이혼의 의사를 표시할 수 있는 여지가 열려 있다. 실로 사소한 대립으로 혼인(婚姻)을 해소(解消)하는 것이 그들에게 금지되어 있다. 그런데 만약 혹시라도 여자가 자신의 부(夫)가 주정뱅이이거나 여색(女色)에 빠져있다고 말한다면, 만약 혹시라도 그가 살인자나 마법사나 묘를 모독하는 자임을 그녀가 보여주지 않는 이상, 부(夫)는 그런 이유로 이혼을 당할 수 없다. 이런 범죄에 대해 확인된 부(夫)는 여자의 잘못 없이 쫓겨나는 것이 합당하게 보이며, 여자는 가자(嫁資)를 받고 떠난다. 그런데 만약 여자가 이런 범죄들을 증명할 수 없다면, 그녀는 이런 형벌을 받는다. 즉, 그녀가 주었거나 그녀를 위해 제공된 가자(嫁資)와 그녀가 받았던 선물을* 그녀는 보내줄 것이고 아울러 강제(强制) 경유배형(輕流配刑)에* 처해질 것이다. 그런데 만약 남자가 여자를 돌려보낸다면, 고발된 여자에게 어떤 범죄가 있음을 그가 보여주지 못하는 경우, 즉 아마도 그녀가 간통한 자나 여자마술사나 바람둥이임을 증명할 수 없는 경우, 그 자신이 관례처럼 사소한 다툼으로 이혼하는 것을 허락받지 못한다. 만약 그가 그것을 보여줄 수 없다면, 그는 가자(嫁資)를 여인에게 돌려줄 것이며 다른 처(妻)를 미리 들여놓을 수 없다. 만약 그가 그것을 시도한다면, 무고하

게 버려진 여자는 부(夫)의 집과 그의 모든 재산을 자기 것으로 주장할 자유로운 권리를 갖게 될 것이다. 그리고 두 번째 처(妻)의 가자(嫁資)조차 불의하게 이혼당한 여자가 획득하도록 명해짐이 규정되었다는 것을 알리는 바이다.

*

- repudium mittere : "이혼(離婚) 의사(意思)를 표시하다." 로마인들은 이혼을 합의이혼(divortium)과 일방이혼(repudium)으로 구별했다.[126] 합의이혼은 배우자 양쪽이 합의하여 결혼이 해소되는 것이고 일방이혼은 배우자 일방에 의해서 결혼이 해소되는 것이다. 일방이혼의 방식은 문서나 구두선언 혹은 대리자를 통한 의사 표시 등이었다.[127] 4세기 기독교 시대 이전까지 일방이혼은 자유로웠으며, 로마의 상류층은 이런 자유를 남용하였다.

- medicamentarius : "마법사." '독살자'로 번역할 수도 있다.[128] 그러나 보다 일반적으로 이 단어는 약물과 축문(呪文)으로 사람의 운명을 감정하고 기적을 행하거나 사람의 재앙을 야기하는 자를 가리킨다.[129] 로마형법은 마법사를 화형(火刑)으로 제재했으며 그의 조수는 십자가형 또는 맹수형으로, 마법주술서를 소지한 자는 화형으로, 소유자는 유배형으로, 주술서의 내용에 따

---

126) Villers, *Rome et le droit privé*, 227쪽.

127) Berger, *Encyclopedic Dictionary of Roman Law*, 676쪽.

128) Grubbs, *Law and Family*, 229쪽.

129) 조규창, 『로마형법』, 429-430쪽.

라 소유자를 사형으로 제재하기도 했다.

- dos : "가자(嫁資)." 가자(嫁資)는 결혼시에 신랑에게 준 증여이다.[130] 고전기에 이르러 夫權없는(sine manu) 결혼이 주된 경향이었으므로 이 경우 배우자 양자는 서로 다른 가족(domus)에 속하였고, 배우자의 재산권에 관한 독립적인 이론이 발전되지 않았다. 그런데 嫁資 제도를 기초로 하여 로마법상 부부간의 재산권 제도가 발전하게 된다. 가자는 일반적으로 신부의 아버지가 신랑에게 주었는데(a patre profecta), 의무사항은 아니었으나 점차 도덕적인 규범(officium pietatis)으로 변하였고(D 38.5.1.10, 37.6.6), 유스티니아누스 황제시대에는 경우에 따라 강제되었던 것 같다(CJ 5.11.7.2, NJ 97.5). 가자는 제삼자에 의해 설정될 수도 있었다(dos adventicia). 고대에는 남편이 가자의 완전한 소유권을 갖고 있었으나, 고전기에 이르러 결혼이 해소될 때에 가자 반환은 의무사항이 되었다. 고전기에도 가자는 여전히 夫의 소유로 인식되었으나, 점차로 가자에 대한 夫의 용익권만을 인정하는 것이 대세(大勢)였다. 529년의 칙법(CJ 5.12.30)은 남편은 가자의 용익권(用益權, ususfructus)만을 갖고 있음을 명시한다. 위의 칙법(CTh 3.16.1)에 언급된 가자의 반환은 부의 가자처분권이 가자관리권으로 약화되는 시대적 흐름에서 이해할 수 있다.

- in insulam deportari : "섬으로 추방되다." (섬)추방형(deportatio

---

130) 가자(嫁資)에 대한 내용은 Gaudemet, *Droit privé romain*, 58-64쪽과 206-208쪽, Cuq, *Institutions Juridiques des Romains*, 175-190쪽, 그리고 Villers, *Rome et le droit privé*, 219-226쪽에서 참조한 것이다. 아울러 현승종·조규창, 『로마법』, 977-978쪽도 참고하라.

in insulam)은 범인의 시민권 상실과 함께 재산을 몰수하며 거주를 바다 한가운데의 섬이나 사막의 오아시스로 제한하는 형벌이었다.[131]

- medicamentaria : "여자 마법사" 혹은 "여자 독살자."

- donatio : "선물." donatio는 무상으로 상대방에게 재산상의 이익을 주는 것을 목적으로 하는 모든 법률행위를 뜻하며, 우리말로는 일반적으로 '증여(贈與)'라고 옮길 수 있다.[132] 하지만 위의 본문에서는 장래에 남편이 될 남자가 결혼 전에(ante nuptias) 여자에게 주는 선물을 뜻하므로, 단순히 "선물"이라고 번역하였다. 일반적으로 혼전증여(婚前贈與, donatio ante nuptias)는 처가 남편보다 오래 살거나 남편의 잘못으로 결혼이 해소될 때에 처의 몫으로 남는 것이 관례였다.[133] 이런 의미에서 혼전증여(婚前贈與)는 남편을 잃은 뒤의 생활에 대한 보증이나 부당한 이혼에 대한 보증으로 우선적으로 이해되었다. 혼전증여는 결혼 중의 생활을 도울 목적으로 남편이 처에게 주는 것으로 칙법에 처음으로 나타나는 때가 382년이다. 531년 유스티니아누스는 신부 쪽의 아버지가 가자(嫁資)를 주었다면 남자 쪽의 아버지가 혼전증여를 의무적으로 하도록 하는 칙법을 공포했다(CJ 5.11.7.2).[134] 539년에 이르러서는 가자와 혼전증여의 가치가 균형을 이루도

---

131) Mommsen, *Le droit pénal romain* 3, 322쪽 (독일어 원문은 975쪽).

132) 현승종·조규창, 『로마법』, 1134쪽.

133) Villers, *Rome et le droit privé*, 190-191쪽.

134) Gaudemet, *Droit privé romain*, 155쪽.

록 하였다(NJ 97). 한편 혼전증여는 약혼시 교환한 선물과 혼동하지 말아야 한다. 아울러 결혼 중에는 증여(donatio)할 수 없었다.

- exsilii relegatio : "강제(强制) 경유배형(輕流配刑)." exsilium 혹은 exilium의 의미는 크게 두 가지로 구분된다.[135] 첫째로 형사심리가 이미 시작된 경우 범죄에 가담한 자가 재판이나 처벌을 회피하기 위해 자진하여 유배 가는 것을 가리킨다. 둘째로 exsilium은 형사범죄에 대한 처벌로 강제유배를 의미하기도 한다. 자진유배의 경우는 형사재판에서 사형을 선고받은 자에게 허용되었는데 이 경우 유배당하는 자는 법의 보호를 받지 못하였고 로마 시민권과 소유를 상실했으며, 유배지에서 불법적으로 귀환하는 경우 사형으로 처벌되었다. 강제유배형의 경우 죄질에 따라 경유배형(relegatio)과 추방형(deportatio)으로 제재했으나, 후에 relegatio와 deportatio의 구분이 모호해졌다. 경유배형(relegatio)은 전재산 몰수나 재산일부 몰수, 시민권상실, 특정지역 안에 구금 등 추가적인 제재가 뒤따를 수 있었다. 경유배형의 약화된 형태는 범인의 주거를 특정지역으로 제한하는 것이다. 예를 들면 유배의 장소는 해변에서 가까운 섬(relegatio in insulam)이나 사막의 오아시스 등이었다. 추방형(deportatio)은 범인 유배형의 가장 가혹한 형태로, 재산몰수, 시민권상실, 거주지역제한 등의 제재를 포함하였다. 황제가 사면할 경우 이전의 권리를 되찾을 수 있었다. 추방형(deportatio)의 장소는 경유배형(relegatio)과 마찬가지로 섬

---

135) Berger, *Encyclopedic Dictionary of Roman Law*, 463쪽, 673쪽, 432쪽에서 참조하였다.

이나 사막의 오아시스였다(D 48.22).

경유배형(relegatio)은 콘스탄티누스의 칙법에는 4번만 나타난다 (CTh 1.5.3, 3.5.5, 8.5.4, 9.9.1).[136) 경유배형에 처해졌다고 해서 시민권상실이나 재산몰수가 항상 이루어진 것은 아니다. 콘스탄 티누스의 칙법에는 경유배형과 함께 특정 속주에 접근을 제한 하는 형벌(interdictio provincia)도 나타난다.

뒤퐁(C. Dupont)의 연구를 따르면 콘스탄티누스의 시대에 가장 많이 사용된 유배형은 무기한 추방형(deportatio)이었다(CTh 9.43.1, 9.42.1, CJ 5.16.24).[137) 추방형은 군사령관(CTh 7.12.1), 병사 (CTh 11.30.17), 시의회 의원(CTh 12.1.16), 소녀의 후견인(CTh 9.8.1), 타인의 재산에 손해를 주는 폭력행위로 정죄 받은 자 (CTh 9.10.3), 장복(臟卜)을 행하는 자(CTh 9.16.1), 화폐 위조자 (CTh 9.21.2), 간통자(CTh 9.21.1), 딸의 납치에 대해서 침묵하는 부모(CTh 9.24.1), 은비(隱秘)신탁유증(fideicommissum tacitum)을 불법으로 맡은 자(CTh 10.11.2) 등에게 적용되었다.

*

콘스탄티누스의 이혼억제법을 이해하기 위해서는 무엇보다 로마 법상의 이혼 개념을 이해할 필요가 있다.[138) 동서양을 막론하고 고 대 역사상 로마법의 혼인처럼 자유주의적이며 개인주의적 사상을

---

136) Dupont, *Le Droit criminel dans les constitutions de Constantin, Les peines*, 50-52쪽.

137) Dupont, *Le Droit criminel dans les constitutions de Constantin, Les peines*, 45-50쪽.

138) 로마법상의 이혼에 대한 개념은 남성현, 「간통 및 이혼에 관한 로마법과 기독교의 전통」, 227-232쪽을 인용하였다.

통해 혼인법을 발전시킨 경우는 없는 것 같다. 이런 방식의 결혼관은 로마법상의 특유한 결혼 해소 방법의 형성에도 기여한다. 혼인이 당사자의 동의를 통해 성립되었기 때문에 부부간의 사랑과 존중(affectio maritalis)이 사라지면 혼인도 소멸하였다.139) 결혼의 해소는 일방이혼(repudium)과 합의이혼(divortium)이 있었다. 일방이혼이란 혼인 당사자 중 일방이 주도하여 결혼이 해소되는 것을 뜻하며, 합의이혼이란 쌍방이 동의하여 이혼하는 것을 가리키나, 이 두 용어가 엄격하게 구별되어 사용된 것은 아니었다. 일방이혼이든 합의이혼이든 이혼의 효과는 거의 차이가 없었다. 혼인의 성립요건이 당사자의 동의였듯이, 결혼의 해소(解消) 시에도 당사자의 의지가 가장 중요한 요소였다. 부권(夫權) 있는 혼인(matrimonium cum manu)의 경우 이혼을 위해서는 남편의 동의가 필요했으나 공화정 말기와 원수정 초기 이후로 부권(夫權) 있는 결혼은 거의 없었던 것 같다.140) 트레지아리의 통계를 따르면 50퍼센트 이상의 여자들이 첫 번째 결혼 때에 이미 아버지를 여읜 상황이었고, 25세에서 30세의 기혼녀의 경우 70퍼센트가 그러했다.141) 대부분의 경우에 있어서 여자는 결혼 후에도 부권(父權, paterfamilias)에 종속되어 있었지만, 아버지가 사망하면 자

---

139) D 24.1.32.13. "Non enim coitus matrimonium facit, sed maritalis affectio(함께 산다고 해서 결혼이 성립되는 것이 아니라 부부간의 사랑이 결혼을 만든다."

140) 부권(夫權) 있는 결혼(matrimonium cum manu)은 고대 로마 시대로 거슬러 올라간다. 이 방식의 결혼에 따르면 여자는 결혼과 동시에 여자의 혈족의 가장권에서 벗어나 남편의 손(manus) 아래, 다시 말해 남편의 보호와 권위 아래 들어간다. 부권(夫權)을 획득하는 요식행위는 공제의식(共祭儀式, confarreatio), 점유취득(usus), 공매(公賣, coemptio) 등 세 가지가 있었다. 그러나 고전기에 이르러 부권 있는 결혼은 거의 소멸하고 부권 없는 결혼(matrimonium sine manu) 방식이 주류를 이루었다. 부권 없는 결혼에서 부인은 가장권(patria potesta) 아래 있거나 자권자(sui iuris)가 되었다. Cuq, *Institutions Juridiques des Romains*, 155-158쪽. 현승종 · 조규창, 『로마법』, 953-955쪽.

141) Treggiari, *Divorce Roman Style: Ease and Frequency*, 32쪽.

권자(自權者, sui iuris)로 독립하였다.[142] 부권(父權)에 종속되어 있는 경우 이혼시에는 결혼시와 마찬가지로 가장의 동의가 필요하였으나 가장의 견해가 결정적인 요소는 아니었다.

결혼과 마찬가지로 결혼의 해소에도 어떤 요식행위가 필요한 것이 아니었다. 이혼시에는 구두로 이혼 의사를 통고하는 게 일반적이었던 것 같은데, 파울루스는 일방이혼(repudium)의 경우 "tuas res tibi habeto(네 것을 가져가)"라는 표현이나 "tuas res tibi agito(네 것이나 알아서 해)"라는 표현을 사용했다고 한다.[143] 만약 홧김에 "네 것을 가져가"라고 말하고 조금 후에 제정신으로 돌아오면 이혼이 성립되지 않는데, 지속적이고 확고한 이별의 의지가 아니면 이혼이 아니었기 때문이다.[144] 아울러 이혼 당사자가 면전에 없어도 이혼이 가능했다. 그럴 경우에는 대리인을 통해 이혼을 알리면 그만이었다.[145] 만약 구두로 이혼의사를 표시하지 않고 집을 나가서 돌아오지 않는다면 이혼이 성립되는 것일까? 키케로는 그런 종류의 일이 실제로 일어났다고 소개한다. 어떤 가장(paterfamilias)이 스페인의 속주에 임신한 아내를 두고 로마로 갔는데 스페인의 부인에게 이혼 의사표시를 하지도 않고 로마에서 결혼을 하고 아이를 낳았다.[146] 그는 각각의 여자에게서 아이를 낳은 뒤에 유언을 남기지 않고 죽었는데, 첫 번째 결혼이 해소된 것일까 아니면 두 번째 여인이 내연관계에 해당하는가? 또 만약 반대로 부인이 이혼의사를 표시하지 않고

---

142) Corbier, *Divorce and Adoption*, 61쪽.

143) D 24.2.2.1.

144) D 24.2.3.

145) D 24.2.2.3.

146) Cicero, *De Oratione*, 1.183. Frier & McGinn, *A Casebook On Roman Family Law*, 161쪽에서 재인용.

집을 나가서 다른 남자와 결혼한 경우는 어떻게 될까? 이에 대한 해결은 이혼이 구두통지를 해야만 성립되는 것인가, 아니면 두 번째 결혼을 통해 첫 번째 결혼이 자동으로 해소되는가에 달려 있다. 구두통지보다 더 확실한 이혼의 증거는 혼인시 주고받은 선물의 반환이었다. 남편은 혼인시에 부인의 가장(家長)이 준 가자(嫁資, dos)를 다시 가장에게 돌려주어야 했으며 가장의 사망시에는 부인에게 돌려주어야 했다. 한편 남편은 결혼시 아내에게 준 결혼증여재산을 돌려받았다.

그런데 아우구스투스가 간통금압에 관한 율리우스법을 만들면서 이혼의 요건을 엄격하게 만들었다는 견해가 있다.[147] 울피아누스는 간통에 관한 율리우스 법이 특정한 방법이 아니고서는 이혼을 무효로 했다고 쓰고 있다.[148] 이는 아마도 율리우스 법이 규정하는 선(先) 이혼과 후(後) 소추의 맥락에만 해당하는 것 같다. 파울루스는 이혼을 주도하는 자의 피해방인을 포함해서 7명의 로마시민 앞에서 이혼의사 표시를 해야 이혼이 유효하다고 한다.[149] 파울루스가 전하는 내용이 아마도 울피아누스가 말하는 특정한 방법일 가능성이 있다. 이는 고전기 로마법 문헌 중에서 유일하게 이혼의 형식을 규정한 내용이지만 실효적으로 지켜지지는 않은 것 같다.

이혼 외에 결혼이 해소되는 경우는 여러 가지가 있다. 배우자의 죽음이나 배우자가 포로나 노예가 되었을 때 결혼이 해소되었다.[150]

---

147) B. W. Frier & Th. A. J. McGinn, *A Casebook On Roman Family Law*, 164-165쪽.

148) D 38.11.1.1, D 24.1.35에는 "법이 정하는 바에 따라서"(secundum legitimam observationem) 이혼하지 않는다면 그런 이혼이 무효인 이유는 결혼이 해소되었다고 주장할 수 없기 때문이라고 했다.

149) D 24.2.9. B. Frier & McGinn, *A Casebook On Roman Family Law*, 164-165쪽에 관계된 해석이 나온다.

배우자가 포로가 된 경우 배우자의 부재가 이혼성립의 요건이 아니다. 포로는 사법적인 능력이 없었고 따라서 결혼의 유지에 필요한 사법적인 의지가 없다는 측면에서 결혼이 해소되었다.[151] 배우자가 노예가 되면 마찬가지의 논리로 결혼이 해소되었다. 배우자가 오랜 기간 부재할 때에 결혼이 해소되는 것인가에 대해서 법학자들은 남아 있는 배우자가 결혼을 존중하면 결혼 상태가 지속되는 것이라고 하였고, 이 경우 결혼 선물을 돌려주지 않아도 된다고 하였다.[152] 이 외에도 노쇠함, 병, 군복무, 불임이나 사제직 등이 이혼사유가 되었고, 배우자 양편의 합의(bona gratia)로 이혼이 이루어지기도 했다.[153] 간통도 물론 이혼사유가 된다. 간통에 관한 율리우스 법은 배우자의 간통시에 이혼하고 고소하도록 규정한 바가 있음을 앞에서 살펴보았다.[154] 로마군단의 병사들은 로마법상의 결혼이 성립되지 않았는데, 여러 가지 폐단이 생겨서 군인들의 결혼을 인정하는 방향으로 3세기까지 관련법이 조금씩 변화되었다.[155] 한편 부인들은 정당한 이혼 사유 외에 하찮은 사유로 이혼을 당하곤 했는데, 남편 몰래 경기장에 간다거나, 허락 없이 집을 나간다거나, 포도주를 마실 경우에 이혼을 당하기도 하였다.[156] 카이사르의 경우 클로디우스가 자신의 부인인 폼페이아를 몰래 만나려고 계획했다는 이유만으로 폼페이아와 이혼했으며, 옥타비아누스는 성격이 안 좋다는 이유로

---

150) D 24.2.1과 D 24.3.56.

151) J. Gaudemet, *Le Marriage en Occident*, 41쪽.

152) D 24.1.32.13. 반면 남편이 사망했을 때에는 결혼수증재산을 반환하도록 했다.

153) D 24.1.60–61과 D 24.1.62 pr.

154) D 48.5.12.10.

155) Jean Gaudemet, *Droit privé romain*, 51쪽.

156) Treggiari, *Roman Marriage*, 462쪽.

스크리보니아와 이혼했다. 이런 경향은 상류층 여성의 경우에도 확인되는데, 키케로는 파울라 발레리아가 남편이 지방에서 돌아온 그날 아무런 이유 없이 이혼했다고 쓴다.[157]

이혼시에는 결혼시의 선물을 상대방에게 반환해야 했고 추가로 부동산 등을 선물하기도 했다. 만약 부인이나 장인의 과실로 이혼이 발생하면 남자는 여자의 가자(嫁資)의 1/6을 취할 수 있었다. 간통 등보다 중(重)한 도덕적 결함으로 아내가 이혼의 빌미를 제공하면 남편은 가자(嫁資)의 1/6을 취할 수 있었고, 경미한 도덕적 결함에 대해서는 1/8의 가자를 취했다.[158] 그런데 앞서 살펴본 것처럼 간통에 관한 율리우스 법은 간부(姦婦)의 경우 가자 1/3을 몰수하도록 규정하였다. 남편의 간통으로 이혼하게 되면 남편은 가자를 즉시로 돌려주어야 했지만, 그 밖의 남편 잘못으로 이혼하는 경우 남편은 6개월 이내에 가자를 반환해야 했다.[159]

공화정 말기와 원수정기에 로마 상류층의 이혼은 유행병처럼 번졌던 것 같다. 폼페이아누스는 네 번이나 이혼했지만 율리아와 코르넬리아 등 두 명의 여자에게만 애정을 표현했다.[160]

*

콘스탄티누스의 이 칙법은 부부(夫婦) 양측이 각각 상대방을 향해

---

157) Rawson (ed.), *Marriage, Divorce, and Children in Ancient Rome*, 80쪽.

158) Regulae, 6.12. *The Civil law in Seventeen volumes*, S. P. Scott, *vol.* 1, 229쪽.

159) Regulae, 6.13. *The Civil law in Seventeen volumes*, S. P. Scott, *vol.* 1, 229쪽.

160) Treggiari, *Roman Marriage*, 480쪽.

서 이혼소송을 제기하는 일방이혼(repudium)만을 다룬다.[161] 처가
남편을 상대로 이혼소송을 하는 경우 남편이 살인자나 마법사나 묘
도굴꾼 등 세 가지 범죄 중 하나에 해당한다는 것을 증명하면 일방
이혼이 가능했다.[162] 이 경우 결혼시에 남편에게로 가져왔던 가자(嫁
資)는 여자에게 귀속되었다. 이 시기에 가자(嫁資)에 대한 남편의 권
리가 소유권(所有權)이 아니라 용익권(用益權)에 그쳤기 때문에 혼인
해소로 인해 가자가 여자에게 귀속되는 것은 당연한 논리적 결과인
것처럼 생각된다.

반대로 남편이 처에 대해 이혼소송을 청구하는 경우 처가 간통했거
나 마술사이거나 바람둥이라는 것이 증명되면 이혼이 가능하도록 규
정한다. 그러나 이런 범죄에 대해 처의 혐의를 증명하지 못할 경우 이
혼은 불가하고 다른 여자와 결혼할 수 없다. 후처의 가자를 취하는 것
은 전처가 입은 인격적 모독(iniuria)에 대한 금전적 보상으로 이해된다.

콘스탄티누스의 이 칙법은 사실상 이혼을 막기 위한 조처로 해석
될 수 있다. 여자가 일방이혼을 신청하는 경우 남편이 주정뱅이나
노름꾼이나 여색(女色)에 빠져 있다는 이유만으로는 이혼이 불가함
을 서두에서 언급한다. 그런데 후일에 덧붙여진 해석에서 보듯 이혼
소송으로 가게 되는 흔한 경우는 아마도 이런 일로 인한 다툼이었던
것 같다. 고전기 결혼법에서 결혼은 남녀 양방의 자유로운 의사에
의해 결정된 합의사항이었으므로 쌍방의 합의로 이혼에 도달할 수
있었다. 그러나 콘스탄티누스는 그러한 자유로운 이혼을 금지하고

---

161) 콘스탄티누스의 이혼억제법 이후의 기독교적 칙법의 전통에 대해서는 남성현, 「간통 및 이혼
    에 관한 로마법과 기독교의 전통」, 232-249쪽을 참조하라.
162) 묘 도굴에 대해서는 아래 연구의 14장을 참조하라(CTh 9.17.1, 9.17.3-4).

특정범죄(certa crimina)가 아니라면 일방이혼도 금지하여 사실상 이혼의 길을 막아 놓았다. 법률적 요건을 충족시키지 못하고 배우자를 버릴시에는 경제적인 제재가 뒤따랐다.

이혼을 방지하고자 하는 콘스탄티누스의 법이 기독교적 결혼관과 어떤 관계가 있는지를 모색해 보아야 한다. 기독교 신앙은 결혼을 숭고한 신적 제도로 생각했다. 이미 3세기 초반 테르툴리아누스(Tertullianus)는 '하나님이 한분이듯 결혼도 한번이다'라는 명제로 『단혼론(De monogamia)』이라는 책을 쓴바 있다. 이런 입장은 4세기에 더욱 엄격하게 유지된다. 콘스탄티누스의 시대에 '부부'의 모습을 담은 기독교적 석관이 많이 제작된 것은 이런 기독교적 결혼관이 시대상에 반영된 결과일 것이다. 물론 콘스탄티누스 시대 이전에도 부부의 모습을 담은 석관이 제작되었으나, 4세기 초반경에 만들어진 석관 중 복층구조의 성경일화를 담은 석관은 일반적으로 부부의 모습을 담은 '부부'유형의 석관이 많다. 이에 대해서는 필자의 『고대 기독교 예술사』(2011)의 내용이 도움이 된다.

도 14. 부부석관, 4세기 초반, 바티칸 피오 크리스티아노 박물관

3권 16장 1절은 331년 말에 공포된 법이다. 형사 소송에서는 등록(inscriptio)이 필수적인 요소였고 혐의를 입증하지 못하면 혐의가 입증되었을 때의 형벌을 고소인이 받아야 했으므로, 이 칙법이 규정하는 것처

럼 일방이혼을 위해서 형사소송을 하는 경우는 드물었을 것이다. 부인의 간통 때문에 소송을 하는 경우는 남편이 등록하지 않아도 무방했으므로 이 경우만 예외가 된다. 이런 각도에서 보자면 이 법은 부인의 간통을 제외하고는 일방이혼(repudium)을 실제적으로 제거하기 위한 의도를 갖고 있다.163)

일방이혼의 경우 남자보다는 여자에게 더 가혹한 처벌을 주문한다. 여자의 경우 위에 언급된 형사범죄를 제외한 다른 이유로 일방이혼에 이르게 되면 여자는 자신의 가자(嫁資) 전체를 심지어는 '머리핀'까지도 내놓아야 하고 유배되어야 한다. 이런 형벌은 아우구스투스 시대의 형벌과 유사한 점이 있다. 아우구스투스의 법에 따르면 간통한 여자는 재산의 1/3과 가자(嫁資)의 절반을 몰수당하고 유배되어야 한다. 콘스탄티누스의 칙법에서는 명시적으로 언급되지는 않았지만 타당한 범죄 사실이 없는데도 일방이혼을 하는 여자의 가자(嫁資) 전체는 남편이 취하는 것으로 되어 있다. 콘스탄티누스의 법은 로마의 일반적인 정서에 부합하는 것 같다. 로마법에서는 가자(嫁資)의 일부를 벌금으로 지불하고서 여자 쪽에서 이혼할 수 있는 자유를 인정하였다. 당시의 문학은 여러 번 이혼한 여자들을 신랄하게 비판한다.

콘스탄티누스의 법은 여자가 간통하거나 마법사이거나 바람둥이일 경우 남편이 이혼의사를 표시할 수 있도록 하였는데, 이는 초기 로마법 전통과 유사하다. 그런데 초기 로마법 전통에서는 여자가 이런 범죄를 저지르지 않았는데도 남편이 여자를 버릴 경우, 남편은 여자의 가자(嫁資) 전체를 돌려주어야 하고, 자기 자신의 소유의 절반은 부인에게 주고, 절반은 여신 케레스(Ceres)에게 바치도록 규정한다. 물론 이 경우는 합법

---

163) Grubbs, *Law and Family in Late Antiquity*, 229쪽을 참조하라.

적인 아이들이 없고 남편이 부인의 잘못을 입증하지 못했을 때이다.

콘스탄티누스가 도입한 새로운 징벌적 요소는 정당한 사유 없이 부인을 버린 남자가 재혼할 경우 당하는 불이익이었다. 남자는 재혼할 수 있지만 만약 그렇게 한다면 전처가 남자와 새로운 부인이 사는 집에 들어와 새로운 부인의 가자(嫁資)를 가져갈 수 있다. 어떻게 전처가 이처럼 행동할 수 있는지 그 구체적인 방식은 언급되지 않는다. 아마도 여자는 자신의 남자 친척들이나 피해방노예나 노예를 보내어 새로운 부인의 동산(動産)을 강제로 취할 수 있었을 것이고 새로운 부인이 가자(嫁資)로 갖고 온 부동산은 법정에 소유권의 이전을 신청할 수 있었을 것이다. 이외에 아이들이나 결혼 전에 교환된 선물, 가자(嫁資) 이외의 다른 소유에 대한 언급은 없다.

콘스탄티누스의 법은 이후에 많은 수정을 거치게 된다. 당장 337년 그가 죽은 직후에 나온 칙법의 경우 4년 혹은 그 이상 남편을 볼 기회가 없는 군인의 부인의 경우, 남편의 군사령관에게 통지한 후에 다른 남자와 재혼할 수 있었고, 이 경우 부인은 자신의 가자(嫁資)를 요청하고 간통죄의 소송을 당하지 않을 수 있었다. 콘스탄티누스 당시 서방에서는 콘스탄티누스의 칙법보다 이혼에 대한 보다 자유로운 칙법이 존재했다.[164]

---

164) Grubbs, *Law and Family in Late Antiquity*, 228-233쪽과 Grubbs, *Women and the Law*, 203쪽을 참조하라.

10) 테오도시우스 칙법전 4권 6장 2절 / CTh 4.6.2 :
서자는 아버지의 유산에 대한 권리가 없다.

336년 4월 29일

...........ri fecit vel si ipsorum nomine comparavit, totum legitima suboles recipiat. Quod si non sint filii legitimi nec frater consanguineus aut soror aut pater, totum fisci* viribus vindicetur. itaque liciniani* etiam filio, qui per rescriptum sanctissimum dignitatis culmen ascendit, omnis substantia auferatur et secundum hanc legem fisco adiudicetur, ipso verberato* compedibus vinciendo, ad suae originis* primordia redigendo.

Lect. iii k. mai. Carthagine Nepotiano et Facundo conss.

그가 했거나... 또는 그가 그들의 이름으로 갖게 되었다면, 합법적 후손이 그것 전체를 취하게 될 것이다. 그러나 합법적 아이들이나 피를 나눈 형제나 누이나 아버지가 없다면, 모든 것은 국고(國庫)에* 귀속될 것이다. 그러므로 가장 거룩한 회답(回答)을 통해 존귀의 절정에 오른 리키니아누스의* 아들에게서도 모든 재산을 취해 이 법에 따라 금고(金庫)에 귀속하도록 판결한다. 리키니아누스의 아들은 태형(笞刑)을 당해야 하고,* 족가(足枷)에 채워야 하며, 자신이 탄생할* 때의 신분으로 낮추어져야 한다.

네포티아누스와 파쿤두스의 집정관직 하에 5월의 사흘 전에 낭독됨.

*

- fiscus : "국고(國庫)." 전술한 CTh 11.27.1의 fiscus와 res privata에 대한 내용을 참조하라.

- Licinianus : "리키니아누스." 리키니아누스는 아마도 리키니우스(Licinius)를 가리키는 것 같다. 리키니우스는 콘스탄티누스의 이복여동생인 콘스탄티아의 남편으로 324년 콘스탄티누스에게 패할 때까지 동방의 황제였다.

- verberatus : "태형을 당하는." 채찍이나 몽둥이로 때리는 태형(verberatio)은 노예나 자유인에게 여러 가지 형태로 항상 적용되었다.[165] 채찍형(flagella)은 노예에게 집행되는 신체형이었다. 자유인 민간인은 회초리(virgae)나 몽둥이(fustis)로 신체형을 당했다. 후에 채찍에 납덩이(plumbatae)를 달아 태형을 당하는 자의 생명을 위협할 정도로 형벌이 가중되었다.

- origo : "탄생." 태생적으로 천한 계층을 가리킬 때 사용하던 단어로, 여기서는 문제가 되는 아들의 친모(親母)가 노예나 혹은 피해방 노예였기 때문에 이 단어가 사용된 것 같다.[166]

---

165) 태형에 대한 내용은 Mommsen, *Le droit pénal romain* 3, 332-333쪽 (독일어 원문은 983-984쪽)에서 참조하였다.

166) Pharr, *The Theodosian Code*, 86쪽 각주 6번. Grubbs, *Law and Family in Late Antiquity*, 285쪽을 보라.

*

　리키니아누스(Valerius Licinianus Licinius)의 아들은 친모(親母)가 노예나 혹은 피해방 노예인 천한 신분이었던 것 같지만 황실의 회답을 통해 원로원 계급으로 신분이 상승되었다. 이 칙법은 리키니아누스의 비합법적인 아들을 다룬다. 리키니아누스의 아들은 336년 4월에 아직 살아 있었고 3개월 후에 체포되어 사슬에 매여 황실방적공장에서 강제노동을 하는 형벌을 선고받았다(CTh 4.6.3). 리키니아누스(혹은 리키니우스)는 324년 동료황제였던 콘스탄티누스와의 전쟁에서 패하여 325년 사형에 처해진다. 리키니아누스는 콘스탄티누스의 이복누이였던 콘스탄티아와 313년 봄에 결혼하였고 콘스탄티아와의 사이에서 리키니우스 카이사르(Licinius Caesar)를 두었다. 아버지 리키니아누스가 325년 처형된 다음 얼마 안 있어 아들 리키니우스도 사형에 처해진다. 이 칙법에서 문제가 되는 리키니아누스의 아들은 리키니우스 카이사르의 이복형제이다. 천한 신분의 어머니를 생모(生母)로 두었던 리키니아누스의 아들은 다른 자료에서는 알려지지 않는다. 337년 콘스탄티누스는 세상을 떠나는데 아마도 세상을 떠나기 전 자신의 노쇠함을 의식하면서 혹시나 자신의 세 아들 외에 리키니아누스의 아들들이 황제의 직위를 주장하지 않을까 염려했던 것 같다. 이 때문에 이복누이 콘스탄티나의 간청에도 불구하고 리키니우스 카이사르를 죽이게 된다. 같은 맥락에서 천한 신분의 생모에게서 태어났으나 황실회답을 통해 고귀한 태생에게만 주어졌던 원로원계급(clarissimi)의 신분에 오른 리키니아누스의 불법적인 아들을 경계했던 것 같다. 이 칙법이 뒤이어오는 336년 7월 21일에 공포된 CTh 4.6.3과 함께 카르타고에서 공포된 것은 아마도

이 당시 리키니아누스의 불법적인 아들이 카르타고 부근에 있었다
는 것을 암시한다.

이 칙법이 배경으로 하고 있는 특수한 사건의 정황은 설명한 바와
같지만 이 칙법은 보다 일반적인 로마법 전통을 재확인하는 것이다.
그것은 불법적인 아들이 합법적인 아들만이 누리는 권리를 차지할
수 없다는 것이다. 325년에 이미 리키니아누스를 처형했고 곧 그의
합법적인 아들인 카이사르 리키니우스를 처형했다. 그러나 326년에
이르러 콘스탄티누스는 리키니아누스의 서자(庶子)가 태생적 한계에
도 불구하고 적자(嫡子)만이 얻을 수 있는 원로원계급의 신분인 명인
(名人, clarissimi)의 신분으로 격상된 것을 알고 충격을 받았던 것 같
다. 그리하여 이 칙법(CTh 4.6.2)과 또 다른 칙법인 CTh 4.6.3을 통
해 리키니아누스의 불법적인 아들에게 황실방적공장의 강제노동형
을 내린다.[167)]

도 15. 리키니우스 1세, 니코메디아에서
313-324년 사이에 발행된 금화(5,22g) ,
파리 국립도서관 주화실

도 16. 도 15의 뒷면

---

167) Grubbs, *Law and Family in Late Antiquity*, 284-286쪽 참조.

11) 테오도시우스 칙법전 9권 24장 2절 / CTh 9.24.2 : 약취범 노예는 화형으로 처벌한다.

349년 11월 12일

Imp. Constantius a. ad Tatianum. Quamvis legis prioris[*] extet auctoritas, qua inclytus pater noster[*] contra raptores atrocissime iusserat vindicari, tamen nos tantummodo capitalem poenam constituimus, videlicet ne sub specie atrocioris iudicii aliqua in ulciscendo crimine dilatio nasceretur. In audaciam vero servilem dispari supplicio[*] mensura legum impendenda est, ut perurendi subiciantur ignibus, nisi a tanto facinore saltem poenarum acerbitate[*] revocentur.

Dat. II id. nov. Limenio et Catullino conss.

황제 아우구스투스 콘스탄티우스가 타티아누스에게

우리의 고명(高名)한 아버지가[*] 약취범(略取犯)들을 아주 엄중하게 처벌하도록 명했다는 것에 이전 법의[*] 권위가 있지만, 우리가 단지 인두형(人頭刑)만을 제정한 것은, 보다 가혹한[*] 판결이라는 시각에서 범죄를 처벌하는 데에 지체하지 않도록 하기 위함이었다. 그런데 노예의 무모함에 대해서는 형벌을 달리하여[*] 법의 기준이 적용되어야 하는 바, 그들이 적어도 형벌의 엄중함을 통해 아주 커다란 범죄로부터 돌아서지 않는다면, 그들은 불살라져야 한다.

리메니우스와 카툴리누스의 집정관직 하에 11월 보름의 하루 전에 공포됨.

*

- lex prior : "이전 법." "이전 법"은 콘스탄티누스가 326년 공포한 칙법(CTh 9.24.1)을 가리킨다.

- inclytus pater noster : "우리의 고명(高名)한 아버지." 콘스탄티누스를 가리킨다. CTh 9.34.5를 참조하라.

- dispari supplicio : "형벌을 달리하여." "다른 형벌을 통해"라는 의미이지만 문맥상 "형벌을 달리하여"라고 번역했다.

*

공화정 말기의 인신약취(flagium)에 대해서는 벌금형이 선고되었으나, 카라칼라(Caracalla)의 시대에 이르러 인신약취는 형법상 중한 범죄(crimina)가 되어 재산몰수와 유배형 혹은 광산형이나 사형에 처해졌다. 콘스탄티누스는 315년 어린이 약취에 대한 칙법(CTh 9.18.1)에서 약취범이 노예나 피해방인일 경우 맹수형으로 처벌하고 생래적 자유인이라면 검투형으로 처벌하도록 하였다. 콘스탄티우스는 이 칙법을 통해 약취범이 노예일 경우 화형에 처할 것을 규정한다.

4장
감독법정(혹은 교회법정)에 대한 칙법

1) 테오도시우스 칙법전 1권 27장 1절 / CTh 1.27.1 : 일반법정에서 심리가 시작된 경우에라도 감독법정에서 재판이 가능하다.

318년 6월 23일

Imp. Constantinus a. Iudex[*] pro sua sollicitudine observare debebit, ut, si ad episcopale iudicium[*] provocetur[*], silentium accommodetur et, si quis ad legem christianam[*] negotium transferre voluerit et illud iudicium observare, audiatur, etiamsi negotium apud iudicem sit inchoatum, et pro sanctis habeatur, quidquid ab his[*] fuerit iudicatum: ita tamen, ne usurpetur in eo, ut unus ex litigantibus pergat ad supra dictum auditorium et arbitrium suum enuntiet[*]. Iudex enim praesentis causae integre habere debet arbitrium, ut omnibus accepto latis pronuntiet.

Data VIIII kal. iulias Constantinopoli ..... a. et Crispo caes. conss.
(.... iun. 23).

황제 아우구스투스 콘스탄티누스가

재판관은[*] 자신의 책임에 맞게 (다음 사항을) 준수해야 한다. 만약 감독법정으로[*] 상소되면[*] 침묵을 지킬 것이며, 만약 어떤 자가 기독교 법으로[*] 소송을 이관하며 그런 재판을 따르기를 원한다면, 소송이 재판관에게서 시작되었다 할지라도 들어줄 것이며, 감독들에 의해[*] 판결되는 것은 무엇이든지 거룩한 것으로 간주될 것이다. 소송 당사자 중의 한사람이 위에 언급된 (감독) 법정으로 가서 자기 자신의 (법정) 결정권을 선언하는[*] 것은 침해되지 말아야 한다. 이런 소송을 맡은 (감독) 재판관은 권한을 완벽하게 갖고서 제시된 사실을 모든 자에게 공포해야 한다.

아우구스투스 콘스탄티누스와 카이사르 크리스푸스의 집정관직 하에 콘스탄티노플에서 7월의 아흐레 전에 공포됨.

*

- iudex : "재판관." 고대에는 행정권과 사법권이 따로 분리되어 있지 않았다. 지방 행정관료는 자신의 지위에 갈음해 재판권을 갖고 있었다. 전집정관(consulares), 교정감(correctores), 속주지사 (praesides) 등은 모두 재판관(iudex)이라 칭해질 수 있었다.

- episcopale iudicium : "감독법정." '감독재판'이라고도 번역할 수 있으나 iudicium이란 단어는 재판을 하는 장소를 가리킬 수 있으므로 통상적으로 '감독법정'이라고 번역한다. 후대의 칙법에서는 '감독법정'(audientia episcoporum, CTh 16.2.12, 355년 / audientia episcopalis, CTh 16.2.47, 425년)이라는 표현이 등장한다.[1]

- provocare : "상소하다." 하급재판의 결과에 불복할 때에 감영(監營)의 정무총감(政務摠監)에게 상소할 수 있었다. 여기에서는 세속 재판에 불만족하여 감독법정으로 소송을 옮겨가는 것을 가리킨다.

- lex christiana : "기독교 법." 로마 제국의 전역에 보편타당하게 적용되는 일관된 교회법적 체계는 이 당시에 존재하지 않았다. 각 지역마다 교회법의 기준은 다를 수 있었다.

- ab his : "그들에 의해." '그들'은 교회의 '감독들'을 의미한다. 칙법전 편찬시에 '그들'에 해당하는 부분을 남겨놓지 않고 잘라버렸기 때문에 '그들'에 상응하는 명사 'episcopi'가 생략되었을 것이다.

- arbitrium suum enuntiet : "자기 자신의 (법정) 결정권을 선언하다." '자신의 결정권을 선언하다' 혹은 크루거(Krueger)의 편집본을 따르면 '자신의 결정권을 다시 선언하다(renuntiet)'도 가능하다.[2]

---

1) 남성현, 「테오도시우스 칙법전의 기원에 대한 연구」, 206-207쪽 각주 12번 참조.
2) Pharr, *The Theodosian Code*, 31쪽 각주 13번을 참조하라.

*

이 법은 콘스탄티누스 황제가 제정한 감독법정(episcopalis audientia)에 관한 두 개의 규정 중 첫 번째 것이다. 감독법정에 관한 첫 번째 규정은 318년 6월 23일 공포되었고 테오도시우스 칙법전 1권 27장 1절에 수록되었다. 이 칙법은 테오도시우스 칙법전에는 편집되었지만 유스티니아누스 칙법휘찬에는 제외되었다. 칙법휘찬의 감독법정 관계법은 발렌티니아누스 황제의 칙법으로 시작된다(CJ 1.4.1).[3]

칙법이 콘스탄티노플에서 공포되었다고 되어있지만, 비잔티움(Byzantium)은 330년 이전에 콘스탄티노플로 불리지 않았다. 반면 크리스푸스는 326년에 처형되기 때문에 이 칙법은 326년 이전에 공포되었던 것으로 보인다. 318년에 크리스푸스는 두 번째 집정관직을 지내지만, 318년의 또 다른 집정관은 콘스탄티누스가 아니라 리키니우스였다. 해리스(Harries)와 파르(Pharr)는 이 칙법이 318년에 공포된 것으로 추정한다.[4]

*

콘스탄티누스는 이 칙법을 통해서 교회의 감독들에게 재판권을 부여한다. 이미 일반 법정에서 재판이 시작된 경우라 할지라도 소송당사자인 원고와 피고 중 한쪽이 감독법정에서 재판받겠다고 청원하면 그의 요구는 즉시로 수용되어야 한다. 그리고 감독들이 어떤 판결을

---

3) Harries, *Law & Empire*, 195쪽과 Rapp, *Holy bishops in late antiquity*, 242-252쪽을 참조하라.

4) Harries, *Law & Empire*, 195쪽 각주 18번과 Pharr, *The Theodosian Code*, 31쪽 각주 18번을 보라.

내린다 해도 그 판결은 거룩한(sanctum) 것으로 간주되어야 한다.

이 법을 통해 콘스탄티누스가 교회의 감독들의 기능을 제대로 파악하지 못한 것이 아닌가 질문해 볼 수 있다. 교회감독은 지역 공동체에서 존경을 받고 커다란 권위를 누리고 있었다. 2세기 초반 안티오키아의 이그나티우스가 쓴 편지들에 나타나듯이 군주적 감독제가 교회의 일반적인 질서로 확립된다. 공동체 내에서 감독은 영적이며 행정적인 최고의 권위를 누리고 있었다. 그런데 콘스탄티누스는 교회의 대표자인 감독들에게 318년에 이르러 갑자기 사법적인 권한을 부여한다. 콘스탄티누스의 칙법을 따르면, 일반 법정에서 심리가 시작된 경우라도 원고나 피고 일방의 요청에 의해 감독법정으로 사건을 이관해서 재판할 수 있도록 되어 있다. 일반법정의 재판에 비해 감독법정의 재판이 로마법적 전통을 따라 이루어질 수 있는가는 의문시된다. 일반적으로 교회의 감독들은 로마법에 관해서 무지한 상태였다. 테르툴리아누스처럼 로마법을 공부한 경우도 있었지만 이런 경우는 드문 예에 속한다. 법을 공부하지 않은 감독들에게 재판권을 부여하는 것, 그것도 1심이 아니라 상소심이자 일종의 최종심의 역할을 감독법정에 부여하는 것은 감독들이 로마법적 사고를 훈련받지 않은 자들이라는 점을 고려하면 의아하게 생각된다. Didascalia 같은 콘스탄티누스 이전의 교회법적 전통이 존재하지만 이런 교회법적 전통은 로마법처럼 보편적인 것이 아니었다. 아울러 교회법적 전통은 로마법적 전통과 상이했다.[5]

4세기에 민사소송은 소송의 개시 이후 재판까지 몇 년의 기간을

---

5) Didascalia에 대해서는 Harries, *Law & Empire*, 193-194쪽을 참조하라.

기다려야 할 정도로 과부하가 걸려있는 상태였다. 콘스탄티누스가 과중한 일반 법정의 재판 업무를 덜어주기 위해서 교회법정을 법제화했다고 추론해 볼 수도 있다. 칙법 본문에서는 민사소송에 한해서 감독법정을 허락한 것인지 아니면 형사소송조차도 감독법정에서 재판할 수 있는 것인지 분명하지 않지만, 테오도르 몸센(Theodore Mommsen)은 감독법정이 민사소송에 국한된 것으로 본다.6) 그러나 318년 6월 23일에 콘스탄티누스가 공포한 칙법의 본문에는 감독법정의 재판권이 민사소송에 국한되는지 아니면 형사소송까지 다룰 수 있는 것인지가 분명히 명시되지 않았다. 피고와 원고 중 일방의 요청에 의해 감독법정으로 사건이 이관된다는 것은 민사소송임을 암시하나, 만약 4세기에도 사인소추(私人訴追)의 형사소송 방식이 존재했다면 감독법정이 형사소송을 다룰 권한을 가졌으리라는 추측도 배제할 수 없다. 376년 5월 17일에 그라티아누스가 공포한 칙법(CTh 16.2.23)에 이르러서야 감독법정이 민사소송과 교회관계문제만을 다루고 형사소송은 예외로 한다고 규정했다.

318년의 칙법을 통해 감독법정을 일종의 상소심으로 규정한 것은 콘스탄티누스가 교회의 권위를 일반법정의 권위보다 더 중요하게 생각했다는 것을 보여준다. 에우세비오스가 콘스탄티누스의 전기에서 쓴 대로 이 칙법을 통해 콘스탄티누스가 세속판사들보다 하나님의 사제들에게 보다 높은 가치를 두었다고 판단한 바 있다.7) 4-5세기 교회 감독들은 일반적으로 도시 내에서의 커다란 영향력을 행사

---

6) "Les évêques ont un pouvoir d'arbitrage dans les affaires civiles, la juridiction criminelle ne leur a pas été attribuée"(Mommsen, *Le droit pénal romain* 1, 346쪽).

7) 에우세비오스, 『콘스탄티누스의 생애』, 4.29.

했다.[8] 다른 한편 감독법정의 신설로 인해서 교회의 감독들은 재판 시에 세속법을 사용할 수밖에 없었고 세속법의 참조는 교회법에 영향을 미치게 된다.[9]

2) 시르몬두스 칙법전 1장 / Constitutiones Sirmondianae 1 : 감독법정은 일방의 요청에 의해서 심리할 수 있다. 모든 사건 심리, 판결은 불가침이며 항소는 불가능하다.

333년 5월 5일

Imp. Constantinus a. ad Ablabium praefectum praetorio.

Satis mirati sumus gravitatem tuam, quae plena iustitiae ac probae religionis est, clementiam nostram sciscitari voluisse, quid de sententiis episcoporum vel ante moderatio nostra censuerit vel nunc servari cupiamus, Ablabi, parens karissime atque amantissime.[*] Itaque quia a nobis instrui voluisti, olim promulgatae legis ordinem[*] salubri rursus imperio propagamus. Sanximus namque, sicut edicti nostri forma declarat, sententias episcoporum quolibet genere latas sine aliqua aetatis[*] discretione inviolatas semper incorruptasque servari; scilicet ut

---

8) Sotinel, *Le Personnel Episcopal*, 105-126쪽을 참조하라.

9) 4-5세기 세속법이 교회법에 대해 주는 영향에 대해서는 Gaudemet, *Les Sources du Droit de l'Eglise en Occident*, 67-70쪽을 참조하라.

pro sanctis semper ac venerabilibus habeantur, quidquid episcoporum fuerit sententia terminatum. Sive itaque inter minores[*] sive inter maiores ab episcopis fuerit iudicatum, apud vos,[*] qui iudiciorum summam tenetis, et apud ceteros omnes iudices ad exsecutionem volumus pertinere. Quicumque itaque litem habens, sive possessor sive petitor[*] vel inter initia litis vel decursis temporum curriculis, sive cum negotium peroratur, sive cum iam coeperit promi sententia, iudicium elegerit sacrosanctae legis antistitis,[*] ilico sine aliqua dubitatione, etiamsi alia pars refragatur, ad episcopum personae litigantium dirigantur. Multa enim, quae in iudicio captiosa praescriptionis[*] vincula promi non patiuntur, investigat et publicat sacrosanctae religionis auctoritas. Omnes itaque causae, quae vel praetorio iure vel civili tractantur, episcoporum sententiis terminatae perpetuo stabilitatis iure firmentur, nec liceat ulterius retractari negotium, quod episcoporum sententia deciderit. Testimonium etiam ab uno licet episcopo perhibitum omnis iudex indubitanter accipiat nec alius audiatur testis, cum testimonium episcopi a qualibet parte fuerit repromissum. Illud[*] est enim veritatis auctoritate firmatum, illud incorruptum, quod a sacrosancto homine conscientia mentis illibatae protulerit. Hoc nos edicto salubri aliquando censuimus, hoc perpetua lege firmamus, malitiosa litium semina comprimentes, ut miseri homines longis ac paene perpetuis actionum laqueis implicati ab improbis petitionibus vel a cupiditate praepostera maturo fine discedant. Quidquid itaque de sententiis episcoporum clementia nostra censuerat et iam hac sumus lege complexi, gravitatem

tuam et ceteros pro utilitate omnium latum in perpetuum observare
convenit.

Data III nonas maias Constantinopoli Dalmatio et Zenofilo conss.

황제 아우구스투스 콘스탄티누스가 정무총감 아블라비우스에게

명인(名人)이며 친애하는 춘부대인(春府大人)* 아블라비우스여! 정
의와 덕스런 신앙심으로 가득한 그대의 엄중함이, 감독들의 판결에
대해 우리의 치세가 이전에 판단했던바 혹은 지금 지켜지기를 원하
는 바가 무엇인지 하는 우리의 혜은(惠恩)에 대해 알기를 원했으므로
우리는 아주 경탄(驚歎)하고 있다. 그대가 우리로부터 세움받기를 원
한 이상, 우리는 안녕을 가져다주는 통치권을 통해 이전에 공포된
법의 규정을* 다시금 널리 알린다. 왜냐하면 우리의 고시(告示)가 분
명하게 밝힌 것처럼, 감독들이 내린 판결들은 무슨 종류이건 (소송
당사자들의) 나이의* 구별 없이, 언제나 침해받지 않으며 변하지 않
고 지켜져야 함을 성법화(聖法化)했다. 감독들의 판결에 의해 정해진
것은 무엇이든지 항상 거룩하고 존중되어야 할 것으로 간주되어야
함이 마땅하다. 따라서 미성년자들* 사이에서건 성인(成人)들 사이에
서건 감독들에 의해 판결된 것은 최고재판권을 갖고 있는 그대들과*
다른 모든 재판관들에게서 실행되기를 우리는 바란다. 그러므로 피
고(被告)이든 혹은 원고(原告)이든* 소송을 갖고 있는 자가, 소송의 처
음에나 혹은 시간이 흐른 다음이거나 소송의 마지막 변론이 이루어
질 때나 혹은 이미 판결이 내려지기 시작할 때에, 신성불가침의 법

을 맡고 있는 사제(司祭)의* 법정을 택한다면, 즉시로 어떤 주저함도 없이, 상대편이 반대한다 할지라도, 소송 중에 있는 자들은 감독에 게로 인도될 것이다. 왜냐하면 신성불가침적 종교의 권위는 전가문(前加文)의* 현학적인 구속규정 때문에 법정에서 제시됨이 허용되지 않는 많은 것을 조사하고 드러내기 때문이다. 따라서 정무총감의 법이나 시민법에 의해 다루어지는 모든 소송은 감독들의 판결을 통해 종결되어 영속적인 법에 의해 확고해질 것이며, 감독들의 판결이 결정한 소송을 후에 다시 다루는 것은 허용되지 않을 것이다. 또한 비록 한명이라도 감독에 의해 제시된 증언(證言)은 모든 재판관이 망설임없이 받아들여야 하고, 감독의 증언이 어떤 측에 의해 보증될 때 다른 증인의 진술을 듣지 말아야 한다. 왜냐하면 그것은* 진리의 권위로 확고해졌고, 그것은 변하지 않으며 그것은 순수한 마음의 양심이 신성불가침의 사람에게서 만들어낸 것이기 때문이다. 이것을 우리는 안녕을 가져다주는 고시(告示)에 의해 전(前)에 법제화했다. 우리는 분쟁의 악한 씨앗을 억제하면서 이것을 영원한 법에 의해 확고히 한다. 그리하여 오랫동안 그리고 거의 계속적으로 소송의 올가미에 걸린 불행한 사람들이 악한 공격이나 왜곡된 탐욕으로부터 빠른 시간 안에 벗어나도록 할 것이다.

달마티우스와 제노필루스의 집정관직 하에 콘스탄티노플에서 5월 상현(上弦)의 사흘 전에 공포됨.

*

- parens karissimus atque amantissimus : "명인(名人)이며 친애하는
춘부대인(春府大人)." 정무총감을 부를 때에 사용하는 전형적인
표현이다. 테오도시우스 황제와 발렌티니아누스 황제의 공동명
의로 된 테오도시우스의 신칙법(Novellae Theodosii) 1장에서 오
리엔스(Oriens) 정무총감인 플로렌티우스를 부를 때에 동일한 표
현이 사용되었다.[10]

- olim promulgatae legis ordo : "이전에 공포된 법의 규정." 318년
에 공포된 CTh 1.27.1을 가리키는 것이 아니라 그 이후에 공포
된 다른 칙법을 가리킨다. 이 칙법은 상실되었고 전해 내려오지
않는다.

- aetas : "(소송당사자들의) 나이."

- minores : "미성년자들." 남자의 경우 14세-25세의 나이에 해당된다.

- sive possessor sive petitor : "피고(被告)이든 혹은 원고(原告)이든."
피고는 possessor 혹은 보다 일반적으로 actor이라고 한다. 원고
는 petitor 혹은 reus라고 한다.

---

10) 남성현, 「테오도시우스 칙법전의 기원에 대한 연구」, 233쪽 참조.

- apud vos : "그대들에게서." 감독들(episcopi)을 지칭한다.

- sacrosanctae legis antistes : "신성불가침의 법을 맡고 있는 사제
  (司祭)." 신성불가침의 법(sacrosancta lex)은 기독교 법을 가리킨다.
  이 칙법에서 콘스탄티누스 황제는 종교적인 법을 칙법 위에 두
  고 있다. antistes는 종교 일반의 사제를 가리킨다. 여기서는 교
  회의 감독들을 지칭한다.

- praescriptio : "전가문(前加文)." 전가문이란 말은 방식서의 청구
  표시 앞에 기입한다는 즉 '앞에 적는다'는 말에서 유래되었다.
  소송방식서의 전가문은 원고 혹은 피고의 이익을 위한 부가문
  (附加文)이다.[11]

- Illud : "그것은." 앞에 나온 증언(testimonius)을 가리킨다.

*

이 칙법은 333년 5월 5일에 공포된 것으로 콘스탄티누스가 제정
했던 두 개의 감독법정 관련법 중 후대의 것에 속한다. 이 칙법은 테
오도시우스 칙법전 편집 당시에 제외되었지만 시르몬두스 법전이라
고 명명하는 다른 사본을 통해서 전승되었다. 이 칙법이 테오도시우
스 칙법전에 편집되지 않고 제외된 것은 콘스탄티누스의 감독법정

___

11) 현승종·조규창, 『로마법』, 284쪽.

에 관한 규정이 후대의 칙법들과 잘 조화되지 않았기 때문이다. 다시 말해 후대의 규정은 감독법정의 권위를 약화시키는 방향으로 흐른 반면, 콘스탄티누스의 칙법은 감독법정에 막강한 권위를 부여했기 때문에, 칙법전의 편찬 당시의 법규정과 조화되지 않는 333년의 칙법이 의도적으로 누락된 것으로 보인다.

시르몬두스 칙법 1장에 편집된 333년 5월 5일의 칙법은 콘스탄티누스가 공포했던 칙법 원문을 그대로 보존하고 있기 때문에 축약된 형태로 테오도시우스 칙법전에 편집된 318년의 칙법보다 더 큰 중요성을 갖고 있다. 333년에 공포된 감독법정 관계 칙법은 오리엔스 정무총감인 아블라비우스(Ablabius)를 수신인으로 한다. "이전에 공포된 법의 규정"이란 표현이 보여주는 대로 이 칙법은 선행칙법을 전제로 하고 있다. 선행칙법은 318년의 칙법이 아니라 318년 이후 333년 사이 공포되었으나 상실된 다른 칙법을 가리키는 것 같다. 왜냐하면 선행 칙법을 "다시금" 공포한다고 천명했고 재차 공포되는 칙법의 내용이 이하에 상세하게 언급되는데, 그 내용이 318년의 칙법과는 상이하기 때문이다. 교회사가 소조메노스는 시르몬두스 칙법전 1장의 내용과 비슷한 칙법을 보도하는데 그가 소개하는 칙법이 상실된 선행칙법일 가능성도 있다.

*

333년의 콘스탄티누스의 칙법의 몇 가지 요소를 점검해 볼 필요가 있다. 먼저 콘스탄티누스는 감독법정에 세속법정과 유사한 기능을 부여하면서 이후에 부딪히게 될 문제들을 세심하게 고려하지 못

하였다. 감독들이 내린 결정은 결정의 내용과 소송당사자들의 나이
에 관계없이 일종의 상소심에 해당하는 최종적인 선고로 이해되었
다. 감독들의 결정은 "언제나 침해받지 않으며 변하지 않고 지켜져
야" 하며, 종교적인 신앙심에 의해 내려진 것으로 "항상 거룩하고
존중되어야 할 것으로 간주되어야" 한다. 감독들의 판결이 갖는 종
교적인 신성함 때문에 정무총감과 그 외의 다른 하급 재판관들은 공
권력을 통해 그것을 즉시 실행에 옮겨야 한다. 아울러 감독재판에
대한 상소는 허락되지 않는다. "모든 소송은 감독들의 판결을 통해
종결되어 영속적인 법에 의해 확고해질 것이며, 감독들의 판결이 결
정한 소송을 후에 다시 다루는 것은 허용되지 않을 것이다". 종래의
최고법정이었던 정무총감의 감영에서 이루어지던 재판을 넘어서는
권위가 감독법정에 주어진 것은 기존의 법 전통을 벗어나는 충격적
인 규정이다. 이 외에도 미성년자에 대한 재판, 과거의 전통은 두 명
이상의 증언이 필요한데 반해 감독 일인(一人)의 증언이 법적 구속력
을 가진다는 규정 등은 기존의 법 전통에 어긋나는 것이다. 소송당
사자의 일방적인 요청에 의해서 사건을 감독법정으로 이관하는 것
은 318년에 공포된 칙법을 다시 한 번 확인하고 있다(CTh 1.27.1).
CTh 1.27.1과 마찬가지로 333년의 감독법정에 관한 칙법이 공포된
역사적 동기는 분명하지 않다.[12] 이 칙법의 배후에는 사법적 권력을
소유하기를 원했던 교회의 감독들이 존재했던 것일까? 교회 역사는
이에 대해서 아무 언급도 하지 않는다. 콘스탄티누스는 단지 세속법
정보다 기독교의 대표자들인 감독들이 공평과 정의의 기술을 보다

---

12) Boyd, *The Ecclesiastical Edicts of the Theodosian Code*, 87-92쪽 참조.

적절하게 사용할 수 있다고 믿었던 것일까?[13] 333년의 칙법을 통해
콘스탄티누스가 감독법정의 권한을 민사소송에만 국한했느냐는 질
문에 대한 해답도 318년의 칙법처럼 분명하지 않다.

감독법정은 후에 성직자의 문제를 배타적으로 다룰 수 있는 권한
을 얻게 된다. 성직자에 대한 감독법정은 일종의 교회회의의 성격을
지니지만, 여기에서 결정된 바를 공권력을 통해 집행한다는 점에서
법정에 해당한다.[14] 4-5세기 감독의 권위는 감독법정의 신설을 통해
서 분명하게 특징지어지지만, 감독법정 같은 사법적인 권위에 지나
친 무게를 두는 것은 잘못이며, 오히려 감독의 권위는 박애에 근거
를 둔 4-5세기 사회의 지도자상으로 보는 것이 타당할 것이다.[15]

*

교회관련 사건이 항상 감독법정에서 다루어진 것은 아니었다. 특
히 기독교적 이단은 정치적 문제로 간주되어 일반법정의 재판관이
개입하는 경우도 있었다. 북아프리카의 도나투스파와 공교회의 대결
상황이 그러했다. 북아프리카의 칼라마 교회(ecclesia Calamensis)에서
는 도나투스파 감독과 공교회 감독이 대립하고 있었다. 그런데 도나
투스파에 속한 자들이 공교회 성직자들을 공격하여 폭행하는 사건

---

13) 이에 대해서는 Hermopolis의 파피루스 자료에 나타난 감독법정의 심리를 참조할 필요가 있다
(Harries, *Law & Empire*, 197쪽 이하). Ablabius에 대해서는 Drake, *Constantine and the Bishops*,
321-322쪽을 참조하라. 이밖에도 이 책에는 시르몬두스 칙법전 1장에 대한 자세한 분석이 실
려 있다, 322-325쪽과 344-345쪽 그리고 485-487쪽을 참조하라.

14) MacMullen, *Voting about God in Early Chruch Councils*, 72-73쪽을 참조하라.

15) Lepelley, *Le patronat épiscopal aux IVe et Ve siècles*, 17-33쪽과 Brown, *Poverty and Leadership in the
later Roman Empire*를 참조.

이 발생하였고 이에 대해 보호감(保護監, defensor ecclesia)은 도나투스파의 감독인 크리스피누스(Crispinus)에게 민법상 이단자가 물어야 했던 벌금형을 선고했다. 보호감 제도는 약 400년경에 황제가 교회의 권익을 보호하기 위해 만든 제도였다. 그런데 도나투스파 감독 크리스피누스는 보호감의 판결에 불복하여 재판을 청구하였다. 이단 관련 재판이므로 감독법정에서 처리해야 할 사안이었으나 이 사건은 공교회의 감독법정에 송달되지 않고 전집정관(proconsularis)의 재판정에 송달되었다. 교회변호사와 마찬가지로 전집정관은 크리스피누스에게 이단자가 물어야 하는 벌금형을 선고하였다. 하지만 도나투스파 감독 크리스피누스는 이에 불복하여 호노리우스(Honorius) 황제에게 상소하였고 결국 최종심에서도 이단으로 선고받았다. 크리스피누스는 벌금 10파운드를 납부해야 했으며, 진작에 피고에게 벌금을 물리지 않은 대가로 전집정관과 그의 법정까지도 10파운드의 벌금을 내야 했다. 그런데 황제의 재판결과에 대해서 아우구스티누스가 선처를 요구했고 결국 피고와 전집정관에 대한 벌금형이 취소되었다.[16]

411년 카르타고 교회회의는 교회 내적 문제를 세속법정에서 다룬 또 다른 예이다. 410년 10월 14일 호노리우스 황제는 마르켈리누스에게 칙령을 보내 북아프리카의 공교회와 도나투스파 감독들이 참석하는 교회회의를 소집하였다. 이 교회회의는 다른 중요한 교회회의처럼 교회의 신앙적인 문제를 다루는 교회회의였지만 감독법정의 형식을 갖추지 않았다. 공교회와 도나투스파 감독들이 판결하는 자리가 아니라 오히려 판결 받는 자리에 서게 된 것이므로 황제는 양

---

16) 『아우구스티누스의 생애』, 12장.

편 감독들이 서로의 주장을 변론하고 호민관(tribunus)이자 공증관 (notarius)인 마르켈리누스(Marcellinus)가 판사로서 판결하도록 하였다. 판사는 도나투스파를 이단으로 선고하였고 이에 대해 도나투스파는 황제에게 상소하였으나 황제의 회답(responsum) 역시 도나투스파를 이단으로 정죄하였다.[17]

『아우구스티누스의 생애』 16장은 히포의 감독법정에 관계된 일화를 소개한다. 황실연락관(procurator domus regiae) 우르수스(Ursus)는 공교회 신자로 카르타고에서 몇 명의 마니교 수도자(electi 혹은 electae)를 체포하여 교회로 데리고 왔다. 카르타고의 감독법정에서 이단 심문이 열렸는데 이 자리에는 아우구스티누스를 비롯하여 여러 명의 감독들이 재판관으로 참여하였다. 아우구스티누스의 전기작가 포시디우스는 감독법정의 근거로 고린도전서 6장 1-6절을 제시한다. “그리스도인이나 온갖 집단의 사람들의 청을 받게 되면”에서 보듯이 기독교 신앙인 뿐 아니라 그 이외의 사람들도 감독법정에 와서 재판을 청구했다는 것이 암시된다. 감독법정의 업무가 적지 않았다는 것이 암시된다. 아우구스티누스는 “어떤 때는 가벼운 식사를 하실 때까지, 또 어떤 때는 하루 종일 굶으시면서 늘 이런 소송들을 검토하며 해결했다”고 한다.[18]

테오도르 몸센은 감독법정이 내릴 수 있는 처벌에 대해서 다음과 같이 기술(記述)한다. “교회법정은 (일반법정이 갖고 있는) 처벌수단을 갖고 있지 않았다. 교회법정의 처벌은 근본적으로 벌금, 종교적 행위, 참회 또는 기타 (영혼에) 유익한 행위로 되어 있었다. 이러한

---

17) 『아우구스티누스의 생애』, 13장.
18) 『아우구스티누스의 생애』, 19장.

교회법정의 처벌은, 이교의 종교적 처벌(piaculum) 절차와 유사하게, 잘못한 것을 보속(補贖)하고 종교적 관점에서 그런 흠을 사라지게 만드는 것으로 이해할 수 있다. 그러나 교회법정은 신자의 처벌을 강요할 수는 없었다. 교회법정이 부과한 처벌을 신자(信者)가 지키려 하지 않는다면 교회법정은 신자에게 처벌을 강제할 수 없었다. 이 경우 해당 신자는 교회 공동체에서 출교(出校)되는 것이 고작이었다."[19]

콘스탄티누스 이후 테오도시우스 1세까지 공포되고 테오도시우스 칙법전 16권에 편집된 교회관계법들을 살펴보는 것이 도움이 된다. 기독교 이단에 관한 칙법이나 유대교 혹은 이교에 대한 칙법들은 니케아 정통주의를 벗어난 자들을 벌금, 재산 몰수, 유언과 상속과 증여의 제한 등 시민권의 제한으로 처벌한다. 이런 규정은 일반법정에서 종교문제를 다룰 때에 내릴 수 있는 처벌이었다. 추방형(CTh 16.5.11, 383년), 태형과 유배형(CTh 16.5.21, 392년) 등은 아주 간헐적으로만 언급된다. 기독교 공동체 내부의 문제를 다루는 교회법정의 처벌은 이보다 훨씬 더 가벼웠고 주로 종교적인 차원으로 기울어 있었다. 카이사레아의 바실리오스가 암필로키오스에 보낸 교회법을 따르면 가장 엄격한 처벌이 출교(出校)였다. 일반법정에서 종교문제로 사형을 선고하는 것은 호노리우스가 423년 6월 8일에 공포한 반(反) 이교법(CTh 16.10.23) 이후였다.

404년 팔레스티나(Palestina)의 가자(Gaza) 교회의 감독 포르피리오스(Porphyrios)가 주재한 교회법정은 마니교 여신도였던 율리아(Julia)에게 설단형(舌端刑)을 선고한다.[20] 율리아는 안티오키아 출신의 독

---

19) Mommsen, *Le droit pénal romain* 1, 343쪽.

20) 『포르피리오스의 생애』, 85-92장.

실한 마니교 신자로서 팔레스티나의 가자(Gaza)에 와서 새신자를 모집했다. 이 당시 가자는 마르나스(Marnas) 숭배를 중심으로 한 이교 신앙이 압도적으로 우세하였고, 수만 명 내외의 도시 인구 중 기독교 신자는 몇백 명에 불과할 정도로 교회의 영향력은 미미했다. 율리아는 교회 신자들에게도 접근하여 마니교 교리를 가르치려고 하였다. 가자 교회의 감독 포르피리오스는 율리아의 이러한 행동을 보고받고 교회법정을 열었다. 율리아는 남녀 각각 2인의 마니교 신자와 함께 포르피리오스가 주재하는 교회재판에 출석하였다. 율리아의 변론 이후에 포르피리오스가 내린 선고(宣告)는 하나님이 율리아의 혀를 마비시킬 것이라는 예언이었다. 포르피리오스의 예언적 선고(宣告)를 받은 이후에 율리아의 혀는 굳었고 곧 세상을 떠났다. 포르피리오스의 예언적 선고(宣告)는 종교관련 재판에서 일반법정과 비교하여 교회법정이 갖고 있는 처벌수단이 아주 미약하였음을 역설적으로 반증한다.

마니교는 기독교 이단으로 간주되었고 따라서 반(反)마니교 칙법들은 기독교 이단을 다루는 테오도시우스 칙법전 16권 5장에 편집되었다. 테오도시우스 칙법전 16권 5장에서 처음으로 마니교 신자를 다루는 법은 발렌티니아누스가 372년 3월 2일에 공포한 칙법(CTh 16.5.3)으로 마니교 집회 장소의 몰수를 규정한다. 그러나 이런 종류의 처벌은 감독법정이 아니라 일반법정이 선고(宣告)할 수 있는 것이었다. 이 때문에 종교문제는 감독법정보다는 일반법정에서 보다 효율적으로 다루어질 수 있었다. 테오도시우스 칙법전 16권 5장은 기독교 이단 문제를 다루고, 6장은 재세례, 7장은 배교자, 8-9장은 유대인, 10장은 이교 문제를 다룬다. 4세기 말에서 5세기 초반에 로마

제국의 기독교화가 촉진될 수 있었던 이유 중의 하나는 종교문제를
세속법정이 다루도록 지속적으로 입법했기 때문이었다.

3) 테오도시우스 칙법전 16권 2장 12절 / CTh 16.2.12 : 감독이 고소당할 경우 교회법정에서만 심리할 수 있다.

355년 9월 23일과 10월 7일

Imp. Constantius a. et Constans c. Severo suo salutem. Mansuetudinis nostrae lege prohibemus, in iudiciis episcopos accusari, ne, dum adfutura ipsorum beneficio impunitas aestimatur, libera sit ad arguendos eos animis furialibus copia. Si quid est igitur querelarum, quod quispiam defert, apud alios potissimum episcopos convenit explorari, ut opportuna atque commoda cunctorum quaestionibus audientia commodetur.

Dat. epistola IX. kal. oct. acc. non. oct. Arbetione et Lolliano coss.

Interpretatio. Specialiter prohibetur, ne quis audeat apud iudices publicos episcopum accusare, sed in episcoporum audientiam perferre non differat, quicquid sibi pro qualitate negotii putat posse competere, ut in episcoporum aliorum iudicio, quae asserit contra episcopum, debeant definiri.

같은 아우구스투스들이 대관(大官) 세베루스에게 안부를 전하다

광기를 가진 자가 감독을 무분별하게 고발(告發)하게 될 가능성을 없애기 위해서, 우리는 우리의 성은(聖恩)의 법을 통해 감독(監督)이 일반법정에 고소(告訴)되는 것을 금(禁)하는 바이다. 반면 면책특권(免責特權)이 감독에게 주어질 것이다. 따라서 어떤 분쟁이 생기게 되어 누군가가 그것을 (법정으로) 가져간다면, 반드시 다른 감독들이 그 문제를 조사하여, 적절하고 합당한 심문(審問)을 마련하여 (관련된) 모든 자들을 살필 것이다.

10월의 아흐레 전 칙서(勅書)로 공포됨. 아르비티오와 롤리아누스의 집정관직 하에 10월 상현(上弦)에 수령함.[21]

해석 : 일반 재판관 앞에 감독을 감히 고발(告發)하는 것을 특별히 금지(禁止)한다. 그러나 사건의 성격상 감독에게 원인이 있다고 믿는 것은 무엇이든 지체 없이 감독 법정에 제소하여, 다른 감독들의 재판을 통해 해당 감독에 대한 고발이 판시(判示)되어야 한다.

*

2세기 안티오키아 교회의 감독 이그나티우스가 체포되어 로마에서 맹수형으로 순교한 것은 교회의 내부고발에 의한 것으로 보인다.

---

21) nonae(상현). 3월, 5월, 7월, 10월의 제 7일이다. 다른 달의 경우는 제 5일이다. Le Robert, 1496. Gaffiot, 1934, 1037.

이렇게 교회에 대한 사법당국의 처벌은 감독이나 평신도를 구분하지 않았다. 그런데 콘스탄티누스 가문의 통치시기에 이르러 감독에 대한 고소 고발 사건의 경우 일반법정에서 처리하지 않고 다른 감독들이 감독법정을 통해 심의하도록 규정한다.

알렉산드리아의 감독 아타나시오스는 멜레티오스파 사제에 대한 살인 교사(敎唆) 혐의로 감독들이 재판하는 법정에 출두했다. 아울러 한 여성에 대한 강간혐의로 고발당하여 재판받기도 했다. 그러나 두 사건 모두 무혐의 처리되었다. 아타나시오스의 교사(敎唆)를 통해 살해당했다고 주장되는 멜레티오스파 사제의 한쪽 팔이 아타나시오스를 적대시하는 자들 사이에서 돌아다녔는데, 아타나시오스는 살해되었다고 주장되는 사제를 설득하여 감독법정에 출두시킴으로 혐의를 벗을 수 있었다. 아울러 아타나시오스를 보좌하는 사제의 재치로 강간혐의도 벗을 수 있었다. 강간당했다고 주장하는 여인이 감독법정에 출두하였고, 아타나시오스는 대질심문을 하기 위해 출석하였다. 그런데 한 사제가 아타나시오스에 앞서 제일 먼저 나가서 그 여인을 향해 자신이 그 여인을 강간했냐고 물었다. 여인은 그렇다고 대답했다. 아타나시오스는 그 여인을 강간한 적이 없고 그 여인은 아타나시오스의 얼굴을 몰랐기 때문에 제일 앞장서서 나온 사제를 아타나시오스로 생각하고 대답했던 것이다. 이 때문에 아타나시오스의 강간혐의는 무혐의로 처리되었다. 아타나시오스의 예에서 보듯 교리논쟁 중에 반대편 감독의 직위를 박탈하기 위해서 주로 형사고발이 사용되었다.

로마의 감독 다마수스도 강간미수혐의로 감독법정에 고발된 예가 있다. 유대인 랍비는 로마의 감독 다마수스를 유대인 여성에 대한 강간 혐의로 고발한다. 강간혐의에 대한 이 고발로 인해 다마수스는 동료감독들이 재판하는 감독법정에 출두하여 재판을 받아야 했다. 다마수스는 서방 기독교를 대표하는 로마의 감독이 자신이 치리하는 서방 교회의 감독들에 의해 재판받는 것을 모욕적으로 여겨 황제 그라티아누스에게 특별한 청원을 한다. 그 청원의 내용은 로마의 감독이 고발될 경우 다른 감독들이 재판하는 것이 아니라 예외적으로 황제가 재판해 줄 것을 골자로 하였다. 그러나 황제 그라티아누스는 로마 감독에 대한 이런 종류의 사법적 특권에 대한 청원을 허락하지 않았다.

감독법정은 교리논쟁의 와중에서 교리적 적을 제거하는 사법적인 도구로 사용되는 예가 허다했다. 451년 칼케돈 교회회의가 그 예가 된다. 이 교회회의에서 알렉산드리아의 감독 디오스코로스가 유배당한다. 그는 알렉산드리아의 키릴리오스의 신임을 받던 세 명의 사제로부터 동성애 혐의와 사유재산 강탈 등의 혐의로 고발당하고 심의 결과 유죄로 인정된다. 칼케돈 교회회의록은 이런 과정을 가감 없이 적나라하게 보여준다. 그러나 디오스코로스가 받은 혐의는 교리적으로 단성론적 입장인 그를 제거하기 위한 수단이었을 뿐 사실이 아니었을 것이다. 이렇게 교리적 문제를 다루는 교회회의는 고소 고발에 대한 재판을 통해 교리적 정적을 제거하는 수단으로 악용되는 경우가 빈번했다.22)

____

22) *Ephèse et Chalcédoine, Actes des conciles*, 860-870쪽.

5장

교회와 성직자의 노예해방에 대한 칙법

1) 테오도시우스 칙법전 5권 8장 1절 / CTh 5.8.1 : 박해 시에 노예가 된 경우의 노예해방법.

314년 4월 24일

Imp. Constantinus a. ad Volusianum. Universi devotionis studio contendant, si quos ingenuis natalibus procreatos sub tyranno[*] ingenuitatem amisisse aut propria contenti conscientia aut aliorum indiciis recognoscunt, natalibus suis restituere, nec exspectata iudicis interpellatione. Nam si quis contra conscientiam suam vel certissima testimonia plurimorum in eadem avaritiae tenacitate permanserit, severissima poena mulctabitur. Placet autem, etiam eos periculo subiugari, qui scientes ingenuos servitutis necessitatem per iniuriam sustinere dissimulant.

Prop. viii. kal. mai. Romae, Volusiano et Anniano coss.

Interpretatio. Ingenui, qui tyranni temporibus addicti sunt servituti, ingenuitati reddantur. Quod si quis sciens hoc ordine addictum ingenuum in servitute tenuerit, noverit in se legibus vindicandum.

황제 아우구스투스 콘스탄티누스가 볼루시아누스에게

모든 자들은, 만약 그들이 애써 얻은 자기 자신의 지식을 통해서나 혹은 다른 자들의 고발을 통해서 생래자유인(生來自由人)들에게서 태어난 자들이 폭군* 아래에서 생래자유인의 권리를 상실했다는 것을 알게 된다면, 열심 있는 헌신으로 그들의 출생신분을 회복하도록 노력할 것이며, 재판관의 청구를 기다리지 말아야 한다. 그런데 만약 어떤 자가 자신의 지식과 혹은 많은 자들의 아주 확실한 증언에 반(反)해 동일한 고집스런 욕심에 계속 머문다면, 그는 아주 가혹한 형벌을 받게 될 것이다. 생래자유인들이 불의하게 노예상태를 강요받고 있음을 알면서도 숨기는 자들 역사 그런 위험에 처해짐을 기뻐하는 바이다.

볼루시아누스와 아니아누스의 집정관직 하에 로마에서 5월의 여드레 전에 공포됨.

해석 : 폭군의 시대에 노예상태로 선고받았던 생래자유인(生來自由人)들은 생래자유인의 권리를 돌려받아야 한다. 그런데 만약 누군가가 이런 방식으로 (노예로) 선고받은 자를 알면서도 생래자유인을 노예상태에 둔다면, 그 자신이 법에 의해 처벌받을 것이다.

*

　- tyrannus : "폭군." 여기서는 막시미누스(Maximinus)의 아들 막센
　　티우스(Maxentius)를 가리킨다.[1]

*

　이 법은 일반적인 의미에서 교회에 노예 해방권을 수여한 법이 아
니라, 디오클레티아누스 이후 특히 막센티우스 치하에서 기독교인으
로서 노예가 되었던 자를 해방하도록 규정한 법이다. 디오클레티아
누스와 막센티우스의 박해에 대해서는 에우세비오스의 『교회사』에
자세히 소개되어 있다. 디오클레티아누스의 대박해는 마지막인 10
번째 박해로 302년부터 계속되다가 갈레리우스에 의해 311년 봄에
끝나게 된다. 갈레리우스는 기독교 신앙에 자유를 수여하는 칙법을
공포한지 며칠 만에 세상을 떠난다. 후에 막시미아누스의 아들인 막
센티우스가 도시 로마를 중심으로 하여 이탈리아를 통치한다. 콘스
탄티누스는 312년 가을 밀비우스 다리 전투에서 막센티우스를 제거
하고 서방세계의 패권을 쥐게 된다. 이후 313년 봄에 밀라노 칙령으
로 기독교 신앙에 자유를 선언하고, 314년 기독교인으로 박해 시대
에 노예가 되었던 자들을 교회의 책임 하에 자유인으로 환원하는 조
치를 취한다.

---

1) 막센티우스에 대해서는 Holsapple, *Constantine The Great*, 127-162쪽과 Kousoulas, *The life and times of Constantine the Great*, 180-182쪽을 참조하라.

도 17. 디오클레티아누스,
헤라클레아(Heraclea)에서 발행된
금화(13,07g), 284-305년, 파리 국립도서관
주화실

도 18. 도 17의 뒷면

도 19. 막센티우스, 307년 카르타고에서
발행된 금화(5,65g), 파리 국립도서관
주화실

도 20. 도 19의 뒷면

2) 테오도시우스 칙법전 4권 7장 1절 / CTh 4.7.1 : 교회의 노예 해방법.

321년 4월 18일

Imp. Constantinus a. Osio episcopo. Qui religiosa mente in ecclesiae gremio servulis suis* meritam concesserint libertatem, eandem eodem iure donasse videantur, quo civitas Romana solennibus decursis dari consuevit. Sed hoc dumtaxat iis, qui sub adspectu antistitum* dederint, placuit relaxari.

Clericis autem amplius concedimus, ut, quum suis famulis tribuunt libertatem, non solum in conspectu ecclesiae ac religiosi populi plenum fructum libertatis concessisse dicantur, verum etiam quum postremo iudicio* libertates dederint, seu quibuscumque verbis dari praeceperint ita ut ex die publicatae voluntatis*, sine aliquo iuris teste vel interprete, competat directa libertas.

Dat. xiv. kal. mai. Crispo ii. et Constantino ii. coss.

Interpretatio. Qui manumittendi in sacrosancta ecclesia habuerit voluntatem, tantum est, ut sub praesentia sacerdotum servos suos velit absolvere, noverit eos*, suscepta libertate cives esse Romanos: nam si clerici* suis mancipiis* dare voluerint libertatem, etiamsi extra conspectum fecerint sacerdotum[*] vel sine scriptura verbis fuerint absoluti, manebit, sicut civibus Romanis, integra et plena libertas.

황제 아우구스투스 콘스탄티누스가 감독 오시우스에게

경건한 마음으로 교회의 품 안에서 자신의 사랑하는 노예들에게[*] 합당한 자유를 수여한 자들은, 로마 시민권을 (법적) 요건에 맞추어 수여하도록 관습화했던 동일한 법에 의해 그것을 수여한 것으로 생각될 것이다. 그러나 성직자들이[*] 보는 앞에서 (자유를) 수여한 자들에게만 적용됨을 기뻐하는 바이다.

그런데 더욱이 우리는 성직자들에게 허락하는 바, 그들이 자신의 노예들에게 자유를 부여할 때, 그들은 교회와 경건한 백성이 보는 앞에서 자유의 완전한 기쁨을 수여했다고 일컬어질 뿐 아니라, 또한 그들이 최후의 견해로[*] 자유를 수여하거나 어떠한 말로써 그것이 주어지도록 명령할 때, 유언이[*] 공포되는 날로부터 법의 다른 증인이나 중개자 없이 직접적인 자유가 주어지도록 할 것이다.

크리스푸스와 콘스탄티누스의 두 번째 집정관직 하에 5월의 열나흘 전에 공포됨.

해석 : 신성불가침적 교회에서 (노예를) 해방하려는 의사를 가진 자는 이런 위상(位相)으로 허락되는 바, 즉 성직자들 앞에서 자신의 노예들을 해방하기를 원하며 그들이[*] 자유를 얻은 후에 로마 시민이

될 것임을 알아야 할 것이다. 그런데 만약 성직자들이* 자신의 노예들에게* 자유를 주기를 원한다면, 사제들이* 보지 않는 데서 자유를 수여하거나 혹은 문서 없이 구두로 노예가 해방된다 해도, 로마시민들에게서처럼 온전하고 충만한 자유가 지속될 것이다.

*

- servuli sui : "자신의 사랑하는 노예들."

- antistites : "성직자들." antistites는 일반적인 의미의 '성직자들'이란 뜻 외에도 '우두머리', '장(長)'의 의미가 있다. 여기에서는 사제들의 지도자인 감독을 가리킨다.

- postremum iudicium : "최후의 견해." 유언을 뜻한다.

- voluntas : "유언." 의지, 의사(意思)라는 뜻 외에도 죽은 자의 마지막 의사라는 의미에서 유언이라고 옮길 수 있다.

- ei : "그들." 앞 문장에 나오는 동명사 manumittendus의 생략된 목적어인 노예들을 가리킨다.

- clerici : "성직자들." 성직자들의 범위가 칙법으로 확립되는 것은 후대의 일이다. 377년 3월 5일에 공포한 칙법에 따르면(CTh 16.2.24), 성직자는 사제, 부제, 차부제, 축사자, 문지기들과 제 1

서열에 있는 자인 감독으로 규정된다. 이는 3-4세기의 일반적인
교회 관습과도 일치한다.[2]

- mancipia : "노예들."

- sacerdotes : "사제들." 앞부분에 나온 'antistites'(감독들)로 해석
  하는 것이 적절하다.

*

이 법은 교회 안에서의 노예해방과 성직자들에 의한 노예해방 등
두 가지 경우를 다루고 있다. 먼저 교회 안에서 노예를 해방하기를 원
하는 경우, 감독들의 입회하에 교회 내에서 노예를 해방할 수 있도록
규정한다. 법적으로 어떤 절차가 필요한지는 명시되지 않았지만 문서
적으로 특정 요건을 갖추어야 하는 것은 당연한 것처럼 보인다. 교회
안에서 해방된 노예는 로마시민권을 수여받고 자유를 누리게 된다.
성직자들에 의한 노예해방은 보다 약식으로 이루어질 수 있다. 성
직자는 앞에 언급한 것처럼 문지기, 축사자 등의 하급성직자와 상급
성직자를 망라하는 일반적인 개념이다. 성직자들이 자신의 노예를 해
방하는 방식은 두 가지이다. 유언과 구두상의 선언이다. 유언의 경우
유언이 공포되는 날로부터 노예는 완전한 자유를 얻게 되며, 단순히
말로(verbis) 노예해방을 선언한 경우 다른 문서 없이도 노예는 자유를
얻게 된다. 해석부분에서는 성직자의 노예 해방에 있어서 감독의 입

---

2) 남성현, 『테오도시우스 법전 종교법 연구』, 128쪽.

회가 필요하다고 규정하지만, 칙법 본문에서 감독입회가 명시적으로 나타나지는 않는다. 성직자의 노예 해방시에 필요한 요건은 '교회와 경건한 백성이 보는 앞에서' 노예해방이 선언되는 것이다. '교회'(ecclesia)는 교회의 지도자인 감독으로 대표되기 때문에, 위의 표현은 '감독과 회중이 보는 앞에서' 노예해방이 이루어져야 함을 선언함으로써, 교회라는 영적인 공동체에 파격적인 권위를 부여하고 있다.

에우세비오스는 노예해방이 성직자들에 의해 보다 파격적인 방식으로 이루어지는 것을 성직자의 영적 권위에 대한 존중으로 해석한다. 다스만은 이 법을 토대로 하여 콘스탄티누스가 노예해방에 전혀 관심이 없고 노예제도를 여전히 인정하고 있다고 비판한 바 있다. 그러나 노예제도는 고대 로마제국의 경제적 기초였고, 19세기까지도 노예제도가 광범위하게 존재한 이상 이런 식의 비판은 타당하지 않다고 할 수 있다.[3]

3) 테오도시우스 칙법전 2권 8장 1절 / CTh 2.8.1 : 교회의 노예해방 문서 작성 허용.

321년 7월 3일

Imp. Constantinus a. Elpidio. Sicut indignissimum videbatur, diem

---

3) Dassmann, *Kirchengeschichte*, 5.1.4. 노예해방의 전통적인 방식에 대해서는 Bradley, *Slavery and Society at Rome*, 154-165쪽을 참조하라. 노예해방에 대한 교회의 입장에 대해서는 같은 책 145-153쪽을 참조하여 보충하라. 교회의 노예해방에 대해서는 Rapp, *Holy bishops in late antiquity*, 239-241쪽을 참조하고, 콘스탄티누스의 노예해방에 대해서 Humfress, *Civil Law and Social Life*, 219-222쪽과 Depeyrot, *Economy and Society*, 233쪽 등을 참조하라.

solis[*], veneratione sui celebrem, altercantibus iurgiis et noxiis partium contentionibus occupari, ita gratum ac iucundum est, eo die, quae sunt maxime votiva, compleri. Atque ideo emancipandi[*] et manumittendi[*] die festo[*] cuncti licentiam habeant, et super his rebus acta[*] non prohibeantur.

pp. v. non. iul. Caralis, Crispo ii. et Constantino ii. caess. coss.

Interpretatio. Quamvis sancto die dominico[*] omnes lites ac repetitiones quiescere iusserimus, emancipare tamen ac manumittere minime prohibemus, et de his rebus gesta confici pari ordinatione permittimus.

황제 아우구스투스 콘스탄티누스가 엘피디우스에게

그 자체의 숭고함으로 기념되는 일요일이[*] 논쟁 중인 다툼과 소송 당사자들의 해로운 언쟁으로 채워지는 것이 아주 합당하지 않게 보였으므로, 그 날에는 크게 요청되는 것들이 행해짐이 선하며 적당하다. 이 때문에 모든 자는 축제의 날에[*] 가남(家男)을 해방하고[*] 노예를 해방할[*] 수 있는 능력을 갖게 되며, 이 일에 대한 법적 절차는[*] 금지되지 않을 것이다.

카이사르 크리스푸스와 카이사르 콘스탄티누스의 두 번째 집정관 직 하에 카글리아리(Cagliari)에서 7월 상현(上弦)의 닷새 전에 게시됨

해석 : 주의 거룩한 날에[*] 모든 소송과 청원(請願)을 그치도록 우리가 명령했음에도 불구하고, 우리는 가남(家男)을 해방하고 노예를 해방하는 것을 금지하지 않으며, 우리는 이런 일에 대해 해당하는 규정에 의해 법적 절차가 이루어지도록 허락한다.

*

- dies solis : "일요일." 문자적으로는 '태양의 날'이다.[4]

- emancipare : "가남(家男)을 해방하다." 가장은 12표법의 규정에 따라 가(家)에 속한 남자를 자주권자(自主權子)로 해방할 수 있었다. 가남의 해방방식으로는 가장의 법률행위에 의한 임의해방과 법규정에 따른 법정해방이 있었다.[5]

- manumittere : "노예를 해방하다." 여기서는 교회에서 이루어지는 노예해방을 의미한다.

- dies festus : "축제의 날." '주의 날', 즉 일요일을 의미한다.

- acta : "법적 절차." 기록물을 포함하여 법적인 절차, 심리 등을 뜻한다.[6]

---

4) '태양의 날' 혹은 '주의 날' 과 같은 용어가 4세기 파피루스에서 사용된 예에 대해서는 Choat, *Belief and Cult in Fourth-Century Papyri*, 87쪽을 참조하라.

5) 현승종 · 조규창, 『로마법』, 936-937쪽을 참조하라.

6) Pharr, *The Theodosian Code*, 23쪽 각주 2번. 해석 부분에서는 gesta라는 단어로 대신했다.

- dies dominica : "주의 날"(주일). 385년(혹은 386년) 11월에 고시된
칙법에도 '주일(dies dominica)'이란 표현이 등장한다(CTh 2.8.18).[7]

*

주일에 관한 법은 교회사가들이 소개하지만 칙법에는 온전한 형
태로 남아 있지 않다.[8] 콘스탄티누스는 일요일에 재판과 도시의 거
주민이 쉬도록 하는 반면 농사는 지을 수 있도록 허용하는 칙법을
321년 3월에 공포한다(CJ 3.12.2). 위의 칙법은 이로부터 약 4개월
뒤에 공포된 것으로 주일에 가남(家男)해방과 노예해방을 할 수 있도
록 규정한다. 테오도시우스 시대의 칙법에는 주일에 재판과 관계된
일체의 업무를 중지하도록 규정한다.

콘스탄티누스 이후에 제정되는 주일에 관한 칙법은 로마 사회의
휴일 리듬을 근본적으로 변화시킨다. 전통적인 로마의 공휴일은 연
례적인 것이었으며 매월 돌아오는 휴일은 유피테르를 기리는 보름
(idus)을 제외하고는 존재하지 않았다. 그런데 콘스탄티누스 시대에
주일이 도입되고 테오도시우스 시대에 이르기까지 주일 휴무의 규
정이 강화됨으로 로마 사회는 1주일에 한 번씩 돌아오는 '주의 날
(dies dominica)'이라는 새로운 휴식 제도를 갖게 된다. '주일' 제도는
기독교적 사회를 대표하는 상징적 시간으로 자리매김하여 현대에까
지 이어지고 있다.

---

7) 서원모, 「교회력의 법제화」, 95쪽.
8) 이하 내용은 서원모, 「교회력의 법제화」, 94-95쪽을 참조했다.

6장

교회와 성직자 관련 칙법

1) 테오도시우스 칙법전 16권 2장 1절 / CTh 16.2.1[1]

313년 10월31일

Imp. Constantinus a. Haereticorum factione[*] comperimus ecclesiae catholicae clericos ita vexari, ut nominationibus[*] seu susceptionibus aliquibus, quas publicus mos exposcit, contra indulta sibi privilegia praegraventur. Ideoque placet, si quem tua gravitas invenerit ita vexatum, eidem alium subrogari et deinceps a supra dictae religionis hominibus huiusmodi iniurias prohiberi.

Dat. prid. kal. nov. Constantino a. III et Licinio III c. conss.

황제 아우구스투스 콘스탄티누스

---

1) 이 칙서는 아프리카의 정무총감 아눌리누스(Anulinus)에게 보낸 편지일 가능성이 있다. Pharr, *The Theodosian Code*, 440쪽.

우리는 보편교회의 성직자들이 이단자 무리에[*] 의해서 아주 괴롭힘을 당하고 있으며, 그들에게 부여된 특권과 달리 (노역의) 지명(指名)이나[*] 공공관습이 요구하는 (세금)징수로 인해 짓눌려 있다는 것을 알게 되었다. 이 때문에 예하(猊下)는 이처럼 괴롭힘을 당하는 자를 발견하면 그를 다른 사람으로 대체하고, 이후로는 위에서 말한 종교인들에게 이런 종류의 부당함을 금지하기를 원하는 바이다.

아우구스투스 콘스탄티누스와 카이사르 리키니우스의 세 번째 집정관직 하에 11월의 하루 전에 공포됨.

*

- haereticorum factio : "이단자 무리." 이 칙서가 아프리카의 정무총감에게 보낸 것이라면 콘스탄티누스가 겨냥하는 자들은 도나투스주의자들일 가능성이 크다.

- nominatio : "지명(指名)." 부역(賦役)을 위해 강제로 노동력을 징발하는 것을 의미한다.

2) 테오도시우스 칙법전 16권 2장 2절 / CTh 16.2.2 : 성직자에게 공부역(公賦役)을 면제한다.

319년 10월 21일

Imp. Constantinus a. Octaviano correctori Lucaniae et Brittiorum. Qui divino cultui ministeria religionis impendunt, id est hi, qui clerici appellantur, ab omnibus omnino muneribus excusentur, ne sacrilego livore quorundam a divinis obsequiis avocentur.

Dat. XII. kal. nov. Constantino a. v. et Licinio c. coss.

Interpretatio. Lex haec speciali ordinatione praecipit, ut de clericis non exactores, non allectos facere quicumque sacrilega ordinatione praesumat, quos liberos ab omni munere, id est ab omni officio omnique servitio iubet ecclesiae deservire.

같은 아우구스투스가 루카니아와 브루티움의 정무총감(政務總監) 옥타비아누스에게

신성한 예배로 종교의 직무를 다하는 자들, 즉 성직자라 불리는 자들은 모든 공적(公的) 의무를 완전히 면제받을 것이다. 그리하여 신성모독적인 악의를 행하는 어떤 자들에 의해 신성한 의무로부터 멀어지는 일이 없도록 해야 한다.

아우구스투스 콘스탄티누스의 다섯 번째 집정관직과 카이사르 리키니우스의 집정관직 하에 11월의 열이틀 전에 공포됨.

해석 : 이 법은 특별한 규정에 의해 어느 누구도 여하한의 신성모독적인 명령을 통해 성직자들을 세리나 징세원으로 만들지 않도록 명령한다. 이 법은 성직자들이 모든 공공의 책임, 즉 모든 의무와 섬김에서 자유롭게 되어 교회를 섬기도록 명령한다.

*

테오도르 몸센의 본문을 따르면 이 칙법이 공포된 것이 319년 10월 21일이지만, 롤랑 델메르는 이 칙법이 315-316년 사이에 공포된 것으로 본다.[2]

콘스탄티누스는 기독교 역사상 최초로 교회의 성직자들에게 세금이나 부역 등의 공공의 책임을 면하도록 하는 법을 공포한다. 그러나 이 법은 시의회 회원들이 조세부담 등을 회피하는 수단으로 악용될 가능성이 있었고, 이런 우려는 곧 현실이 된다. 곧 후속적인 법제정을 통해 면세특권에 대한 제한규정이 만들어지게 된다.[3]

---

2) 상세한 연구는 Delmaire et Rougé, *Code Théodosien Livre XVI*, 124-125쪽을 참조하라.

3) 콘스탄티누스가 교회와 성직자에 수여한 특권에 대해서는 Jones, *The Later Roman Empire*, 89-91쪽을 참조하라.

3) 테오도시우스 칙법전 16권 2장 4절 / CTh 16.2.4 (CJ 1.2.1) : 교회에 유산(遺産)을 상속할 수 있다.

321년 7월 3일

Idem a. ad populum. Habeat unusquisque licentiam sanctissimo catholicae venerabilique concilio decedens bonorum quod optavit relinquere. Non sint cassa iudicia. Nihil est, quod magis hominibus debetur, quam ut supremae voluntatis, post quam aliud iam velle non possunt, liber sit stilus et licens, quod iterum non redit, arbitrium.

Proposita V non. iul. Romae Crispo II et Constantino II caess. conss.

같은 아우구스투스가 백성에게

개개인은 세상을 떠나면서 아주 거룩하고 높임 받아야 할 보편(교회)의 모임에 원하는 소유를 양도할 수 있는 자유가 있다. 유언은 무효로 할 수 없으며, 마지막 뜻을 자유롭게 작성하는 것보다 사람들에게 더 합당한 것은 없다. 그 이후에는 다른 어떤 것도 원할 수 없으며, 자유로운 결정은 다시 번복되지 말아야 한다.

카이사르 크리스푸스와 콘스탄티누스의 두 번째 집정관직 하에서 7월 상현(上弦)의 닷새 전에 로마에 고시됨.

*

　　3세기 말 교회는 공동체의 소유권을 인정받고 있었을 것이다. 302-311년의 대박해 시기에 많은 교회들이 부동산과 예배용 성물(聖物)을 몰수당했다는 보도는 3세기 후반 교회의 평화 시기에 교회가 소유권을 갖고 있었다는 것을 반증한다. 10년간의 대박해의 사실상의 주역이었던 갈레리우스는 311년 니코메디아에서 박해를 종식하고 기독교 신앙을 허용하는 고시(告示)를 공포한다. 갈레리우스가 공포한 고시에 따르면 "기독교인들이 모이는 집들"을 재건축하는 것이 허용되지만, 몰수당하거나 제삼자에게 강매되었던 교회 소유 부동산의 환수에 대해서는 아무런 언급이 없다.[4] 갈레리우스는 니코메디아에서 이 고시를 공포한 후 며칠 뒤 세상을 떠난다.

　　뒤이어 313년 콘스탄티누스와 리키니우스는 밀라노 칙령을 공포한다. 밀라노 칙령은 락탄티우스의 라틴어 본문과 에우세비오스의 그리스어 본문 등 두 개의 본문으로 전해져 왔는데, 이중 락탄티우스의 라틴어 본문은 313년 6월 15일 리키니우스가 고시하도록 했던 칙서(勅書)이다. 락탄티우스가 전해 준 밀라노 칙령을 따르면 교회의 소유물은 "법률적으로 그들의 공동체, 즉 그들의 교회들의 것이지 개인들의 것이 아니며"(ad ius corporis eorum id est ecclesiarum non hominum singulorum), 따라서 몰수되었던 교회의 소유물은 "그들의 공동체와 모임"(corpori et conventiculis eorum)에 반환되어야 한다고 규정한다.[5] corpus와 conventiculum 등 교회 공동체를 지칭하기 위해

---

4) 에우세비오스, 『교회사』, 7.17.9.

5) 락탄티우스가 전하는 소위 '밀라노 칙령'의 본문은 락탄티우스, 『박해자들의 죽음』, 48장에 나

서 사용한 어색한 표현은 밀라노 칙령을 작성한 법무총감이 교회의 내적 조직에 무지하다는 사실을 드러내주고 있다.

하지만 밀라노 칙령은 교회의 소유권이 개인들에게 있는 것이 아니라 예배 공동체의 연합에 있음을 분명하게 표현하였다. 콘스탄티누스 황제는 밀라노 칙령이 공포된지 8년 뒤인 321년 교회에 유산 상속권을 부여하였다(CTh 16.2.4). 이 칙법은 교회에 상속한 물건의 소유권이 "아주 거룩하고 높임 받아야 할 모임(sanctissimo catholicae venerabilique concilio)"에 있다고 규정한다. 락탄티우스가 보도하는 밀라노 칙령처럼, 소유권이 개인이 아니라 교회 공동체에 있다는 점을 규정한 점과 아울러 교회 소유권의 성격을 더이상 밝히지 않은 점도 유사하다.

밀라노 칙령과 321년의 칙법(CTh 16.2.4)에서 교회소유권의 성격을 더이상 분명하게 밝히지 않은 것은 이교시대의 신전건물(templum) 소유권에 대한 로마법적 모호함과 연관이 있다.[6] 부동산으로서의 이교 신전 건물에 대해서 누가 소유권을 갖고 있는가에 대해서는 현대 학자들의 견해가 엇갈린다. 로마인(populus romanus)이나 신들에게 신전건물의 소유권이 있다고 보는 견해도 있고, 신전 자체를 일종의 법인(法人)으로 고려하여 신전 자체가 신전건물을 소유하고 있다고 보는 견해도 있다. 그러나 법인(法人)에 대한 로마법학자들의 견해는 불완전 개념으로 남아 있었고, 고대 후기에 이르러서도 별다른 진전이 없었다. 이처럼, 이교 신전 건물에 대한 소유권이 누구에게 있는

온다. 에우세비오스가 전하는 밀라노 칙령도 락탄티우스의 본문과 유사하다(에우세비오스, 『교회사』, 10.5.4-5). 밀라노 칙령은 프랑스의 저명한 교회사가인 피에르 마라발(Pierre Maraval)이 편집한 콘스탄티누스의 편지와 연설에 연번 0번으로 편집되었다. Maraval, *Lettres et discours*, 1-5쪽.

6) Gaudemet, *L'Eglise dans l'Empire Romain*, 299-306쪽.

도 21. 성 아그네스 교회의 후진 모자이크, 350년경, 로마 성 아그네스 교회

가가 불분명한 상태로 남아 있었기 때문에 콘스탄티누스가 4세기 초반 교회 공동체에 부여한 소유권과 상속권도 더 이상 명확하게 제시되지 않은 것 같다.

달마티아에서 나온 한 비문(碑文)에 따르면 교회의 자산은 교회 감독의 지도를 중심으로 하여 연합된 지역 공동체에 속하는 것으로 되어 있다. 많은 경우 예배당은 순교자들에게 헌정되기도 했다. 콘스탄티나는 305년 1월 21일에 12살의 나이로 참수된 로마의 순교자 성(聖) 아그네스(Agnes)를 기념하여 예배당을 건축하였는데, 남아 있는 비문에 따르면 콘스탄티나는 "승리한 동정녀인 아그네스에게 이 교회를 봉헌했다."

디오클레티아누스 시절 군인으로서 순교한 성(聖) 비탈리스(Vitalis)의 유골이 392-393년경 발견되었는데, 밀라노의 감독 암브로시우스가 그 유골을 여러 지역으로 보낸 이후 여러 교회들이 성(聖) 비탈리스에게 헌정되었다. 그중에 가장 유명한 교회는 527년 착공되어 548년 5월 17일 라벤나의 감독 막시미아누스(Maximianus)에 의해 성(聖) 비탈리스에게 헌정된 라벤나의 산 비탈레(San Vitale) 교회이다. 반면 라벤나의 클라세(Classe)에 있는 산 아폴리나레(San Apollinare) 교회는 549년 5월 8일에 완공된 후, 박해시대의 신앙고백자로서 라벤나의 감독을 지냈던 아폴리나리스에게 바쳐졌다.[7]

상속자로 지정된 것은 순교자뿐이 아니었다. 고대 후기 기독교 시대의 인물들은 그리스도를 상속자로 지정하기도 했다. 530년 10월 10일에 유스티니아누스 황제가 공포한 칙법은 그리스도를 상속자로 지정하는 유언장에 대해서 다룬다. 이 칙법에 따르면 이 당시에 많은 유언장은 지역 종교기관, 즉 수도원, 교회 혹은 자선기관의 이름이 언급되지 않은 채로 그리스도를 상속자로 지정하는 관례를 갖고 있었다. 그리스도를 상속자로 지정하는 유언에 대해서 유스티니아누스 황제는 유언하는 자가 살던 장소에 있는 교회가 상속자가 된다고 규정한다. 545년 3월 18일에 공포된 칙법에는 하나님에게 증여나 상속을 할 경우 동일한 조치를 취하도록 한다. 530년 10월 10일에

---

7) 달마티아에서 나온 비문의 정보는 Gaudemet, *L'Eglise dans l'Empire Romain*, 301쪽 각주 1번을 참조하라. 콘스탄티나가 손수 남긴 비문의 내용은 다마수스, 『비문』, 40쪽에 제시되어 있다. 성 비탈리스 숭배에 대해서는 남성현, 『고대 기독교 예술사』, 374-375쪽을 참조하라. 순교자들에 대한 숭배 일반에 대해서는 같은 책 368-380쪽을 참조하라. 라벤나의 클라세에 있는 산 아폴리나레(San Apollinare) 교회가 라벤나의 감독 아폴리나리스에게 바쳐진 교회라는 사실은 549년 당시 라벤나의 감독이던 막시미아누스가 남겨놓은 비문(碑文)을 토대로 알 수 있다. "이 장소(클라세의 교회)에는 감독이자 신앙 고백자였던 성 아폴리나리스의 석관이, 그가 세상을 떠난 다음 (라벤나의) 감독인 거룩한 사람 막시미아누스에 의해 옮겨져서 은행업자인 율리아누스가 건축하게 하고 동일한 아주 거룩한 사람(막시미아누스)이 소(小) 바실리우스(Basilius)의 집정관직 이후 8년째 되던 해 5월의 이데스(ides)의 7일에(549년 5월 9일) 봉헌한 교회 안으로 들어올 때까지, 놓여 있다." 비문의 라틴어 원문 및 프랑스어 번역은 *Atlas*, 148쪽에 나와 있으며, 남성현, 『고대 기독교 예술사』, 392쪽 각주 36번의 우리말 번역을 그대로 옮긴 것이다.

공포된 신칙법 131은 기독교 기관의 이름을 언급하지 않고 순교자나 대천사(大天使)를 상속자로 정하는 경우, 동(同) 순교자나 대천사에게 헌정된 그 지역의 기관이 상속자가 되며, 만약 그런 기관이 그 지역에 없다면 속주(屬州)의 수도에 그런 기관이 있는지를 살펴야 하고, 만약 속주에도 그런 기관이 없다면 유언자가 살던 지역의 교회가 상속인이 된다. 545년 3월 18일에 공포된 칙법은 지역을 명시하지 않고 순교자에게 재산을 증여한 경우나 재산이 증여된 순교자의 이름으로 된 종교기관이 여럿 있을 경우 재정적으로 가장 빈약한 기관이 상속자가 될 것을 명시한다. 351년 8월 23일에 공포된 칙법에 따르면 인물이나 기관을 특정하지 않고 단순히 '가난한 자들'이나 '포로들'을 상속자로 지정할 수도 있는데, 이 경우 교회 감독이나 병원, 구빈원 등의 자선기관이 상속분(相續分)을 요구할 수 있다.[8]

교회, 수도원, 자선기관에 대한 부동산 증여나 상속이 아마도 기독교 기관에 대한 가장 일반적인 증여나 상속 방식이었을 것이다. 이를 확증하는 법률적 자료는 많이 남아 있지 않지만 몇몇 파피루스 문서는 4세기 이후 신자들이 교회 공동체나 수도원 공동체에 상속을 통해 부동산을 증여하던 관례를 확인해 준다. 플라비오스 아브라암이라는 이름의 4세기 인물은 6명의 증인 앞에서 유언장을 작성했는데 그 내용에 따르면 자신의 부인 코스밀라(Kosmilla)와 이름이 지워진 어떤 교회에 각각 소유의 절반을 증여한다(*P. Gronin* 10). 심포니아(Symmponia)라는 이름의 한 여성 수도자는 5세기에 자신의 농장을 어떤 교회에 상속했다(*P. Stras.* 15). 567년 3월 31일에 플라비

---

8) 530년 10월 10일의 칙법은 Kaplan, *Les propriétés*, 37쪽에 소개되어 있고, 545년 3월 18일에 공포된 신칙법 131은 72-75쪽, 351년 8월 23일의 칙법은 39-40쪽에 각각 소개되어 있다.

오스 테오도로스가 작성한 유언장에 따르면(*P. Cair. Masp.* III 67312),
테오도로스는 이집트의 여러 도(道, nomos)에 산재해 있던 상당량의
부동산을 쉐누트의 백색수도원에 상속하였고, 자신의 동산(動産)을
압바 무사이오스 수도원의 장상(長上)인 포이밤몬에게 상속하였다.[9]

*

교회공동체의 집합적 소유권의 성격이 확실하게 법률적으로 규정
되진 않았지만 다양한 자료를 통해서 소유권의 성격에 대해서 몇 가
지 결론을 내릴 수 있다. 교회의 자산은 개별 지역 교회의 소유이다.
우리나라의 기독교 대한 감리회의 경우 감리교 유지재단을 만들고 지
역의 개별 감리교회들이 감리교의 유지재단에 부동산을 편입시켜 놓
은 형태로 되어 있다. 고대 후기의 기독교회는 보편교회의 이름으로
소유권을 유지한 것이 아니라 지역의 개교회별로 독립된 소유권을 갖
고 있었다. 아울러 지역교회의 대표자는 감독이었기에 감독이 교회
자산의 대표적인 관리자가 되었다. 부동산과 관련된 계약의 체결 시
에도 교회의 대표자인 감독의 명의로 계약서를 작성하는 경우가 많았
다. 447년 혹은 462년 체결된 어떤 감독좌 교회와 제빵업자간의 빵가
게 임대차계약의 경우, 감독좌 교회(katholike ekklesia)의 감독인 "아주
거룩한 아버지 압바 빅토르"가 제빵업자에게 제빵소 및 제빵 시설을

---

9) 이 문단에 제시된 파피루스 유언장에 대한 우리말 번역이나 설명은 남성현, 「파피루스에 나타난
이집트 교회와 수도원의 수입구조」, 297-304쪽을 참조하라. 파피루스 자료들은 일반적으로 국내
에서 구할 수는 없으나 서지사항을 표시하면 다음과 같다. *P. Stras.* 15에 대한 해석은 F. Preisigke,
ed., *Griechische Papyrus der kaiserlichen Universitäts-Landesbibliothek zu Strassburg, I*, (Leipzig, 1912),
59-60쪽을 따르지 않고, Wipszycka, *Les ressources*, 60쪽에 제시된 바를 따른 것이다.

임대하면서 체결한 계약서이다(*P. Alex* 32). 그런데 서방 교회의 경우 5세기 말까지도 감독이 교회의 자산에 대한 자치권을 완전하게 행사하지 못했다. 로마교회의 감독 겔라시우스는 494년에도 매년 예산의 1/4만을 자신의 권한으로 사용하였고, 1/4은 가난한 자들을 위해서 사용해야 했으며, 또다른 1/4은 성직자들을 위해서, 마지막 1/4의 금액은 건물의 유지, 보수, 신축 등을 위해 사용해야 했다. 지역교회로부터 독립된 수도원의 경우 교회의 소유권과 같은 방식으로 부동산에 대한 소유권을 인정받았다. 321년 이집트의 테바이드에 첫 번째 수도원을 세웠던 파코미오스 수도회는 346년경 11개의 개별 수도원들의 연합체로 성장하였고, 적지 않은 토지를 소유하였던 것으로 보인다.[10]

4세기 후반 이후 구빈원(救貧院), 병원, 고아원 등 여행객과 불행한 자들을 위한 자선기관이 설립된다.[11] 설립자의 개인 자금을 통해 자선기관이 설립된 경우 해당 자선기관은 설립자의 사유물(私有物)이었다. 이럴 경우 설립자는 자선기관의 상속인을 자신의 의사대로 지정할 수 있었는데, 흔히 교회에 상속하는 경우가 잦았다. 한 세기가 지난 5세기 말부터 병원(nosokomeia), 구빈원(ptochia), 여행자 숙소(xenodocia) 등의 자선기관이 점차로 법적인 지위를 부여받게 된다. 4세기 말 이후 사유교회(私有敎會, ecclesiae privatae)가 만들어지기 시작했는데, 사유교회는

---

10) 5세기 교회소유물 관리에 대해서는 Hillner, *Clercis, property and patronage*, 59-68쪽과 Ziche, *Administrer la propriété de l'Eglise.* 69-78쪽을 참조하라. *P. Alex* 32에 대한 설명은 남성현, 「파피루스에 나타난 이집트 교회와 수도원의 수입구조」, 309쪽을 참조하라. 겔라시우스가 약술하는 로마 교회의 재정 지출에 관한 규범에 대해서는 Sotinel, *Le don chrétien*, 110쪽에서 참조했다. 파코미우스의 초기 11개 수도원의 토지 소유에 대한 자료는 Nam, *Traces Historiques des Onze Monastères fondés par Pachôme*에 정리되어 있다. 파코미우스의 후계자 중의 하나였던 테오도로스가 파코미우스 수도회의 지도자가 되었을 때 파코미우스 수도회는 이미 많은 토지를 소유하고 있었다. 346년경 총 11개였던 파코미우스 수도원은 6세기경에는 24개로까지 확대된다.

11) 이 문단에 제시된 자선기관과 수도원, 사유교회의 법적 지위에 대해서는 Gaudemet, *L'Eglise dans l'Empire Romain*, 303-306쪽에서 개략적으로 참조했다.

사유지(私有地)에 토지 소유자가 교회를 설립한 경우로 교회 소유의 동산과 부동산, 교회에서 나오는 헌금 등 일체의 것이 교회를 설립한 토지 소유자의 것이었다. 수도원의 경우에도 파코미오스 수도회처럼 법인 성격의 수도원 외에 사유 수도원도 존재하였던 것처럼 보인다.

4) 테오도시우스 칙법전 16권 5장 1절 / CTh 16.5.1 : 기독교 이단과 분열주의자들에게는 공부역(公賦役) 면제의 특권이 없다.

326년 9월 1일

Imp. Constantinus a. ad Dracilianum. Privilegia*, quae contemplatione religionis* indulta sunt, catholicae tantum legis* observatoribus prodesse oportet. Haereticos autem atque schismaticos non solum ab his privilegiis alienos esse volumus, sed etiam diversis muneribus* constringi et subici.

Proposita kal. sept. Gerasto Constantino a. VII et Constantio c. conss.

황제 아우구스투스 콘스탄티누스가 드라킬리아누스에게

경건함을* 고려하여 수여되었던 특권들은* 보편적 법을* 지키는 자들에게만 유익해야 한다. 이단자들과 분열주의자들은 이런 특권들로부터 멀어질 뿐 아니라, 또한 다양한 공적 부담에* 매이고 종속되기를 우리는 바란다.

아우구스투스 콘스탄티누스의 일곱 번째 집정관직과 카이사르 콘스
탄티누스의 집정관직 하에 게라스투스에서 9월 초하루에 고시(告示)됨.

*

- privilegia : "특권들." CTh 16.2.1-3의 칙법을 통해 수여된 일련
  의 특혜를 상기시킨다.

- religio : "경건함." religio는 '종교'라고 옮길 수도 있지만 여기서
  는 기독교 신앙을 의미한다고 보는 것이 더 타당하므로 '경건함'
  으로 번역하였다. 테오도시우스 시대 이후에 religio라는 단어는
  종교법에서는 대개 '기독교'를 의미하지만, 콘스탄티누스 시대
  에는 기독교는 물론 다른 종교도 지칭할 수 있다. 예를 들어 313
  년 밀라노 칙령에서 콘스탄티누스는 로마의 전통적인 종교정책
  인 종교다원주의 입장을 표명했고, 각자의 종교는 각자의 양심
  에 따라 결정되어야 한다는 원칙을 재확인했다.

- catholica lex : "보편적 법." 이 표현은 니케아 신앙을 지칭하는
  것이다.[12]

- munera : "공적 부담."[13]

---

12) Delmaire et Rougé, *Code Théodosien Livre XVI* 227쪽, 각주 4.

13) Magnou-Nortier, *Le Code Théodosien, Livre XVI*, 107쪽, 각주 13 참조.

5) 테오도시우스 칙법전 16권 5장 2절 / CTh 16.5.2 : 노바티아누스주의자들 교회의 소유를 인정한다.

326년 9월 25일

Idem a. ad Bassum. Novatianos non adeo comperimus praedamnatos, ut his quae petiverunt crederemus minime largienda. Itaque ecclesiae suae domos et loca sepulcris apta sine inquietudine eos firmiter possidere praecipimus, ea scilicet, quae ex diuturno tempore vel ex empto habuerunt vel qualibet quaesiverunt ratione. Sane providendum erit, ne quid sibi usurpare conentur ex his, quae ante discidium ad ecclesias perpetuae sanctitatis pertinuisse manifestum est.

Dat. VII kal. oct. Spoleti Constantino a. VII et Constantio c. conss.

같은 아우구스투스가 바수스에게

우리는 요청받은 것을 수여하지 말아야 한다고 믿을 정도로까지 노바티아누스주의자들이 전에 죄를 범했다고 생각하지 않는다. 따라서 그들 자신의 교회 건물과 매장(埋葬)에 적절한 장소들을, 즉 매입을 통해 오랜 시간동안 소유했던 것이나 혹은 어떤 방법으로든 매매를 통해 얻었던 것들을, 그들이 동요 없이 확고하게 소유하도록 우리는 명한다. 분열 이전에 영속적인 거룩함을 지닌 교회에 분명하게 속했던 것들로부터 사람들이 무엇인가를 빼앗지 못하도록 온전히 주의해야 한다.

아우구스투스 콘스탄티누스의 일곱 번째 집정관직과 카이사르 콘
스탄티우스의 집정관직 하에 스폴레토에서 10월의 이레 전에 공포됨

6) 테오도시우스 칙법전 16권 2장 6절 / CTh 16.2.6 : 부유한 자는 시의회에서 일해야 하며 성직자가 될 수 없고, 가난한 자가 성직에 임명되어야 한다.

329년 6월 1일

Idem a. ad Ablavium praefectum praetorio. Neque vulgari consensu[*] neque quibuslibet petentibus sub specie clericorum a muneribus publicis vacatio deferatur, nec temere et citra modum populi clericis conectantur, sed cum defunctus fuerit clericus, ad vicem defuncti alius allegetur, cui nulla ex municipibus prosapia fuerit neque ea est opulentia facultatum, quae publicas functiones facillime queat tolerare, ita ut, si inter civitatem et clericos super alicuius nomine dubitetur, si eum aequitas ad publica trahat obsequia et progenie municeps vel patrimonio idoneus dinoscetur, exemptus clericis civitati tradatur. Opulentos enim saeculi subire necessitates oportet, pauperes ecclesiarum divitiis sustentari.

Proposita kal. iun. Constantino a. VII et Constantio caes. conss.

같은 아우구스투스가 정무총감(政務總監)에게

합의(合意)를* 통해서나, 성직자들에 속한다는 이유로, 청원하는 어떤 자들에게 공공의 책임을 면제해 주지 말아야 한다. 경솔하고 정도를 지나치는 방법으로 많은 자들을 성직에 임명할 수 없다. 한 성직자가 사망하면 사망한 자의 자리에 시의원과 친족 관계를 갖지 않으며, 공공의 책임을 잘 질 수 있는 그리 부유하지 않은 자를 선택해야 한다. 그리하여 만일 어떤 자에 대해서 시의회나 성직자들 사이에 논쟁이 있고, 그를 공공의 책임으로 인도하는 것이 공정하며, 태어날 때부터 시의원 가족이거나 유산까지도 적당하다고 판단되면, 그를 성직자로부터 취해서 시의회로 넘겨야 한다. 왜냐하면 부유한 자들이 세상의 의무를 지고 가난한 자들이 교회의 부(富)를 통해 도움 받는 것은 마땅한 일이기 때문이다.

아우구스투스 콘스탄티누스의 일곱 번째 집정관직과 카이사르 콘스탄티우스의 집정관직 하에서 7월 초하루에 고시(告示)됨.

*

- consensus : "사람들의 합의." 시민대표들의 의사를 의미한다. 시민대표들은 북아프리카에서 4세기에 정치적으로 중요한 세력이었다.[14] 370년 카파도키아의 감독선거에서도 시민대표들이 중요한 역할을 하는 것을 목격할 수 있다.

---

14) Magnou-Nortier, *Le Code Théodosien, Livre XVI*, 110쪽 각주 22번.

*

이 고시(告示)에서는 행간의 의미를 읽을 필요가 있다. 성직은 부유층이 조세와 각종 공적인 책임을 회피하는 좋은 수단이 될 수 있었고, 따라서 성직자는 경제적으로 하층계급 출신이어야 함을 명시한다. 4세기 시의원들은 과중한 경제적 부담을 지고 있었고 이 때문에 일반적으로 세습직인 시의원직으로부터 벗어나기를 원했다. 성직은 시의원들이 세금 부담을 회피하기에 적당한 도피처가 되었다.[15]

7) 테오도시우스 칙법전 16권 2장 3절 / CTh 16.2.3 : 시의원은 성직자가 될 수 없고, 시의원으로 성직자가 된 자는 시의회로 복귀해야 한다.

329년 7월 18일

Idem a. ad Bassum praefectum praetorio. Cum constitutio emissa praecipiat nullum deinceps decurionem vel ex decurione progenitum vel etiam instructum idoneis facultatibus adque obeundis publicis muneribus opportunum ad clericorum nomen obsequiumque confugere, sed eos de cetero in defunctorum dumtaxat clericorum loca subrogari, qui fortuna tenues neque muneribus civilibus teneantur obstricti, cognovimus illos

---

15) 이에 대한 내용은 Alföldy, *Histoire Sociale de Rome*, 179-180쪽을 참조하라.

etiam inquietari, qui ante legis promulgationem clericorum se consortio sociaverint. Ideoque praecipimus his ab omni molestia liberatis illos, qui post legem latam obsequia publica declinantes ad clericorum numerum confugerunt, procul ab eo corpore segregatos curiae ordinibusque[*] restitui et civilibus obsequiis inservire.

Proposita XV kal. aug. Constantino a. VI et Constantio caes. conss.

같은 아우구스투스가 정무총감(政務總監) 바수스에게

공포된 제국 법률에 따라 어떤 시의회원(市議會員)이나 그 아들, 혹은 적합한 재원을 가지고 있으며 공공의 책임을 부담할 수 있는 자는, 성직이라는 이름과 직무로 도피(逃避)할 수 없다. 앞으로는 재원이 빈약하고 공공의 책임을 부담하지 않아도 되는 사람들이, 사망한 성직자를 대신할 수 있을 뿐이다. 우리는 법의 공포 이전에, 성직자 회(會)에 합류한 자들이 불안해하고 있음을 알게 되었다. 이 자들은 모든 불편함에서 자유로울 것이지만, 이 법률 공포 이후에 공공의 의무를 회피하고 성직자들 사이로 도피한 자들은, 이 회(會)로부터 완전히 분리될 것이다. 우리는 이들이 시의회와 서열에[*] 복귀하며, 시민의 의무를 다해야 할 것을 명령한다.

아우구스투스 콘스탄티누스의 여섯 번째 집정관직과 카이사르 콘스탄티우스의 집정관직 하에서 8월의 열닷새 전에 고시됨.

*

- ordines : "서열." 통상적으로 위계질서가 있는 조직의 서열을 말한다. 여기서는 시의회의 서열이란 뜻으로 쓰였다.[16]

*

이 법률을 통해서 콘스탄티누스가 의도한 것은 분명하다. 그것은 한 도시의 조세부담을 집단적으로 책임지고 있는 시의회원(市議會員)이 성직자가 될 때에 야기되는 조세회피의 문제를 방지하기 위한 것이다. 로마제국의 경제상황은 수많은 도시의 경제상황에 달려 있었고, 따라서 시의회의 역할은 제국의 경제적 삶에 있어서 한 축을 담당하고 있었다. 이 법률을 통해 콘스탄티누스는 시의회원이 사망한 성직자를 대체하는 것을 금지하여 시의회원의 숫자가 적정한 수준에서 유지되도록 하였다. 재정적으로 빈약한 계층 출신이 사망한 성직자를 계승하도록 하였다.

8) 테오도시우스 칙법전 16권 2장 7절 / CTh 16.2.7 : 성직자는 시의회로 소환되지 말아야 한다.

330년 2월 5일

Idem a. Valentino consulari Numidiae. Lectores divinorum apicum

---

16) Magnou-Nortier, *Le Code Théodosien, Livre XVI*, 106쪽 각주 12번.

et hypodiaconi ceterique clerici, qui per iniuriam haereticorum ad curiam devocati sunt, absolvantur et de cetero ad similitudinem orientis minime ad curias devocentur, sed immunitate plenissima potiantur.

Dat. non. feb. Serdica Gallicano et Symmacho conss.

같은 아우구스투스가 누미디아의 집정관 발렌티누스에게

성서(聖書) 독경자, 차부제, 그리고 이단자들의 불의(不義)에 의해 시의회(市議會)로 소환된 다른 성직자는 시의회로부터 자유로워질 것이다. 오리엔스의 경우처럼 앞으로 이들은 결코 시의회에 소환되지 않을 것이고 완전한 면세(免稅)를 향유(享有)할 것이다.

갈리카누스와 심마쿠스의 집정관직 하에서 세르디카에서 2월의 상현(上弦)에 공포됨.

9) 테오도시우스 칙법전 16권 2장 11절 / CTh 16.2.11 : 재산 없는 감독과 성직자는 조세와 시의회에서 자유롭다.

342년 2월 26일

Idem aa. ad Longinianum praefectum Aegypti. Iam pridem sanximus, ut catholicae legis antistites[*] et clerici, qui in totum nihil possident ac patrimonio inutiles sunt, ad munera curialia minime devocentur. Verum comperimus pro nulla utilitate publica perfectione eos inquietari[*]. Ideoque praecipimus filios eorum, quicumque minus idonei[*] et intra legitimam aetatem[*] esse repperiuntur, nullam molestiam sustinere.

Dat. IIII kal. mart. Constantio a. VII et Constante a. conss.

같은 아우구스투스들이 이집트 정무총감(政務總監) 롱기니아누스에게

우리는 아무런 소유가 없고, 유산(遺産)도 보잘 것 없는 보편 신앙의 감독(監督)과[*] 사제는 결코 시의회원의 부담(負擔)에 얽매일 수 없다고 이전(以前)에 재가(裁可)하였다. 우리는 그들의 완전한 삶이 방해받는 것이[*] 어떠한 공적(公的) 이익도 없다고 생각한다. 따라서 우리는 (재정적으로) 능력이 없고[*] 법적 연령[*] 이하로 판단되는 그들의 아들들이 결코 불안해하지 않도록 명(命)한다.

아우구스투스 콘스탄티우스의 일곱 번째 집정관직과 아우구스투스 콘스탄스의 집정관직 하에 3월의 나흘 전에 공포됨.

*

- antistites : "감독." ante와 stare가 합성된 형태로 으뜸, 대표, 사제 등의 뜻을 갖고 있다. 여기에서는 문맥상 교회의 영적, 행정적 대표인 감독의 의미로 쓰였다.

- perfectione eos inquietari : "완전한 삶이 방해받는 것." 문자적으로는 '그들이 완전에 있어 방해받는 것'으로 풀이된다. perfectio는 4세기 이후 기독교적 완전, 특히 수도적 삶을 가리킬 때 자주 사용되던 용어이다.

- minus idonei : "(재정적으로) 능력이 없고." 문자적으로는 '충분치 않다'의 뜻이다. 즉 재정적으로 조세 부담을 질 능력이 충분치 않음을 가리킨다.

- legitima aetas : "법적 연령." 시리아에서는 남자의 경우 14세, 여자의 경우 12세를 성년(成年)으로 규정하였다.[17]

10) 테오도시우스 칙법전 16권 2장 10절 / CTh 16.2.10 : 동방 지역 성직자의 특권을 확인하다.

346년 5월 26일

Impp. Constantius et Constans aa. universis episcopis per diversas provincias. Ut ecclesiarum coetus* concursu populorum ingentium frequentetur, clericis ac iuvenibus* praebeatur immunitas repellaturque ab his exactio munerum sordidorum*. Negotiatorum dispendiis minime obligentur,

---

17) Magnou-Nortier, *Le Code Théodosien, Livre XVI*, 118쪽 각주 39번.

cum certum sit quaestus, quos ex tabernaculis adque ergasteriis colligunt, pauperibus profuturos. Ab hominibus etiam eorum[*], qui mercimoniis student, cuncta dispendia.... esse sancimus. Parangariarum[*] quoque parili modo cesset exactio. Quod et coniugibus et liberis eorum et ministeriis, maribus pariter ac feminis, indulgemus, quos a censibus etiam iubemus perseverare immunes.

Dat. VII kal. iun. Constantinopoli Constantio VI et Constante conss.

아우구스투스 황제 콘스탄티우스와 콘스탄스가 여러 속주의 감독 (監督) 전체에게

교회 전체를[*] 많은 수의 사람들로 가득 채우기 위해 성직자와 그 부속인에게[*] 면세가 수여되어야 하고, 이들에게는 공역(公役)의[*] 부과 (附課)를 제(除)해야 한다. 이들이 점포와 작업장에서 얻는 이익은 분명 가난한 자들을 위한 것이기 때문에, 이들에게 상인들이 내는 세금을 결코 부과하지 말아야 한다. 또한 우리는 그들에게 딸려 있는 자들이[*] 상(商)행위를 할 경우 모든 세금에서 면제받도록 규정한다. 마찬가지로 (이들에 대한) 운송(運送)의 공역(公役)도[*] 중단되어야 한다. 우리는 이 특권을 그들의 배우자, 아이들, 남자 노예, 그리고 공평하게 여자 노예에게 수여하여 그들이 조세(租稅)를 계속 면제받도록 명한다.

콘스탄티우스와 콘스탄스의 집정관직 하에 콘스탄티노플에서 6월의 이레 전에 공포됨[18].

＊

- ecclesiarum coetus : "교회 전체." 각 지역 교회의 회중 전체 혹
  은 각 교회의 조직 전체를 뜻한다.

- iuvenes : "부속인들." 젊은 성직자인지 성직자에게 속한 젊은 사
  람들인지 불분명하다.[19]

- munera sordida : "공역." 도로 보수, 교량 건설, 공공건물 보수
  등을 위한 육체노동으로, 국가가 대가 없이 백성에게 시키는 강
  제노동이었다.

- homines eorum : "그들에게 딸려 있는 자들." 법적으로 성직자
  들에게 딸려 있는 자들인 친척, 수공업자, 노예와 그 가족을 의
  미한다. 보다 후대에는 이 표현 대신 familia라는 단어를 사용했
  다.[20]

- parangariae : "운송의 공역." parangariae는 수레로 물자를 운반
  하는 것을 가리킨다.

---

18) 몸센은 '아우구스투스인 콘스탄티누스의 여섯 번째 집정관직과 카이사르인 콘스탄티누스 2세의 집정관직 하에'라고 수정한다(Magnou-Nortier, *Le Code Théodosien, Livre XVI*, 114쪽 각주 29번).

19) Magnou-Nortier, *Le Code Théodosien, Livre XVI*, 115쪽 각주 31번.

20) Magnou-Nortier, *Le Code Théodosien, Livre XVI*, 117쪽 각주 35번과 122쪽 각주 48번.

*

　몸센(Mommsen)의 본문에서 이 칙법은 358년에 공포한 것으로 되
어 있다. 그러나 358년에 콘스탄티우스 2세는 콘스탄티노플에 없었다.
콘스탄티우스 2세와 콘스탄스에 의한 공동 통치를 고려한다면 346년
으로 볼 수도 있다.[21] 몸센과 파르는 이 칙법을 320년에 공포된 것으
로 보았는데, 필자는 칙법의 내용이 파격적이라는 점에서 콘스탄티우
스 2세보다 콘스탄티누스 1세 때로 보는 것이 타당하다고 본다.[22]
　이 칙법의 수신자는 교회의 감독이다. 따라서 이 칙법은 교회의
감독도 칙법의 수신자가 될 수 있음을 보여주는 좋은 예이다. 칙법
의 수신자는 일반적으로 칙법의 공포에 결정적인 영향을 미치는 경
우가 많다. 칙법의 발의는 황실 고문단에서 일방적으로 이루어지는
것이 아니라 수신자가 황제에게 문의한 것을 토론하여 고문단에서
결정하여 이루어진다. 따라서 이 칙법은 교회 감독들의 청원에 의한
것일 가능성이 크다.

*

　성직자들이 운영하던 점포(tabernaculum)와 작업장(ergasterium)에 대
해서 설명이 필요할 것이다.[23] 고대 기독교는 도시 중심으로 발달하였
고, 특별히 도시 활동이 왕성한 곳에서 기독교의 양적 성장이 두드러
졌다. 이 때문에 성직자들의 상당 부분이 상인이나 수공업자 계층에서

---

21) Magnou-Nortier, *Le Code Théodosien, Livre XVI*, 114쪽.

22) Pharr, *The Theodosian Code*, 442쪽 각주 30번.

23) 이 문단의 내용은 전체적으로 Wipszycka, *Les ressources*, 163-165쪽을 바탕으로 하였다.

모집되었다. 상인이나 수공업자들은 매매 세금(collatio lustralis)을 납부했는데, 4-5세기의 여러 칙법은 상업을 하거나 수공업에 종사하는 성직자들의 매매세(collatio lustralis)에 대한 규정을 담고 있다.[24] 그러나 성직자들의 매매가 대규모일 경우에는 매매세를 납부해야 했으며, 아울러 성직자들이 대지주이거나 대규모의 토지를 점유한 자들(possessores)일 경우 납세하도록 하였다.[25] 반면 위(僞) 아타나시오스의 교회규정 제 38항에는 성직자들이 "시장에서 (곡물이나 수공제품을) 팔지 말 것"을 규정하였다. 그런데 위(僞) 바실리오스의 교회규정 제 87항은 성직자들이 상업을 하지 않는 대신, "자신들의 손으로 하는 일을 통해 살아가기 위해서 수공일을 배울 것"을 규정한다. 이집트에서 발견된 도편(陶片)인 Crum Copt. Ostr. 29는 세 명의 부제(副祭) 후보자들이 감독 아브라함(Abraham)에게 보낸 서약서이다. 이 서약서에 따르면 부제 후보자들은 상행위를 하지 않고, 이자를 취하지 않으며, 허락 없이 부제의 직무를 멀리하지 않을 것을 서약한다. 6세기의 파피루스 자료들은 사제직에 있는 장인(匠人)들에 대해서 언급한다. 사제들의 직업으로는 목수, 조각가, 활 제조인, 의사 등이 언급된다.[26]

아울러 수도주의 계통의 작품들은 필사자 사제나 필사자 수도자들을 자주 언급한다. 사막 수도자 에바그리오스(Evagrios)는 사제였으며 필사를 통해 생계를 유지하였다. 바실리오스의 누이인 마크리나(Macrina)의 주도로 설립되었던 안니사(Annisa)의 공주(公住)수도원은 여러 명의 필사자들이 일하는 출판사를 갖고 있었다. 파코미오스

---

24) CTh 13.1.1, 13.1.5, 13.1.11, 16.2.8, 16.2.14, 16.2.15, 16.2.36.

25) CTh 16.2.15.

26) 목수 (*Stud. Pal.* X 259, 4-6), 조각가(*Stud. Pal.* XX 260, 9), 활 제조인(*P. Lond.* III 1028, 20), 의사(*P. Lond.* III 1044, 37-38).

공주(公住)수도회의 모수도원(母修道院)은 자체 도서관을 갖고 있었으므로 필사자를 가정하는 것은 당연하고, 지수도원(支修道院)인 파노폴리스(Panopolis) 수도원의 경우 언급되는 열서너 가지의 노동 중에서 출판활동이 언급된다. 이 당시는 절대다수가 문맹이었고 필사(筆寫)를 할 수 있는 사람들은 교육받을 만한 여력이 있던 계층으로 수도원의 필사자들은 성직자일 가능성이 많다.[27]

성직자의 배우자가 언급되는 점을 주목할 필요가 있다. 2-3세기만 해도 일반적으로 성직자는 결혼하여 가정을 이루었다. 4세기 초반까지만 해도 이런 양상이 두드러졌으나, 4세기 초 이후 수도주의 운동의 영향으로 성직자의 독신제도가 점차적으로 자리잡게 된다. 그러나 4세기 중반에도 결혼한 자가 성직으로 입문할 수 있는 길은 여전히 열려 있었다.

11) 테오도시우스 칙법전 16권 2장 9절 / CTh 16.2.9 : 성직자는 시의원의 책임에서 자유롭다.

349년 4월 11일

Idem a. Severiano proconsuli Achaiae. Curialibus muneribus adque omni inquietudine civilium functionum exsortes cunctos clericos esse

---

[27] 켈리아에 살던 대부분의 사막 교부들은 글을 읽을 줄 모르던 문맹이었다. 에바그리오스처럼 교육 받은 인물은 아주 예외적인 경우에 속한다. 안니사 수도원의 출판활동에 대해서는 남성현, 『기독교 초기 수도원 운동사』, 118쪽 이후를 참조하라. 이집트의 파노폴리스 수도원에 대해서는 남성현, 『기독교 초기 수도원 운동사』, 33-34쪽을 보라.

oportet, filios tamen eorum, si curiis obnoXII non tenentur, in ecclesia perseverare.

Dat. III id. april. Limenio et Catullino conss. (349 apr. 11).

황제 아우구스투스가 아카이아의 전(前)집정관 세베리아누스에게

모든 성직자는 시의회원의 부담(負擔)과 시민의 모든 공역(公役)으로부터 제외되어야 한다. 성직자의 아들이 시의회에 종속(從屬)되어 있지 않다면 교회 안에 남아야 한다.

리메니우스와 카툴리누스의 집정관직 하에서 4월 보름의 사흘 전에 공포됨.

12) 테오도시우스 칙법전 16권 2장 13절 / CTh 16.2.13 : 로마교회와 성직자에 대한 특권 재확인.

356년 11월 10일

Idem a. et Iulianus caes. ad Leontium. Ecclesiae urbis Romae et clericis concessa privilegia firmiter praecipimus custodiri.

Dat. IIII id. nov. Mediolano Constantio a. VIIII et Iuliano caes. II conss.

356년 11월 10일[28]

같은 아우구스투스와[29] 카이사르 율리아누스가 레온티우스에게[30]

우리는 로마 시(市)의 교회와 성직자에게 수여된 특권(特權)이 확고하게 유지되도록 명(命)하는 바이다.

아우구스투스 콘스탄티우스의 아홉 번째 집정관직과 카이사르인 율리아누스의 두 번째 집정관직 하에 밀라노에서 11월 보름의 나흘 전에 공포됨.

13) 테오도시우스 칙법전 16권 2장 14절 / CTh 16.2.14 : 성직자는 부역과 조세납부 면제.

357년 12월 7일

Idem a. et Iulianus caes. Felici[*] episcopo. Omnis a clericis indebitae conventionis iniuria et iniquae exactionis repellatur improbitas nullaque conventio[*] sit circa eos munerum sordidorum[*]. Et cum negotiatores ad aliquam praestationem competentem vocantur, ab his universis istiusmodi

---

28) 몸센은 이 칙법의 공포를 357년으로 생각하지만 칙법의 수신자인 레온티우스는 355-356년에 공직에 있었다

29) 콘스탄티우스 2세.

30) 355-356년의 로마의 수도총감(首都總監, praefectus urbis Romae).

strepitus conquiescat; si quid enim vel parsimonia vel provisione vel mercatura honestati tamen conscia congesserint in usum pauperum adque egentium, ministrari oportet, ut, quod ex eorundem ergasteriis vel tabernis conquiri potuerit et colligi, collectum id religionis aestiment lucrum[*].

Verum etiam hominibus eorundem[*], qui operam in mercimoniis habent, divi principis, id est nostri statuta genitoris multimoda observatione caverunt, ut idem clerici privilegiis compluribus redundarent. Itaque extraordinariorum a praedictis necessitas adque omnis molestia conquiescat. Ad parangariarum quoque praestationem non vocentur nec eorundem facultates adque substantiae. Omnibus clericis huiusmodi praerogativa succurrat, ut coniugia clericorum ac liberi quoque et ministeria, id est mares pariter ac feminae, eorumque etiam filii inmunes semper a censibus et separati ab huiusmodi muneribus perseverent.

Dat. VIII id. decemb. Mediolano, lecta V kal. ian. aput acta Constantio a. VIIII et Iuliano caes. II conss.

같은 아우구스투스와 카이사르 율리아누스가 감독 펠릭스에게[*]

성직자들은 부당하고 불의(不義)한 모든 소환(召喚)과[*] 불공평하고 파렴치한 수세(收稅)로부터 보호되어야 하며, 이들을 공역(公役)으로[*] 소환해서도 안 된다. 상인들이 규정된 세금을 납부할 때에도, 이런 식의 소란이 성직자 전체에 영향을 미칠 수 없을 것이다. 만약 성직자들이 절약이나 예견(豫見), 장사를 통해서 어떤 것을 정직하게 모았다면, 빈자(貧者)와 걸인(乞人)을 위해 그것을 사용해야 한다. 그들의 작업장과 점포에서 집계(集計)하여 수세(收稅)할 수 있는 것은 종교의 이익을 위해* 모은 것으로 간주한다.

더불어 상행위를 업(業)으로 하며 그들에게 딸려 있는 자들에* 대해서, 신인(神人) 황제, 즉 우리 부친(父親)의 법규는 여러 규정을 두어 동일한 성직자들이 많은 특권을 누리도록 하였다. 이러한 연유로 위에서 언급한 자들에 대해 특별세의 의무와 모든 억압이 중지되어야 한다. 더욱이 그들의 재산과 생필품은 수송(輸送)의 역(役)을 위해 갹출(醵出)할 수 없다. 모든 성직자는 이와 같은 특권으로 도움을 얻게 될 것이고, 성직자의 배우자와 자녀, 남자 및 여자 노예와 그들의 자녀까지도 영원히 조세(租稅)가 면제되며, 그들은 이런 종류의 공역(公役)으로부터 계속 제외될 것이다.

밀라노에서 12월 보름의 여드레 전에 공포됨. 아우구스투스 콘스탄티우스의 아홉 번째 집정관직과 카이사르 율리아누스의 두 번째 집정관직 하에 1월의 닷새 전에 낭독됨.

＊

- Felix : "펠릭스." 콘스탄티우스 2세의 친 아리우스주의적 정책으로 356년 이후에 이탈리아 교회에 많은 변화가 일어났다. 밀라노의 디오니시우스와 카글리아리의 루키페르, 로마의 리베리우스 등 주요 교회의 감독들이 유배되었다. 로마에서는 리베리우스의 후임으로 펠릭스가 감독좌에 오르게 된다.

- conventio : "소환." 조세(租稅) 납부를 강요하기 위한 소환으로 이해되어야 한다.[31]

- munera sordida : "공역(公役)."

- religionis lucrum : "종교의 이익." 혹은 단순히 '종교를 위해'라고 번역해도 무방하다. 여기에서 religio는 기독교 신앙을 뜻한다. 380년대 이후의 칙법과는 달리 니케아 신앙만을 의미하는 것은 아니며 분파와 교리적 입장을 막론하고 기독교 신앙 전반을 의미한다.

- homines eorundem : "그들에게 딸려 있는 자들." CTh 16.2.10의 homines eorum에 대한 설명을 참조하라.

*

성직자들의 소규모 상행위와 수공업 활동의 이윤에 대해 과세하지 않는 것은 수세(收稅) 가능액으로 황제의 신앙인 기독교 신앙을 위해서 사용하는 것으로 이해하기 때문이다. CTh 16.2.10을 참조하라.

---

31) Pharr, *The Theodosian Code*, 442쪽, 각주 40번.

14) 테오도시우스 칙법전 16권 2장 15절 / CTh 16.2.15 : 성직자 조세면제의 특권을 재확인한다.

360년 6월 30일

Idem a. et caes. ad Taurum[*] praefectum praetorio. In ariminensi synodo[*] super ecclesiarum et clericorum privilegiis tractatu habito usque eo dispositio progressa est, ut iuga[*], quae videntur ad ecclesiam pertinere, a publica functione cessarent inquietudine desistente: quod nostra videtur dudum sanctio reppulisse[*].

Clerici vero vel hi, quos copiatas[*] recens usus instituit nuncupari, ita a sordidis muneribus debent immunes adque a collatione praestari, si exiguis admodum mercimoniis tenuem sibi victum vestitumque conquirent; reliqui autem, quorum nomina negotiatorum matricula comprehendit eo tempore, quo collatio celebrata est, negotiatorum munia et pensitationes agnoscant, quippe postmodum clericorum se coetibus adgregarunt.

De his sane clericis, qui praedia[*] possident, sublimis auctoritas tua non solum eos aliena iuga nequaquam statuet excusare, sed etiam pro his, quae ipsi possident, eosdem ad pensitanda fiscalia perurgueri. Universos namque clericos possessores[*] dumtaxat provinciales pensitationes fiscalium recognoscere iubemus, maxime cum in comitatu tranquillitatis nostrae alii episcopi, qui de Italiae partibus[*] venerunt, et illi quoque, qui ex Hispania adque Africa commearunt, probaverint id maxime iuste convenire, ut praeter ea iuga et professionem, quae ad ecclesiam pertinet, ad universa munia sustinenda translationesque faciendas omnes clerici debeant adtineri.

Dat. epistula prid. kal. iul. Mediolano Constantio a. X et Iuliano III caes. conss.

같은 아우구스투스와 카이사르 율리아누스가 정무총감(政務總監) 타우루스에게[*]

아리미눔 교회회의에서[*] 교회와 성직자의 특권에 대한 논의가 있었고, 교회에 귀속(歸屬)되는 과세 대상 토지가[*] 공적(公的) 부담(負擔)을 면제받고, (이에 대해) 불안감이 사라지도록 법안(法案)이 제출되었다. 이전에 제정된 우리의 법은 그 법안을 거부하였다.[*]

최근의 관례를 따라 매장꾼이라고[*] 부르는 자들과 성직자들은 공역(公役)을 면제받게 한다. 만일 이들이 소규모의 상행위로 겨우 자신을 위한 음식과 의복을 얻는다면 공납(貢納)을 면제받아야 한다. 상인(商人) 명부(名簿)에 이름이 포함된 모든 다른 자들은 공납(貢納)이 요구되면, 설령 후에 성직자단(聖職者團)에 들어간다 할지라도 상인의 의무와 납세를 행해야 한다.

대토지를[*] 점유한 성직자들에 대해서는, 그 성직자들이 과세 대상인 다른 사람의 토지에 대해 결코 면세(免稅)를 누릴 수 없을 뿐 아니라, 그들 자신이 소유하고 있는 토지에 대해서도 납세하도록, 귀하의 고귀한 권위로 법규를 제정해야 한다. 우리는 성직자가 점유자

(占有者)인[*] 한 적어도 지방의 조세부담을 지도록 명(命)한다. 특히 성세(聖世)를 베푸는 궁중(宮中)에서, 이탈리아의 지방들로부터[*] 온 다른 감독들과 히스파니아와 아프리카에서 온 자들은, 교회에 속한 과세대상의 토지와 소유를 예외로 하고 모든 성직자는 공역(公役) 전체를 부담하고 수송의 역(役)을 행하도록 하는 것이, 전적으로 정당한 것임을 인정했다.

아우구스투스 콘스탄티우스의 열 번째 집정관직과 카이사르 율리아누스의 세 번째 집정관직 하에 밀라노에서 7월의 하루 전에 공포된 칙서(勅書).

*

- Taurus : "타우루스." 355-361년까지 이탈리아와 아프리카의 정무총감(政務總監)이었다.[32]

- ariminensis synodus : "아리미눔(Ariminum) 교회회의." 황제 콘스탄티우스 2세의 주도로 열린 교회회의이다. 이 교회회의를 통해 삼위일체 논쟁의 역사에서 소위 '유사파'가 공식적으로 탄생하게 된다. 386년 1월 23일 발렌티니아누스 2세가 공포한 칙법(CTh 16.1.4와 16.4.1)은 아리미눔 교회회의의 신조에 대해서 언급한다.[33]

---

32) Martindale, *The Prosopography of the Later Roman Empire*, 879-880쪽.

33) CTh 16.1.4와 16.4.1에 대해서는 남성현, 「테오도시우스 칙법전 16권 1장 보편신앙에 관한 칙

- iugum : "과세대상 토지 (단위)." 과세할 수 있는 토지의 단위로
이 시기에는 아마도 100 아루라를 뜻하는 것 같다.[34] 김창성은
iugum을 '여'로 번역하였다.[35]

- quod nostra videtur dudum sanctio reppulisse : "이전에 제정된
우리의 법은 그 법안을 거부하였다." 문자적인 의미는 '이전의
우리의 법은 그것을 거부한 것처럼 보인다'이다.

- copiatae : "매장꾼들." 매장꾼들은 성직자의 신분으로 시체를 묻
는 일을 하던 사람들을 가리킨다. CTh 13.1.1에 이와 관련된 내
용이 있다. 소개하면 다음과 같다. "모든 상인은 금과 은으로 납
부할 수 있는 세금을 즉시로 납부해야 한다. 그리고 매장꾼이라
고 불리는 성직자만이 면제되며 다른 어떤 자도 이런 납세의 의
무를 면제 받지 못할 것이다."

- praedia : "대토지." 대토지(praedia)는 과세 대상인 어떤 토지의
소유권이 여러 사람에게 속해있고 어느 한 사람(여기에서는 성
직자)이 다른 사람(들)의 토지를 사용하는 경우를 가리킨다.[36]
대토지를 소유하고 있는 성직자는 다른 사람의 토지(aliena iuga)
와 자신의 소유 토지 모두에 대해서 납세해야 한다.

법」, 283-292쪽을 참조하라.

34) Rougé, *Code Théodosien Livre XVI*, 149쪽 각주 4번을 참조하라.

35) 맥멀렌,『로마제국의 위기, 235-337년 로마 정부의 대응』, 김창성 역, 240쪽 이하.

36) Magnou-Nortier, *Le Code Théodosien, Livre XVI*, 124쪽 각주 54번.

- possessores : "점유자들." 점유자들은 단순히 토지를 사용하는 자들이 아니라, 소유 의사를 가진 자로 토지를 사용하고 수익하는 자들이다.37)

- Italiae partes : "이탈리아의 지방들." 이탈리아는 이 당시 pars urbicaria와 pars annonaria 등 두 개의 지방으로 분할되어 있었다.38)

*

콘스탄티우스 2세는 교리 논쟁으로 인해 생긴 각 분파 사이의 협력을 유도하기 위해서 교회회의를 개최한다. 본래 한 장소에서 동방과 서방의 감독들이 모여 교회회의를 개최하려고 하였으나 사정이 여의치 않았다. 이 때문에 서방의 감독들은 아리미눔에 모였고 동방의 감독들은 셀레우키아에 모였다. 아리미눔 교회회의는 359년 5월에 열렸고 약 4백여 명의 감독들이 참여하였다. 셀레우키아 교회회의는 359년 9월경에 개최된다. 이 두 교회회의에서 서명된 신조는 소위 '개정신조'라고 부르는 것으로 '아버지(성부)와 아들(성자)이 유사하다'는 내용이 핵심이었다. 아리우스적 성향으로 기운 이 신조에 대해서 정통주의 감독들이 반발했으나 콘스탄티우스 2세는 '본질(ousia)'이나 '동일본질(homoousios)'라는 단어를 피해야 한다는 내용

---

37) Rostovzeff, *The Social and Economic History of the Roman Empire*, 207쪽, 218쪽, 367쪽.

38) Rougé, *Code Théodosien Livre XVI*, 151쪽 각주 5번.

의 칙서를 내렸고 결국 감독들은 이 신조에 서명하였다. 이로써 소위 '유사파 신조'가 탄생하게 되었다. 이 신조는 360년에 열린 콘스탄티노플 교회회의에서 다시 한 번 확인된다.

교회역사가 소크라테스는 이 교회회의에서 논의된 교회와 성직자의 특권에 대해서는 언급하지 않았다. 360년 6월 30일 밀라노에서 공포된 위의 칙법(CTh 16.2.15)이 아리미눔 교회회의에서 논의된 교회와 성직자의 특권에 대해서 언급하는 유일한 법원(法源)이다.

15) 테오도시우스 칙법전 16권 2장 16절 / CTh 16.2.16 : 성직자 보호법.

361년 2월 14일

Idem aa. ad Antiochenses. In qualibet civitate, in quolibet oppido vico castello municipio[*] quicumque voto christianae legis[*] meritum eximiae singularisque virtutis omnibus intimaverit, securitate perpetua potiatur. Gaudere enim et gloriari ex fide semper volumus, scientes magis religionibus[*] quam officiis et labore corporis vel sudore nostram rem publicam contineri.

Dat. XVI kal. mart. Antiochiae Tauro et Florentio conss.

같은 아우구스투스들이 안티오키아 주민에게

어느 도시나, 요새, 마을, 성채 혹은 자치 도시에서,[*] 누군가가 기독교 법에[*] 대한 맹세를 통해 예외적으로 특별한 덕행을 모든 사람들에게 보여준다면, 그는 영속적인 평안을 누릴 것이다. 우리는 그가 믿음 안에서 기쁨을 누리고 칭송(稱頌)받기를 원한다. 왜냐하면 우리는 우리의 국가가 공무(公務)와 육체적 노고와 땀보다는 종교에[*] 의해서 더욱 유지되고 있음을 알고 있기 때문이다.

타우루스와 플로렌티우스의 집정관직 하에 안티오키아에서 3월의 열엿새 전에 공포됨.

*

- civitas, oppidum, vicus, castellum, municipium : "도시, 요새, 마을, 성채, 자치 도시." oppidum은 성벽으로 둘러싸여 있는 요새화된 도시를 가리킨다. CTh 16.3.2에서는 civitas와 oppidum이 혼용된다. castellum은 아마도 소규모의 요새일 것이다. 두 단어 모두 고지(高地)나 군사적 목적과 연관이 있으며, vicus와 함께 제도상 도시(civitas)에 의존한다.[39)

- Christiana lex : "기독교 법." '기독교 신앙'으로 이해하는 것이 적절하다.

---

39) Magnou-Nortier, *Le Code Théodosien, Livre XVI*, 128쪽 각주 56번.

*

　"우리의 국가가 공무(公務)와 육체적 노고와 땀보다는 종교에 의해서 더욱 유지되고 있음을 알고 있기 때문이다"라는 문장은 황실법무총감 자신의 문장이기에 앞서 황제의 뜻이 철저하게 반영된 문장이라고 보아야 한다. 황실법무총감과 황제의 친분이 두터운 경우 황실법무총감의 문장 속에는 황제의 인격이 묻어날 수 있었다. 콘스탄티우스가 국가를 치리하면서 기독교 신앙에 깊이 의존하던 태도가 이 칙법을 통해 배어나오고 있다. "누군가가 기독교 법에 대한 맹세를 통해 예외적으로 특별한 덕행을 모든 사람들"은 성직자들 외에도 수도사들을 뜻할 가능성도 있다.

　마그누-노르티에는 이 칙법을 로마 전통 종교의 부활을 꾀했던 황제인 율리아누스와 관련시키면서 종교들(religiones)이라는 표현을 기독교를 포함하여 로마 제국의 여러 종교라는 의미로 해석하였다.[40] 그러나 이 견해는 잘못된 것이다. 361년 2월에 율리아누스는 안티오키아에 없었다. 콘스탄티우스가 사망한 후 12월이 되어서야 겨우 콘스탄티노플에 입성할 뿐이다(Ammianus Marcellinus 20.2.2). 이 칙법은 콘스탄티우스가 페르시아 전쟁을 준비하면서 안티오키아에서 공포한 것이다. 피가니올은 이 문장을 '위험한 명제'(la dangereuse maxime)라고 불렀다.[41]

---

40) Magnou-Nortier, *Le Code Théodosien, Livre XVI*, 129쪽 각주 58번.

41) Piganiol, *L'Empire Chrétien*, 121쪽.

16) 테오도시우스 칙법전 12권 1장 49절 / CTh 12.1.49 : 합당한 방법으로 성직자가 된 자는 시의회의 책임을 면제받는다.

361년 8월 29일

Idem a. ad Taurum praefectum praetorio. Solum episcopum facultates suas curiae,* sicut ante fuerat constitutum, nullus adigat mancipare, sed antistes* maneat nec faciat substantiae cessionem. Sane si qui ad presbyterorum gradus, diaconum etiam seu subdiaconum ceterorumque pervenerint adsistente curia ac sub obtutibus iudicis* promente consensum, cum eorum vitam insignem atque innocentem esse omni probitate constiterit, habere debet patrimonium probabilis instituti,* ut retineat proprias facultates, maxime si totius populi vocibus expetatur.

Quod si qui forte non curialibus* aput iudicem profitentibus, non denique expetente populo ad eos quos diximus gradus clandestinis artibus adspirent aut studio fraudulentae artis irrepserint, patrimonium suum liberis tradant ad curialia obsequia subrogatis. Quod si suboles defuerit, propinquis suis, quos tamen gradus poterant legitimae successionis adtingere, duas tradat propriae substantiae portiones, sibi tertiam reservaturus, scilicet ut per propinquos, si tamen curiales sunt aut etiam si curiae numquam antea obsequium praebuerunt, praebeatur susceptis facultatibus obsequella.* Quod si filios aut propinquos non habuerint hi, qui derelicta curia ad cultum divinae reverentiae existimaverint transeundum, duas portiones curia debebit accipere relicta penes eum tertia, quem ante diximus ad ecclesiasticorum consortium insidiosis artibus adspirasse. Ea vero, quae ad curiam ex eorum iure transierint, curiae esse oportet nec ex eius iure transferri. Sed quoniam verendum fuerit, ne alienatis facultatibus aut in aliorum iura ante transscriptis nulla ex parte possit curiae utilitatibus consuli, observari oportet, ut, si patefacta fuerint fraudulenta consilia, qui qualibet necessitudine[*] copulatus est, cum id potuerit demonstrare, easdem percipiat facultates curiae muneribus praebiturus obsequia;[*] vel si propinquorum cesset indago, cuncta ad curiam transferantur quae quolibet titulo alienata probabuntur ex eo tempore, ex quo curiae munia coeperit detrectare qui viam divinae cultionis[*] affectat.

Si praepositi horreorum[*] iique, qui suscepturi sunt magistratum, praepositi etiam pacis seu susceptores[*] diversarum specierum ad ecclesiam crediderint adspirandum, postquam officia impositae sollicitudinis aut honoris adgressi sunt, ipsos primum antistites supernae legis · conveniet reluctari ipsisque primum adnitentibus eosdem ad obsequia congrua revocari; aut, si hoc neglexerint, a curialibus iudiciali officio suffragante retrahendi sunt. Et cetera.

Dat. IIII kal. sept. Tauro et Florentio conss.

같은 아우구스투스가 정무총감 타우루스에게

이전에 법제화된 바와 같이, 어느 누구도 감독에게 재산(財産)을 시의회(市議會)에* 양도하라고 강요할 수 없다. 그는 감독(監督)으로* 남을 것이고 소유(所有)를 양도(讓渡)하지도 않을 것이다. 만약 누군가가 사제(司祭)의 지위나 또는 부제(副祭), 차부제(次副祭)와 다른 성직에 오른다면, 시의회가 열려 재판관이* 보는 앞에서 동의를 얻고, 그 삶이 훌륭하고 모든 덕에서 깨끗함이 인정되면, 훌륭한 삶의 방식을 가진 그 성직자는,* 특히 모든 백성의 목소리가 강력하게 요청하는 경우, 자신의 재산(財産)을 보유하도록 유산(遺産)을 소유할 수 있다.

그런데 혹시 시의원(市議員)들이* 재판관(裁判官) 앞에서 공개적으로 검증하지 않고 백성이 요청하지 않았으면서도, 어떤 자가 비밀스런 방법으로 우리가 언급했던 성직자(聖職者)들의 직위를 열망하거나 속임수를 사용하여 올라간다면, 그들은 시의원의 공적의무(公的義務)를 위해 대신 선택된 자녀(子女)들에게 유산(遺産)을 넘겨주어야 한다. 그러나 후손(後孫)이 없다면 법정상속(法定相續)의 지위를 가질 수 있는 자신의 근친(親戚)에게 자신의 몫에서 2/3를 넘겨주고 그 자신에게 1/3을 남겨두어야 한다. 그리하여 근친이 시의원이든 혹은 이전에 시의회(市議會)의 공적의무(公的義務)를 감당한 적이 없든 간에, 재산을 받은 근친은 공적의무(公的義務)를 마땅히 행해야 한다.* 그런데 만약 그들이 아들이나 근친이 없고 시의회를 포기한 후 거룩히 존중받을 예배로 옮겨가야 한다고 생각하면, 시의회는 그의 재산(財産)의 2/3를 취해야 하고 1/3은 우리가 앞서 말한 대로 사악한 방법으로 성직자단(聖職者團)을 열망했던 그 자(者)의 소유(所有)로 해야한다. 그들의 소유권(所有權)으로부터 시의회로 이전한 재산은 시의회의 것이며, 시의회의 소유권(所有權)으로부터 이전될 수 없다. 그러나 재산이 양도(讓渡)되거나 다른 자들의 소유권으로 미리 이전되어 어떤 부분도 시의회의 유익을 위해 사용될 수 없을까 염려되기 때문에, 다음과 같은 규정을 지켜야 한다. 즉, 만약 기만적인 의도가 드러나게 되면 어떠하든지간에 혈연(血緣)으로* 연결되어 있는 자는 그 관계를 증명한 후에 그 재산을 받아 시의회의 공적의무(公的義務)에 순종해야 한다.* 만약 근친을 찾는 것이 중단되면, 거룩한 예배의 길에* 다가간 자는 시의회의 의무를 멀리하기 시작한 그 시점부터 어떤 명목으로든 양도된 것으로 증명된 모든 것을 시의회에 이전(移轉)해야 한다.

만약 국가곡물창고(國家穀物倉庫)의 감독원들과* 관직(官職)을 받으려고 하는 자들과 평화의 책임자들과* 다양한 종류의 세수납자(稅受納者)들이,* 부과된 업무와 영광의 직무를 행한 후에, 교회로 가기를 열망한다면, 무엇보다 지고(至高)한 법(法)의 감독들 자신이 맞서야 하며 감독들 자신이 노력하여 그들을 그들 고유의 업무로 돌려보내야 한다. 만약 감독들이 이것을 무시한다면, 그 사람들은 사법당국(司法當局)의 동의를 얻어 시의원(市議員)들에 의해 끌려 나와야 한다. 등등.

타우루스와 플로렌티우스의 집정관직 하에 9월의 나흘 전에 공포됨.

*

- curia : "시의회(市議會)." Laniado, *Recherches sur les notables municipaux dans l'empire protobyzantin* 을 참조하라.

- antistes : "감독(監督)." antistes의 문자적인 의미는 '우두머리',

'으뜸'이다. CTh 16.2.11에도 사용되었고, CTh 16.2.43과 2.45
에서는 알렉산드리아 교회의 감독과 콘스탄티노플 감독을 지칭
하기 위해서 사용되었다.

- iudex : "재판관." 고위행정관료인 속주지사를 의미한다. 속주지
사는 보통심 재판관이었다.

- probabilis institutum : "훌륭한 삶의 방식을 가진 성직자." 본문
은 속격(probabilis instituti, 훌륭한 삶의 방식의)으로 되어 본동
사인 debet의 주어를 수식하므로, "훌륭한 삶의 방식을 가진 성
직자"라고 번역하였다.

- curiales : "시의원(市議員)들." Laniado, *Recherches sur les notables
municipaux dans l'empire protobyzantin* 을 참조하라.

- per propinquos..., praebeatur susceptis facultatibus obsequella :
"재산을 받은 친척은 공적의무(公的義務)를 행해야 한다." 문자
적으로 번역하면 "재산이 취해진 이후, 친척을 통해 공적의무가
행해져야 할 것이다"이다.

- necessitudo : "혈연(血緣)으로." necessitudo는 '필연'이란 뜻 외에
도 부모와 자식 간의 관계, 우정, 사용자와 피사용자의 관계 등
밀접한 관계를 가리키는 단어이다.

- easdem percipiat facultates curiae muneribus praebiturus obsequia :
"그 재산을 받아 시의회의 공적의무(公的義務)에 순종해야 한다."
문자적으로 번역하면, "시의회의 공적의무에 대한 순종을 보여
주기 위해 그는 그 재산을 받는다"이다.

- via divinae cultionis : "거룩한 예배의 길." 예배와 성례 집행 등
종교적인 의식을 뜻한다.

- praepositi horreorum : "국가곡물창고(國家穀物倉庫) 감독원들."
로마제국의 세금은 오늘날처럼 직접세와 간접세로 구성되어 있
었다.42) 직접세는 부동산세(tributum)와 현물로 지급하는 곡물
세(annona) 등이 주된 수입원이었다. 각 도시에서 수납된 현물
곡물세는 '곡물세수송 감독원들'(praepositi pagorum)의 감독 하
에 국가곡물창고에 저장되었고 국가공물창고 감독원들(praepositi
horreorum 혹은 praepositi horrarum)이 창고를 감독하였다.

- susceptores : "세수납자(稅受納者)들." 직접세인 부동산세(tributum)
의 수납과 현물곡물세(annona)의 수납은 시의회의원들 중에서
뽑힌 세수납자(susceptor)가 담당하였다.43)

---

42) 이하의 내용은 Dupont, *Le Droit criminel dans les constitutions de Constantin, Les infractions*, 88쪽에서
참조하였다. 3-4세기 초반의 세금 제도에 대해서는 맥멀렌, 『로마제국의 위기, 235-337년 로마
정부의 대응』 김창성 역, 217-249쪽에 자세하게 제시되어 있다.

43) Dupont, *Le Droit criminel dans les constitutions de Constantin, Les infractions*, 88쪽.

　　*

　　콘스탄티누스 가문 시대의 황실법무총감에 대해서는 거의 연구가 없다. 4세기 후반 테오도시우스 황제의 치세기에 활동한 황실법무총감에 대한 연구가 있는 것과는 대조적이다.[44] 그럼에도 이 칙법의 내용을 작성한 황실법무총감(Quaestor sacri palatii)을 기독교인으로 볼 수 있는 근거가 있다. ecclesiasticorum consortium(성직자단), via divinae cultionis (거룩한 예배의 길), superna lex(지고한 법) 등의 표현이 이를 뒷받침해 준다.

　　CTh 12.1.49는 콘스탄티우스 2세에 의해 361년 8월 29일에 공포된 것이다. 이 칙법은 크게 세 부분으로 나뉘어 있다. 첫 번째 부분은 성직자의 시의원(市議員) 면제권에 관한 것이다. 먼저 시의원인 자가 감독으로 선출되면, 조건 없이 시의원직에서 면제받고 자신의 재산을 소유할 수 있다. 그러나 시의원 중에서 사제, 부제, 차부제 등의 성직자가 되려는 자는 일정한 조건이 필요하다. 시의회가 열려서 속주지사가 참여한 가운데 동의를 얻거나 또는 시민들의 뜨거운 열의가 있는 경우에만 성직자가 될 수 있고, 이런 경우에 한해 그 자신의 재산에 대한 소유권을 그대로 유지할 수 있다.

　　이어지는 내용은 이런 조건을 충족하지 못하고 성직으로 안수 받은 시의원의 재산을 다룬다. 속주지사가 참여한 공개적인 시의회에서 인준 받지 못한 시의원 출신의 성직자는 자신의 재산 전체를 자녀에게 상속

---

44) 최근의 연구는 Nam, "Theodosius I's Religious Policy"이다. 이 연구의 우리말 번역은 남성현, 「테오도시우스 1세의 종교정책」을 참고하라. 테오도시우스 가문의 황실법무총감에 대한 대표적인 연구는 Honoré, *Law in the crisis of Empire*이다.

해야 하며, 자녀가 없을 때에는 근친(近親)에게 재산의 2/3를 상속하고 자신은 재산의 1/3만을 소유하며, 근친이 없을 때에는 시의회에 재산의 2/3를 상속하고 자신은 1/3만을 소유할 수 있다. 자녀가 없을 경우 가능하면 근친을 찾아야 하며, 아울러 친척이 없을 경우 시의원직을 떠난 다음에 소유권이 이전된 재산은 그 소유권을 시의회로 양도해야 한다. 칙법의 마지막 부분은 시의원이 아니라 국가관리들이 성직으로 들어가는 것을 금지하는 내용이다. 국가의 일반관리(magistratus)는 물론이거니와 군인과 경찰업무를 담당하는 자들(praepositi pacis)은 성직자가 될 수 없다. 이들 외에 관리 중 특별한 직책이 두 가지 언급되는데, 국가곡물창고의 책임자들과 세금관련 관리들(susceptores)이다. 이런 관리들이 성직자로 안수 받은 경우, 보통심(普通審) 법정의 동의(同意)하에 시의원들이 당사자를 직접 교회에서 끌어낼 수 있다.

*

바실리오스는 피르모스에게 편지를 보낸 바 있다. 피르모스는 시의원 가문 출신으로 시의원직을 회피하기 위해 군대로 도피했다가 바실리오스의 편지를 받고 다시금 시의회로 돌아왔다. 시의원직을 회피하기 위한 노력은 4세기 중반 이후 더욱 심화된다. 위 칙법은 시의원에서 감독으로 갑자기 안수받은 경우에 대해서 언급하고 있다. 암브로시우스나 넥타리우스 등 평신도에서 감독으로 안수 받는 경우가 있었다.

17) 테오도시우스 칙법전 9권 25장 1절 / CTh 9.25.1 : 동정녀 혹은 교회의 과부 약취범(略取犯) 처벌.

354년 8월 22일

Imp. Constantius a. ad Orfitum... eadem utrumque raptorem[*] severitas feriat, nec sit ulla discretio inter eum, qui pudorem virginum[*] sacrosanctarum et castimoniam viduae[*] labefactare scelerosa raptus acerbitate detegitur. Nec ullus sibi ex posteriore consensu[*] valeat raptae blandiri. Dat. XI. kal. sept. Constantio a. VII. et Constante c. conss.

Interpretatio. Quicumque vel sacratam deo virginem vel viduam fortasse rapuerit, si postea eis de coniunctione convenerit, pariter puniantur.

황제 아우구스투스 콘스탄티우스가 오르피투스에게

두 종류의 약취범(略取犯)을[*] 동일한 엄중함으로 징벌해야 한다. 납치의 흉포함으로 신성불가침(神聖不可侵)의 동정녀(童貞女)들의[*] 명예를 해친 자와 과부(寡婦)의[*] 정숙함을 해친 자는 아무런 차이가 없다. 어느 누구도 납치된 여자와 사후(事後) 합의(合意)를[*] 통해 스스로를 속일 수 없을 것이다.

아우구스투스 콘스탄티우스의 일곱 번째 집정관직과 콘스탄스의 집정관직의 해에 9월의 열하루 전에 공포됨.

해석 : 하나님께 바쳐진 동정녀나 과부를 납치하는 자는 누구이든, 후에 그들이 결혼에 대해서 합의(合意)한다 해도 동일하게 처벌받을 것이다.

＊

- raptor : "약취범(略取犯)." 타인을 납치·유괴한 자를 raptor라고 한다. 본문에서는 혼인을 목적으로 동정녀와 과부를 납치하였다는 뜻에서 약취범이라고 번역하였다.

- virgines : "동정녀들." 4세기 초반 이후 수도적 삶이 본격적으로 부흥하기 오래 전부터 이미 교회 안에는 교회의 명부에 등록된 동정녀(童貞女)들이 존재했다. 바실리오스의 편지를 따르면 폰투스의 네오 카이사레아 지방의 경우 이미 오리게네스의 시대인 3세기 중반경에 축사자(逐邪者) 그레고리오스를 통해 기독교 신앙이 전파되면서 교회의 명부에 등록된 동정녀들이 생겨났다고 한다. 이것은 네오 카이사레아 지방만의 특색이 아니라 기독교 공동체가 갖고 있던 일반적인 현상이었다. 4세기 수도주의의 부흥은 여성에 의해서 주도된 것이 아니라, 무엇보다 안토니오스, 아문, 이집트의 마카리오스, 바실리오스 등의 남성 중심의 영적 부흥이었다. 354년 콘스탄티우스가 동정녀와 과부의 납치를 금하는 칙법을 공포할 당시 소아시아나 팔레스티나 서방 세계에는 아직 여자 공주수도원(公住修道院)이 존재하지 않았다. 이 시기에 유일하게 알려진 두 개의 여자 공주수도원은 이집트의 나일강

유역에 연방수도회를 구성했던 파코미오스 수도회 소속이었다. 본문에서 말하는 동정녀는 공주수도원의 여성수도자(女性修道者)가 아니라 교회에 동정녀로 등록하고 세상 속에서 살아가던 여자들을 가리킨다.

- vidua : "과부(寡婦)." 과부는 신약성서에 기록되어 있을 정도로 오래된 교회적 전통이다. 신약성서는 60세 이상의 과부를 교회의 명부에 올리도록 하고 교회에서 구제금을 지급하였다. 등록된 과부는 4세기에도 여전히 존재하였지만 그 구체적인 역할이나 범위는 상당히 모호하다. 4세기 중반 이후 교회에 등록된 동정녀 외에 수도원을 중심으로 여자 수도자들이 생겨나면서 과부는 수도자 계층으로 흡수되어 간다.

- consensus : "합의(合意)." 로마법상 혼인(婚姻)은 당사자간의 합의(合意)를 통해서 성립된다. 합의의 증거, 합의의 방식, 예식의 유무 등은 본질적으로 혼인(婚姻)의 성립에 아무런 영향을 미치지 못한다.

*

이 칙법은 동정녀와 과부를 약취(略取)·유괴한 범인(犯人)에 대한 규제조항이다. 납치된 여자들이 정조(貞操)를 잃은 후 하나님께 바친 삶이 더럽혀진 이유로 약취범(略取犯)과 혼인을 합의(合意, consensus)하여도 그런 혼인의 의사(意思)는 무효일뿐 아니라, 두 종류의 약취자는 동일한 처벌을 받을 것임을 명시한다. 이 칙법은 기독교 신앙에 여생(餘生)을 헌신한 동정녀(童貞女, virgo)와 과부(寡婦, vidua)를 대상으로 하지만 오랜 로마적 전통과 연관성이 있다.

354년 8월 22일에 공포된 이 칙법과 비교할만한 전통은 여신(女神) 베스타(Vesta)를 섬기는 여사제(女司祭, Vestalis)에 관한 규정이다.[45] 베스타 신(神)에게 바쳐진 신녀(神女)들은 로마의 번영과 지속을 위한 사제들로 인식되었다. 베스타 신녀들은 통상 6-10세 정도에 선택되어 30년간 사제직을 수행했는데, 베스타 신에게 바쳐진 불을 꺼트리지 말아야 했고 신녀로 선택된 기간 동안 독신의 의무와 정절의 서약을 지켜야 했다. 플루타르코스에 따르면 누마 시대에 2명의 베스타 여사제들이 있었으나, 그후 4명, 10명으로 증가하게 되었다. 베스타 여사제의 순결은 로마인들의 건강에 직접적으로 연관된다는 신앙이 있었던 만큼, 순결 서약을 지키지 못할 경우 엄중한 제재가 뒤따랐다. 고대 전통에 따르면 순결 서약을 어긴 베스타 여사제는 도시 로마에 생매장되기도 했지만 곧 폐지되었고, 채찍을 맞은 뒤에 화형되었다. 예를 들어 베스타 여사제 Minucia는 노예와 성관계를 가졌다는 혐의로 산채로 불태워졌다. 하지만 베스타 여사제 제도가 약 1천년에 걸쳐 존속하는 동안 베스타 여사제의 처형은 오직 로마가 혼란스러운 시기에만 이루어졌다는 것에 근거해 베스타 여사제가 속죄양과 같은 역할을 했다는 견해도 있다. 베스타 신에게 바쳐진 여사제는 하나님께 바쳐진 동정녀와 개념상 유사한 측면이 있다.

그런데 콘스탄티우스가 354년 공포한 교회에 등록된 동정녀와 과부에 관한 칙법은 원수정기의 간음죄(姦淫罪)에 관한 법률과 보다 큰

---

45) http://en.wikipedia.org/wiki/Vestal_Virgin(2013년 6월 3일 참조).

유사성이 있다. 엄격한 의미에서 간음(stuprum)은 결혼하지 않은 여자와의 성관계를 의미하며 약혼자 사이의 성관계도 간음으로 간주되었다.46) 하지만 문헌학적 관점에서 stuprum은 성적인 부정(不貞)함을 가리키는 용어로 자주 사용되어, 기혼녀나 미혼녀가 저지른 성적 부정을 가리키곤 했다. 예를 들어 간통에 관한 율리우스 법은 간통(adulterium)에 대해서 stuprum을 사용하기도 한다.47) 하지만 보다 후대의 법학자들은 stuprum과 adulterium을 자주 구별하여 사용한다. 배우, 무희, 포주, 여노(女奴) 등 천한 계층의 여인들과 미혼녀와 과부 등과의 성관계는 간통죄에 해당되자 않는다. 남편이 있는 가정의 부인과 성관계를 갖는 것은 간통죄(姦通罪, adultera)로 다스려졌는데, 이는 상간남의 부인에 대한 죄가 아니라 상간녀의 남편에 대한 죄로 간주되어 처벌되었다. 간통녀가 남편이 아닌 자와 성관계를 갖는 것이 자신의 남편에 대한 죄로 간주되어 처벌된 것과 같은 이치이다.

그런데 콘스탄티우스의 칙법에서 언급되는 동정녀(virgo)와 과부(vidua)는 간음죄의 범죄주체였던 미혼처녀(virgo)와 과부(vidua)와는 구별되어야 한다. 간음죄의 주체로서 언급되는 처녀와 과부는 넓은 의미인 반면, 콘스탄티우스의 칙법에서 언급되는 처녀(virgo)와 과부(vidua)는 전술한 바와 같이 교회의 명부에 등록된 자로 신성불가침(sacrosanta)의 종교인 기독교에 헌신한 여인들이기 때문이다.

가이우스를 따르면 간음죄는 신분이 높은 경우 재산의 1/2을 몰수하고 보통시민은 체형과 추방형으로 처벌했다.48) 간음죄는 재산몰수,

---

46) Mommsen, *Le droit pénal romain* 2, 420-422쪽(독일어 원문은 694-695쪽).

47) 파피니아누스, D 48.5.6.1, 모데스티누스, D 48.5.35.1.

48) Institutes 4.18.4. "Item lex Iulia de adulteriis coercendis, quae non solum temeratores alienarum nuptiarum gladio punit, sed etiam eos qui cum masculis infandam libidinem exercere audent. sed

체벌, 추방형으로 제재당하였다. 미성숙여성(未成熟女性)과 간음한 경우 유배나 추방형 혹은 광산형으로 처벌받았다.[49] 후견인(tutor)이 피후견여성과 간음한 경우 후견인은 재산을 몰수당하고 추방형에 처해졌다. 남성이 처녀나 과부와 성관계를 가진 경우 미혼과 기혼을 구별하지 않고 간음죄의 처벌을 피할 수 없었다. 자유인 여성인 처녀와 과부가 남노(男奴)와 간음한 경우 자유인 여성은 극형을 처벌받았다. 상중(喪中)에 간음한 과부(寡婦)의 경우 법정형벌 이외에도 가자(嫁資)와 혼인수증재산을 몰수당하였다. 간음죄로 유죄판결을 받은 사람은 불명예자가 되어 로마시민의 기본권을 광범위하게 제한받았다.

콘스탄티우스의 칙법(CTh 9.25.1)과 비교할 만한 또 다른 칙법은 콘스탄티누스가 326년 공포한 처녀납치에 관한 칙법이다(CTh 9.24.1). 326년에 공포한 콘스탄티누스의 칙법에서 언급하는 처녀(virgo)는 교회에 등록된 동정녀가 아니라 일반적인 의미의 미혼여성을 뜻한다. 콘스탄티누스는 이 칙법을 통하여 혼인(婚姻)을 위해 처녀를 약취한 범인(犯人)뿐 아니라 약취(略取)당한 처녀도 저항의 유무 및 혼인합의의 유무에 따라 상이한 처벌을 받도록 규정하였다. 그런데 콘스탄티누스는 약취(略取)당한 미혼여성도 처벌을 피할 수 없도록 규정하였다. 그러나 약취당한 교회의 동정녀와 과부가 어떤 처벌을 받아야 하는지에 대해서는 명시한 바가 없다. 이 점은 순결의 의무를 지키지 못한 베스타 여사제, 간음한 미혼처녀와 과부, 약취(略取) 당한 처녀 등 과

eadem lege Iulia etiam stupri flagitium punitur, cum quis sine vi vel virginem vel viduam honeste viventem stupraverit. poenam autem eadem lex irrogat peccatoribus, si honesti sunt, publicationem partis dimidiae bonorum, si humiles, corporis coercitionem cum relegatione." *Justitnian's Institutes*, latin text of Paul Krueger, (New York: Cornell University Press, 1987), 55쪽. 영어번역은 같은 책의 145쪽을 참조하라.

49) 이하 동(同)문단의 내용은 조규창, 『로마형법』, 465-466쪽을 참조하였다.

거의 법적 전통이 하나같이 여성에 대한 처벌을 규정하는 것과 비교하여 특징적이다. 반면 326년 콘스탄티누스의 처녀약취에 대한 규정처럼 약취된 동정녀나 과부의 혼인 합의는 인정되지 않는다.

*

콘스탄티우스의 칙법은 동정녀와 과부의 약취(略取)에 관한 첫 번째 규칙법이다. 이후 요비니아누스 황제는 364년 안티오키아에서 공포된 칙법을 통해 혼인(婚姻)을 위해 동정녀와 과부를 약취미수(略取未遂)한 범인을 극형으로 제재하도록 하였다(CTh 9.25.2). 420년 호노리우스는 라벤나에서 칙법을 공포하여, 동정녀 약취범을 재산몰수형과 유배형으로 제재하고, 약취범에 대한 고발은 무고죄(誣告罪)로 처벌받지 않는다고 하였다(CTh 9.25.3). 그러나 콘스탄티우스, 요비니아누스, 호노리우스의 칙법은 하나같이 약취당한 동정녀와 과부의 처벌에 대해서 침묵하고 있다. 처벌규정이 없는 것은 처벌되지 않는다는 것을 뜻하므로 약취당한 동정녀와 과부는 처벌되지 않는다. 동정녀와 과부는 약취당하여 정숙함에 상처를 입은 그 자체로 이미 커다란 종교적이고 윤리적인 차원에서 고통당하게 된다. 그러므로 이전의 법전통과는 달리 약취된 동정녀와 과부는 형벌의 대상이 되지 않는 것이다.

『사막교부들의 금언집』에는 성폭행당한 동정녀의 이야기가 실려 있다.[50] 한 동정녀가 어머니와 함께 살고 있었는데, 어머니가 외출한 사이 이웃에 살던 군인이 그녀를 성폭행했다. 하지만 동정녀나 그 어머

---

50) 『사막교부들의 금언집』, 3.49.

니가 군인을 고발한 것 같지는 않으며, 성폭행범이 처벌받았다는 내용도 없다. 그런데 유스티니아누스 황제는 동정녀에 대한 성폭행을 흉악범으로 보아 범인에게 상소권을 부여하지 않고 유죄판결과 동시에 사형으로 처벌했다.[51] 아울러 여성수도자를 납치하거나 납치를 기도한 범인의 재산은 여성수도자가 속한 교회나 수도원에 귀속되며 해당 여성수도자는 몰수재산의 용익권을 취득할 수 있다고 규정하였다.

---

51) 조규창, 『로마형법』, 653쪽.

7장
기독교 일반에 대한 칙법

1) 테오도시우스 칙법전 8권 16장 1절 / CTh 8.16.1 : 독신자에 대한 법적 불이익을 철회한다.

320년 1월 31일

De infirmandis poenis caelibatus et orbitatis.

Imp. Constantinus a. ad populum. Qui iure veteri caelibes[*] habebantur, inminentibus legum terroribus liberentur adque ita vivant, ac si numero maritorum matrimonii foedere fulcirentur, sitque omnibus aequa condicio capessendi quod quisque mereatur. Nec vero quisquam orbus[*] habeatur: proposita huic nomini damna non noceant.

Quam rem et circa feminas aestimamus earumque cervicibus imposita iuris imperia velut quaedam iuga solvimus promiscue omnibus. Verum huius beneficii maritis et uxoribus inter se usurpatio non patebit, quorum fallaces plerumque blanditiae vix etiam opposito iuris rigore cohibentur, sed maneat inter istas personas legum prisca auctoritas.

Dat. prid. kal. feb. Serdicae, proposita kal. april. Romae Constantino a. VI et Constantino c. conss.

독신(獨身)과 무자녀(無子女)에 대한 형벌을 폐지하는 것에 대해

황제 아우구스투스 콘스탄티누스가 백성에게

고법(古法)에 의해 독신자(獨身者)로[*] 여겨졌던 자들은 법의 위협적인 공포로부터 해방될 것이며 따라서 결혼한 남자들로 계수되어 결혼의 약정에 의해 지지되는 것처럼 살아갈 것이며, 모든 자들은 누구든 합당한 것을 얻을 수 있는 동등한 조건을 갖게 될 것이다. 그리고 독신자는 자녀 없는 기혼남자로[*] 간주되지 말아야 한다. 이 이름에 붙여진 손해는 해를 일으키지 않을 것이다.

우리는 동일한 것을 여자들에 대해서도 생각하고 있으며, 우리는 멍에처럼 그녀들의 목에 놓인 법의 명령을 그녀들 모두에게서 차별없이 제거한다. 남편들과 부인들에 대해서는 이런 호의가 남용되지 말아야 한다. 법의 엄격한 제재가 그들의 기만적인 아첨을 겨우 억제하지만, 이런 자들 사이에서 법의 아주 오래된 권위는 여전할 것이다.

세르디카(소피아)에서 2월의 하루 전에 공포됨. 아우구스투스 콘스탄티누스의 여섯 번째 집정관직과 카이사르 콘스탄티누스의 집정관직 하에 로마에서 4월 초하루에 고시됨.

*

- caelibes : "독신자(獨身者)." 혼인법상 독신자는 25세 이상 60세
  까지의 남자와 20세 이상 50세까지의 여성으로서 혼인상태에
  있지 않은 자를 말한다.[1]

- orbus : "자녀 없는 기혼남자." 자녀 없는 기혼남자의 경우 상속
  분이 1/2로 감소되었다. 자녀 있는 독신남성이 재혼을 하지 않
  을 경우에도 무자녀의 혼인남성과 유사한 취급을 받아 상속분이
  1/2로 감소되었다.[2]

*

320년 공포된 이 법은 3세기 말에 시작되어 4세기 초에 활짝 꽃
핀 새로운 기독교 영성인 수도주의를 배경으로 이해되어야 한다. 수
도적 삶의 근간 중의 하나가 독신이었다. 4세기 초반경에 이미 결혼
하지 않은 채로 사제의 직무를 감당하거나 교회의 감독의 직책을 맡
은 자들이 존재했으며, 더 나아가 이집트의 사막과 버려진 마을에
수도자들이 살기 시작했다. 수도적 삶의 아버지로 불리는 안토니오
스는 이미 270년대에 은수자(隱修者)로서 독수적 삶에 헌신하며, 그
를 뒤따르는 자들이 생긴다. 안토니오스와는 별개로 317년경 상(上)
이집트의 테바이드에서 파코미오스가 여러 동료와 함께 공동체 생

---

1) Patlagean, *Pauvreté économique et pauvreté sociale*, 115쪽을 참조하라.

2) 현승종·조규창, 『로마법』, 1010-1011쪽.

도 22. 압바 쉐누테의 모습이 새겨진
석회암 평판, 이집트, 5세기, 베를린
보데 박물관

활을 시작하고 곧이어 323년 타벤네시스(Tabennesis)라는 버려진 마을에 최초의 공주(公住)수도원으로 알려진 공동체를 설립한다. 수도적 영성이 빠른 시간에 기독교 세계 전역으로 확대되어 나갈 수 있었던 것은 320년에 콘스탄티누스가 공포한 위의 칙법에 빚진 바가 크다. 왜냐하면 콘스탄티누스는 이 법을 통해 혼인을 하지 않는 남자가 불이익을 받게 되는 옛법을 폐지하여 독신자라도 불이익을 당하지 않으며 살 수 있는 길을 열어놓았기 때문이다.

*

고법(古法)에 따르면 독신자는 상속분의 1/2 이상을 얻을 수 없었지만 콘스탄티누스는 "누구든 합당한 것"(quod quisque mereatur)을 얻을 수 있다고 규정하면서 고법을 폐지한다. 또한 독신자는 결혼은 했지만 자녀가 없는 무자녀자로 여겨져 무자녀자에게 돌아가는 손해나 불이익에 노출되지 말아야 한다.

독신 남자에 대한 차별의 철폐는 독신 여자에 대해서도 동일하게 주어진다. 이는 여자 수도사들뿐 아니라 교회에 등록된 동정녀들을 위한 것이다. 4세기 초반경 소아시아에 수도사들이 존재하지 않았지만 교회에 등록된 동정녀들은 이미 존재했다. 특히 네오 카이사레아 교회의 경우 교회에 등록된 동정녀들은 1세기 이상의 전통을 갖고 있었다.

그러나 독신자에 대한 불이익의 철폐는 기혼자와는 상관이 없다고 규정한다. 기혼자라도 자녀의 숫자에 따라 다른 조건이 적용되었다. 2인 이하의 자녀가 있는 로마 자유인 여성 및 3인 이하의 자녀가 있는 피해방여성의 상속분은 자녀 없는 기혼남자와 마찬가지로 1/2로 감소되었다. 3인 이상의 자녀가 있는 로마여성과 4인 이상의 자녀가 있는 피해방여성만이 상속분 전체를 취득할 수 있었으며, 특권을 부여받아 후견(後見)에서 면제될 수 있었다. 자녀가 적은 여성이나 자녀가 없는 기혼남자의 경우, 위의 법을 악용하여 수도적 삶을 택한 것으로 가장하여 혜택을 받을 수 있었으므로, 콘스탄티누스는 이를 방지하고자 하였다. 그런데 수도자들의 경우 혼인 상태를 유지하면서 별거하는 경우도 있었으나 위의 칙법은 이런 경우는 고려하지 않은 것처럼 보인다. 예를 들어 이집트의 마카리오스의 경우 결혼 관계를 유지하면서도 동정의 삶을 지키면서 살아가지만 전기 작가는 법적인 제재에 대해서 언급하지 않는다.[3]

그런데 이 법이 이집트가 아니라 세르디카(소피아)에서 공포되었다는 것에 대해서 의구심이 든다. 320년이면 이집트를 제외한 로마 제국의 다른 지역에는 아직 수도적 삶이 잘 알려지지 않았을 시기이다. 소아시아에 수도적 삶이 소개되는 것도 350년경에 불과하다. 그

---

3) 『스케테의 마카리오스의 생애』 참조.

첫 증인이 바실리오스의 스승인 세바스테의 에우스타티오스이다. 에우스타티오스는 350년경 마크리나를 설득하여 안니사의 가족적인 수도공동체를 설립하도록 했다. 바실리오스는 이 수도공동체에서 에우스타티오스를 만나면서 수도적 삶에 입문했고, 유명한『수도규칙서』를 남기게 되었다. 이렇게 해서 시작된 소아시아의 수도공동체는 370년대에 상당히 진전된 모습으로 존재하였다.[4]

참고적으로 소조메노스가 이전의 로마법과 콘스탄티누스의 칙법에 대해서 설명하는 것을 소개할 필요가 있을 것이다.[5] 소조메노스는 파피아 포파에아법(Lex Papia Poppæa)에 대해서 설명한다. 25세 이상의 남자로 결혼하지 않은 자는 결혼한 자와 동일한 권리를 누리지 못했다. 독신자는 가까운 친족이 아닌 경우 유언을 통해 상속받을 수 없었다. 무자녀인 경우는 상속분의 1/2만 상속받을 수 있었다. 아우구스투스 시대에 만들어진 이 법은 로마의 내란으로 줄어든 인구를 늘리기 위한 조처였다. 소조메노스는 콘스탄티누스 황제가 이 고법(古法)이 하나님께 헌신하여 독신상태로 자녀 없이 살아가는 자들에게 불리한 법임을 깨닫고, 그런 수도자들도 결혼한 자들과 동일한 권리를 향유하도록 조처하였을 뿐 아니라, 14세가 된 수도자들이 당시 로마법과는 달리 유언장을 작성할 수 있도록 허락했다고 한다. 법은 베스타 여사제의 경우 16세가 되면 유언장을 작성할 수 있도록 허용한 것과 유사한 조치이다.

---

4) 남성현,『기독교 초기 수도원 운동사』를 참조하라.
5) 소조메노스,『교회사』, 1. 9.

2) 테오도시우스 칙법전 16권 2장 5절 / CTh 16.2.5 : 성직자들에게 희생제의를 강요하지 말아야 한다.

323년 12월 25일

Idem a. ad Helpidium. Quoniam comperimus quosdam ecclesiasticos[*] et ceteros catholicae sectae[*] servientes a diversarum religionum hominibus ad lustrorum sacrificia celebranda compelli, hac sanctione sancimus, si quis ad ritum alienae superstitionis cogendos esse crediderit eos, qui sanctissimae legi serviunt, si condicio patiatur, publice fustibus verberetur,[*] si vero honoris ratio talem ab eo repellat iniuriam[*], condemnationem sustineat damni gravissimi, quod rebus publicis vindicabitur.[*]

Dat. VIII kal. iun. Sirmi Severo et Rufino conss.

같은 아우구스투스가 헬피디우스에게

우리는 어떤 교회관계자들과[*] 공교회파의[*] 다른 사역자들이 적대적인 종교의 사람들에 의해 속죄의 희생제의를 드리도록 강요받았다는 것을 알았다. 따라서 우리는 이 법을 통해 만약 누군가가 가장 거룩한 법을 섬기는 자들에게 낯선 미신적인 의식을 강요한다면, 상황이 허락하는 한 그는 공개적으로 몽둥이로 태형을 당할 것을[*] 규정한다. 그의 명예를 고려할 때 그에게 그런 불명예를 가하는 것이 곤란하다면,[*] 그는 공공의 일을 위해 요구될[*] 가장 무거운 벌금으로 정죄를 받을 것이다.

세베루스와 루피누스의 집정관직 하에 시르미움에서 6월의 여드
레 전에 공포됨

＊

- ecclesiastici : "교회관계자들." 감독을 비롯한 상급 성직자에서
  문지기와 독경자를 포함하는 하급 성직자를 포괄하는 단어이다.

- catholica sectae : "공교회파." 종교법에서 secta라는 용어는 흔히
  이단과 분파에 대해서 적용된다. 이 칙법에서 공교회에 대해서
  secta라는 용어가 적용된 것이 특이하다. 종교법 안에서 이 표현
  이 가질 수 있는 의미에 대해서는 남성현, 『테오도시우스 법전
  종교법 연구』, 65쪽을 참조하라.

- fustibus verberetur : "몽둥이로 태형을 당할 것이다." 몽둥이(fustis)
  로 가하는 태형(verberatio)에 대해서는 CTh 4.6.2의 verberatus에
  대한 설명을 참조하라. 여기에서 언급되는 태형은 종교적인 차
  원의 인격침해를 다스리기 위한 수단이다.[6] 몽둥이 태형(fustigatio)
  에 대해서는 CTh 9.3.1을 참조하라.

- si vero honoris ratio talem ab eo repellat iniuriam : "실로 그의
  명예를 고려할 때 그에게 그런 불명예를 가하는 것이 곤란하다면."

---

6) Dupont, *Le Droit criminel dans les constitutions de Constantin, Les peines*, 70쪽.

- rebus publicis vindicabitur : "공공의 일을 위해 요구될 것이다."
'공공의 일을 위해 요구된다'(rebus publicis vindicari)'는 벌금이
국고로 귀속되거나 혹은 시의회의 재정으로 사용된다는 의미이
다. 델메르(Delmaire)는 '자치시 금고'로 번역하였고, 마그누－노
르티에(Magnou-Nortier)는 '국고'로 번역하였다.[7]

*

세크(O. Seeck)는 이 법을 리키니우스와 연관시킨다. 리키니우스
는 자신의 통치 15주년을 기념하여 323년 11월 11일 희생제의를 드
린다. 이와 관련하여 콘스탄티누스는 323년 12월 25일 기독교인들
에게 희생제사를 강요해서는 안되며 만약 이교신앙인들이 기독교인
들에게 희생제사를 강요하는 경우 신분에 따라 태형이나 벌금형을
선고해야 한다고 규정한다. 마그누－노르티에는 세크의 견해를 따르
는 반면 델메르는 세크의 견해를 반박한다. 리키니우스는 크리스토
그램이 들어간 주화를 발행한 적이 있다. 이는 에우세비오스 등의
교회사가들이 흔히 묘사하듯 리키니우스가 기독교에 대해 항상 적
대적인 입장을 견지하지는 않았다는 증거가 될 것이다.

---

7) Delmaire et Rougé, *Code Théodosien Livre XVI*, 131쪽 각주 4번. Magnou-Nortier, *Le Code Théodosien, Livre XVI*, 111쪽.

3) 테오도시우스 칙법전 15권 8장 / CTh 15.8 De lenonibus.[*]

테오도시우스 칙법전 15권 8장 1절 / CTh 15.8.1 : 여자 기독교인 노예의 매춘을 금지한다.

343년 7월 4일

Imp. Constantius a. ad Severum praefectum Urbi. Si quis feminas, quae se dedicasse venerationi christianae legis sanctissimae[*] dinoscuntur, ludibriis quibusdam subicere voluerit ac lupanaribus venditas faciat vile ministerium prostituti pudoris[*] explere, nemo alter easdem coemendi habeat facultatem, nisi aut ii, qui ecclesiastici[*] esse noscuntur aut christiani homines demonstrantur, competenti pretio persoluto.

Dat. IIII non. iul. Hierapoli Placido et Romulo conss.

포주(抱主)에[*] 대해서

황제 아우구스투스 콘스탄티우스가 수도총감(首都摠監) 세베루스에게

만약 어떤 자가 아주 거룩한 기독교적 법을[*] 섬기는 데에 헌신한 것으로 인정되는 여자들을 어떤 노리개로 전락(轉落)시키려고 한다면, 그리고 그가 그 여자들을 갈보집에 팔아 수치스런 매춘(賣春)의[*]

저속한 일을 하도록 한다면, 적당한 값이 지불된 후에 교회관계자들
이라고* 알려지거나 기독교인 남자들이라고 증명되는 자들 외에 다
른 어떤 자도 그 여자들을 살 수 있는 권한이 없다.

플라키두스와 로물루스의 집정관직 하에 히에라폴리스에서 7월
상현(上弦)의 나흘 전에 공포됨.

*

- lenones : "포주(抱主)." 울피아누스(Ulpianus)의 정의를 따르면 포
  주(抱主)란 여노(女奴)에게 성매매(性賣買)를 시켜 이득을 얻는 사
  람이나, 자유인 창녀로 성매매하여 주된 수입이나 부가수입을 얻
  는 자를 가리킨다(D 3.2.4.2). 성매매가 성행했던 장소는 갈보집
  외에도 여인숙이나 목욕탕 등이 있었다. 이런 업소의 운영자는
  자유인 창녀의 수입의 일부나 전부를 취하지 않고 자유인 창녀
  들을 그런 장소에서 관리 · 감독하지 않는다면 포주가 아니다.8)

- christiana lex sanctissima : "아주 거룩한 기독교적 법(法)." 이 표
  현은 기독교 신앙을 가리킨다. 이 칙법에서 황실법무총감(quaestor
  sacri palatii)은 기독교인에 대해 "아주 거룩한 기독교적 법을 섬
  기는 데에 헌신했다(se dedicasse venerationi christianae legis sancti-
  ssimae)"는 표현을 쓰는 것으로 보아 기독교인이라고 추론할 수

---

8) 울피아누스의 설명은 모호한 부분이 있어서 여러 가지 해석이 가능하다. 이에 대한 해석은
McGinn, *Prostitution*, 53-58쪽을 참조하라.

있다. 아울러 "헌신한 것으로 인정되는(dinoscuntur)" 혹은 "교회
관계자들이라고 알려지거나(noscuntur) 기독교인 남자들이라고 증
명되는(demonstrantur)" 등의 표현을 통해서 볼 때 황실법무총감
은 변호사 출신으로 보인다.

- prostitutus pudor : "수치스런 매춘(賣春)." 문자적으로는 '창녀의
  수치'이다.

- ecclesiastici : "교회관계자들." 교회관계자들(ecclesiastici)이라고
  번역한 이 용어는 성직자(clerici) 보다는 넓은 범위로 동정녀까
  지도 포함된다. 성직자는 감독과 사제 등의 상급성직자는 물론
  이거니와 독경자와 문지기까지도 포함된다. 면세 혜택을 누리
  는 성직자의 법정범위를 교회의 관례에 따라 독경자와 문지기
  까지로 정한 것은 377년 3월 5일의 칙법(CTh 16.2.24)을 통해
  서이다(CTh 16.2.21-22 참조).

*

이 칙법은 기독교인 여노(女奴)에 대한 성적(性的) 남용(濫用)을 국
가가 제한한 첫 번째 규정이다. 기독교인 여노(女奴)의 성적(性的) 남
용은 두 가지 면에서 제한된다. 첫째는 주인이 기독교인 여노(女奴)
에게 성매매(性賣買)시키는 것을 금지하는 것이다. "어떤 자가 여자
들을 어떤 노리개로 전락(轉落)시키려고 한다면(Si quis feminas..., ludibriis
quibusdam subicere voluerit)"이란 구절은 여노(女奴)에 대한 주인의

성적(性的) 남용(濫用)을 말하는 것이 아니라, 주인이 여노(女奴)에게 매춘을 강요하는 것으로 해석되어야 한다. 노예(奴隸)의 소유권은 주인에게 있었다. 타인이 여노(女奴)를 성폭행하거나 시도하는 경우 인격침해(iniuria)로 제재 당했지만, 이 경우라도 여노(女奴)에 대한 개인적인 범죄가 아니라 주인의 소유권에 대한 침해로 간주하여 손해배상을 청구할 수 있었다.[9] 주인은 여노(女奴)에 대해 매춘행위를 강요할 수도 있었다. 그러나 위에서 제시한 울피아누스의 설명에서 보는 바와 같이 이 경우 주인은 포주(leno)가 된다. 두 번째로 이 칙법은 주인이 기독교인 여노(女奴)를 판매할 때에 매춘업소에 판매하지 못하도록 규정한다. 울피아누스의 설명을 따르면 유곽 외에도 여인숙이나 목욕탕 경영자가 여노(女奴)를 이용해 매춘행위를 했다. 따라서 이 칙법은 기독교인 여노(女奴)를 유곽은 물론 매춘행위를 하는 여인숙이나 목욕탕 주인에게 파는 것을 금지한 것이다.

이 칙법은 국가가 기독교인 여노(女奴)의 매매조건을 제한한 첫 번째 규정이지만, 조건적 노예매매의 방식은 로마법상 오랜 전통을 갖고 있다. 로마법상 인정되는 조건적 노예매매계약의 내용은 크게 4가지로 분류된다. ut manumittatur(노예를 해방시켜야 한다), ne manumittatur(노예를 해방시키지 말아야 한다), ut exportetur(노예를 이주시켜야 한다), ne serva prostituatur(여노에게 매춘행위를 시키지 말아야 한다) 등이다.[10] 4가지 모두 매매계약 이후의 노예의 삶의 조건과 관계된 것인데, ne manumittatur(노예를 해방시키지 말아야

---

9) Ulpianus D 47.10.9.4. McGinn, *Prostitution*, 314쪽.

10) 로마법상 인정되는 4세기 조건부 매매계약의 내용에 대해서는 McGinn, *Prostitution*, 288-319쪽을 참조하라.

한다)와 ut exportetur(노예를 이주시켜야 한다)는 노예에게 불리한 경우이다. 이런 조건이 붙은 매매계약에는 통상 계약서에 이유가 명시되며 노예매입자는 이 조건을 이행해야 한다. ut manumittatur(노예를 해방시켜야 한다)와 ne serva prostituatur(여노에게 매춘행위를 시키지 말아야 한다)는 노예에게 유리한 계약이며 마찬가지로 노예매입자는 이 계약조건을 지켜야 한다. 만약 노예매입자가 조건부 노예매매계약을 어길 경우 노예는 해방되고 매입자의 권리는 사라지며 매도인이 보호자(patronus)가 되었다.

4가지 제한적 노예매매계약 중에서 콘스탄티우스가 343년에 공포한 칙법(CTh 15.8.1)은 마지막 네 번째 제한적 매매계약의 연장선 속에 있다. 이와 관계된 최초의 칙법적 전통은 1세기 베스파시아누스 시대로 거슬러 올라간다(D 37.14.7).[11] 그 내용을 소개하면 다음과 같다.

> Mod. D 37.14.7 pr. : 신인 베스파시아누스는 재결(裁決)하기를 만약 여노(女奴)가 매춘행위(賣春行爲)를 할 수 없다는 조건으로 매도되었는데 매춘행위를 하게 되었다면 그녀는 해방(解放)될 것이고, 만약 여노(女奴)가 매입자(買入者)에 의해 계속하여 조건 없이 제삼자에게 매도되어 매춘행위를 했다면 그녀는 판매조건에 부합하여 해방될 것이며 첫 번째 매도인의 피해방노예(被解放奴隷)가 되어야 한다.

베스파시아누스의 법은 두 번째 노예매입자가 첫 번째 노예계약의 조건을 인지하고 있었는가는 문제시하지 않는다. 중요한 것은 첫 번째 노예계약조건으로서 이것이 지켜지지 않을 때에는 이후에 이

---

11) McGinn, *Prostitution*, 292-293쪽과 최병조, 「로마매매법상 노예매춘금지조항」을 참조하라.

루어지는 어떤 계약이라도 무효가 되어 버리며 노예는 해방되고 첫 번째 계약조건을 지키지 않은 까닭으로 최초의 매도인이 피해방노예의 보호자가 되었다. 베스파시아누스의 법은 이런 조건부 계약이 이미 관행화되어 있었고, 노예의 자유가 침해된 경우 기존의 관습을 재확인한 것으로 보인다. 마르켈루스(Marcellus)와 울피아누스는 매춘행위를 하지 않겠다는 조건으로 여노(女奴)를 매입한 자가 계약조건을 어길 경우 여노(女奴)는 자유를 얻고 최초 매도자의 피해방노예가 되지만, 여노(女奴)의 보호자인 최초 매도자가 여노(女奴)에게 매춘행위를 강제하면 보호자의 일부 권리를 상실한다고 하였다(D 2.4.10.1)[12] 파울루스는 그 이유에 대해서 설명하기를 여노(女奴)에게 행해진 악(惡)은 여노(女奴)에게 자유를 줌으로써 치유된다고 하였다 (libertas eximit eam iniuriam, D 18.7.9). 유스티니아누스 황제는 이런 요소들을 통합하여 최초매도자가 여노(女奴)의 보호자가 된 이후 여노(女奴)에게 매춘행위를 강제하면 보호자의 권리를 완전히 상실하고 여노(女奴)는 로마시민의 완전한 권리를 얻는다고 하였다(CJ 7.6.1.4).

*

기독교인에게 매춘을 강제한 것은 박해시대로 거슬러 올라간다. 2세기 말경에 테르툴리아누스는 박해시에 기독교 신앙을 가진 여인이 체포되어 포주(抱主, leno)에게 넘겨졌다고 말한다.[13] 테트툴리아누스에 있어서, 로마 당국의 이런 불의(不義)는 오히려 기독교 신앙인들의

---

12) McGinn, *Prostitution*, 295쪽.

13) 테르툴리아누스, 『변증』, 50.12.

도 23. 성 아그네스, 350년경, 로마
아그네스 교회

무고함을 증언한다. 기독교 신앙에 대한 박해를 설명한 뒤에 테르툴리아누스는 "기독교인들의 피는 씨앗이다"라는 유명한 말을 남긴다.

박해시대에 대역죄로 체포당해 포주에게 넘겨져서 매춘행위를 강요당한 경우는 흔하다. 304년 로마의 수도총감(praefectus urbis)은 아그네스(Agnes)를 체포하여 도미티아누스 경기장 옆에 있던 사창가의 포주에게로 보냈다.[14] 같은 해에 알렉산드리아에서는 테오도라(Theodora)라는 귀족가문의 처녀가 기독교인이라는 이유로 체포되어 알렉산드리아의 사창가로 넘겨졌다.[15] 기독교인들의 체포에는 대역죄(crimen maiestas)가 적용되었고 그에 대한 형벌은 참수형, 맹수형, 화형, 고문치사형(拷問致死刑) 등의 극형(極刑)이었다. 강제매춘(强制賣春) 혹은 사창가형(私娼街刑)은 『로마형법』상 명시된 적이 없고 지역 정무관의 재량에 의한 관행으로 보인다.

박해 시대의 교회적 가르침에 따르면 그리스도인은 그리스도의 영적인 신부이며, 신앙 때문에 사창가로 넘겨진다 해도 그 영적인 순결이 훼손되지 않는다고 가르쳤다. 아그네스와 테오도라는 신앙의 순수성을 위해서라면 사창가로 넘겨지는 것에 대해 개의치 않았다. 아그

---

14) Bernet, *Les chrétiens dans l'Empire Romain*, 457-463쪽.

15) Bernet, *Les chrétiens dans l'Empire Romain*, 456쪽.

네스는 매음굴에 나체로 전시되었다. 그러나 주의 천사가 그녀를 지켰고 어느 누구도 감히 아그네스의 몸에 손가락 하나 댈 수 없었다.

테오도라의 경우는 좀 코믹하게 전개된다. 테오도라가 있던 알렉산드리아의 매음굴에 디디모스라는 이름의 기독교인 병사가 들어왔다. 디디모스는 테오도라를 알아보고서 테오도라의 옷을 자기가 입고 자신의 옷은 테오도라에게 준 후 이 가련한 여인을 도망시켜 주었다. 이후 들어온 남자 손님은 디디모스를 보고서는 기겁을 하여 도망치며 하나님이 테오도라를 남자로 만들었다고 소리질렀다. 그러나 아그네스든 테오도라든 그 종국은 하늘나라의 영생을 위해 지상의 생명을 버리는 것이었다. 아그네스는 로마의 수도총감에 의해 참수되었고 테오도라와 디디모스 역시 죽음의 형벌을 피할 수 없었다.

그런데 박해시대에 기독교인들에게 부과되곤 했던 강제매춘이 콘스탄티우스가 343년에 공포한 CTh 15.8.1과 어떤 연관을 가지는가는 분명하지 않다. 대박해(302-311년)가 끝난지 한 세대 이상의 시간이 흘렀기 때문에 연결점을 찾기가 쉽지 않다. 콘스탄티우스의 법은 오히려 조건부 노예매매계약의 관행중 하나인 ne serva prostituatur(여노에게 매춘행위를 시키지 말아야 한다)라는 법적 전통 속에서 적절하게 이해될 수 있을 것이다. 콘스탄티우스의 칙법이 몇 가지 점에서 기존의 전통과 다르다는 것을 언급할 필요가 있다.

첫째, ne serva prostituatur라는 기존의 계약조건 대신에 여노(女奴)의 종교인 기독교 신앙을 포괄적인 매매조건으로 하였고, 여노(女奴)의 종교인 기독교 신앙이 계약서에 명시되는가 아닌가를 불문하고 기독교인 여노(女奴)의 매춘행위는 금지하였다. 즉 매매계약의 조건이 아니라 기독교 신앙의 유무가 조건이 된 것이다. 두 번째로, 노예주(奴隷主)가 기독교인 여노(女奴)에게 매춘행위를 강요하거나 기독교인 여노(女奴)를 매춘업소에 매도하는 경우, 노예주나 매입인은 여노(女奴)에 대한 소유권을 이전하도록 강제당했다. 이 경우에 있어 기독교 신앙을 가진 자라면 평신도이든 성직자나 동정녀이든 관계없이 여노(女奴)를 매입할 수 있는 자격을 가졌다. 기독교 신앙인이 아니라면 여노(女奴)를 매입할 자격이 없었으므로, 이 경우에 가장 고려되는 것은 기독교 신앙이었다.

세 번째, 이 칙법의 특이한 점은 이전의 조건부 노예매매계약의 관행과는 달리 매춘행위를 강제당한 여노(女奴)에게 피해방권이 주어지지 않는다는 점이다. 매춘행위를 강제당한 기독교인 여노(女奴)는 교회관계자들이나 기독교인에 의해 매입되어서 매춘행위가 종결되어야 한다는 것이 이 칙법의 골자이다. 파울루스는 계약조건을 위반하여 매춘에 강제당한 노예가 자신에게 저질러진 악행에 대해 자유를 수여받음으로(favor libertatis) 그 악에 대해 보상받는다고 설명하였다. 그러나 콘스탄티우스의 칙법은 기독교인 매춘에 강제당한 기독교인 여노(女奴)에게 피해방권을 수여하지 않고 다른 기독교인이 여노를 구매하여 매춘행위에서 구제할 것만을 언급한다. 즉 콘스탄티우스의 칙법은 악을 당한 여노(女奴)에 대한 개인적인 보상이 문제가 아니라, 기독교라는 종교가 매춘행위에 의해 침해당하는 것을 문제삼았다. 그리하여 여노(女奴)는 기독교인에게 매도되어 매춘행위에서만 구제당할 뿐 노예상태에서 벗어나지 못한다.

이상의 내용을 종합하면 콘스탄티우스의 칙법은 여노(女奴)의 인격을 보호함과 동시에, 무엇보다도 여노(女奴)의 종교인 기독교를 보호하고자 하는 것에 그 목적이 있다고 할 수 있다. 4세기 기독교 황제들의 이전 시대에는 여성의 매춘행위를 억제하고자 별다른 노력을 기울이지 않았다. 콘스탄티누스 가문의 통치 이후로 기독교 황제들은 여성의 매춘행위를 억제하기 위해 본격적으로 칙법을 공포한다. 428년 테오도시우스 2세는 가부장이나 주인이 딸이나 여노(女奴)에게 매춘행위를 시킬 수 없도록 하는 법을 공포한다(CTh 15.8.2). 법을 어긴 포주는 광산형(鑛山刑)으로 제재하였고 타의로 매춘행위를 강요당한 여성은 보다 가벼운 형벌로 제재했다. 테오도시우스 2세는 439년에 포주(抱主)의 활동을 제한하는 보다 포괄적인 칙법을 공포한다(NTh 18). 이 칙법에 따르면, 포주는 자신의 여노(女奴)나 타인의 여노(女奴)에게 매춘행위를 강요할 수 없고 자유인 여자를 고용하여 매춘행위를 하는 것도 금지된다. 343년에 공포된 콘스탄티우스의 법은 매춘행위를 억제하고자 한 기독교 황제들의 계속적인 입법 활동의 출발점에 해당한다.

8장

이교 및 마술 관련 칙법

1) 테오도시우스 칙법전 9권 16장 3절 / CTh 9.16.3 : 마술로 농작물 수확을 교란하지 말아야 한다.

318년 5월 23일

Imp. Constantinus a. et c. ad Bassum pf. p. Eorum est scientia punienda et severissimis merito legibus vindicanda, qui magicis accincti artibus aut contra hominum moliti salutem aut pudicos ad libidinem deflexisse animos detegentur. Nullis vero criminationibus implicanda sunt remedia humanis quaesita corporibus aut in agrestibus locis, ne maturis vindemiis metuerentur imbres[*] aut ruentis grandinis lapidatione quaterentur[*], innocenter adhibita suffragia[*], quibus non cuiusque salus aut existimatio laederetur, sed quorum proficerent actus, ne divina munera[*] et labores hominum sternerentur.

Dat. X. kal. iun. Aquileia, Crispo et Constantino caess. coss.

Interpretatio. Malefici[*] vel incantatores vel immissores tempestatum vel ii, qui per invocationem daemonum mentes hominum turbant, omni poenarum genere puniantur.

황제 아우구스투스 콘스탄티누스가 정무총감 바수스에게[1)]

마술을 할 줄 알거나 사람들의 안전을 위태롭게 하거나 정숙한 마음을 방탕함으로 돌아서도록 한 것이 드러나는 자들의 지식은 벌을 받아야 하며 가장 엄한 법에 의해 합당하게 처벌되어야 한다. 인간의 몸을 위해 모색된 치료나, 혹은 시골지역에서 폭우 때문에 때맞은 포도수확을 두려워하지 않도록,[*] 또는 쏟아지는 우박이 떨어져서 (수확이) 교란되지 않도록[*] 하기 위해 무해하게 사용된 방법은,[*] 고발되지 말아야 한다. 그런 것들에 의해 어떤 자의 안전이나 명성이 해를 입게 되지 않을 것이며 오히려 그들의 행위는 유용하여 신적인 생산물과[*] 사람들의 노동이 수포로 돌아가지 않도록 할 것이다.

카이사르 크리스푸스와 카이사르 콘스탄티누스의 집정관직 하에 아킬레이아에서 6월 열흘 전에 공포됨.

해석 : 축술범(祝術犯)[*]이나 마법사들 혹은 폭풍을 부르는 자들 혹은 마귀를 불러내서 사람들의 정신을 혼란스럽게 하는 자들은 모든 종류의 형벌에 의해 처벌받을 것이다.

---

1) 바수스는 317-319년에 로마의 수도총감(praefectus urbis Romae)을 지냈다.

*

- ne maturis vindemiis metuerentur imbres : “폭우 때문에 때맞은 포도수확을 두려워하지 않도록.” 문자적으로는 ‘폭우가 때맞은 포도수확에 대해 두려워지지 않도록’이다.

- ne ... quaterentur : “(수확이) 교란되지 않도록.” 동사 quaterentur 의 주어는 vindemia(포도수확)일 수도 있고 포도수확의 주체인 농부들일 수도 있다. 우리말 번역에서는 포도수확을 주어로 생 각하여 옮겼다.

- suffragia : “방법.” suffragia는 ‘판단’, ‘견해’를 뜻하지만, 본문에 서는 폭우나 우박으로부터 농작물을 보호하기 위한 판단이란 뜻 에서 ‘방법’으로 옮겼다.

- divina munera : “신적인 생산물.” 신의 활동으로 만들어 낸 것 이란 의미로 농작물이 신의 선물임을 나타내는 표현이다.

- maleficus : “축술범(祝術犯).”

*

마술에 대해서는 여러 연구가 있다.[2] 그런데 3-4세기의 기독교인들 에게 마술은 기독교 신앙과 전혀 연결되지 않는 이질적인 요소는 아니

도 24. 물로 포도주를 만드는 그리스도,
4세기 초반, 아를르 고대 박물관

있다. 오히려 이교의 마술은 기독교적으로 이해되어 그리스도는 마술사 그리스도로 표현되기도 한다. 318년의 칙법에서 농작물을 보호하기 위한 목적의 마술은 옹호되는데, 이런 마술에 대한 긍정적인 접근은 당시 기독교인들이 마술을 단지 부정적으로만 바라보지 않았음을 말해준다. 지팡이를 들고 기적 또는 마술을 행하는 마술사 그리스도의 모습은 3-4세기 인간의 모습으로 표현된 그리스도의 전형적인 양상 중의 하나였다.[3]

『히파티오스(Hypatios)의 생애』 12장 4절에는 마술로 사람의 정신을 빼놓은 5세기 초반의 예가 소개된다. 아에티오스(Aetios)라는 자가 부유한 자신의 형제에 의해 학대받았다. 그 형제는 마술을 통해 아에티오스를 미치게 만든 다음 모종의 장소에 가두어 죽이려고 했다. 아마도 재산 문제가 얽힌 살인미수 사건이었을 것이다. 그런데 콘스탄티노플 황실의 시종 우르비키오스(Ourbicios)가 아에티오스를

---

2) MacMullen, *Paganism in the Roman Empire*, 49-51쪽과 MacMullen and Lane, *Pagan and Christianity 100-425 C.E.*, 20-23쪽, MacMullen, *Christianisme et Paganisme*의 색인 부분을 참조하라. 아울러 Brake, *Demons and the making of the monk*, 227-228쪽과 Ferguson, *The Religions of The Roman Empire*, 159-164쪽, Lee, *Pagan & Christians in late Antiquity*, 134-135쪽을 참조하라.

3) 이에 대해서는 남성현, 『고대 기독교 예술사』와 Mathews, *The Clash of Gods, A reinterpretation of Early Christian Art*, 54-91쪽, Tristan, *Les Premières Images Chrétiennes*, 327-345쪽, Jensen, *Understanding Early Christian Art*, 167-171쪽을 참조하라.

히파티오스의 수도원으로 데리고 왔다. 아에티오스의 노예들이 우르비키오스에게 찾아와서 항의하기를 사람이 수도원에서 죽으면 망자의 소유는 수도원의 소유가 된다고 하였다. 얼마 뒤 아에티오스가 죽었고 히파티오스가 이 사실을 우르비키오스에게 알리자 우르비키오스가 아에티오스의 소유를 취하였다. 우르비키오스는 감사의 표시로 히파티오스에게 선물을 하려 했으나 거절당하자 대신 인부를 동원해 기도처를 세우고 수도사들의 거처를 만들어 주었다. 또한 우르비키오스의 노예 중에 알키모스(Alcimos)라는 자가 마술에 의해 몸이 절반 정도 말라버렸는데, 히파티오스가 그 병을 치료해 주기도 한다.[4]

『힐라리온(Hilarion)의 생애』 20장에는 경마와 관련된 마술 사건이 나온다. 이탈리쿠스(Italicus)의 경마팀이 경기장을 일곱 바퀴 돌았을 때 승리할 것 같았지만, 상대편에서 마술사를 매수해 이탈리쿠스의 말에 마술을 걸어 말이 달리지 못하도록 하였다. 경마는 공적(公的)인 영역에 속하는 것이었다. 힐라리온은 컵에 물을 담아 이탈리쿠스에게 주었고 이탈리쿠스는 그것을 말과 마차와 마차의 출발문에 뿌려 경주에서 승리하였다. 히에로니무스는 그리스도가 가자(Gaza) 사람들이 섬기던 마르나스(Marnas)를 이겼다고 쓴다. 상대편은 힐라리온을 기독교 마술사로 처형해야 한다고 주장했다. 그러나 오히려 가자(Gaza)의 많은 이교도들은 이 일을 통해 기독교 신앙을 갖게 되었다. 33장에서는 힐라리온이 기독교인 마술사로 고발되었고, 사형되어야 한다는 청원이 율리아누스 황제에게 전달되기도 하였다.

『힐라리온의 생애』 21장에는 동정녀를 사랑한 젊은이가 멤피스의

---

4) 『히파티오스의 생애』, 15.1-9.

이교 사제의 마술의 힘을 빌려 그녀의 사랑을 얻으려고 하는 이야기가 나온다. 청년은 '어떤 문구가 새겨진 부적'을 여인의 집 문지방에 묻고서 동정녀의 사랑을 얻으려고 하였다.[5]

*

이 칙법은 병의 치료나 폭우 혹은 우박 등 자연재해를 막는 마술적 방법을 허용하고 있다. 박해시대의 순교자들에게 이미 이런 능력이 있다는 것이 알려져 있었다. 팜필리아의 감독 네스토르(Nestor)는 자기가 매달린 십자가에 비가 떨어지지 않게 할 수 있었다. 기타 여러 가지 질병의 치유에 대해서는 Bernet, *Les chrétiens dans l'Empire Romain*, 561-563쪽에 소개되어 있다.

2) 테오도시우스 칙법전 9권 16장 1절 / CTh 9.16.1 : 장복자는 사적(私的)으로 다른 집을 방문하지 말아야 한다.

319년 2월 1일

Imp. Constantinus a. ad Maximum. Nullus haruspex[*] limen alterius accedat nec ob alteram causam,[*] sed huiusmodi hominum quamvis vetus amicitia repellatur, concremando illo haruspice, qui ad domum alienam

---

5) 4세기 기독교 황제들의 반 이교 정책에 대해서는 Maraval, *Le Christianisme de Constantin à la conquête arabe*, 1-34쪽과 Flusin, *Triomphe du christianisme*, 49-54쪽을 참조하라.

accesserit et illo, qui eum suasionibus vel praemiis evocaverit, post ademptionem bonorum in insulam detrudendo: superstitioni enim suae servire cupientes poterunt publice ritum proprium exercere. Accusatorem autem huius criminis non delatorem esse, sed dignum magis praemio arbitramur.

Proposita kal. feb. Romae Constantino a. V et Licinio caes. conss.

황제 아우구스투스 콘스탄티누스가 막시미누스에게

어떤 장복관(臟卜官)도,* 다른 이유 때문이 아니더라도,* 다른 자의 현관에 접근하지 못할 것이며, 이런 종류의 사람들과의 우정은 아무리 오래되었다고 해도 거절되어야 할 것이다. 다른 자의 집에 접근하는 그런 장복자(臟卜者)는 완전히 불태워져야 하며, 권유를 통해서나 대가를 주고 그를 오게 하는 자는 소유를 몰수한 뒤 섬으로 추방해야 한다. 왜냐하면 자신의 미신을 섬기기를 원하는 자들은 공개적으로 자신의 의식을 거행할 수 있을 것이기 때문이다. 우리는 이런 범죄를 고소하는 이가 밀고자(密告者)가 아니라 오히려 커다란 보수를 받을 자격을 갖춘 사람이라고 생각한다.

아우구스투스 콘스탄티누스의 다섯 번째 집정관직과 카이사르 리키니우스의 집정관직 하에 로마에서 2월 초하루에 고시(告示)됨

도 25. 희생제의 준비장면

*

- haruspex : "장복관(臟卜官)." 장복관은 희생제물의 내장의 모양과 위치를 보고 점을 치는 이교 사제이다.

- nec ob alteram causam : "다른 이유 때문이 아니더라도." '장복을 제외한 다른 이유 때문이 아니더라도'의 의미이다.

　　　　　　　　　　　　　　　　＊

　319년에 공포된 이 칙법은 사적인 희생제의를 금지하는 것을 골
자로 한다. 단 미신적인 희생제의를 드릴 자는 '공개적으로' 즉 신전
에서 드릴 수 있는 길은 열려 있다. 320년 12월 17일에 공포되는 칙
법(CTh 16.10.1)에는 가정에서 드리는 사적 희생제사를 엄격하게 금
지하는 내용이 실린다. 로마 사람들은 일반적으로 중정(中庭, atrium)
의 한쪽 구석이나 부엌에 제단을 두고 있었고 여기에 가정의 수호신
을 위한 헌물을 드리거나 희생제사를 지내기도 했다.

　　　　　　　　　　　　　　　　＊

　뒤퐁(C. Dupont)은 이 칙법과 다른 칙법을 근거로 하여 콘스탄티
누스가 오래된 관습인 이교의 장복(臟卜)을 범주적으로 금지한 것이
아니라고 판단하였다.[6] 공적인 희생제사는 여전히 허용되기 때문이
다. 319년에 공포된 다른 칙법에서 콘스탄티누스는 이교적 장복의
공공성을 인정했고(CTh 9.16.2), 320년의 칙법에서는 공공건물이 벼
락에 맞을 경우 장복을 통해 그 의미를 물을 수 있다고 하였다(CTh
16.10.1). 이처럼 이교의 장복은 콘스탄티누스의 시대에 여전히 국가
의 공적 종교로서 그 기능을 하고 있었다.

---

6) Dupont, *Le Droit criminel dans les constitutions de Constantin, Les infractions*, 81쪽.

3) 테오도시우스 칙법전 9권 16장 2절 / CTh 9.16.2 : 장복자가 다른 집에 접근하는 것을 금지한다.

319년 5월 15일

Idem a. ad populum. Haruspices et sacerdotes[*] et eos, qui huic ritui adsolent ministrare, ad privatam domum prohibemus accedere vel sub praetextu amicitiae limen alterius ingredi, poena contra eos proposita, si contempserint legem. Qui vero id vobis existimatis conducere, adite aras publicas adque delubra et consuetudinis vestrae celebrate sollemnia: nec enim prohibemus praeteritae usurpationis officia[*] libera luce[*] tractari.

Dat. id. mai. Constantino a. V et Licinio conss.

같은 아우구스투스가 백성에게

우리는 장복관(臟卜官)들과 사제들과[*] 이런 의식을 거행하는 데에 익숙한 자들이 개인의 집에 접근하거나 또는 우정을 핑계로 다른 자의 현관 안에 들어가는 것을 금지한다. 만약 그들이 법을 무시한다면 그들에 대해 형벌이 주어질 것이다. 장복의 의식이 유익하다고 생각하는 그대들은 공공의 제단과 성소로 가서 그대들의 관습적인 의식을 행하라. 우리는 옛 방식의 의례들이[*] 자유로운 빛 속에서[*] 행해지는 것을 금하지 않는다.

아우구스투스 콘스탄티누스의 다섯 번째 집정관직과 리키니우스의 집정관직 하에 5월 보름에 공포됨.

*

- sacerdotes : "사제들." 이교의 사제들을 의미한다.

- praeteritae usurpationis officia : "옛 방식의 의례들."

- libera luce : "자유로운 빛 속에서." '낮 동안의 자유로운 빛'을 뜻한다.[7]

*

이 칙법은 3개월 전인 319년 2월 1일에 공포된 칙법과 유사하게 (CTh 9.16.1), 집에서 드리는 사적인 희생제사와 장복을 금지하는 것을 골자로 하고 있다. 장복자들과 사제들은 개인의 집에 접근할 수 없고 우정을 핑계로 타인의 현관을 드나들 수도 없다. 반면 공적인 희생제사는 여전히 용인된다. 319년 2월 1일의 칙법에서는 publice(공개적으로)라는 용어로써 공적 희생제사가 허용됨을 분명히 했다. 다만 공적인 야간(夜間) 희생제사와 주간(晝間) 희생제사를 모두 허용한 것인지는 분명하지 않다. 반면 5월 15일의 칙법에서는 libera luce,

____

7) Pharr, _The Theodosian Code_, 237쪽, 각주 11번.

즉 '(낮 동안의) 자유로운 빛 속에서'라는 표현을 사용하여, 공적인 주간희생제사만이 허용됨을 밝혔다.[8]

4) 테오도시우스 칙법전 16권 10장 1절 / CTh 16.10.1 : 공공건물에 벼락이 떨어진 경우 장복을 통해 그 의미를 물을 수 있다.

320년 12월 17일

Imp. Constantinus a. ad Maximum. Si quid de palatio nostro aut ceteris operibus publicis degustatum fulgore esse constiterit, retento more veteris observantiae quid portendat, ab haruspicibus requiratur et diligentissime scriptura collecta ad nostram scientiam referatur, ceteris etiam usurpandae huius consuetudinis licentia tribuenda, dummodo sacrificiis domesticis abstineant, quaè specialiter prohibita sunt. Eam autem denuntiationem adque interpretationem, quae de tactu amphitheatri scripta est, de qua ad Heraclianum tribunum[*] et magistrum officiorum scripseras, ad nos scias esse perlatam.

Dat. XVI kal. ian. Serdicae; accepta VIII id. mar. Crispo II et Constantino II cc. conss.

---

8) MacMullen, *Christianisme et Paganisme*, 66-67쪽에 콘스탄티누스의 칙법에 대한 설명 참조. 그리스 종교의 희생제사에 대해서는 Scullion, *'Pilgrimage' to the Oracle of Apollo at Delphi*, 117쪽을 참조하라.

황제 아우구스투스 콘스탄티누스가 막시무스에게

만약 우리의 궁전이나 다른 모든 공공건물의 어떤 부분에 벼락이 떨어지게 된다면, 옛 관례의 풍속을 유지하면서, 벼락이 무엇을 예언하는지 장복관(臟卜官)들에 의해 조사되어야 할 것이고, 주의 깊게 보고가 수집되어 우리의 옥지(玉智)에 제출되어야 한다. 특별히 금지되어 있는 가정희생제사를 삼간다면 다른 모든 자들도 이런 관습을 사용하도록 허용된다.

원형경기장에 벼락이 떨어진 것에 대해 작성된 보고와 해석은, 귀하가 호민관이자* 황실사무부(皇室事務部) 총관(總管)인 헤라클리아누스에게 썼던 것인 바, 우리에게 도달되었음을 귀하는 알기 바란다.

세르디카(소피아)에서 1월의 열엿새 전에 공포됨. 크리스푸스와 콘스탄티누스의 두 번째 집정관직 하에 3월 보름의 여드레 전에 받아들여짐.

*

- tribunus : "호민관." tribunus는 천명의 군사를 거느리는 사령관일 수도 있고(tribunus militum), 백성의 대표인 호민관(tribunus)일 수도 있다. 호민관의 직책은 5세기까지도 로마에서 확인되지만 형식적인 자리에 머물렀던 것 같다. 본문에서는 로마의 호민관을 가리킨다.9)

*

장복관(haruspecs)은 일반적인 용어이지만 본문에서는 벼락의 의미를 밝히던 로마의 장복관들을 한정해서 가리킨다.[10] 장복의 관습을 '옛 관습'이라고 서술하는 것에 주목할 필요가 있다. 법무총감의 종교적 입장이 반영된 용어라고 할 수 있다. 319년 5월 15일의 칙법(CTh 9.16.2)에는 "옛 방식의 의례들(praeteritae usurpationis officia)"이란 유사한 표현이 나온다. 두 칙법을 작성한 자는 장복을 지나간 시대의 전통 정도로 생각하고 있는 듯하다.

『히파티오스의 생애』 22장 110-113절에는 아가탄겔로스(Agathangelos)라는 자가 벼락에 맞은 일화가 소개된다. 아가탄겔로스가 벼락을 맞아 사지가 마비되어 여섯 명의 사람이 그를 히파티오스에게로 데리고 왔다. 저자는 아가탄겔로스가 마귀에게 홀렸기 때문에 전신마비가 온 것이라고 쓴다. 그런데 아가탄겔로스가 얼마나 심하게 소리를 지르며 몸을 떠는지 사람들의 머리카락이 쭈뼛해질 정도였다. 히파티오스는 그에게 십자가 표시(그리스도의 표시)를 하고 기름을 바른 후 3개의 줄에 묶어 두었는데 7일 후에 치료받았다. 이 이야기에서 벼락은 마귀가 인간의 신체 속으로 들어오는 매개체로 인식된다.[11]

---

9) Piganiol, *L'Empire Chrétien*, 367쪽과 384쪽.

10) Delmaire et Rougé, *Code Théodosien Livre XVI*, 426쪽 각주 1번.

11) Publius Elvius의 딸이 로마에서 벼락맞은 이야기에 대한 내용은 Williamson, *The laws of the Roman People*, 243쪽을 참조하라.

5) 테오도시우스 칙법전 16권 10장 2절 / CTh 16.10.2 : 이교희생제의 금지

341년

Imp. Constantius a. ad Madalianum agentem vicem praefectorum praetorio. Cesset superstitio, sacrificiorum aboleatur insania. Nam quicumque contra legem divi principis parentis nostri et hanc nostrae mansuetudinis iussionem ausus fuerit sacrificia celebrare, competens in eum vindicta et praesens sententia exeratur.

도 26. 사두마차를 타고 하늘로 가는 콘스탄티누스, 337년, 파리 국립도서관 주화실

Accepta Marcellino et Probino conss.

황제 아우구스투스 콘스탄티우스가 정무총감직을 수행하고 있는 마달리아누스에게

미신(迷信)은 중단되고 희생제사의 광기(狂氣)는 사라져야 한다. 우리의 부친 신인(神人) 원수(元首)의 법과 우리의 혜은(惠恩)의 이런 명령을 어기고 감히 희생제사를 드리는 자는 누구든지 마땅한 벌과 즉각적인 판결을 받게 될 것이다.

6) 테오도시우스 칙법전 16권 10장 3절 / CTh 16.10.3 : 희생제의 금지, 도시성벽 밖의 이교 신전은 계속 존속.

342년 11월 1일

Idem aa. ad Catullinum praefectum Urbi. Quamquam omnis superstitio penitus eruenda sit, tamen volumus, ut aedes templorum, quae extra muros sunt positae, intactae incorruptaeque consistant. Nam cum ex nonnullis vel ludorum vel circensium vel agonum origo fuerit exorta, non convenit ea convelli, ex quibus populo Romano praebeatur priscarum sollemnitas voluptatum.

Dat. kal. nov. Constantio IIII et Constante III aa. conss.

같은 아우구스투스들이 수도총감 카툴리누스에게

모든 미신이 완전히 파괴되어야 함에도 불구하고, 우리는 성벽 밖에 있는 신전건물은 부수지 않고 파괴되지 않기를 원한다. 그런 건물 중에는 공연이나 경마나 체육경기가 시작된 곳도 있기 때문에, 로마 사람들에게 전통적인 즐거운 축제를 제공하는 그런 곳들을 파괴하지 말아야 한다.

아우구스투스 콘스탄티우스의 네 번째 집정관직과 아우구스투스
콘스탄스의 세 번째 집정관직 하에 11월 초하루에 공포됨.

7) 테오도시우스 칙법전 16권 10장 5절 / CTh 16.10.5 : 야간희생제의 금지

353년 11월 23일

Idem a. ad Cerealem praefectum Urbi. Aboleantur sacrificia nocturna
magnentio auctore permissa et nefaria deinceps licentia repellatur. Et
cetera.

Dat. VIIII kal. dec. Constantio a. VI et caes. II conss.

같은 아우구스투스가 수도총감 케레알리스에게

마그넨티우스의 결정으로 허용된 야간희생제사는 폐지되어야 한
다. 그리고 앞으로 가증스런 자유는 취소되어야 한다.

아우구스투스 콘스탄티우스의 여섯 번째 집정관직과 카이사르 콘
스탄티우스 갈루스의 두 번째 집정관직 하에 12월의 여드레 전에 공
포됨.

*

로마군 사령관이었던 마그넨티우스는 350년 1월 18일 자신을 지
지하는 군대에 의해서 황제(아우구스투스)로 선포되었다. 그는 갈리
아 태생으로 기독교인이었지만 기독교인들뿐만 아니라 이교 세력의
폭넓은 지지를 얻고 있었다. 그의 왕위찬탈은 기독교인뿐만 아니라
이교인의 지지를 바탕으로 하고 있었다. 그는 자신을 콘스탄티누스
의 기독교적 황제권의 계승자로 자처하였다. 그러나 그는 정치적인
측면에서 이교세력의 도움을 얻었기에 사적(私的)인 야간희생제사를
허용하여 주었다. 사적 희생제의는 콘스탄티누스에 의해 319년에 이
미 금지되었고(CTh 9.16.1-2), 341년 콘스탄티우스에 의해 재차 확
인된 바 있다(CTh 16.10.2). 마그넨티우스는 콘스탄티우스 2세와의
전투에서 패배한 후 353년 8월 10일 자살로 생을 마감했다.

도 27. 마그넨티우스, 352년
아킬레이아에서 발행한 금화(6,83g), 파리
국립도서관 주화실

도 28. 도 27의 뒷면, 크리스토그램이
새겨진 군기를 들고 있는 마그넨티우스

8) 테오도시우스 칙법전 16권 10장 4절 / CTh 16.10.4 : 이교신전 폐쇄와 희생제의 금지.

356년 12월 1일

Idem aa. ad Taurum praefectum praetorio. Placuit omnibus locis adque urbibus universis claudi protinus templa et accessu vetito omnibus licentiam delinquendi perditis abnegari. Volumus etiam cunctos sacrificiis abstinere. Quod si quis aliquid forte huiusmodi perpetraverit, gladio ultore sternatur. Facultates etiam perempti fisco decernimus vindicari et similiter adfligi rectores provinciarum, si facinora vindicare neglexerint.

Dat. kal. dec. Constantio IIII et Constante III aa. conss.

같은 아우구스투스들이 정무총감 타우루스에게

우리는 기꺼이 모든 장소와 모든 도시에서 즉시로 신전들을 폐쇄하고 출입을 금지하여 모든 패역한 사람들이 죄를 범할 가능성을 완전히 제거하는 바이다. 또한 우리는 모든 사람들이 희생제의를 금하기를 원한다. 만약 이런 종류의 어떤 것을 행하는 자가 있다면 복수하는 칼에 의해 쓰러질 것이다. 우리는 또한 처형된 자의 재산이 국고(國庫)로 환수되며, 범죄를 처벌하는 것을 게을리한다면 속주지사(屬州知事)들도 마찬가지로 처벌받을 것임을 공포한다.

아우구스투스 콘스탄티우스의 네 번째 집정관직과 아우구스투스 콘스탄스의 세 번째 집정관직 하에 12월 초하루에 공포됨.

9) 테오도시우스 칙법전 9권 16장 5절 / CTh 9.16.5 : 마술과 점보는 행위에 대해서는 맹수형으로 처벌.

356년 12월 4일

Idem a. ad populum. Post alia: multi magicis artibus ausi elementa turbare vitas insontium labefactare non dubitant et manibus accitis audent ventilare, ut quisque suos conficiat malis artibus inimicos. Hos, quoniam naturae peregrini sunt, feralis pestis[*] absumat.

Dat. prid. non. decemb. Mediolano Constantio a. VIIII et Iuliano caes. II conss.

같은 아우구스투스가 백성에게

다른 규정 이후에. 마술을 통해 삶의 요소들을 감히 혼란시키려는 많은 자들은 주저함 없이 무고한 자들의 생명을 해치고 죽은 자들의 영혼을 불러내어 그들을 혼란에 빠뜨리며, 악한 기술을 통해 자신이 적대시하는 자들을 해친다. 그들은 본성에 낯선 자들이므로 죽음의 전염병이[*] 그들의 생명을 앗아갈 것이다.

아우구스투스 콘스탄티우스의 아홉 번째 집정관직과 카이사르 율리아누스의 두 번째 집정관직 하에 밀라노에서 12월 상현의 하루 전에 공포됨.

*

- pestis : "전염병." pestis는 페스트 같은 치명적인 전염병을 뜻한다. "죽음의 전염병이 그들의 생명을 앗아갈 것이다"는 말은 극형, 즉 죽음의 형벌을 내리겠다는 뜻이다.

10) 테오도시우스 칙법전 9권 16장 4절 / CTh 9.16.4 : 조점, 장복, 마술 등에 대해서 참수형 적용.

357년 1월 25일

Imp. Constantius a. et Iulianus c. ad populum. Nemo haruspicem consulat aut mathematicum, nemo hariolum. Augurum et vatum prava confessio conticescat. Chaldaei ac magi et ceteri, quos maleficos ob facinorum magnitudinem vulgus appellat, nec ad hanc partem aliquid moliantur. Sileat omnibus perpetuo divinandi curiositas. etenim supplicium capitis feret gladio ultore prostratus, quicumque iussis obsequium denegaverit.

Dat. VIII. kal. febr. Mediolano, Constantio a. IX. et Iuliano caes. II. coss.

Interpretatio. Quicumque pro curiositate futurorum vel invocatorem daemonum vel divinos, quos hariolos appellant, vel haruspicem, qui auguria colligit, consuluerit, capite punietur.

황제 아우구스투스 콘스탄티우스와 카이사르 율리아누스가 백성에게

어느 누구도 장복가(臟卜家)나 점성술사(占星術師)에게 물어보지 말아야 하고, 어느 누구도 점술가(占術家)에게 물어보지 말아야 한다. 조점가(兆占家)와* 예언가(豫言家)의 사악한 견해는 잠잠해져야 한다. 사람들이 커다란 범죄 때문에 마술사(魔術師)라고 부르는 갈대아인과 마법사(魔法師)와 기타 다른 자들은 이런 부류의 어떤 것도 시도하지 말아야 한다. 점을 치는 자들의 호기심은 모든 자에게서 영원히 그쳐야 한다. 그리고 실로 이 명령에 순종하지 않는 자는 누구든지 사형(死刑)을 받아 복수하는 자의 칼에 쓰러질 것이다.

콘스탄티우스의 아홉 번째 집정관직과 카이사르 율리아누스의 두 번째 집정관직 하에 밀라노에서 2월의 여드레 전에 공포됨.

해석 : 미래의 일에 대한 호기심에서, 마귀를 불러내는 자나 점술가(占術家)라고 부르는 예언가(豫言家)들이나 징조(徵兆)를 모으는 장복가(臟卜家)에게 물어보는 자는 사형(死刑)으로 처벌할 것이다.

11) 테오도시우스 칙법전 9권 16장 6절 / CTh 9.16.6 : 황실관료의 마술 및 점은 고문형 적용·

357년 7월 5일

Idem a. ad Taurum praefectum praetorio. Etsi excepta tormentis sunt corpora honoribus[*] praeditorum, praeter illa videlicet crimina, quae legibus demonstrantur, etsi omnes magi, in quacumque sint parte terrarum, humani generis inimici[*] credendi sunt, tamen quoniam qui in comitatu nostro[*] sunt ipsam pulsant propemodum maiestatem, si quis magus vel magicis contaminibus adsuetus, qui maleficus vulgi consuetudine nuncupatur, aut haruspex aut hariolus aut certe augur vel etiam mathematicus aut narrandis somniis occultans artem aliquam divinandi aut certe aliquid horum simile exercens in comitatu meo vel caesaris[*] fuerit deprehensus, praesidio dignitatis[*] cruciatus et tormenta non fugiat. Si convictus ad proprium facinus detegentibus repugnaverit pernegando, sit eculeo deditus ungulisque sulcantibus latera perferat poenas proprio dignas facinore.

Dat. III non. iul. Arimini Datiano et Cereale conss.

같은 아우구스투스가 정무총감 타우루스에게

분명 법에 의해 증명되는 범죄들을 제외하고는 고위관직에[*] 있는 자들의 신체는 고문(拷問) 받지 말아야 하고, 지상(地上) 어디에 있든지 모든 마법사(魔法師)는 인류의 적으로* 여겨져야 하지만, 우리의 휘하(麾下)에* 있는 자들이 (황제의) 지존(至尊) 자체를 거의 흔들고 있다. 만약 마법사(魔法師)나 사람들이 관습적으로 마술사(魔術師)라고 부르는 더러운 마술에 익숙한 자나 장복자(臟卜者)나 점술가(占術家)나 어떤 조점가(兆占家)나 점성술사(占星術師)나 꿈을 해석함으로 예언하는 어떤 기술을 숨기는 자나 이것들과 유사한 어떤 다른 것을 행하는 자가 내 휘하(麾下)나 카이사르의* 휘하(麾下)에서 체포된다면, 그는 고위관직의* 보호 하에 있어도 형벌과 고문을 피하지 못할 것이다. 만약 자신의 범죄에 대해 혐의가 확증된 자가 그 범죄를 드러내는 자들을 절대적으로 반대한다면, 그는 고문용(拷問用) 목마(木馬)에* 넘겨져야 하고 갈퀴로* 옆구리를 찢어서 그 자신의 범죄에 합당한 형벌을 받아야 한다.

다티아누스와 케레알리스의 집정관직 하에 아리미눔에서 7월 상현(上弦)의 사흘 전에 공포됨.

*

- honor : "고위관직." 귀인(貴人, uiri illustres), 존장(尊丈, uiri spectabilis), 명인(名人, uiri clarissimi)의 지위에 있는 관료들을 뜻한다. 귀인(貴人)은 황실법무총감(quaestor sacri palatii), 4개의 황실 사무부 대관(comes), 황실세금부(皇室稅金部, sacrae largitiones 혹은 res summa)와 황실영지부(皇室領地部, res privata)의 총감(comes) 등에게 주어진 칭호였다.12) 존장(尊丈)은 귀인(貴人)의 항렬 다음에 있는 두 개의 직위인 전집정관(proconsul)과 관구장(vicarius)에

게 주어진 칭호였고 아울러 황실사무부 대관들을 보좌하던 두
번째 서열의 황실관료들에게도 주어졌다. 속주지사(praesedes)들
은 마지막 항렬인 명인(名人)에 속했다.

- humani generis inimici : "인류의 적." 타키투스는 자신의 『연대기』
  에 64년 네로에게 박해 당한 기독교인들에 대해서 서술하면서
  사람들이 기독교인들을 '인류의 적'으로 생각했다고 쓰고 있다.
  로마제국의 모든 사람들이 받아들이는 보편적인 신들을 유독 기
  독교인들만 받아들이지 않는다는 의미에서 기독교인들은 '인류
  의 적'으로 묘사된다.

- comitatus noster : "우리의 휘하(麾下)." 휘하(麾下, comitatus)는 황
  제를 도와 제국의 중앙정부를 구성하는 자들을 가리킨다.[13] 휘하
  는 황제가 이동할 때 따라서 함께 이동한다. 많은 칙법들이 제국
  의 수도가 아닌 중요도시나 심지어는 목적지로 가는 중간기착 도
  시에서 공포되었는데 이는 황제의 휘하(comitatus)가 함께 움직인
  다는 증거이다. 귀인(貴人, illustres) 항렬의 황실관료가 황제의 휘
  하(comitatus)에 포함되는 것은 물론이고 이 외에도 황실수비대
  (silentiarii)와 황실경호대(scholae)도 포함되며 한명의 정무총감이
  자신의 보좌진들과 함께 동행하는 것이 상례였다. 콘스탄티누스
  의 시대부터는 황제의 휘하에 각각 1명의 보병사령관(magister
  peditum)과 기병사령관(magister equitum)도 포함되었다. 황제의

---

12) Jones, *The Later Roman Empire*, 528-529쪽.

13) Jones, *The Later Roman Empire*, 366-367쪽.

휘하에 있는 황실경호대(scholae)는 약 3천명 정도였으며, 대민 업무와 군사업무를 합한 인원은 이보다 훨씬 큰 규모였을 것이다.

- caesar : "카이사르." 콘스탄티우스 2세의 친척이자 부제(副帝)였던 율리아누스를 가리킨다. 아우구스투스와 카이사르, 즉 정제(正帝)와 부제(副帝)의 구도는 디오클레티아누스 시대로 거슬러 올라간다. 아우구스투스는 자신의 조력자로 부제(카이사르)를 임명했고 이런 방식을 통해 황제직의 세습을 막을 수 있을 것이라고 보았다. 그러나 콘스탄티누스는 자신의 아들들을 카이사르로 임명하였고 콘스탄티누스의 사후(死後) 세 아들이 아우구스투스로 승격되어 카이사르 임명은 오히려 아우구스투스 직(職)의 세습을 위한 도구가 된다. 그러나 카이사르가 항상 아우구스투스로 승격된 것은 아니었다.

- dignitas : "고위관직." 위에 언급된 honor를 참조하라.

도 29. 율리아누스, 아를르에서 발행된 금화(8,63g), 파리 국립도서관 주화실

도 30. 도 29의 뒷면

9장
유대인 관련 칙법

1) 테오도시우스 칙법전 16권 8장 1절 / CTh 16.8.1

315년 8월 13일

Imp. Constantinus a. ad Evagrium. Iudaeis et maioribus eorum et patriarchis volumus intimari, quod, si quis post hanc legem aliquem, qui eorum feralem fugerit sectam et ad dei cultum respexerit, saxis aut alio furoris genere, quod nunc fieri cognovimus, ausus fuerit adtemptare, mox flammis dedendus est et cum omnibus suis participibus concremandus. Si quis vero ex populo ad eorum nefariam sectam accesserit et conciliabulis eorum se adplicaverit, cum ipsis poenas meritas sustinebit.

Dat. XV kal. nov. Murgillo Constantino a. IIII et Licinio IIII conss.

황제 아우구스투스 콘스탄티누스가 에바그리우스에게

우리는 유대인들과 그들의 장로들과 족장들이 알게 되기를 바라는 바, 이 법률 이후 그들의 해로운 분파에서 도망쳐 하나님의 예배로 돌아서는 자를, 어떤 자가 돌덩이나 다른 종류의 광기로-지금 행해지고 있음을 우리는 알게 되었다-감히 공격한다면, 그는 곧 불에 던져져서 모든 공모자들과 함께 완전히 불태워져야 한다.

만약 백성 중에 어떤 자가 경멸한 만한 분파에 접근하여 그들의 집회에 밀착된다면, 그는 그들과 함께 마땅한 형벌을 받을 것이다.

아우구스투스 콘스탄티누스의 네 번째 집정관직과 리키니우스의 네 번째 집정관직 하에 무르길룸에서 11월의 열닷새 전에 공포됨.

2) 테오도시우스 칙법전 16권 8장 3절 / CTh 16.8.3 : 유대인들도 시의원이 될 수 있다.

321년 12월 11일

Idem a. decurionibus Agrippiniensibus*. Cunctis ordinibus generali lege* concedimus iudaeos vocari ad curiam. Verum ut aliquid ipsis ad solacium pristinae observationis relinquatur, binos vel ternos privilegio perpeti patimur nullis nominationibus occupari. Dat. III id. dec. Crispo II et Constantino II cc. conss. (321 dec. 11).

같은 황제가 아그리피나(쾰른)*의 시의원들에게

보편법에* 의해 우리는 모든 시의원들이 유대인들을 시의회에 지명하도록 허락한다. 그런데 이전의 관례의 어떤 부분을 그들에게 위로로 남겨 놓기 위해, 우리는 유대인들 중 두세 명은 어떤 지명도 받지 않도록 허락한다.

카이사르 크리스푸스의 두 번째 집정관직과 카이사르 콘스탄티누스의 두 번째 집정관직 하에 12월의 15일의 사흘 전에 공포됨.

*

- Agrippina : "아그리피나." 아그리피나는 게르마니아의 라인 강변에 있던 식민도시였다. 오늘날의 쾰른에 해당한다. 이미 이 당시에 많은 유대인들이 여러 촌에 정착하여 살고 있었다. 중세기의 자료와 십자군 전쟁 당시의 자료는 쾰른 주변에 많은 수의 유대인이 살고 있었음을 보여준다.[1]

- generalis lex : "보편법" 혹은 "일반법." 칙법은 특정 지역에서만 효력을 갖는 지역법과 제국 전체에서 효력을 갖는 보편법(lex generalis) 혹은 일반법이 있었다. 흔히 생각하는 것과는 달리 대부분의 칙법은 지역법에 해당하며, 진정한 의미의 보편법 혹은 일반법은 그리 많지 않았다. 380년 2월 28일에 테오도시우스 1세

---

1) Magnou-Nortier, *Le Code Théodosien, Livre XVI*, 328쪽 각주 11번에서 참조.

가 테살로니카에서 공포하였고 유스티니아누스 칙법전의 1권 1장 1절(=CTh 16.1.2)에 편집된 소위 'cuntos populos'도 본래적으로는 보편법이 아니라 지역법이었다.[2]

*

셉티무스 세베루스 시대에 이미 유대인들이 시의회에 들어갈 수 있도록 허락한 바 있다. 이는 유대인들의 경제적인 능력이 시의회에 기여할 만큼 중요한 수준에 이르렀다는 것을 보여주는 지표가 된다. 콘스탄티누스도 경제적인 측면에서 유대인들의 시의회 참여를 허용하였다. 그런데 재정적으로 능력이 있는 유대인들이 시의회에 참여하여 유대인 공동체가 곤란에 직면하는 것을 방지하기 위해, 각 공동체에서 재정적인 능력이 있는 자들 중 두세 명 정도는 시의원의 직무를 맡지 않도록 배려하였다.[3]

3) 테오도시우스 칙법전 16권 8장 2절 / CTh 16.8.2

330 11월 29일

Idem a. ad Ablavium praefectum praetorio. Qui devotione tota

---

2) Nam, "Theodosius I's Religious Policy", 140-141쪽과 148-149쪽을 참조하라(우리말 번역은 남성현, 「테오도시우스 1세의 종교정책」, 286쪽과 298쪽).

3) 4-7세기의 유대인 정책에 대한 전체적인 개요는 Flusin, *Triomphe du christianisme*, 54-56쪽을 참조하라. 두라-에우로포스의 유대인 회당에 대해서는 Hamel, *Poverty and Charity in Roman Palestine*, 89-91쪽과 Grabar, *Le Premier Art Chrétien(200-395)* 등을 참조하라.

synagogis iudaeorum patriarchis vel presbyteris se dederunt et in memorata secta degentes legi ipsi praesident, inmunes ab omnibus tam personalibus quam civilibus muneribus[*] perseverent, ita ut illi, qui iam forsitan decuriones sunt, nequaquam ad prosecutiones[*] aliquas destinentur, cum oporteat istiusmodi homines a locis in quibus sunt nulla compelli ratione discedere. Hi autem, qui minime curiales sunt, perpetua decurionatus immunitate potiantur.

Dat. III kal. decemb. Constantinopoli Gallicano et Symmacho conss.

같은 아우구스투스가 정무총감 아블라비우스에게

전적인 헌신으로 유대인의 회당에서 족장이나 장로로 자신을 바친 자들과 언급한 분파 안에 살면서 손수 (율)법을 책임 맡은 자들은, 시민의 부담과[*] 아울러 모든 개인적인 부담으로부터 계속 면제될 것이다. 이런 종류의 사람들은 그들이 있는 장소에서 어떤 이유로든 떠날 것을 강요받지 말아야 하기 때문에, 이미 시의원(市議員)인 자들은 결코 어떠한 수송의 부역에[*] 지명되지 않을 것이다. 그런데 결코 시의원이 아닌 자들은 시의원직(市議員職)에 대한 영속적인 면제권(免除權)을 얻게 될 것이다.

갈리카누스와 심마쿠스의 집정관직 하에 콘스탄티노플에서 12월의 사흘 전에 공포됨.

- civilia munera : "시민의 부담."

- prosecutiones : "수송의 부역." 본 연구 CTh 16.2.10의 parangariae
에 관한 설명을 참조하라.

4) 테오도시우스 칙법전 16권 8장 4절 / CTh 16.8.4 : 유대인 종교지도자들의 특권을 인정한다.

330년 12월 1일

Idem a. hiereis[*] et archisynagogis et patribus synagogarum et ceteris, qui in eodem loco deserviunt. Hiereos et archisynagogos et patres synagogarum et ceteros, qui synagogis deserviunt, ab omni corporali munere liberos esse praecipimus.

Dat. kal. dec. Constantinopoli Basso et Ablavio conss.

같은 아우구스투스가 사제들과 회당장들과 회당의 아버지들과 같은 장소에서 헌신하는 자들에게

우리는 사제들과[*] 회당장들과 회당의 아버지들과 회당에서 헌신하

는 다른 자들이 모든 육체적 부담으로부터 자유롭도록 명하는 바이다.

바수스와 아블라비우스의 집정관직 하에서 콘스탄티노플에서 12월 초하루에 공포됨.

*

- hierei : "사제들." 68-70년의 유대전쟁으로 예루살렘 성전이 파괴된 이후로 유대교의 희생제사는 중지되었지만 사제계층은 존재하였다. 주로 회당장이 사제를 임명하는 방식이었다.

*

유대교의 성직자 계층에 대하여 기독교의 성직자들과 마찬가지로 육체적인 부역(賦役)을 면제하여 주는 법률이다. 이처럼 유대교는 이교, 기독교 등과 함께 사제계층이 특권을 누렸다.[4]

5) 시르몬두스 칙법전 4장 / Constitutiones Sirmondianae 4

335년 10월 21일

Imp. Constantinus ad Felicem praefectum praetorii.

---

4) 회당장에 관한 파피루스 자료는 Noy, *The Jews of Roman Syria*, 67쪽을 보라.

Iam dudum quidem constitutionis nostrae saluberrima sanctio promulgata est, quam nostrae repetitae legis veneratione[*] geminamus, ac volumus, ut, si quispiam iudaeorum christianum mancipium vel cuiuslibet alterius sectae mercatus circumcidere non perhorruerit, circumcisus quidem istius statuti mensura libertatis compos effectus eiusdem[*] privilegiis potiatur: non fas iudaeo sit qui circumciderit mancipium generis memorati in obsequium servitutis retinere. Illud etenim hac eadem sanctione praecipimus, ut, si quispiam Iudaeorum reserans sibi ianuam vitae perpetuae[*] sanctis se cultibus[*] mancipaverit et Christianus esse delegerit, ne quid a Iudaeis inquietudinis vel molestiae patiatur. Quod si ex Iudaeo Christianum factum aliquis Iudaeorum iniuria putaverit esse pulsandum, volumus istiusmodi contumeliae machinatorem pro criminis qualitate commissi poenis ultricibus subiugari, Felix parens carissime. Quare divinitatis affectu[*] confidimus ipsum[*] in omni orbe Romano qui nostri debita veneratione servata: ac volumus, ut excellens sublimitas tua[*] litteris suis per dioecesim sibi creditam commeantibus iudices moneat instantissime huiuscemodi debitam reverentiam custodiri.

Data XII kal. novemb. proposita VII id. mart. Carthagine Nepotiano et Facundo conss.

황제 콘스탄티누스가 정무총감 펠릭스에게

우리 칙법(勅法)의 아주 이로운 성법(聖法)은 실로 얼마 전에 공포되었고, 우리는 우리의 법을 존중하기 때문에 반복하여* 그 법을 다시 공포한다. 우리가 원하는 바, 만약 유대인 중 어떤 자가 기독교인 노예나 어떤 다른 분파의 노예를 구입한 후 겁 없이 할례를 행한다면, 실로 할례 받은 자는 그런 상황에 대한 대응으로 자유를 갖게 되며, 그런 결과로부터* 특권을 얻을 것이다. 언급한 종류의 노예에게 할례를 행하는 유대인에게는 (그를) 노예 상태의 복종 안에 보유하는 것이 허락되지 않을 것이다. 왜냐하면 우리는 이런 동일한 법에 의해 이것을 명하는 바, 만약 유대인 중에 어떤 자가 영생(永生)의 문을* 자신을 위해 열면서 거룩한 예배로* 자신을 바쳐서 기독교인이 되기를 선택한다면, 그는 유대인들에 의해 어떤 불안이나 고통을 당하지 않을 것이다. 만약 유대인 중에 어떤 자가, 유대인에서 기독교인으로 개종한 자가 불의(不義)에 의해 괴롭힘을 당해야 한다고 생각한다면, 친애하는 춘부대인(春府大人) 펠릭스여, 우리는 이런 모욕을 조장하는 자가, 저지른 죄질(罪質)에 따라 복수의 형벌에 처해지기를 원한다. 그것을 통해 우리는 하나님의 사랑 안에서* 그 자신이 로마 전역(全域)에서 안전하며* 우리에게 돌려져야 할 존경이 보존될 것으로 믿는다. 그리고 우리는 지존(至尊)한 숭고(崇高)함을 갖춘 그대가* 그대 자신에게 맡겨진 관구 전체에 그대의 편지를 회람(回覽)시킴으로, 재판관들에게 권(勸)하여 이런 종류의 마땅한 경외심을 보존하도록 할 것이다.

네포티아누스와 파쿤두스의 집정관직 하에 카르타고에서 11월의 열이틀 전에 공포되고 3월 보름의 이레 전에 게시됨.

*

- nostrae repetitae legis veneratione : "우리의 법을 존중함으로 반복하여." 문자적인 의미는 '우리의 반복된 법에 대한 존중에 의해'이다.

- effectus eiusdem : "그런 결과로부터." 문자적으로는 '그런 결과의'.

- ipsum : "그 자신이…안전하며." ipsum의 보어가 생략되어 있다. Pharr의 견해에 따라 tutum(안전하며)를 넣어서 해석했다. Pharr, *The Theodosian Code*, 497쪽, 각주 4번.

- excellens sublimitas tua : "지존한 숭고함을 갖춘 그대가." 문자적으로 '그대의 지존한 숭고함'이다.

*

이 칙법의 법조문을 작성한 법무총감은 기독교인으로 추정된다. 몇 가지 특징적인 표현을 통해 추론할 수 있다. "영생의 문(vita perpetua)[*]", "거룩한 예배(sancti cultus)[*]", "하나님의 사랑(divinitatis affectus)[*]" 등이 그것이다.

6) 테오도시우스 칙법전 16권 9장 1절 / CTh 16.9.1

335년 10월 21일

Imp. Constantinus a. ad Felicem praefecto praetorio. Si quis iudaeorum christianum mancipium vel cuiuslibet alterius sectae mercatus circumciderit, minime in servitute retineat circumcisum, sed libertatis privilegiis, qui hoc sustinuerit, potiatur etc.

Interpretatio. Si quis iudaeorum servum christianum vel cuiuslibet alterius sectae emerit et circumciderit, a iudaei ipsius potestate sublatus in libertate permaneat.

황제 아우구스투스가 정무총감 펠릭스에게

만약 유대인 중 어떤 자가 기독교인 노예나 어떤 다른 분파의 노예를 구매한 후 할례를 행한다면, 그는 할례 받은 자를 결코 노예상태로 보유할 수 없을 것이다. 오히려 이런 취급을 받은 자는 자유의 특권을 얻을 것이다.

해석 : 만약 유대인 중 어떤 자가 기독교인 노예나 어떤 다른 분파의 노예를 구입하고 할례를 행한다면, 그는 유대인 자신의 권능을 벗어나 자유 안에 거할 것이다.

7) **테오도시우스 칙법전 16권 8장 5절 / CTh 16.8.5 : 유대인 중에서 기독교인이 된 자를 괴롭히지 말아야 한다.**

335년 10월 21일

Imp. Constantinus a. ad Felicem praefecto praetorio. Post alia: eum, qui ex iudaeo christianus factus est, inquietare iudaeos non liceat vel aliqua pulsare iniuria: pro qualitate commissi istius modi contumelia punienda etc.

Dat. XII. kal. nov. Constantinopoli. pp. VIII. id. mai. Karthagine, Nepotiano et facundo coss.

Haec lex interpretatione non eget.

황제 아우구스투스 콘스탄티누스가 정무총감 펠릭스에게

다른 사항 뒤에 : 유대인에서 기독교인으로 개종한 자를 유대인들이 불안하게 만들거나 다른 불의(不義)로 괴롭히는 것을 허락하지 않는다. 이런 종류의 불의는 저질러진 행위의 질(質)에 따라 처벌되어야 한다.

네포티아누스와 파쿤두스의 집정관직 하에 콘스탄티노플에서 11월의 열이틀 전에 공포되고, 카르타고에서 5월 보름의 여드레 전에 고시됨.

이 법은 해석을 필요로 하지 않는다.

8) 테오도시우스 칙법전 16권 8장 6절 / CTh 16.8.6 : 유대인 남자가 기독교인 여자와 결혼하는 것을 금지한다.

339년 8월 13일

Imp. Constantius a. ad Evagrium. Post alia: quod ad mulieres pertinet, quas iudaei in turpitudinis suae duxere consortium in gynaeceo nostro ante versatas, placet easdem restitui gynaeceo[*] idque in reliquum observari, ne christianas mulieres suis iungant flagitiis vel, si hoc fecerint, capitali periculo subiugentur.

dat. id. aug. Constantio a. II cons.

황제 아우구스투스 콘스탄티우스가 에바그리우스에게

다른 사항 뒤에 : 전(前)에 우리의 모직공장(毛織工場)에서[*] 일했지만 유대사람들이 그들 자신의 수치스런 공동체로 데리고 간 여자들에 대해서, 내가 그 여자들을 모직공장에 복귀시킨 것을 기뻐한다. 그리고 앞으로는 이것이 지켜져야 하는 바, 유대인들이 기독교인 여자들을 자신들의 수치스러움에 연합시키지 말아야 한다. 만약 그들이 그렇게 행한다면, 그들은 사형(死刑)의 위험에 처하게 될 것이다.

아우구스투스 콘스탄티우스의 두 번째 집정관직 하에 8월 보름에 공포됨.

- gynaeceum 혹은 gynaecium : "모직공장(毛織工場)." 로마제국은 군복과 관료용 복장 및 황실의 필요를 위해서 방직 공장을 직접 운영하였다.[5] 서방의 경우 황실영지부(皇室領地部, res privata)에서 경영하던 방직공장은 몇 개 되지 않았다(CTh 1.32.1 참조). 대부분의 방직공장은 황실세금부(皇室稅金部, sacrae largitiones)에 의해서 운영되었다. 5세기 초반 서방(西方)에서 운영하던 방직공장의 목록이 존재한다. 이에 따르면 두 개의 면직공장(綿織工場, linyphia)과 열다섯 개의 모직공장(毛織工場, gynaecia) 그리고 아홉 개의 염색공장(baphia)이 있었다. 제국의 동방의 경우는 서방처럼 방직 공장의 완벽한 목록을 재구성할 수 있는 자료가 없다. 동방의 모직공장은 트라키아의 헤라클레아, 키지쿠스, 카파도키아의 카이사레아, 티로스 등에 있었고, 면직공장은 스키토폴리스에 있었다.

*

"방직공장의 운영은 황실영지부나 황실세금부의 재정감(procuratores)들에게 맡겨졌다. 공장 노동력은 국가노예들이 제공했다. 4세기 초반의 대박해 기간 중에는 기독교인들이 국고로 귀속되어 면직공장(linyphia)과 모직공장(gynaecia)에 등록되기도 했다. 4세기 중반 이후

---

5) Jones, *The Later Roman Empire*, 838쪽.

방직공장의 노동자들은 그 직업이 세습되었지만 여전히 노예(mancipia)라고 불리었다. 각 공장의 노동자들은 가족(familiae) 단위로 조직되어 있었는데, familiae라는 단어는 노예가정을 지칭할 때 사용되던 것이었다. 클라우디우스의 원로원의결(senatusconsultum claudianum)은 공장노동자들과 결혼한 자유인 여자는 노예가 된다고 하였다."[6]

*

이 칙법은 콘스탄티우스가 정무총감 에바그리우스에게 보낸 칙법이므로 지역법으로 분류되어야 한다. 문제 삼고 있는 모직공장(gynaeceum)이 단수로 제시되었기 때문에 어떤 특정한 모직공장을 대상으로 한 칙법인 것 같다. 에바그리우스의 신원이 확인되지 않기 때문에 더 이상의 추론은 불가능하다. 그런데 이 칙법을 따르면 이 모직공장의 노동자들 중에는 기독교인 여성들이 있었다. 아마도 가족(familiae)으로 조직되어 있는 모직공장 중에 기독교인 가정이나 혹은 기독교인 처녀들이 있었을 것이다. 전술하였듯 모직공장의 노동직은 세습직이었고 노예(mancipia)로 분류되었다. 그런데 국가가 운영하는 방직공장의 기독교인 여자 노예들이 유대인들과 결혼한 것이 이 칙법을 공포하는 배경이 된다. 만약 이 칙법이 동방의 정무총감에게 보낸 것이라면 방직공장이 존재하면서도 유대인들이 많이 살던 도시인 스키토폴리스를 주목할 필요가 있다. 스키토폴리스에는 면직공장(linyphia)이 있었으며 아울러 사마리아인(人)들이 많이 살고

---

6) Jones, *The Later Roman Empire*, 838쪽.

있었다.[7] 황실세금부총관(comes sacrarum largitionum)에게 보내진 한 칙법은 스키토폴리스의 면직조공(綿織造工, linteones)에 관계된 것이다(CTh 10.20.8). 스키토폴리스의 사마리아인(人)들은 5세기 초반 카이사레아의 사마리아인들과 함께 반란을 일으키기도 했을 정도로 세력이 강했다.[8] 스키토폴리스가 아니라면 카이사레아, 티베리아스, 디오카이사레아, 네아폴리스 등의 도시와 갈릴리 지역 등 유대인들의 세력이 강했던 지역이 이 칙법의 배경이 될 수 있을 것이다. 그러나 이런 도시에 방직공장이 존재했는가에 대해서는 알려진 바가 없다.

기독교인 여자 노예들이 유대인들과 결혼한 이유는 어렵지 않게 추론할 수 있다. 유대인이 로마시민인 경우 기독교인 여자 노예들은 유대인과 결혼함으로써 여러 가지 유익을 얻을 수 있었다. 로마법상 적법(適法)한 혼인을 한 경우 아버지가 로마시민이면 자식은 어머니의 신분에 상관없이 아버지의 신분을 따라 로마시민이 되었다.[9] 이에 따라 기독교인 여자 노예가 로마시민인 유대인 남자와 결혼한 경우 이 사이에서 태어난 아이는 로마시민이 된다. 더 나아가 위의 칙법은 기독교인 여자 노예들이 적법한 혼인을 통하여 세습되었던 모직공장의 노동자 신분을 벗어났다고 암시하고 있다. 결혼을 통해 이런 이점을 얻을 수 있었기에 기독교인 여자 직공들이 유대인 남자와 결혼하게 되었을 것이다. 아울러 이 칙법은 기독교인 여자직공들이 결혼을 통해 직공의 노예노동을 벗어난 후 유대인 공동체의 일원이 되었음을 암시한다.

---

7) Jones, *The Later Roman Empire*, 836쪽과 944쪽.

8) Jones, *The Later Roman Empire*, 944쪽.

9) 현승종 · 조규창, 『로마법』, 962쪽.

그런데 콘스탄티우스는 이렇게 유대인 남자와 결혼하여 모직공장을 벗어난 후 유대인 회당의 일원이 된 기독교인 여자들을 다시금 모직공장으로 되돌아가게 이미 조치했다. 그 이유는 종교적인 것에 있다. 유대교는 "수치스런 공동체"(turpitudinis consortium)이고 따라서 유대인들은 "기독교인 여자들을 (결혼을 통해서) 자신들의 수치스러움에 연합시키지 말아야 한다"(ne christianas mulieres suis iungant flagitiis). 기독교인 여자들은 혼인을 통해 방직공장의 세습노동을 탈피할 수 있었으나, 콘스탄티우스는 이 여자들을 다시 방직공장으로 돌려보냈고 이를 통해 기독교인 여자들은 다시 노예가 되었다. 이런 경우 로마법상 이들 사이의 결혼은 해소(解消)된다. 다시 말해 법률적으로 양자는 결혼 이전의 상태로 돌아가는 것이다.

콘스탄티누스 황제 당시 유대교는 전통적인 특권을 모두 누리고 있었다. 그런데 콘스탄티우스 시대에 이르러 방직공장의 기독교인 여자와 유대인 남자 간의 혼인을 배경으로 하여, 기독교인 여자와 유대인 남자의 혼인 자체가 금지된다. "유대인들이 기독교인 여자들을 (결혼을 통해서) 자신들의 수치스러움에 연합시키지 말아야 한다"는 구절은 사회적 신분을 막론하고 기독교인 여자와 유대인 남자의 결혼을 금지하는 것으로 해석해야 할 것이다. 콘스탄티누스 시대의 법은 유대인이 기독교로 개종하는 것을 금하지 않았던 반면, 콘스탄티우스의 이 칙법은 기독교인 여자가 유대인으로 개종하는 것을 금하고 있다. 이 칙법은 기독교 시대에 유대인의 결혼권을 제한하는 첫 번째 규정이 된다. 상기해야 할 점은 유대인의 결혼권이 처음으로 제한된 정황이 유대인 남자와 방직공장의 기독교인 여자노동자들 사이의 결혼에 있었다는 것이다. 특수한 정황을 토대로 하여 보다 일반적인 원칙, 즉 유대인 남자와 기독교인 여자의 결혼을 금하는 칙법이 공포된 것임을 유념해야 할 것이다.

388년에 이르러 테오도시우스는 키네기우스에게 보낸 칙법에서 유대인과 기독교인의 결혼을 보다 포괄적으로 금지한다(CTh 3.7.2). 유대인 남자는 기독교인 여자와의 결혼이 금지되고, 기독교인 남자는 유대인 여자와의 결혼이 금지된다. 이 법의 수신자인 오리엔스 정무총감 키네기우스는 열렬한 기독교 신자였고 그의 신앙적 확신이 유대인과 기독교인 사이의 결혼을 포괄적으로 금지하는 법을 만드는 데에 기여했을 것이다.[10] 5세기 초반에 가면 반(反)유대인 법은 극도로 강화된다.[11]

9) 테오도시우스 칙법전 16권 9장 2절 / CTh 16.9.2 : 유대인은 기독교인 노예를 소유할 수 없다.

339년 8월 13일

Imp. Constantius a. ad Evagrium. Si aliquis iudaeorum mancipium sectae alterius* seu nationis* crediderit comparandum, mancipium fisco protinus vindicetur: si vero emptum circumciderit,* non solum mancipii

---

10) 키네기우스는 황실법무총감(quaestor sacri palatii)을 거쳐 제법 긴 기간 동안 오리엔스 정무총감직을 수행한다. 키네기우스의 기독교 신앙과 이교신전의 파괴, 그리고 테오도시우스가 공포한 칙법과의 관계에 대해서는 Nam, *Theodosius I's Religious Policy*, 144-148쪽을 참조하라. 키네기우스의 이교신전 파괴에 대해서는 Gassowska, *Maternus Cynegius*, 107-123쪽을 참조하라.

11) 테오도시우스의 아들들의 반(反)유대교 정책에 관해서는 남성현, 『테오도시우스 법전 종교법 연구』, 185-189쪽을 참조하라.

damno multetur, verum etiam capitali sententia puniatur. Quod si venerandae fidei* conscia* mancipia iudaeus mercari non dubitet, omnia,* quae aput eum repperiuntur, protinus auferantur nec interponatur quicquam morae, quin eorum hominum qui christiani sunt possessione careat.* Et cetera.

Dat. id. aug. Constantio a. II et Constante a. conss.

황제 아우구스투스 콘스탄티우스가 에바그리우스에게

만약 유대사람들 중 어떤 자가 다른 분파(分派)나* 다른 민족의* 노예를 구입해야 한다고 생각하면, 그 노예는 즉시로 국고로 귀속되어야 한다. 만약 그가 구입한 노예에게 할례(割禮)를 행한다면* 그는 노예를 상실하는 처벌을 받을 뿐 아니라, 또한 생명형으로 처벌받을 것이다. 그러나 만약 유대인이 공경(恭敬) 받아야 할 신앙에* 속하는* 노예들을 주저함 없이 구입한다면, 그에게서 발견되는 모든 것은* 즉시로 빼앗길 것이며, 조금의 지체도 없이 그는 소유하고 있는 기독교인(基督敎人)들을 빼앗기게 될 것이다.*

아우구스투스 콘스탄티우스의 두 번째 집정관직과 아우구스투스 콘스탄스의 집정관직 하에 8월 보름에 공포됨.

*

- secta altera : "다른 분파(分派)." 분파(分派, secta)라는 용어는 테오도시우스 칙법전에서 다양한 의미로 사용된다. 니케아-신니케아 신조를 따르는 공교회(公敎會)를 가리킬 때도 있으며(CTh 16.2.5),[12] 니케아파 이외의 다른 이단적인 분파를 가리키거나 유대교 마니교 등의 다른 종교를 가리킬 때도 있다(CTh 16.5.25, 8.1).[13] 따라서 분파(secta)라는 단어는 개별 칙법의 맥락에 적당하게 해석해야 한다. 이 칙법에서는 유대교 이외의 다른 종교를 가리킨다.

- natio : "민족." 유대교는 민족종교였지만 할례를 조건으로 하여 이방인이 유대교로 개종하는 것을 허용하였다. 따라서 유대인이란 유대인 회당에 출입하는 할례 받은 자를 의미하며, 그런 범주를 유대 민족(natio)으로 생각하였다. 위의 칙법에서는 유대 민족 이외의 다른 민족을 가리킨다.

- circumciderit : "할례(割禮)를 행한다면." 할례(circumcisio)는 유대선민사상이 응축되어 있는 종교적인 상징으로 신과 유대민족이 맺은 계약의 증표이다. 기독교가 세례를 통해서 개종자를 얻듯이 유대교는 할례를 통해서 개종자를 얻었다. 기독교 교사들은 할례의 보편성을 부인했다. 순교자 유스티누스는 아울러 할례를 받지 않는

---

12) CTh 16.5.42, 5.44, 5.57, 5.60, 5.62, 5.64, 5.66, 6.6.
13) CTh 16.5.6, 5.12, 5.15, 5.41, 5.58, 6.4-5, 8.2, 8.8-9, 8.22, 9.2.

여자들도 남자처럼 의롭게 되며 덕스러운 자가 될 수 있다고 주장
했으며, 아브라함이 할례받기 전에 이미 의롭다함을 얻었고 아담 이
후 에녹까지의 구약의 인물들은 할례받지 않은 상태로 세상을 떠났
다고 하면서 할례 무용론을 주장했다.[14] 이런 견해는 테르툴리아누
스, 아프라하트, 요안네스 크리소스토모스 등에게서도 반복된다.[15]

- veneranda fides : "공경(恭敬)받아야 할 신앙." 기독교 신앙을 가
  리킨다. 이 칙법을 작성한 황실법무총감이 기독교 신앙인일 가
  능성을 보여주는 표현이다. 뒤에 나오는 기독교인(基督敎人)인 사
  람들(homines qui christiani sunt)은 보다 중립적인 표현이다.

- conscia : "속하는." conscius는 기독교 신앙(fides)에 속한다는 것
  을 "스스로 의식(意識)하고 있다는(conscia)" 의미이다. 문장을 매
  끄럽게 하기 위해 기독교 신앙에 "속하는"이라고 옮겼다.

- omnia : "모든 것." "그에게서 발견되는 모든 것"(omnia, quae
  aput eum repperiuntur)은 재산 전체를 의미한다. 기독교인 노예
  를 구입하는 경우 유대인 주인은 재산몰수형에 처해진다. 마그누-
  노르티에(Magnou-Nortier)는 "그에게서 발견되는 모든 자들(노예
  들)"이라고 번역하였다.[16] "모두"(omnia)를 "모든 노예들"(omnia
  mancipia)로 간주하면서 이런 해석을 시도했다. 이런 해석은 파르

---

14) 『유대인 트리포와의 대화』, 23장과 19장.

15) Simon, *Verus Israel*, 463쪽 각주 71번.

16) Magnou-Nortier, *Le Code Théodosien, Livre XVI*, 361쪽.

(Pharr)를 따른 것이다. 파르는 omnia를 "그런 모든 노예들"(all such slaves)이라고 해석하였다.[17] 이런 해석이 문법적으로 불가능한 것은 아니지만, 문맥상 재산몰수형으로 해석하는 것이 타당하다. 뒤에 밝히겠지만 안토니누스 황제의 시대에 로마 시민이 할례받거나 자신의 노예를 할례 받게 할 경우 재산몰수형을 당했으므로 칙법 전통의 연속성을 고려하면 omnia를 소유 전체로 해석하는 것이 옳다.

- eorum hominum qui christiani sunt possessione careat : "그는 소유하고 있는 기독교인(基督敎人)들을 빼앗기게 될 것이다." 문자적인 번역은 "그는 기독교도(基督敎徒)인 사람들에 대한 그의 소유를 잃게 될 것이다"이다.

*

할례는 거세와의 유사성 때문에 하드리아누스 시대 이후로 금지된다.[18] 하드리아누스 황제는 예루살렘을 재건하면서 이교신전을 건축하기로 결정했고 아울러 할례를 금지하도록 조처하였다. 하드리아누스의 반(反)유대주의는 135년 바르 코흐바(Bar Cochba)의 반란이라는 대가를 치르게 된다. 그러나 이 반란에도 불구하고 하드리아누스의 결정은 철회되지 않았다. 오히려 유대의 반란을 제압한 후에

---

17) Pharr, *The Theodosian Code*, 471쪽.

18) Simon, *Verus Israel*, 99-100쪽. 조규창, 『로마형법』, 399쪽 참조. 거세는 도미티아누스 황제 이후에 금지되고 이후 사형에도 처해지는 등 엄격한 제재가 뒤따랐다. Dupont, *Le Droit criminel dans les constitutions de Constantin, Les infractions*, 37쪽.

유대교의 예배 자체를 금지하는 폭넓은 반(反)유대 정책을 취했다고
하나 확실하지 않다. 유대인들은 70년 유대전쟁에서 예루살렘을 파
괴하고 성전을 약탈했던 티투스보다도 하드리아누스를 더욱 증오하
였다. 하드리아누스의 반(反)유대주의는 안토니누스 치하에서 다시
한 번 유대인들의 반란의 도화선이 된다. 안토니누스는 유대인들에
대해서 보다 우호적이었고, 하드리아누스의 정책을 대부분 철회했으
며 유대인들은 이전에 누렸던 여러 가지 특권들을 다시금 누리게 된
다. 유대인들의 지위는 콘스탄티누스가 막을 올린 기독교 시대 이전
까지 변함없이 유지되었다.

그러나 안토니누스는 하드리아누스의 정책을 부분적으로 유지하였
다.[19] 태생(胎生) 유대인이 아닌 자가 할례 받는 것을 금지했던 것이
다. 사마리아인들도 유대인으로 간주되어 동일한 제재를 받았다. 안
토니누스가 공포했던 칙법의 내용은 할례를 거세와 유사한 것으로
간주했다. "신인(神人) 피우스의 회답(回答)에 의해 유대인들이 오직
자신의 아들들에게 할례를 행하는 것만이 허용된다. 그 종교에 속하
지 않은 자에게 할례를 행하면 거세하는 자에 대한 형벌로 제재당할
것이다"(Circumcidere Judaeos filios suos tantum rescripto diui Pii
permittitur: in non ejusdem religionis qui hoc fecerit castrantis poena
irrogatur).[20] 안토니누스는 태생 유대인 외에는 할례를 금지함으로
유대교의 새신자 모집을 금지하였다. 아울러 할례를 거세와 동일한
것으로 간주하여 태생 유대인이 아닌 자가 할례 받은 경우 거세한 자
에 대한 형벌로 제재하였다. 아울러 안토니누스는 로마시민이 유대의

---

19) Simon, *Verus Israel*, 104쪽.

20) Simon, *Verus Israel*, 104쪽에서 재인용.

식에 의해 할례를 받거나 자신의 노예를 할례 받게 하면, 재산몰수형과 아울러 평생 섬추방형을 당하며, 할례를 행한 의사는 생명형을 받게 될 것이라고 하였다(Cives Romani, qui se judaico ritu vel servos suos circumcidi patiuntur, bonis ademptis in insulam perpetuo relegantur; medici capite puniuntur).[21] 뿐만 아니라 유대인 주인이 자신의 비(非)유대인 노예에게 할례를 행할 경우 추방형이나 사형으로 처벌하였다.

*

테오도시우스 칙법전 16권 9장 2절은 콘스탄티우스가 339년 8월 13일 공포한 것으로 CTh 16.8.6과 같은 날 공포했던 동일 칙법 안에 들어있던 내용이었다. 438년 테오도시우스 칙법전 편집과정에서 동일 칙법 안에 있던 여러 가지 규정이 분리되면서 각기 다른 권으로 편집되었을 뿐이다.[22]

CTh 16.9.2는 유대인의 노예 소유에 대한 제한 규정이다. 첫째, 유대인이 유대교가 아닌 다른 종교(secta)에 속한 노예나 태생 유대인이 아닌 노예를 구입할 경우 구입한 노예는 국유화된다. 따라서 유대인은 유대인 노예만을 구입할 수 있다. 둘째, 태생 유대인이 아닌 노예를 구입하여 할례를 행하게 되면 해당노예가 몰수되는 것은 물론 유대인 주인은 사형에 처해진다. 콘스탄티누스가 335년 10월 21일에 공포한 칙법(CTh 16.9.1)은 유대인 노예 외에 다른 종교에 속한 노예를 구입하여 할례를 행한 경우 그 노예는 해방될 것이라고

---

21) Simon, *Verus Israel*, 104쪽에서 재인용. 조규창, 『로마형법』, 399-400쪽도 참조하라.

22) 칙법 쪼개기에 대해서는 남성현, 『테오도시우스 법전 종교법 연구』, 52-55쪽을 참조하라.

규정하였다. 콘스탄티우스는 아버지의 정책을 이어받는 동시에 더
엄격한 형벌을 부과하여 노예 몰수와 동시에 유대인 주인을 사형으
로 제재하였다. 콘스탄티누스와 콘스탄티우스의 유대인 소유 노예에
대한 할례금지의 규정은 하드리아누스-안토니누스의 반유대정책과
동일선상에 있는 것이며, 주권(主權, dominus)의 남용으로부터 노예
를 보호하기 위한 것이다.

셋째, 기독교인 노예의 추가 구매는 불허(不許)한다. 기독교인 노
예를 구매할 경우 유대인 주인의 재산은 몰수되며, "기독교인들(homines
qui christiani sunt)"을 몰수당하게 된다. 여기서 "기독교인들"이란
기왕에 보유하고 있던 기독교인 노예들을 가리킨다고 보아야 한다.
이런 해석이 옳다면, 기존에 보유한 기독교인 노예의 소유는 허용되
지만 기독교인 노예에 대한 추가적인 구입은 허용되지 않는다. 두
번째 규정은 2세기 이후의 유대인 관련 로마법 전통의 연장선 속에
있는 것이다. 반면 유대인은 태생 유대인 노예만을 구입해야 하며,
특히 기독교인 노예를 구입할 경우 몰수형을 당한다는 것은 콘스탄
티우스 시대에 부가된 유대인 제재 조치에 해당한다.

10) 테오도시우스 칙법전 16권 8장 7절 / CTh 16.8.7 : 유대교로 개종한 기독교인은 재산몰수형에 처한다.

353년 7월 3일

Imp. Constantius a. et Iulianus c. ad Talassium[*] praefecto praetorio.

Si quis, lege venerabili constituta, ex christiano iudaeus effectus sacrilegis coetibus aggregetur, quum accusatio* fuerit comprobata, facultates eius dominio fisci iussimus vindicari.

Dat. V. non. iul. Mediolano, Constantio a. IX. et Iuliano caes. II. coss.

Ista lex interpretatione non eget.

황제 아우구스투스 콘스탄티우스와 카이사르 율리아누스가 정무 총감 탈라시우스에게*

받들어야 할 법이 공포된 바, 만약 기독교인 중에 어떤 자가 유대인이 되어 신성모독적인 모임에 참여한다면, 우리는 그런 자에 대한 고발이* 증명되는 대로 그의 재산이 국고의 소유권으로 이전될 것을 명한다.

아우구스투스 콘스탄티우스의 아홉 번째 집정관직과 카이사르 율리아누스의 두 번째 집정관직의 해에 밀라노에서 7월 상현(上弦)의 닷새 전에 공포됨.

이 법은 해석이 필요없다.

*

- Talassius : "탈라시우스." 탈라시우스는 345-350년에 콘스탄티우스 궁정의 대관이었고 351-353년에 오리엔스 정무총감이었다.[23] 그는 리바니오스와 친분이 있었다.

- accusatio : "고발." 박해시대에 기독교인으로 고발된 자는 체포되어 심문을 받았다. 콘스탄티우스는 기독교인 중에서 유대교로 개종한 자들에 대한 고발을 허용한다. 고발의 요건이 명시하지 않았지만 익명의 요건을 갖추지 못한 것으로 해석하는 것이 옳다. 기독교인 종교범(宗教犯)에 대한 익명의 고발을 접수하지 않은 것은 트라야누스의 시대 이후에 생겨난 전통이었다. 시대와 지역에 따라서 이런 원칙이 지켜지지 않은 때도 있지만 종교범에 대한 무기명 고발의 접수는 정무관의 자의적인 법적용이었을 뿐이다.

---

23) Martindale, *The Prosopography of the Later Roman Empire*, 886-887쪽.

10장
사법(司法)

1) 테오도시우스 칙법전 9권 40장 1절 / CTh 9.40.1

313년 11월 3일

Imp. Constantinus a. ad Catulinum. Qui sententiam laturus est, temperamentum hoc teneat, ut non prius capitalem in quempiam promat severamque sententiam[*], quam in adulterii vel homicidii vel maleficii crimine aut sua confessione aut certe omnium, qui tormentis vel interrogationibus fuerint dediti, in unum conspirantem concordantemque rei finem convictus sit et sic in obiecto flagitio deprehensus, ut vix etiam ipse ea, quae commiserit, negare sufficiat.

Dat. III. non. nov. Treviris. acc. XV. kal. mai. Hadrumeti, Volusiano et Anniano coss.

Interpretatio. Iudex criminosum discutiens non ante sententiam proferat capitalem, quam aut reus ipse fateatur, aut convictus aut per innocentes testes vel per conscios criminis sui aut homicidium aut adulterium aut maleficium commisisse manifestius convincatur.

황제 아우구스투스 콘스탄티누스가 카툴리누스에게

선고(宣告)를 내리려는 자는, 어떤 자가 그 자신의 자백에 의해, 혹은 고문이나 심문(審問)으로 얻는 여하한의 모든 증인들의 자백에 의해, 동일하게 일치하고 부합하는 사건의 결말로서 간통이나 살인이나 마술의 범죄에 대해 혐의를 인정하기 전에는, 극형(極刑)과 가혹한 인두형을* 내리지 않는 절제의 태도를 지녀야 한다. 그리하여 그가 저지른 것들에 대해 그 자신이 거의 부인(否認)할 수 없게 될 때에 그는 고발된 범법 행위에 대해서 체포되어야 한다.

볼루시아누스와 아니아누스의 집정관직 하에 트레베리에서 11월 상현의 사흘 전에 공포되고, (아프리카의) 하드루메툼에서 5월의 열닷새 전에 받아들여짐.

해석 : 범죄 행위로 고발된 자를 심문하는 재판관은 피고 자신이 자백하거나, 무고한 증인들이나 범죄의 공모자들을 통해 혐의가 인정되거나, 혹은 그가 살인이나 간통이나 마술을 저지른 것이 분명하게 인정되기 전에는 극형을 선고하지 말아야 한다.

*

    - capitalis... severaque sententia : "가혹한 인두형(人頭刑)." 문자적
으로는 "생명에 관한 그리고 가혹한 선고"이다. CTh 9.3.1의
capitalis poena를 참조하라.

*

콘스탄티누스 황제는 313년 11월 3일에 공포된 이 칙법을 통해
간통과 살인과 마술 등의 범죄에 대해서는 자백이나 증언 혹은 여타
의 증거에 의해 범죄가 인정되지 않는다면 극형을 선고하지 말아야
한다고 규정한다. 이런 범죄에 해당하는 형벌은 사형, 화형, 재산 몰
수형, 유배형 등의 극형(極刑)이었다.

이 칙법에서 "자백"(自白, confessio)과 "고문"(拷問, tormenta)에 대
해서 언급하는 것을 주목할 필요가 있다. 형사 사건의 피의자가 혐
의를 부인하는 경우 투옥될 수도 있었고 벌금형에 처해질 수도 있었
다.[1] 하지만 헬레니즘 왕국에서 많이 사용된 체형이나 고문은 공화
정기의 로마형사소송법에서는 노예를 제외한 로마 시민과 자유인에
게 언제나 금지되어 있었다. 체형과 고문의 금지는 공화정 말기까지
일관성 있게 유지되었고 이런 규범은 로마 문명의 장점으로 여겨진

---

1) 아래 내용은 Mommsen, *Le droit pénal romain* 2, 80-83쪽(독일어 원문은 405-408쪽)을 참조한 것
이다. 아울러 조규창, 『로마형법』, 590쪽, 694-695쪽을 참조하라. 고문에 의한 자백을 통해 피의
자(被疑者)가 유죄판결을 받게 되면 피고(被告)는 재판절차에 회부되지도 않고 유죄가 확정되었
고 형(刑)이 집행되었다. 그런데 "피의자(被疑者)는 기소될 것이므로 피고이며 또한 피고는 그의
자백으로 유죄판결을 면할 수 없을 것이므로 범인(犯人)이라는 등식이 성립되어" 점차적으로 피
고(被告, reus)와 범인(犯人)이 동의어로 간주되는 경향이 있었다고 한다. 조규창, 『로마형법』,
694쪽에서 참조.

다. 하지만 원수정의 도래 이후 고문 금지의 규범이 교란되기 시작
한다. 아우구스투스와 클라우디우스는 고문을 허용하지 않았지만,
티베리우스는 원로원의 법정과 황제의 법정에서 피의자 심문 시에
고문하는 것을 허용했다. 사도 바울이 예루살렘에서 체포되어 로마
로 압송되는 중에 관리에게 고문을 당했다는 기록은 없다. 이후 두
세기 동안 고문은 주로 대역죄(불경죄) 심리에서 자주 사용되었지만
고문과 관련된 확고한 법체계는 늦게 나타나며, 하급법정이 아닌 상
급법정의 특별한 심문 수단이었던 것 같다. 상류계층은 고문을 면제
하고 하류계층에만 고문을 적용한 것은 마르쿠스 아우렐리우스와 베
루스 시대(161-169년)에 가서야 나타난다. 세습되는 원로원 의원의
가문, 관료직을 맡았던 기사계층, 시의회 의원과 그 자녀들, 전·현직
군인과 그 자녀들은 고문에서 제외되었다. 군인을 고문에서 제외하는
것은 예외적인 사항으로 파테르누스(Tarruntenus Paternus, †183년)
가 처음으로 언급한다(D 49.16.7). 하지만 대역죄(maiestas)와 마술로
고발된 경우 신분의 차이에 관계없이 고문에 처해졌다. 셉티무스 세
베루스 시대에 이르러 자유인 증인이 자유인 피의자와 동일한 입장
에서 고문받는 것이 처음으로 확인된다. 콘스탄티누스 시대 이후 자
유인은 노예와 동일하게 고문받았고, 대역죄의 경우 피의자와 증인
은 아무런 차이 없이 동일하게 고문받았다. 노예의 경우 고문이 허
용되지 않는 시대는 없었지만, 임신한 여노와 아이들은 고문 대상에
서 제외되었다.2)

　313년 11월 3일에 콘스탄티누스가 공포한 칙법의 경우, 전주정기

---

2) 노예의 고문에 대해서는 Mommsen, *Le droit pénal romain* 2, 93-95쪽(독일어 원문은 416-418쪽)을
　참조하라.

이래로 형상소송법상 관행이 되어 온 고문에 의한 유죄판결과 형벌의 집행에 보다 신중할 것을 요청한다. 간통이나 살인이나 마술 등의 범죄행위에 대해서는 중형(重型)이 선고되었으므로, 콘스탄티누스 황제는 확실한 증거를 확보한 후에 판결을 내리도록 요청하고 있다. 그러나 이 경우라 할지라도 313년 11월 3일에 공포된 칙법 조문이 밝히고 있듯, 재판에 회부된 이후에도 피고(被告)를 고문하여 얻는 자백(自白)을 유죄판결의 결정적인 증거로 삼는 원칙은 지속되고 있다. 이 칙법이 공포된 지 7년 뒤에 콘스탄티누스 황제는 피고의 인권을 획기적으로 개선하는 칙법을 공포한다. 320년 6월 30일에 공포된 칙법(CTh 9.3.1)은 재판에 회부된 피고에게 뼈에 밀착되어 육체적 고통을 가중시키는 수갑 대신 고통이 없는 헐렁한 수갑을 채우고 햇볕을 쪼여주도록 규정하는 등 피고의 인권을 이전과 비교하여 획기적으로 개선한다.[3] 물론 피의자의 구속 중에는 고문이 계속 허용되었고, 재판에 회부된 이후에만 육체적인 고통을 경감시키도록 한 것이다. 조규창은 콘스탄티누스 황제가 "재판에 회부된 피고(被告)의 고문을 금지"했다고 하나[4] 313년 11월 3일에 공포된 CTh 9.40.1에서는 물론이거니와 320년 6월 30일에 공포된 CTh 9.3.1에서도 재판에 회부된 피고의 고문을 금지했다는 내용은 명백하게 확인할 수 없다.

*

자백(自白)은 특별히 기독교인들을 형벌로 제재할 때 적용되었던

---

3) 앞부분에 소개한 CTh 9.3.1의 칙법 내용을 참조하라.

4) 조규창, 『로마형법』, 695쪽.

원칙이다. 피고가 범행을 자백한 경우 심리절차의 개시 없이 즉시로 확정판결을 내릴 수 있다는 원칙이 기독교인들에게 적용되었던 것이다. 기독교인들이 황제를 주님(dominus)으로 부르지 않는다는 사실은 황제의 인격을 침해한 반역(反逆)에 해당하며 황제의 신상이나 황제의 수호신(守護神)에 대해 분향하는 것을 거부하는 것은 로마를 보호하는 신들에 대한 모독이었다.[5] 이렇게 기독교인들은 우상숭배 금지라는 자신들의 특수한 종교적인 관점을 고집하면서 황제와 황제의 종교를 거부함으로 로마법상 이중(二重)의 대역죄(大逆罪)를 저지르는 결과를 초래하였다. 이런 대역죄를 자백할 경우 아무런 재판절차 없이 형벌의 집행이 가능하였다. 그러므로 기독교 박해의 경우 적법한 절차 없이 기독교인들이 중형으로 처벌된 것이 아니라, 로마법상의 대역죄를 자백한 결과 유죄로 확정되어 법정형을 받은 것이다.[6]

범행의 자백을 유죄로 보아 심리절차 없이 형을 집행할 수 있다는 법리는 112-113년경 소아시아의 총독이었던 플리니우스(Plinius)와 트라야누스 황제가 교환한 서신에서도 나타난다. 소아시아 총독인 플리니우스는 고발당한 기독교인들을 체포하였다. 상당수의 고발은 익명의 고발자에 의한 것이었다. 플리니우스는 고발당한 기독교인들을 처형했는데, 단순히 기독교 신앙 그 자체를 자백했기 때문이 아니라 기독교 신앙을 고집하는 완고한 태도 때문이었다.[7] 그런데 황

---

5) 조규창, 『로마형법』, 346쪽.

6) 조규창, 『로마형법』, 522쪽.

7) 조규창, 『로마형법』, 532-533쪽에 플리니우스의 편지를 우리말로 번역한 것이 실려 있다. 플리니우스의 편지와 트라야누스의 칙서(勅書) 전문(全文)에 대한 프랑스어 번역은 Bernet, *Les Chrétiens, dans l'Empire Romain*, 87-90쪽에 소개되어 있다.

제의 신들에게 분향하는 것을 거부한 기독교인들이 많았기 때문에 대역죄(大逆罪)로 고발당한 기독교인들을 전부 처형할지를 망설이면서 트라야누스에게 지침을 요청한다. 이런 정황은 이 시기 이전까지만 해도 기독교인들의 처벌에 대한 명백한 규정이 존재하지 않았으며, 단지 범행의 자백으로 재판 없이 형벌을 부과한다는 형사소송법상의 일반원리를 통해 기독교인들이 처형되었음을 보여준다.

플리니우스의 질문에 대한 트라야누스 황제의 칙서(勅書)는 미묘한 원칙을 제시하였다. 기독교인으로 고발당해 체포된 후 기독교 신앙을 고집하면 처형해야 하지만, 범죄를 뉘우치며 신들에게 분향하는 자들은 석방해야 한다. 그러나 기독교인들을 체포하기 위해 일부러 수색하지는 말아야 한다.[8] 아울러 익명의 고발은 접수하지 말아야 한다는 것 등이었다. 트라야누스의 기독교인 관계법은 여러 가지 흥미로운 사실을 포함한다. 첫째 기독교인들에 관한 한 사인소추(私人訴追)만 인정되며 국가소추권은 사용되지 말아야 한다는 것이다. 그러나 이점에서 트라야누스의 법은 후대에까지 일관적으로 지켜진 원칙은 아니었다. 후대의 250-251년 데키우스의 박해나 302-311년 디오클레티아누스의 대박해 등 가혹한 박해시에는 어김없이 국가소추권이 자주 발동되었기 때문이다. 두 번째로 기독교인들이 신앙을 자백(自白, confessio)하는 것이 즉각적으로 범죄사실로 인정된 것이 아니라, 기독교 신앙을 저버리지 않고 고집하는 것이 범죄로 규정되었다는 점이다.[9] 많은 순교사화들이 보여주는 것처럼 순교자들은 기

---

8) 테르툴리아누스는 자신의 작품 『변증』에서 무고한 기독교인들을 수색하지는 않되 그들을 징벌하라는 트라야누스의 칙서(勅書)를 반박한다. Bernet, *Les Chrétiens dans l'Empire Romain*, 90쪽.

9) 조규창은 "피고가 기독교인임을 시인함과 동시에 모두 처형되었다"고 했으나(조규창, 『로마형법』, 522쪽) 대부분의 경우 기독교 신앙을 부정하면 석방되는 것이 관례였다. 데키우스의 박해와 디

독교 신앙을 저버리면 석방시켜줄 것이라는 회유에도 불구하고 끝까지 신앙을 지키다가 순교한다.[10] 자기의 신앙적 양심을 '고집'한다는 점에서 기독교인들이 처벌받았으므로 기독교인들에 대한 처벌은 일반적 형사소송법상 범죄사실을 입증하는 자백과는 그 차원이 달랐다.

2) 테오도시우스 칙법전 11권 36장 1절 / CTh 11.36.1 : 상소를 받아들이지 말아야 하는 자들.

314년 11월 2일

Quorum appellationes non recipiantur : 상소(上訴)를 받아들이지 말아야 하는 자들

Imp. Constantinus a. ad Catulinum. Moratorias dilationes frustratoriasque non tam appellationes quam ludificationes admitti non convenit. Nam sicut bene appellantibus negari auxilium non oportet, ita his, contra quos merito iudicatum est, inaniter provocantibus differri bene gesta non decet. Unde quum homicidam vel adulterum vel maleficum[*] vel veneficum[*], quae atrocissima crimina sunt, confessio propria vel dilucida

───────────────

오클레티아누스의 박해시에 생겨난 배교자들의 문제로 교회가 다소간의 혼란을 경험하는 것이 그 증거가 된다.

10) 305년 로마에서 순교한 자들 중에 아그네스(Agnes)라는 12세의 소녀가 있었다. 로마의 수도치안감(市摠監)은 아그네스를 집에 돌려보내려고 여러 번 회유했으나 아그네스의 태도는 확고했고 끝내 사형에 처해진다. 남성현, 『고대 기독교 예술사』, 244쪽.

et probatissima veritatis quaestio probationibus atque argumentis detexerit, provocationes suscipi non oportet, quas constat non refutandi spem habere, quae gesta sunt, sed ea potius differre tentare. Qui de variis litibus causisque dissentiunt, nec temere, nec ab articulis praeiudiciisque[*], nec ab his, quae iuste iudicata sunt, provocare debebunt. Quod si reus in homicidii vel maleficii vel adulterii vel veneficii crimine partem pro defensione sui ex testibus quaestioneque proposita possit arripere, parte vero obrui accusarique videatur, tunc super interposita appellatione ab eodem, qui sibi magis, quae pro se faciant, testimonia prodesse debere affirmat, quam ea, quae adversus ipsum egerint, nocere, deliberationi nostrae plenum arbitrium relinquatur.

Dat. III. non. nov. Treviris. acc. XV. kal. mai. Hadrumeti, Volusiano et Anniano coss.

Interpretatio. In civilibus causis vel levioribus criminibus, quae legibus non tenentur inserta, appellationi constituta legibus dilatio praestanda est, et suspendenda est per appellationem sententia iudicantis. At vero homicidis, adulteris et reliquis, quos lex ista comprehendit, si convicti confessique fuerint et appellare voluerint, dilatio denegetur, sed statim in manifestis criminibus convicti iudicis est sententia proferenda, aut certe de magnis criminibus et maioribus personis ad principis est notitiam deferendum.

상소를 받아들이지 말아야 하는 자들

황제 아우구스투스 콘스탄티누스가 카툴리누스에게

(선고를) 지연시키기 위한 유예기간은 상소(上訴)가 아니라 속임수이므로 받아들이지 말아야 한다. 왜냐하면 정당하게 상소(上訴)하는 자들에게는 도움이 부정(否定)되지 말아야 하는 것처럼, 합당하게 재판된 자들이 상소하게 됨으로써 잘 결정된 것이 이유 없이 늦추어지지 말아야 하기 때문이다. 그리하여 자백(自白)이나 명백하고 아주 확고한 진실에 대한 조사가 증거들과 확증으로써 어떤 자가 살인자나 간통자나 주술사나* 독살자임을* 드러내고 아주 잔인한 범죄들을 드러내게 되면, 조사된 것을 반박할 희망을 갖지 못하며, 연기하려고 시도하는 상소(上訴)들을 받아들이지 말아야 한다. 다양한 소송(訴訟)과 재판(裁判)에 대해서 동의하지 않는 자들은 쟁점사항과 예비판결(豫備判決)에* 대해서 그리고 올바르게 판시된 것들에 대해서 무모하게 상소(上訴)하지 말아야 한다. 그런데 살인이나 행악(行惡)이나 간통이나 독살 등의 범죄로 고발당한 피고(被告)가 자신의 변호를 위해 증인들과 행해진 조사로부터 일부분을 취할 수 있다면, 그리고 일정부분 과(過)하게 죄가 부과된 것처럼 보인다면, 자신에게 반(反)하는 증거들이 해로운 것 보다는, 오히려 자신을 위하는 증거들이 자신에게 더 유익이 된다고 피고가 확신하면 그 피고가 제기한 상소에 대해서, 우리가 숙고하여 전적으로 판단할 것이다.

트레베리에서 11월 상현의 나흘 전에 공포되고, 볼루시아누스와 아니아누스의 집정관직 하에 (아프리카의) 하드루메툼에서 5월의 열닷새 전에 받아들여짐.

해석 : 민사소송이나 법 안에 포함되지 않은 덜 중요한 범죄에 대해서, 법에 의해 규정된 상소(上訴)를 위한 유예기간(猶豫期間)은 보장되어야 한다. 그리고 상소에 의해 재판관의 선고(宣告)는 연기되어야 한다. 그러나 살인과 간통과 이 법에 포함된 다른 범죄들에 대해서 확증하고 자백(自白) 했는데도 상소(上訴)하고자 한다면 유예기간은 인정되지 않을 것이며 오히려 분명한 범죄에 대해 확신하는 재판관의 선고가 내려져야 하거나 혹은 적어도 큰 범죄와 더 중대한 인물들에 대해서 원수(元首)에게 보고되어야 한다.

*

- maleficus : "주술사." 주술사는 축문을 통해 악귀를 부리는 자이다.[11] CTh 9.16은 "De maleficiis et mathematicis"라는 표제가 붙어 있다. mathematicus는 별의 움직임을 보고 점을 치는 점성술사이다.

- veneficus : "독살자." "마술사"로 번역할 수도 있다. 본 연구 CTh 9.38.1의 veneficus(마술사)에 대한 설명을 참조하라.

- praeiudicium : "예비판결(豫備判決)" 혹은 "선판결(先判決)." 이 판결은 본래적으로 확정금액이나 확정물(確定物)에 대한 권리관

---

11) Dupont, *Le Droit criminel dans les constitutions de Constantin, Les infractions*, 80쪽.

계를 확인하는 소송판결을 가리킨다. 이행청구소송의 지급판결 (condemnatio)과 대비하여 예비판결 혹은 선판결이라고 한다. 예를 들면 노예에 대한 소유권 확인소송이 예비판결에 해당한다. 원고는 예비판결을 기초로 하여 이행청구소송을 제기할 수 있었다.12)

3) 테오도시우스 칙법전 9권 15장 1절 / CTh 9.15.1 : 근친살해(近親殺害)에 대해서.

318년 11월 16일

De parricidis.

Imp. Constantinus a. ad Verinum vicarium Africae. Si quis in parentis aut filii aut omnino affectionis eius, quae nuncupatione parricidii* continetur, fata properaverit, sive clam sive palam* id fuerit enisus, neque gladio, neque ignibus, neque ulla alia solenni poena subiugetur, sed insutus culeo et inter eius ferales angustias comprehensus serpentum contuberniis misceatur et, ut regionis qualitas tulerit, vel in vicinum mare vel in amnem proiiciatur, ut omni elementorum usu vivus carere incipiat, ut ei coelum superstiti, terra mortuo auferatur.

---

12) 현승종・조규창, 『로마법』, 280-281쪽.

Dat. XVI. kal. dec. Licinio V. et Crispo c. coss. Acc. prid. id. mart. Karthagine, Constantino a. v. et Licinio c. coss.

Interpretatio. Si quis patrem matrem, fratrem sororem, filium filiam aut alios propinquos* occiderit, remoto omnium aliorum genere tormentorum, facto de coriis sacco, qui culeus* nominatur, in quo quum missus fuerit, cum ipso etiam serpentes claudantur: et si mare vicinum non fuerit, in quolibet gurgite proiiciatur, ut tali poena damnatus nullo tempore obtineat sepulturam.

근친살해에 대해서.

황제 아우구스투스 콘스탄티누스가 아프리카의 정무총감대리 베리누스에게

만약 어떤 자가 부모나 아들이나 근친살해(近親殺害)로* 불리는 그의 근친(近親)의 죽음을 조장했다면, 그것이 비밀리에 혹은 공공연하게* 이루어졌던 간에, 그는 칼이나 불이나 다른 어떤 일상적인 형벌에 의해 처벌받지 않고, 가죽부대에 넣어 꿰매야 하는데, 그를 장사지낼 좁은 (가죽부대의) 공간 안에 그를 담은 후에 뱀들을 함께 넣어야 한다. 그리고 지역적 특성에 따라 그는 근처에 있는 바다나 강에 던져야 한다. 그리하여 그가 살아 있다면 기본적인 것들에 대한 모든 즐거움을 잃기 시작할 것이며, 그의 위에서 하늘이 멈출 것이고, 죽은 그 자에게는 땅이 제공되지 않을 것이다.

리키니우스의 다섯 번째 집정관직과 카이사르 크리스푸스의 집정 관직 하에 12월의 열엿새 전에 공포됨. 아우구스투스 콘스탄티누스 의 다섯 번째 집정관직과 카이사르 리키니우스의 집정관직 하에 카 르타고에서 3월 보름의 하루 전에 받아들여짐.

해석 : 어떤 자가 아버지나 어머니나 형제나 누이나 아들이나 딸 이나 혹은 다른 근친(近親)을* 죽인다면, 모든 다른 종류의 고문은 멀 리하고, 쿨레우스라고* 불리는 가죽으로 된 자루에 그 사람을 넣고 아울러 그와 함께 뱀들을 넣어 봉할 것이다. 그리고 만약 바다가 근 처에 있지 않다면, 소용돌이치는 물결에다가 그를 던질 것이다. 그 리하여 그런 형벌로 정죄된 자는 결코 매장의 기회를 얻지 못할 것 이다.

*

- parricidium : "근친살해." parricidium은 본래적으로 patricidium
  (父親殺害)과 어원이 다르며 의미도 달랐다.[13] 고법(古法)시대에
  parricidium은 패역한 살인이나 죽음을 몰고 오는 구타를 가리켰
  던 것 같다. parricidium이 이런 의미로 사용되었기 때문에 '사악
  한 전쟁'이라는 의미의 perduellio와 연관되어 사용되었다. 그러
  나 이미 공화정 말기에 이르러 parricidium이란 단어는 대중 라
  틴어에서 이미 '친척살해'라는 의미로만 사용되었다. parricidium

---

13) 이하의 내용은 Mommsen, *Le droit pénal romain* 2, 324-325쪽(독일어 원문은 612-613쪽)을 참조
    했다. 조규창, 『로마형법』, 624쪽 참조.

은 주로 속격명사와 함께 사용되었는데, 예를 들면 키케로나 티투스 리비우스는 parricida fratris(형제살인), patris parricidium(부친살해), parricidium filii(아들살해) 등의 표현 외에도 parricida liberum(자유인들을 살해함), parricida civium(시민들을 살해함) 등의 표현도 사용한다. 키케로가 사용한 parricida fratris라는 표현은 parricida라는 단어가 pater(부친)와 아무런 연관이 없음을 암시한다. 위 칙법은 parricidium을 존속살해, 비속살해 및 근친살해를 포괄하는 의미로 사용하고 있으므로, 근친살해라고 번역하였다.

"quae nuncupatione parricidii continetur"(근친살해로 불리는)라는 구문의 의미를 정확하게 이해하는 데에 어려움이 뒤따른다. 뒤퐁(C. Dupont)은 이 표현이 이전에 존재하던 근친살해에 대한 해석을 가리킨다고 본다.[14] 파울루스는 아버지, 어머니, 친가나 외가 쪽의 할아버지와 할머니, 형제, 자매, 피해방자의 남자 주인과 여자 주인을 죽인 자를 근친살해로 규정한 바 있다.

- sive clam sive palam : "비밀리에 혹은 공공연하게." 근친살해에 대한 기존의 법은 살해현행범(殺害現行犯, parricidae manifesti)과 비현행범(非現行犯, parricidae nec manifesti)을 구별하였다.[15] 콘스탄티누스의 칙법에서 "비밀리에"(clam)라는 표현은 비현행범을 뜻하고, "공공연하게"(palam)란 단어는 현행범을 뜻하는 것으

---

14) Sententiae 5.24. Dupont, *Le Droit criminel dans les constitutions de Constantin, Les infractions,* 31쪽의 근친살해에 대한 설명을 참조하라.
15) 조규창, 『로마형법』, 626쪽 참조.

로 해석할 수 있다. 근친살해에 대해서 현행범과 비현행범의 차이를 인정하지 않고 수장형(水葬刑)으로 일관적인 처벌을 할 것을 규정한다.

- propinqui : "근친."16) 근친의 범위는 법학자나 시대에 따라 상이하다. 파울루스(Paulus)는 조부모, 부모, 형제자매와 보호자를 근친으로 보았지만, 마르키아누스(Marcianus)는 조부모, 부모, 형제자매, 큰아버지, 큰어머니, 조카, 아내, 남편, 양부, 양모, 및 보호자나 그의 배우자 등으로 근친의 범위를 대폭 확대하였다. 콘스탄티누스는 "아버지나 어머니나 형제나 누이나 아들이나 딸이나 혹은 다른 근친(近親)"이라고 표현했는데, 보호자와 배우자도 근친에 포함된다.

- culeus : "쿨레우스." 수장형을 위한 가죽부대의 이름이다. 살인은 일반적으로 사형의 처벌을 받았다. 그러나 12표법 시대 이래로 존속살해범은 수장형으로 처형하였으나, 2세기 중반 이후 4세기 초반까지 수장형이 거의 집행되지 않았다. 콘스탄티누스의 칙법을 통해 수장형이 재차 채택된다.

*

이 칙법은 존속살인(尊屬殺人)이나 비속살인(卑屬殺人)의 경우 살인자를 수장형(水葬刑)으로 처벌할 것을 규정하고 있다. 이에 대한 로

---

16) 이 단어의 설명은 조규창, 『로마형법』, 424-425쪽에서 참고하였다.

마형법의 전통을 살펴보는 것이 순서일 것이다.

수장형(culeus)은 존속살해를 제재하던 형벌이었다.[17] 이런 처벌의 방식은 두 가지 의미를 내포한다. 첫째, 본래적으로 형벌은 속죄의 의미가 있었으므로 수장형을 통해 죄를 씻는다는 의미가 들어있다. 둘째, 중죄를 지은 자는 지상의 묘에 장사되지 말아야 한다는 관념이 내포되어 있다. 이 외에도 도시 로마가 티베르 강에서 가까운 곳에 위치해 있었다는 것도 수장형이 생긴 이유가 될 것이다. 수장형은 왕정시대부터 존재하였는데 존속살해 외에 종교법서의 공개 및 누설 등의 신성모독적 종교범죄를 처벌하던 형벌이었고, 12표법도 존속살해에 대해 수장형을 규정한다.[18] 수장형의 방식은 다음과 같다. 먼저 죄인을 채찍질하고 늑대가죽으로 머리를 덮어씌운 후, 나무 신발을 신기고 쇠가죽으로 만든 자루에 넣는다. 이 때 뱀과 다른 짐승을 같이 넣는다. 이후 범인을 흑우(黑牛) 두 마리가 끄는 수레에 태워 티베르 강으로 가서 강물에 던진다. 공화정의 마지막 시기에 존속살해범은 수장형과 함께 재산몰수형으로 처벌되었다. 원수정기에 수장형이 선고된 예는 극히 단편적이다. 수에토니우스를 따르면 클라우디우스 황제는 존속살해범을 수장형으로 처벌했다. 모데스티누스는 비속살해범에 대해서도 수장형을 적용한다.[19] 하지만 3세기 파울루스의 시대에 이미 수장형이 사용되지 않으며 화형과 대중축제에서의 처형이 수장형을 대신한다. 그러나 4세기 콘스탄티누스의 시대에 이르러 근친살해범에 대해 다시금 수장형이 적용된다.

---

17) 수장형에 대해서는 Mommsen, *Le droit pénal romain* 3, 258-260쪽(독일어 원문은 922-923쪽)을 참조하여 정리하였다.

18) 왕정시대의 수장형에 대해서는 조규창, 『로마형법』, 155-156쪽을 참조하라.

19) D 48.9.9.

*

디오클레티아누스 이후의 사분령 체제에서는 최고권력자들 사이의 내전이 잦았으며 이로 인해 경제사정이 상당히 악화되었다. 콘스탄티누스가 324년 리키니우스를 제압하고 제국의 유일한 황제가 되기 전까지 권력다툼으로 인한 내전은 제국의 평화와 안정을 위협하는 변수였다. 내전으로 인한 경제사정 악화로 아버지가 자녀를 유기하는 사례가 빈번해지자 콘스탄티누스는 부모가 자녀를 위한 구호품을 요청한 경우 국가가 이들을 돕도록 하였음을 앞에서 살펴보았다(CTh 11.27.1, 315년). 콘스탄티누스는 318년 11월 16일에 공포한 칙법(CTh 9.15.1)을 통해서 자녀에 대한 부모의 생사여탈권을 사실상 금지한다.

이 칙법에서는 과거에 존속살해(尊屬殺害)를 의미하던 단어인 parricidium이 근친살해(近親殺害)라는 의미로 확대되어서 사용되었는데 이는 전술(前述)한 바와 같다. 뒤퐁을 따르면 콘스탄티누스가 이 칙법을 통해 근친살해를 규정한 것은 단순히 근친살해를 개념적으로 상기시키기 위한 것이 아니다.[20] 콘스탄티누스가 CTh 9.15.1을 공포한 유일한 목적은 근친살해에 대한 폼페이우스 법(lex Pompeia de parricidiis) 이전에 로마에서 사용되던 수장형(culeus)을 다시금 복원하는 데에 그 목적이 있다. 아우구스투스와 하드리아누스 시대에는 자식살해만을 수장형으로 제재했을 뿐 다른 근친살해는 수장형으로 처벌되지 않았다.

---

20) Dupont, *Le Droit criminel dans les constitutions de Constantin, Les infractions*, 32쪽.

특별히 눈에 띄는 것은 가죽부대에 살해범을 뱀과 함께 넣어 수장 형에 처한다는 내용이다. 이는 전통적인 수장형의 방식을 따른 것이다. 플루타르코스에 의하면 그라쿠스 시대에 가죽부대에 뱀을 넣어서 수장하였으며 세네카도 이에 대해서 언급하였다.[21] 하지만 수장형에서 뱀만 사용한 것은 아니다. 모데스티누스와 가이우스는 수장형에 닭과 개를 사용했다고 언급한다.[22] 유베날리스는 가죽부대에 원숭이를 함께 넣고 봉했다고 한다. 에우세비오스는 『팔레스티나의 순교자들』에서 울피아누스라는 청년이 수장형으로 순교했다고 쓴다.[23] 울피아누스는 고문과 태형을 당한 뒤에 개, 독사와 함께 쇠가죽 자루에 봉해진 다음 바다에 던져졌다.

수장형에 뱀이 언급되는 것은 오랜 전통이지만, 콘스탄티누스 시대에 이르러 뱀은 풍부한 기독교적 상징성과 함께 새로운 각도에서 이해되었을 것이다. 아담과 하와는 뱀의 꼬임에 넘어가서 신의 계명을 어기고 선악과를 범했다. 유대교 예술은 아담과 하와를 표현할 때에 뱀을 같이 표현하는 취향을 갖고 있지는 않았지만, 기독교 예술에서는 아담과 하와는 거의 언제나 뱀과 함께 등장한다. 이는 기독교의 탄생 시기부터 뱀은 악의 상징으로 보는 신학적 태도가 있었기 때문이었다. 유니우스 바수스(Iunius Bassus)의 석관은 악의 화신인 뱀이 아담과 하와를 유혹하는 장면을 담고 있다.

뱀이 아담과 하와를 유혹하는 장면은 기독교 예술의 중요한 소재 중 하나였으나, 동시에 보다 신학적인 의미를 담은 시각 상징이 출

---

21) 이하의 내용은 Mommsen, *Le droit pénal romain* 3, 258쪽 각주 3번과 260쪽의 각주 1번에서 참고하였다.

22) D 48.9.9, Institutiones 4.18.6.

23) 『팔레스티나의 순교자들』, 5.1.

도 31. 아담과 하와를 유혹하는 뱀의 모습이 들어 있는 석관, 루키나의 카타콤에서 출토, 4세기 초반, 바티칸 피오 크리스티아노 박물관

현한다. 그것은 뱀으로 표현되는 악으로부터 아담과 하와를 지키는 그리스도이다. 바티칸의 교리적 석관은 악의 유혹으로 원죄에 빠진 아담과 하와 사이에 그리스도가 자리를 잡고 양과 곡식을 통해 은혜를 베푸는 장면을 담고 있다. 바티칸의 교리적 석관은 악의 상징인 뱀과 뱀의 유혹을 이기는 그리스도를 대조시킨다.

도 32. 뱀을 관통하는 라바룸, 337년경 콘스탄티노플에서 발행된 주화의 뒷면, 파리 국립도서관 주화실

뱀의 상징을 사용하여 악에 대한 선의 승리를 가장 극적으로 표현한 매체는 콘스탄티누스가 발행했던 동화(銅貨)였다. 콘스탄티우스 2세는 337-338년경 크리스토그램이 새겨진 라바룸의 끝이 뱀의 몸통을 관통하는 형상을 동화의 뒷면에 담아서 발행했다.24) 뱀에 대한 라바

---

24) 이 주화에 대해서는 남성현, 『고대 기독교 예술사』, 239-242쪽의 설명을 참조하라.

룸의 승리를 묘사한 이 동화의 뒷면은 이미 콘스탄티누스 황제가 331년에 발행한 형상을 모방한 것이었다. 라바룸은 그리스도를 뜻하는 그리스어 크리스토스의 첫 두 글자 히(X)와 로(P)를 합성하여 만든 십자가 군기(軍旗)로, 콘스탄티누스에게 승리를 가져단 준 312년 밀비우스 다리 전투로 거슬러 올라가는 기독교적 상징이다. 라바룸이 뱀을 관통하는 모양은 악에 대한 그리스도의 최종적인 승리를 의미하는 것이기도 하다. 공식예술인 주화와 장례예술인 석관(石棺, sarcophagus)뿐 아니라, 생활예술인 점토로 만든 접시 등에도 비슷한 형상이 사용된 경우가 있다.[25] 북아프리카에서 출토된 이 점토 접시에는 십자가를 들고 서 있는 그리스도의 모습이 단순한 선으로 묘사되어 있다. 그리스도의 머리는 후광이 드리워져 있으며 왼손에 십자가를 들고 있다. 그런데 그리스도의 발밑에 짧은 선으로 뱀이 묘사되었고, 그리스도는 뱀을 밟고 서 있다. 그리스도의 상징인 라바룸이 악의 상징인 뱀을 관통하는 것처럼 뱀을 밟고 선 그리스도는 악에 대한 선의 궁극적인 승리를 묘사한 것이다.

기독교 예술뿐 아니라 기독교 문학에서도 뱀은 마귀와 동일시되었다. 에우세비오스는 마르쿠스 아우렐리우스의 박해 당시 리옹에서 순교했던 블란디나에 대해서 "그녀(블란디나)는 많은 싸움에서 승리를 거두어 교활한 뱀을 정죄할 수 있었다"라고 쓴다. 리옹의 순교자들이 모진 고문과 극형의 위협에도 불구하고 신앙을 버리지 않고 지킨 사실을 설명하면서, 에우세비오스는 이 순교자들이 뱀으로 상징되는 마귀를 이겼다고 설명한다.[26] 뱀을 가죽 부대에 넣어 친족 살

---

25) 남성현, 『고대 기독교 예술사』, 27쪽 도판 1-12와 41쪽 도판 1-29를 참조하라.

26) 에우세비오스, 『교회사』, 5. 1.

인자를 수장(水葬)해야 한다는 칙법은 뱀을 악의 상징으로 형상화한 기독교적 전통과 연결될 수 있었을 것이다.

4) 테오도시우스 칙법전 9권 3장 2절 / CTh 9.3.2 : 재판 관들이 화를 내는 경우를 고려하여 두 번의 재판을 받아야 한다.

326년 2월 3일

Idem a. ad Evagrium. Si quis in ea culpa vel crimine[*] fuerit deprehensus, quod dignum claustris carceris et custodiae squalore videtur, auditus aput acta,[*] cum de admisso constiterit, poenam carceris[*] sustineat atque ita postmodum eductus aput acta[*] audiatur. Ita enim quasi sub publico testimonio commemoratio admissi criminis fiet, ut iudicibus inmodice saevientibus freni quidam ac temperies[*] adhibita videatur.

Dat. III non. feb. Heracleae Constantino a. VII et Constantio caes. conss.

같은 아우구스투스가 에바그리우스에게[27)]

어떤 자가 감옥(監獄)의 빗장과 옥사(獄舍)의 더러움에 마땅하다고 보이는 그런 잘못이나 범죄로[*] 인해 체포된다면, 그리고 공적(公的)

---

27) 에바그리우스는 아마도 정무총감일 것이다(CJ 9.4.2).

심리(審理)에서* 조사한 이후에 범죄혐의가 성립된다면, 그는 감옥의 형벌을* 받을 것이다. 그리고 그처럼 얼마간 시간이 흐른 후에 공적 (公的) 심리(審理)로* 인도되어 조사받을 것이다. 왜냐하면 저질러진 범죄가 이처럼 공적인 증거를 통해 확인되어야 하므로, 재판관들이 지나치게 화를 내는 경우 어느 정도의 절제와 균형이* 필요한 것 같기 때문이다.

아우구스투스 콘스탄티누스의 일곱 번째 집정관직과 카이사르 콘스탄티우스의 집정관직 하에 헤라클레아에서 3월 상현(上弦)의 사흘 전에 공포됨.

*

- culpa vel crimen : "잘못이나 범죄." 전주정기에는 불법행위(不法行爲, delictum)와 범죄(犯罪, crimen)가 거의 혼용되었는데, 이는 불법행위와 범죄 양자를 위법행위(違法行爲)로 보았기 때문이다.[28) 불법행위의 범죄화라는 사법(私法)의 공법화(公法化) 현상은 전주정기의 형벌법(刑罰法)이 비대해진 결과이다.[29) "잘못이나 범죄"(culpa vel crimen)에서 culpa는 불법행위를 가리킨다고 보아도 무방할 것이다.

- poena carceris : "감옥의 형벌." poena carceris라는 표현을 징역형

---

28) 조규창, 『로마형법』, 585쪽.
29) 조규창, 『로마형법』, 586쪽.

(懲役刑)으로 번역하는 것은 적절치 않을 것이다. 테오도르 몸센을 따르면 공화정기와 원수정기는 물론 "로마법의 마지막 단계"(dans le dernier état du droit romain)에서도 징역형은 알려진 바가 없다.[30] 테오도시우스 칙법전에 수록된 형법(刑法)에도 징역형에 대한 언급이 없다.

- acta : "공적심리(公的審理)." 공적심리는 CTh 9.2.5에 소개되어 있다. CTh 9.2.5는 호노리우스가 409년에 공포한 칙법인데, 파르(C. Pharr)는 이 칙법에 acta라는 표현을 "형사사건을 다루는 시(市) 위원회"(municipal legal action)라고 번역하였다.[31] 콘스탄티누스가 공포한 CTh 9.3.2에는 acta라는 표현이 두 번 나온다. 파르는 이 표현을 두 번 모두 공적 심리(public records)라고 번역하였다. 칙법에서 acta가 무엇을 의미하는지는 상당히 모호하나, 사법적인 남용을 방지하기 위한 제도임에는 틀림없는 것 같다.[32]

- freni quidam ac temperies : "어느 정도의 절제와 균형." freni quidam은 문자적으로 '어느 정도의 재갈'이라는 뜻이다.

*

로마에 맨 처음 감옥을 만든 자는 안쿠스 마르티우스(Ancus Martius)

---

30) Mommsen, *Le droit pénal romain* 3, 307-308쪽(독일어 원문은 963쪽).

31) Pharr, *The Theodosian Code*, 228쪽, 각주 20번.

32) Pharr, *The Theodosian Code*, 229쪽, 각주 13번.

왕이었다고 한다. 그는 로마의 아고라(agora)에 옥사(獄舍, carcer)를 만들었으며, 그의 뒤를 이어 세르비우스 툴리우스(Servius Tullius) 왕이 지하옥사(地下獄舍, tullianum)를 만들었다고 한다. 옥사(獄舍, carcer)의 출발점은 전쟁포로를 사슬로 결박하여 가두기 위한 것이었다고 한다. 옥사는 시라쿠사의 채석장((採石場, lautumiae)처럼 도시에서 약간 떨어진 곳에 있는 채석장이 감옥으로 쓰일 수도 있었다. 후에 carcer와 lautumiae는 내옥사(內獄舍)와 외옥사(外獄舍)의 의미로 사용되었다고 한다. carcer는 사슬에 매여 움직일 수 없는 구금자가 있는 어두운 곳으로 일반인이 출입할 수 없었으며, lautumiae는 구금자가 자유로이 움직일 수 있었고 외부인도 들어올 수 있는 곳이었다.[33]

콘스탄티누스가 326년 2월 3일 공포한 칙법의 첫 문장이 징역형을 의미하는 것인지는 분명하지 않다. "어떤 자가 감옥(監獄)의 빗장과 옥사(獄舍)의 더러움에 마땅하다고 보이는 그런 잘못이나 범죄로 인해 체포된다면"은 징역형에 해당하는 범죄로 인해 체포된 것을 뜻할 수 있다. 그런데 테오도시우스 칙법전을 통해서는 징역형의 자세한 내용을 알 수 없다.

한편, 테오도르 몸센을 따르면 구금은 일반적으로 형사재판의 진행을 보장하거나 형(刑)의 집행을 위해 피의자를 가두는 잠정적인 조치였다고 한다.[34] 형사심리의 경우 해당재판관이 혐의가 있는 자를 법정으로 소환하여(vocatio) 심리(審理)가 진행되는 동안 피의자를 구금할 수도 있었다.[35] 이런 시각에서 콘스탄티누스의 칙법을 해석할

---

33) Mommsen, *Le droit pénal romain* 1, 353-354쪽(독일어 원전은 301-303쪽).

34) "En droit pénal, on la (la détention) rencontre surtout comme moyen d'assurer soit la continuation du procès, soit l'exécution de la condamation pénale, donc soit comme détention préventive, soit comme détention d'exécution"(Mommsen, *Le droit pénal* romain 1, 351쪽).

수 있다. 범죄 혐의로 체포된 피의자는 "공적(公的) 심리(審理)"(acta)
에서 조사한 후에 혐의가 확정되면 감옥의 형벌(poena carceris), 즉
징역형에 처해진다. 그런데 이렇게 구금된 상태로 얼마간의 시간이
흐른 후에, 죄인은 다시 한 번 공적 심리(acta)에서 조사받게 된다. 공
적 심리에서 두 번 조사 받는 이유에 대해서 명시된다. 그것은 재판
관들(iudices)이 첫 번째 재판에서는 범죄에 대해서 분노한 상태에서
판결을 내릴 가능성이 있으므로, 두 번째 조사를 통해 어느 정도 "절
제와 균형"을 유지한 상태에서 판결을 내리기 위한 것이다. 그렇다면
두 번째 판결에서도 징역형이 선고되는가? 아니면 첫 번째 판결 이후
일단 구금되었다가 두 번째 판결을 받고 나서 징역형 이외의 다른 형
벌로 처벌받아야 하는가? 징역형이 전주정기의 일반적인 형법상 처
벌에 속하는 것이 아니므로 두 번째 해석이 타당한 것으로 보인다.

　재판관들(iudices)은 형사사건을 관장하는 1심 재판권을 행사하는
주지사(州知事)를 의미한다.36) 로마제국은 영(領, praefectura), 관구(管
區, dioecesis), 속주(屬州, provincia) 등의 행정구역으로 편제되어 있었
다. 4세기 초반 로마제국은 동방(Oriens), 일리리쿰(Illyricum), 이탈리
아(Italia), 갈리아(Gallia) 등 4개의 영(領)으로 되어 있었고 영의 책임
자 집무실인 감영(監營)의 책임자는 정무총감이었다. 정무총감은 황
제에 갈음하여 재판의 최종심을 관할하였으므로 정무총감의 판결에
대해서는 상소할 수 없었으나, 365년 이후 정무총감의 판결에 대해
서 황제에게 재심(再審)을 청구할 수 있었다.37) 영은 여러 개의 관구

---

35) Mommsen, *Le droit pénal romain* 1, 371-372쪽(독일어 원전은 317-318쪽).

36) Pharr, *The Theodosian Code*, 229쪽 각주 6번.

37) 조규창, 『로마형법』, 577-578쪽에서 인용.

(管區, dioecesis)로, 관구는 다시 여러 개의 속주(屬州, provincia)로 이루어져 있었다. 속주지사는 전집정관, 집정관, 지방총독 등 여러 직책이 맡았다. 주지사(州知事)는 관할지역의 범죄사건을 책임졌다. 주지사는 경범사건을 하급관리인 시정무관(市政務官, stationarii)에게 위임했으며 6세기 이후에는 시보호감(defensor civitatis)이 처리했다.[38] 로마제국의 행정구역 편제로 보자면 위의 칙법에서 두 번 언급된 "공적심리"(公的審理, acta)라는 표현은 속주지사가 관할하는 형사재판이다.

*

이 칙법은 두 번에 걸쳐 "공적심리"(公的審理, acta)를 통해 형사피의자를 조사하도록 규정한다. 그 이유는 재판관들이 화를 내지 않고 절제와 균형을 유지한 상황에서 공정한 증거로 재판하기 위해서이다. 다시 말하면 첫 번째 조사에서는 범죄에 대한 분노로 인해 재판관의 심리적 안정을 기대하기 힘들 수 있으므로, 두 번째 조사를 통해 재판관이 분노에서 좀 벗어나서 보다 평화로운 심리적 안정을 유지한 상태에서 판결을 내리도록 규정하고 있는 것이다.

분노(忿怒) 혹은 화(火)로부터의 평정은 기독교 이전에 스토아 철학자들의 주제이기도 했다. 세네카(Seneca)는 클라우디우스 황제의 시대에 『분노에 대해서(De ira)』를 통해 통치자는 형사판결에서 절제된 모습을 보여주어야 한다고 쓴 바 있다.[39] 판결자가 분노와

---

38) 조규창, 『로마형법』, 576-577쪽에서 인용.
39) Bauman, *Crime and Punishment*, 78쪽.

성급함을 피해야 함은 세네카의 다른 작품인 『자비에 대해서(De clementia)』의 주제이기도 한다. 스토아 철학은 마음의 아파테이아 (apatheia)를 최고의 덕으로 간주했다. 아파테이아는 평정(平靜) 혹은 초탈(超脫)로 번역할 수 있는데 심리적으로 동요하지 않는 상황을 가리킨다. 현재적 선(善)인 기쁨, 미래의 선(善)인 욕망, 현재의 악(惡)인 슬픔과 미래의 악(惡)인 두려움 등 네 가지 심리적 동요에서 벗어나서 고요하고 평온한 마음을 유지하는 것이 평정 혹은 초탈이다.[40] 스토아 철학의 견지에서 보자면 이상적인 통치자는 감정의 동요로부터 절제된 심리적 상태에서 판결해야 한다.

세네카는 분노와 성급함을 마땅히 피하는 것이 형사재판관의 의무라고 하였다.[41] 분노와 성급함은 잘못된 판결을 이끌어내기 때문이다. 세네카는 이제 막 황제의 자리에 오른 네로(Nero)를 향해서 선한 부모가 아이들을 엄히 책망하기를 더디 하듯 해야 한다고 역설하였다. 『분노에 대해서』(1.18.3-6)에서 세네카는 한 사건을 떠올린다.[42] 어떤 병사가 동료와 휴가를 떠났다가 혼자 귀대하였다. 속주지사는 이 병사가 동료를 살해했다고 확신하고 그를 즉각 사형에 처하도록 명령했다. 그런데 처형 이후 동료 병사가 갑자기 나타나자 주지사는 격노하여 동료병사를 처형하도록 명령했고, 첫 번째 병사의 처형을 말리지 않은 죄로 백부장도 처형하였다. 이렇게 하여 분노는 아무런 법적 근거도 없이 무죄한 세 명의 생명을 앗아갔다.

이런 스토아 철학의 가르침은 기독교 윤리에 커다란 영향을 미쳤

---

40) Miquel, *Lexique du désert*, 117쪽.

41) Bauman, *Crime and Punishment*, 80쪽.

42) Bauman, *Crime and Punishment*, 80쪽.

다. 에우세비오스는 콘스탄티누스 황제의 『30주년 통치기념 축사』를 통해 스토아 철학자들이 갈망했던 군주상이 콘스탄티누스를 통해 구현되었음을 밝힌 바 있다.[43] 콘스탄티누스가 제거했던 막센티우스와 리키니우스 등은 화(火)를 제어할 줄 모르는 폭군으로 묘사된다. 폭군을 제거한 콘스탄티누스의 행동은 정당화된다. 반면 콘스탄티누스는 승리자(victor)일 뿐 아니라 자기 스스로를 절제할 줄 아는 자(autocrator)이다. 『콘스탄티누스의 생애』에서도 에우세비오스는 콘스탄티누스가 "그 어떤 황제보다도 부드럽고 온화하며 인간적이다"라고 하였다.[44] 에우세비오스는 콘스탄티누스가 분노와 파토스를 제어할 줄 아는 지배자이자 인격적으로 온화한 성품을 가진 자로 추앙한다. 물론 『30주년 통치기념 축사』는 336년에 열린 축하연회에서 발표된 것이고, 『콘스탄티누스의 생애』는 성인전(聖人傳)의 범주로 분류되는 문학작품이라는 것을 고려해야 할 것이다. 그럼에도, 326년 정무총감 에바그리우스에게 전달된 위의 칙법은 화를 절제하고 마음의 평정심을 찾아 판결할 수 있도록 두 번째 심리를 열어야 한다고 규정한다는 측면에서, 에우세비오스가 그린 바, 자기 스스로를 지배하는 자(autocrator)요 온화한 인품을 가진 콘스탄티누스의 이미지와 일맥상통한다.

*

세네카가 원했던 화(火)를 절제할 줄 아는 공정한 통치자의 이미

---

43) 남성현, 「콘스탄티누스 찬가에 나타난 에우세비오스의 정치신학」, 93쪽.
44) 에우세비오스, 『콘스탄티누스의 생애』, 1. 46.

지는, 4세기 기독교 시대부터는 화를 절제할 줄 아는 재판관(CTh 9.3.2)의 모습뿐 아니라 분노(忿怒)로부터 자유로운 기독교인이라는 이미지로 확대된다. 4세기 초반 콘스탄티누스 시대에 꽃핀 수도적 영성의 삶은 분노를 마귀 자체 혹은 마귀가 틈타는 생각으로 규정한다. 특별히 수도적 영성의 모태였던 사막 수도의 전통이 심리적 분노를 악마적 세력으로 간주하였다. 3세기 후반 이후 4세기 말까지의 이집트 사막 전통을 종합한 '사막의 철학자' 에바그리오스를[45] 따르면 화(火) 혹은 분노(忿怒)는 팔사념(八邪念) 혹은 여덟가지 마귀에 속한다. 팔사념이란 탐식, 부정, 탐욕, 슬픔, 화, 태만, 허영 교만 등이다.[46] 이런 종류의 부정적인 감정이나 마음의 흐름이 인간의 마음을 동요시켜 하나님을 보지 못하도록 만든다. 이런 마음의 악한 동요를 이용해 마귀가 마음으로 들어오기도 하고 혹은 이런 악한 동요 자체가 마귀이기도 하다.

에바그리오스의 기독교적 심리학은 플라톤의 심리학에 근거하여 인간의 마음을 세 가지 부분으로 구분하였다. 에바그리오스를 따르면 인간의 마음은 화(火)가 생기는 화처(火處, thymos)와 욕망이 생기는 욕처(慾處, epithymia) 그리고 이성적인 능력인 지성(知性, nous) 등으로 나누어진다. 화(火)란 화처가 끓어오르는 것이다.[47] 그런데 마귀는 화를 타인에게 사용하도록 인간을 유도하지만, 마귀를 이기는 자는 화를 타인에게 사용하지 않고 마귀를 향해 사용한다.[48] 그리고 후자

---

45) 앙트완 기요몽은 에바그리오스를 '사막의 철학자'라고 불렀다. Guillaumont, *Evagre le Pontique*.

46) 『실천학』, 7장 (Bunge, *Traité Praitique*, 79-80쪽).

47) 『실천학』, 11장 (Bunge, *Traité Praitique*, 87-89쪽).

48) 『실천학』, 24장 (Bunge, *Traité Praitique*, 119-120쪽).

의 태도야말로 화(火)와 화처(火處)의 본래적인 기능이라고 하였다.

타인에 대한 분노를 마귀적 활동으로 규정하는 에바그리오스의 기독교 심리학 전통은 『사막교부들의 금언집』에 깊게 각인되었다. 『사막교부들의 금언집』은 4-5세기 사막 수도자들의 삶과 행적의 단편을 수집해 놓은 모음집이다. 주제별 모음집의 경우 총 스물한 개의 장(章) 중에서 한 개의 장을 화(火)를 참아 내는 것에 대하여 할애하였다.[49] 흥미로운 일화가 있다.

> 압바 마카리오스가 이집트에 있을 때였다. 그는 어느날 노새를 데리고 자신의 수실(修室)에서 물건을 훔치던 자를 발견했다. 압바 마카리오스는 낯선 사람처럼 서서 문을 잡고, 노새에 짐 싣는 것을 도와주었다. 그리고 마음의 평온을 간직한 채 그를 보내면서 이렇게 말했다. "우리가 세상에 아무 것도 가지고 온 것이 없다. 그리고 원하던 대로 되었으므로 주님의 이름을 찬양할 뿐이다."
>
> 『사막교부들의 금언집』 16장 8절[50]

마카리오스라는 사막 수도자는 자기의 수실에 있던 물건을 훔치는 자를 고발하기는커녕 오히려 도둑을 도와 물건을 다 날라주면서도 마음의 평온을 간직하였다. 이런 일화는 스토아적 아파테이아(apatheia)의 이상이 가장 극단적인 방법으로 기독교 수도자들 사이에서 종교적으로 승화되었음을 보여준다. 어떤 수도자는 이렇게 말하기도 했다. "자신을 괴롭히거나 무시하거나 고통을 주거나 해하는 자들을 기억 속에 담고 있는 자는 바로 그런 사람들을 그리스도께서 보내신 의사로 생각해야 한다. ……그 형제 덕택에 그대가 자신의

---

49) 남성현, 『사막교부들의 금언집』, 16장, 329-340쪽.
50) 남성현, 『사막교부들의 금언집』, 332쪽.

병을 알고 형제를 위해 기도하기 때문이다. 또한 그 형제에게서 받은 고통을 그리스도께서 보내준 구원의 치료약으로 맞아들이기 때문이기도 하다. 만일 그대가 그 형제에 대해서 화를 낸다면, 그대는 그리스도에게 이렇게 말한 것이나 다름없다. '나는 당신의 치료약을 받지 않으려 합니다. 나는 상처가 더 곪아 터지는 것을 좋아합니다.'"51) 이 무명의 수도자는 자신을 괴롭히는 자에게 화를 내지 말며, 오히려 그를 영혼의 동요(動搖, pathos)를 치료할 기회로 삼으라고 말한다.

사막의 교부들은 어떤 상황에서도 분노하지 않도록 스스로를 훈련하였다.52) 그들은 인간이 분노에서 완전히 벗어나 말을 하고 행동을 할 때 그것이 참된 가치가 있다는 것을 깨달은 자들이었다. 뿐만 아니라 그들은 인간이 야수같은 분노의 광기에서 벗어나야 그 영혼이 평정에 도달하여 진실로 하나님을 볼 수 있다는 것을 깨달은 자들이었다. 기독교의 이런 수도적 영성의 인간관은 스토아적 심리학이 기독교 신학과 만나면서 얻어진 결과이다. 수도적 영성이 4세기 초반 콘스탄티누스의 통치시대에 꽃피기 시작했다는 점을 염두에 둘 필요가 있다. 재판관들의 분노와 그로 인한 성급한 판결을 피하기 위해 두 번에 걸친 공적 심리를 규정하는 콘스탄티누스의 칙법(CTh 9.3.2)은 스토아 철학에 기반을 두고 에우세비오스 같은 기독교의 교사들이 이상화시키고 사막의 수도자들이 종교적으로 체화하였던 기독교의 심리적 이상(理想)과 무관할 수 없을 것이다.

이와 유사한 법이 훗날 390년 8월 12일에 공포된 칙법이다(CTh

---

51) 남성현, 『사막교부들의 금언집』, 16. 17, 334쪽.
52) 방성규, 『사막 수도자들의 영성』, 146-153쪽.

9.40.13).[53] 390년 봄에 테살로니카 주민들이 폭동을 일으켜 게르만 출신의 군 사령관 부테릭(Butheric)을 살해한 것에 대해 테오도시우스 황제는 격노하여 폭동에 참여한 주민을 학살하라고 명령한다. 얼마 지나지 않아서 명령이 취소되었지만 7시간 동안 약 3천명의 주민이 경기장에서 학살당한 뒤였다. 이 사건을 놓고 밀라노의 감독 암브로시우스는 황제에게 분노하며 회개하고 봉헌해야 예배를 드릴 수 있을 것이라는 내용의 편지를 쓰게 된다. 테오도시우스의 황실사무부 총감이었던 루피누스의 중개를 통해 암브로시우스와 테오도시우스 황제 간에 협상이 진행되었고 그 결과 390년 8월 12일 사형집행시에 30일간의 유예기간을 두도록 하는 칙법이 공포된다(CTh 9.40.13). 이전에는 사형선고와 사형집행 사이에 아무런 유예기간이 없었고, 테살로니카 학살의 예에서 보는 것처럼 재판권자가 격노하는 경우 지나친 처벌이 내려질 수 있었다. 사형선고와 사형집행 사이에 30일의 유예기간을 두는 테오도시우스의 칙법은 분노에 의해 성급하게 재판하는 경우를 막고자 한 것이므로, 326년에 콘스탄티누스가 공포한 테오도시우스 칙법전 9권 3장 2절의 칙법과도 맥이 닿아 있다고 볼 수 있다.

---

53) 아래에 제시되는 테살로니카 학살에 대한 내용은 남성현, 『테오도시우스 법전 종교법 연구』, 146쪽에서 빌려온 것이다.

5) 테오도시우스 칙법전 9권 3장 3절 / CTh 9.3.3 (= CJ 9.4.3) : 남녀는 감옥에서 분리 수용되어야 한다.

340년 4월 5일

Imp. Constantius a. Acyndino pf. p. Quoniam unum carceris conclave permixtos secum criminosos includit, hac lege sancimus, ut, etiamsi poenae qualitas permixtione iungenda est,[*] sexum tamen disparem diversa claustrorum habere tutamina iubeatur.

Dat. non. april. Acyndino et Proculo coss.

Interpretatio. Viri et mulieres, etiamsi criminis aequalitate iungantur, non tamen in unius carceris custodia[*] teneantur

황제 아우구스투스 콘스탄티우스가 정무총감 아킨디누스에게

감옥의 한 방에 범죄자들을 섞어서 수용하고 있으나, 우리는 이 법으로써, 형벌의 성질에 따라 분류하여 범죄자들을 수용해야 한다[*] 하더라도 각각의 빗장은 다른 성(性)을 수감해야 한다는 것을 공포한다.

아킨디누스와 프로쿨루스의 집정관직 하에 4월 상현(上弦)에 공포됨.

해석 : 남자들과 여자들은 같은 죄질(罪質)을 갖고 있다고 하여도, 같은 옥사(獄舍)에 감금되지[*] 말아야 한다.

*

- poenae qualitas permixtione iungenda est : "형벌의 성질에 따라 분류하여 범죄자들을 수용해야 한다." 문자적인 의미는 '형벌의 성질은 혼합되어 묶여야 한다'의 뜻이나, 그 의미가 모호하다. 따라서 의역하여 제시하였다.[54]

- carceris custodia : "옥사(獄舍)에 감금." 사법(私法)과 세법(稅法)에서 채무를 해결하기 위한 방편으로 죄인을 감금하기도 했으나, 여기에서는 형법상 처형을 받기까지 구금하는 구속(拘束)을 의미한다.[55] 형벌이 선고되기까지 피의자는 자유롭지만, 일단 형벌이 선고되면 결박당했다. 하지만 사형이 선고되면 즉시로 처형이 집행되지는 않았기에 범인을 가두어야 했다. 원수정기에 처형을 목적으로 한 구속은 1심 선고 이후나 자백 이후에 집행되었다.[56] 옥사는 주로 극형을 선고받은 자들을 가두기 위해서 사용되었다. 그런데 처형 시기의 결정은 관료의 책임 하에 있었고 사형유예기간이 설정되지 않았기 때문에 관료는 계속해서 범인을 옥사에 구금할 수 있었다. 하지만 이것은 오늘날의 징역형은 아니다. 공화정기에서 유스티니아누스 황제 시대에 이르기까지 징역형은 존재하지 않았다.

---

54) Pharr, *The Theodosian Code*, 229쪽 각주 16번.

55) 이하의 내용은 Mommsen, *Le droit pénal romain* 3. 304-308쪽을 참조하였다.

56) D 28.3.6.7, CTh 11.30.2 (= CJ 7.16.12).

*

이 법은 콘스탄티우스 2세가 정무총감 아킨디누스에게 보낸 것으로 유스티니아누스의 칙법전(CJ 9.4.3)에도 편집되어 있다. 이 칙법은 범죄로 인해 체포되어 구금된 후 재판을 기다리는 남자와 여자들이 각각 다른 옥사(獄舍)에 수감되어야 함을 명시하고 있다. 남성과 비교해 신체적 약자인 여성을 보호하려는 것이 주목적이었을 것이다.

로마법상 여성의 약함과 여성에 대한 보호의 필요성이 처음으로 언급되는 것은 기원전 3세기경으로 거슬러 올라간다고 한다.[57] 그러나 본래 "여성의 약함(womanly weakness)"이란 개념은 로마법에 낯선 것이었지만, 여성의 법률적 행동을 제한하는 것을 설명하는 데에 유용했다고 한다.

*

4세기 초반 이전의 시대에, 죄질(罪質)이 같은 남녀를 같은 방에 구금했는지 어떤지에 대해서 소개하는 자료는 찾아보기 힘들었다. 단지 250년 데키우스 박해를 배경으로 하는 성(聖) 피오니오스의 순교사화(殉教史話) 중에서만 남녀를 같은 방에 구금하는 이야기를 발견할 수 있었다.[58] 피오니오스는 스미르나의 사제였다. 그는 250년 2월 23일 다른 기독교인들과 함께 체포되었다. 스미르나의 황실성소사제(皇室聖所司祭)인 폴레몬은 피오니오스와 체포된 다른 기

---

57) Grubbs, *Law and Family in Late Antiquity*, 51쪽.

58) 『초기 기독교 순교사화』, 145-173쪽.

독교인들을 광장(agora)으로 끌고가 공개적으로 심문하였지만, 피오니오스는 기독교 신앙을 변호하였다. 이후 피오니오스와 그의 동료들은 감옥에 투옥된다. 투옥된 이들은 감옥 안에서 림노스라는 이름의 사제와 마케도니아라는 이름의 여인, 몬타누스파의 기독교인 등이 같은 방에 함께 구금되어 있는 것을 보았다. 피오니오스와 그의 동료들도 이들과 같은 방에 구금된다. 신자들은 피오니오스와 동료들을 위해 물품을 갖고 면회를 왔으나, 피오니오스는 이를 거절하였다. 그 때문에 피오니오스는 면회가 되지 않는 더 깊은 감방으로 옮겨졌다. 후에 아시아의 속주총독인 전집정관(前執政官)이 스미르나에 순회재판을 왔고 250년 3월 2일 피오니오스는 재판을 받고 십자가에 못박혔다가 화형(火刑)되어 순교했다. 피오니오스의 순교사화는 기독교인의 구금 및 종교범의 형사재판과정을 비교적 상세하게 소개한다는 측면에서 또 다른 가치가 있다.

많은 순교사화 중에서 유일하게 피오니오스의 순교사화에만 체포된 기독교인 남녀가 같은 방에 수감되어 있는 정황이 기록되어 있다. 동종의 죄인 대역죄(大逆罪)로 체포된 피오니오스 등의 기독교인 종교범(宗敎犯)들은 테오도시우스 칙법전 9권 3장 3절에서 말하듯 남녀 구별 없이 같은 방에 수감되어 있었던 것이다. 동종 범죄자들을 성별의 구별 없이 동일한 방에 수감하는 것이 일반적인 죄수 수감방법이었던 것처럼 보인다.

그런데 정무총감 아킨디누스는 남녀를 분리하여 구금할 필요성을 요청했고, 이에 대해 콘스탄티우스 2세가 이 칙법을 보내었을 것이다. 남녀의 분리 수감은 여성에 대한 성추행이나 성폭행을 방지하고자 하는 것이 주된 목적이었을 것이다.

11장
면세 및 특별사면에 대한 칙법

1) 테오도시우스 칙법전 13권 3장 1절 / CTh 13.3.1

321년 8월 4일

Imp. Constantinus a. ad Volusianum. Medicos, grammaticos* et professores* alios litterarum inmunes* esse cum rebus, quas in civitatibus suis possident, praecipimus et honoribus fungi; in ius etiam vocari* eos vel pati iniuriam* prohibemus, ita ut, si quis eos vexaverit, centum milia nummorum* aerario inferat a magistratibus vel quinquennalibus* exactus, ne ipsi hanc poenam sustineant.

Servus eis si iniuriam fecerit, flagellis debeat a suo domino verberari coram eo, cui fecerit iniuriam, vel, si dominus consensit, viginti milia nummorum fisco inferat, servo pro pignore, donec summa haec exsolvitur, retinendo. Mercedes etiam eorum et salaria reddi praecipimus. Quoniam gravissimis dignitatibus vel parentes vel domini vel tutores esse non debent, fungi eos honoribus volentes permittimus, invitos non cogimus.

Proposita kal. aug. Sirmio Crispo et Constantino cc. conss.

황제 아우구스투스 콘스탄티누스가 볼루시아누스에게

우리는 의사들, 문법학자들,* 다른 문학 교수들은* 그들 자신의 도시에 소유하고 있는 재산에 대해 공공의 의무를 면제받고* 영예로운 직무를 수행하도록 명한다. 우리는 또한 그들이 법에 의해 소환되거나* 침해(侵害)당하는* 것을 금한다. 만약 그들을 괴롭히는 자가 있다면 그 사람은 10만 개의 동전을* 국고에 납부할 것이며, 시의회 관리나 5년직의 감찰관이* 징수하던가, 아니면 스스로 이 벌을 받아야 한다.

만약 노예가 이 사람들에게 인격침해를 범한다면, 그 노예는 인격침해를 행한 그 사람 앞에서 자기 주인에 의해 채찍으로 맞아야 한다. 또는 주인이 동의한다면, 2만 개의 동전을 국고에 납부해야 한다. 그리고 그 노예는 이 금액이 완전히 지불되기 전까지 담보로 잡혀있어야 한다. 우리는 또한 그들의 보수와 급료가 지불되어야 함을 명한다. 부모, 스승, 후견인은 아주 무거운 짐을 지지 말아야 하므로,… 우리는 그들이 원한다면, 이런 영예로운 직무를 이행하도록 허락한다. 그러나 우리는 그들에게 억지로 강요하지 않는다.

카이사르 크리스푸스와 콘스탄티누스 2세의 집정관직 하에 시르미움에서 8월 초하루에 고시(告示)됨.

*

- grammatici : "문법학자들." 그리스어와 라틴어 문법을 가르치는 초등교육 선생들이다. 학생들은 잘 읽고 쓰기 위해 문법을 배운 다음, 문학을 통해 잘 표현하는 방법인 수사학을 배우게 된다.

- professores : "교수들." "다른 문학의 교수들"이란 수사학을 가르치는 교수들을 의미한다.

- inmunes : "면제받고." 의사, 문법학자, 수사학 교사들은 병역(兵役)과 공역(公役, munera sordida)은 물론 시의회 의원(decurio)의 직무로부터 면제받았다.

- in ius vocari : "법에 의해 소환되고." "법에 의해 소환되는 것을 금한다"는 것은 고소나 고발에 대한 면제권을 의미한다.

- iniuria : "침해". 여기에서는 좁은 의미의 인격침해(人格侵害)라기보다는 포괄적인 의미에서 모든 종류의 위법행위(違法行爲)를 의미한다고 볼 수 있다.

- nummi : "동전." nummi는 가장 작은 화폐 단위로서 1/6000 솔리두스이다.

- quinquennales : "5년직의 감찰관들." 5년직 감찰관은 임기가 5년
으로 선거를 통해서 선출되었다.

*

고대 후기 로마의 교육은 세 단계로 이루어져 있었다.[1] 글자를 배
우는 단계인 초급학교, 문법학교, 수사학 학교 등이다. 초급학교는
도시뿐 아니라 시골 마을에도 있었다. 기초적인 글자 교육을 통해
문서 작성이나 편지 작성 등 최소한의 행정적 필요를 충족시켜야 했
기 때문이다. 문법학교와 수사학 학교는 제국의 수도와 속주의 여러
도시에 있었다. 대부분의 학교는 사립학교로서 교수에게 월 수업료
를 지불하고 교육을 받았다. 인기가 많은 교수들은 많은 학생을 확
보할 수 있었다. 그런데 글자를 익히는 단계의 초등교육에 대해서는
국가의 지원이 전혀 없었던 반면, 문법과 수사학 등 고등교육의 경
우 국가의 지원을 받았다. 제국의 수도였던 로마와 콘스탄티노플에
는 국가의 급료를 받는 많은 수의 교수좌(敎授座)가 있었으며, 유명
한 속주도시들도 시의회의 지원을 받는 교수좌를 갖고 있었다. 알렉
산드리아는 수학, 의학, 천문학의 중심지였고, 아테네는 최고 수준의
수사학 교수들이 가르쳤으며, 로마와 콘스탄티노플 등 제국의 수도
는 수사학 외에도 법학의 중심지였다. 그런데 법학의 경우 베리투스
(Berytus)의 교수진이 유명하였다.

로마와 콘스탄티노플의 경우 국립 교수좌는 원로원 의원들의 몫
이었고, 시의회가 지원하는 교수좌는 시의회 의원들의 몫이었다. 국

---

1) 이하 교육과 선생들에 대한 내용은 Jones, *The Later Roman Empire*, 997-1002쪽을 참조했다.

가의 지원과 시의회의 지원을 받는 교수좌는 경쟁이 치열했다. 4세기 후반의 뛰어난 수사학자였던 리바니오스도 시의회의 지원을 받는 교수좌에 들어가기까지 많은 우여곡절을 겪어야 했다. 최고의 교수들이 수도와 도시의 교수좌에 초빙되었으나 사립학교의 교수들과 치열한 경쟁을 해야 했고, 때로는 사립학교 교수들이 더 많은 학생을 모으기도 하였다. 교수들 간의 경쟁과 이에 따른 학생들 간의 경쟁도 과열된 양상으로 나타날 수도 있었다. 바실리오스는 350년경 당시 최고의 수사학 선생들이 있었던 아테네로 유학을 가는데, 학생들 사이의 폭력적인 대결도 있었음을 암시한다. 바실리오스는 아테네 유학 후에 자신이 어린 시절을 보냈던 네오 카이사레아의 시의회로부터 교수직을 제안받기도 하였다.

2) **테오도시우스 칙법전 9권 38장 1절** / CTh 9.38.1

322년 10월 30일

De indulgentiis[*] criminum.

Imp. Constantinus a. ad Maximum praefectum praetorio. Propter crispi atque helenae[*] partum omnibus indulgemus praeter veneficos[*] homicidas adulteros.

Acc. III kal. nov. Romae Probiano et Iuliano conss.

범죄자들의 사면에[*] 대해서

황제 아우구스투스 콘스탄티누스가 정무총감 막시무스에게

크리스푸스와 헬레나의[*] 출산 때문에 우리는 마술사와[*] 살인자와 간통자를 제외한 모든 범죄자들을 사면(赦免)한다.

프로비아누스와 율리아누스의 집정관직하에 로마에서 11월의 사흘 전에 공포됨.

*

- indulgentia : "사면(赦免)." 사면(indulgentia)은 선고 이전, 판결 이후 혹은 형벌의 일부가 집행되었을 때에도 내려질 수 있었다. 뒤퐁(C. Dupont)은 콘스탄티누스가 이 칙법을 통해 고발된 자들은 물론 정죄된 자들도 사면했다고 보았다.[2] CTh 9.43.1은 복권(復權, restitutio)에 관한 칙법으로, 유배형에 처해졌다가 사면된 자가 누리는 일반적 효과보다는 이전의 지위(dignitas), 가부장권(patria potestas), 몰수된 재산(bona) 등의 측면에서 복권되는 것에 초점을 맞추고 있다.[3] 313년 6월 15일에 공포된 소위 '밀라노 칙령'의 경우 기독교인들의 사면과 복권을 포함한다.

---

2) Dupont, *Le Droit criminel dans les constitutions de Constantin, Les peines*, 71-72쪽.

3) Dupont, *Le Droit criminel dans les constitutions de Constantin, Les peines*, 73-74쪽.

- Crispus et Helena : "크리스푸스와 헬레나." 크리스푸스는 콘스
  탄티누스와 그의 첫 번째 여인이었던 미네르비나(Minervina) 사
  이에서 태어난 아들이다(도 10 참조). 미네르비나는 신분이 낮은
  여인이었던 것 같고 따라서 콘스탄티누스와 법적 혼인이 불가
  했기에 동거관계였을 것이다. 크리스푸스와 결혼해서 322년 아
  들을 낳은 헬레나에 대해서는 알려진 바가 없다.

- veneficus : "마술사." 콘스탄티누스의 칙법은 veneficus의 개념을 설
  명하지 않는다.[4] 원수정기에 공포된 코르넬리우스 법(lex Cornelia)
  에 따르면 독살자 뿐 아니라 범죄를 준비한 모든 자를 가리킨다.
  후에 낙태, 가임(可姙)을 위한 약물제조 등도 마술사로 제재받았
  다. 본서의 연구 CTh 3.16.1에 나오는 medicamentarius(마법사)
  에 대한 설명을 참조하라.

3) 테오도시우스 칙법전 13권 3장 3절 / CTh 13.3.3

333년 9월 27일

Idem a. ad populum. Beneficia divorum retro principum[*] confirmantes
medicos et professores litterarum, uxores etiam et filios eorum ab omni
functione[*] et ab omnibus muneribus publicis[*] vacare praecipimus nec
ad militiam comprehendi neque hospites[*] recipere nec ullo fungi munere,

---

4) Dupont, *Le Droit criminel dans les constitutions de Constantin, Les infractions*, 36쪽.

quo facilius liberalibus studiis et memoratis artibus multos instituant.

Proposita V kal. octob. Constantinopoli Dalmatio et Zenofilo conss.

같은 아우구스투스가 백성에게

과거 신적인 원수(元首)들의[*] 특별한 호의(好意)를 확인하면서, 우리는 의사와 문학교수와 그들의 부인과 자녀가 그들의 모든 의무와[*] 모든 공적의무(公的義務)로부터[*] 자유로울 것임을 명한다. 그들은 병역으로 강제되지 않을 것이며, 할당된 손님을[*] 맞아들이지 않고, 어떤 공공의 의무를 이행하지 않을 것이다. 그리하여 그들은 보다 쉽게 자유로운 연구와, 앞서 언급한 학문을 통해 많은 자들을 세울 수 있을 것이다.

달마티우스와 제노필루스의 집정관직 하에 콘스탄티노플에서 10월의 닷새 전에 고시됨.

*

- divi retro principes : "과거 신적인 원수(元首)들." 콘스탄티누스 이전의 황제들을 언급하는 표현으로 칙법의 전통이 과거 황제들에게 연결되어 있음을 보여준다.

- functio : "의무." 아래에 이어지는 공적의무와 비슷한 뜻의 표현이다.

- munera publica : "공적의무(公的義務)." 조세, 공역(公役, munera sordida), 공적수송(公的輸送, cursus publicus) 등 다양한 종류의 공적 의무를 통틀어 일컫는 표현이다.

- hospites : "할당된 손님들." 숙박 및 숙식을 제공하도록 국가에서 할당한 자들을 가리킨다. 예를 들어 군대가 병영을 떠나 특정 도시에 진영을 마련하는 경우 이에 대한 비용은 해당 도시의 시민들이 부담해야 했다.

4) 테오도시우스 칙법전 13권 4장 2절 / CTh 13.4.2 : 장인(匠人)들에게는 공부역(公賦役)을 면제한다.

337년 8월 2일

Idem a.[*] ad Maximum praefectum praetorio. Artifices artium brevi subdito comprehensarum per singulas civitates morantes ab universis muneribus vacare praecipimus, si quidem ediscendis artibus otium sit adcommodandum; quo magis cupiant et ipsi peritiores fieri et suos filios erudire.

Dat. IIII non. aug. Feliciano et Titiano conss.

같은 아우구스투스가[*] 정무총감 막시무스에게

우리는, 아래의 짧은 목록에 포함된 기술을 갖고 있는 장인(匠人)들이 각 도시에 살면서 모든 공부역(公賦役)에서 면제(免除)되도록 명(命)한다. 기술을 배우는 데에는 여가(餘暇)가 주어져야 하기 때문이다. 이를 통해 그들은 더욱더 스스로 숙련된 자들이 되고 자신의 아들들을 가르치기를 원한다.

펠리키아누스와 타티아누스의 집정관직 하에 8월 상현(上弦)의 나흘 전에 공포됨.

*

- Idem a. : "같은 아우구스투스." CTh 13.4.2는 콘스탄티누스가 공포한 것으로 되어 있다. 그런데 콘스탄티누스가 세상을 떠난 때가 337년 5월 22일이고, 이 칙법이 공포된 것은 337년 8월 2일이므로 이 칙법은 콘스탄티누스의 것일 수 없다. 그럼에도 콘스탄티누스의 이름으로 되어 있는 것은 아버지 콘스탄티누스의 뒤를 이어 세 아들이 아우구스투스의 자리에 오른 날이 337년 9월 9일이기 때문이다. 콘스탄티누스의 사망 이후에도 337년 9월 9일 전까지의 법은 모두 콘스탄티누스의 이름으로 되어 있다.

*

건축은 로마제국의 중요한 기간산업이었다. 콘스탄티누스 시대에 공적 건축은 특별히 부흥한다. 그 시초가 되는 것이 315년 즉위 10

주년에 로마에 세워진 개선문이었다. 아마도 315년 이후에 로마에는 대리석을 다루는 아틀리에가 많이 생겨났을 것으로 추정된다. 기독교적 석관의 부흥도 콘스탄티누스 시대의 도래와 궤를 같이 하는 것도 동일한 맥락이다.

*

콘스탄티누스는 334년 건축분야의 인력부족 현상을 언급하면서 젊은이들의 건축 공부를 독려하고 건축 종사자들의 처우를 개선할 것을 골자로 하는 칙법을 공포한 적이 있다(CTh 13.4.1). 그러나 이 칙법에서 구체적으로 어떤 기술을 가진 건축 종사자들이 특혜의 대상이 되는지에 대한 언급이 빠져 있었다. 이에 337년에 이르러 콘스탄티우스는 특혜 대상인 35개 직종을 직접적으로 언급한다.

5) 테오도시우스 칙법전 9권 38장 2절 / CTh 9.38.2 : 마그넨티우스를 이긴 후에 내린 특별사면.

353년 9월 6일

Imp. Constantius a. ad Cerealem praefectum Urbi. Omnia penitus amputentur, quae tyrannicum tempus[*] poterat habere tristissima. Universos ergo praecipimus esse securos exceptis quinque criminibus, quae capite vindicantur.

Dat. VIII id. sep. lugduni Constantio a. VII et Constante c. conss.

황제 아우구스투스 콘스탄티우스가 수도총감 케레알리스에게

폭정(暴政)의 시대에* 제정되었던 아주 가혹한 모든 것은 완전히 근절되어야 한다. 그러므로 우리는 생명형(生命刑)이 요구되는 다섯 가지 범죄를 제외하고는 모든 자들이 안심하도록 명(命)한다.

아우구스투스 콘스탄티우스의 일곱 번째 집정관직과 카이사르 콘스탄스의 집정관직 하에 리용에서 9월 보름의 여드레 전에 공포됨.

*

- tyrannicum tempus : "폭정(暴政)의 시대." 왕위찬탈자 마그넨티우스가 통치하던 시대를 의미한다.

*

왕위찬탈자의 모든 칙법은 테오도시우스 칙법전에서 제외되었다. 설령 그가 기독교인이라 할지라도 불법적인 황제권을 통해 공포된 칙법은 효력을 가질 수가 없었다. 마그넨티우스의 경우 콘스탄티누스의 하나님이 콘스탄티누스의 아들들이 아니라 자신에게 황제권을 수여하였다고 확신하였다. 그런 확신의 표현으로 마그넨티우스는 자신이 발행하는 주화에 콘스탄티누스의 크리스토그램을 커다랗게 새겨

넣었다(도 27과 도 33 참조). 이
점은 눈여겨보아야 할 요소이다.
콘스탄티누스는 기독교 시대를
열었지만 주화에 십자가 상징을
새겨 넣는 것에는 조심스러운 면
모를 보였다. 콘스탄티누스의 라
바룸은 작은 동화(銅貨)에 흐릿하
게 나타날 뿐이다. 그러나 마그넨
티우스는 커다란 주화에 선명한
십자가를 새겨 넣어 자신이 십자

도 33. 크리스토그램, 352년경
마그넨티우스가 발행한 동화의 뒷면,
파리 국립도서관 주화실

가의 은총을 받는 황제임을 가시화하려고 하였다.

*

　　사형이 선고된 다섯 가지 범죄는 문서위조, 화폐위조, 간통, 판사
의 독직죄(瀆職罪) 그리고 조세관의 독직죄(瀆職罪) 등이다.5) 콘스탄
티우스는 이 다섯 가지 죄 외에 마그넨티우스가 사형을 선고하였던
다른 죄목들의 형량을 폐지한다.

---

5) 조규창, 『로마형법』, 668쪽. 화폐위조에 대해서는 Dupont, *Le Droit criminel dans les constitutions de Constantin, Les infractions*, 63-69쪽을 참고하라.

12장

중상모략에 대한 칙법

1) 테오도시우스 칙법전 10권 10장 1절 / CTh 10.10.1 : 밀고자들에 대해서.

313년 1월 18일

Imp. Constantinus a. ad populum. Post alia: de delatoribus iam certa statuimus; quibus si quis contra fecerit, poenam capitalem[*] excipiet.

Proposita XV kal. feb. Constantino a. III et Licinio III conss.

황제 아우구스투스 콘스탄티누스가 백성에게

(다른 사항 후에) 밀고자들에 대해서 우리는 이미 여러 규정들을 제정했다. 만약 어떤 자가 그런 규정에 반하여 행동하면 그는 인두형(人頭刑)을[*] 받을 것이다.

아우구스투스 콘스탄티누스의 세 번째 집정관직과 리키니우스의 세 번째 집정관직 하에 2월의 열닷새 전에 고시(告示)됨.

*

- poena capitalis : "인두형(人頭刑)."[1] 인두형에 대해서는 본 연구
  CTh 9.3.1을 참조하라.

*

이 칙법은 앞선 법규정을 상기시키고 있다. 파르는 이 칙법이 같
은 날짜에 공포된 CTh 13.10.1의 일부분이 아닐까 추측하였다.[2]

2) 테오도시우스 칙법전 9권 34장 1절 / CTh 9.34.1 : 문서에 의한 명예훼손에 대해서.

319년 3월 29일

De famosis libellis[*].

Imp. Constantinus a. ad Verinum vicarium Africae. Si quando famosi
libelli reperiantur, nullas exinde calumnias patiantur hi, quorum de

---

1) Mommsen, *Le droit pénal romain* 3, 241-243쪽 참조.
2) Pharr, *The Theodosian Code*, 273쪽 각주 3번.

factis vel nominibus aliquid continebunt, sed scriptionis auctor potius requiratur et repertus cum omni vigore cogatur his de rebus, quas proponendas credidit, comprobare; nec tamen supplicio, etiamsi aliquid ostenderit, subtrahatur.

Pp. IV. kal. april. Karthagine, Constantino a. v. et Licinio c. coss.

Interpretatio. Qui famosam chartam ad cuiuscumque iniuriam[*] et maculam conscripserit, in secreto aut in publico[*] affixerit inveniendamque proiecerit, illi, contra quem proposita est chartula, non nocebit, nec famae eius aliquid derogabit. Sed si inveniri potuerit, qui huius modi chartulam fecit, constringatur, ut probet, quae conscripsit: qui si etiam, quae scripsit, probare potuerit, fustigetur, qui infamare maluit quam accusare.

문서에 의한 명예훼손에 대해서[*]

황제 아우구스투스 콘스탄티누스가 아프리카의 정무총감대리 베리누스에게

만약 어느 때에든 명예를 훼손하는 문서들이 발견된다면, 행위나 이름에 대해 (의심할 만한) 어떤 것이 있는 자들은 그런 문서에 의해 어떤 비방(誹謗)도 당하지 않을 것이며, 오히려 그 내용을 쓴 사람이 수색될 것이며, 그가 체포되면, 밝혀져야 한다고 그가 믿었던 그런

것들을 그는 확실하게 증명해야 한다. 그러나 그가 어떤 것을 보여 준다 할지라도, 그가 형벌을 안 받게 되지는 않을 것이다.

아우구스투스 콘스탄티누스의 다섯 번째 집정관직과 카이사르 리키니우스의 집정관직 하에 카르타고에서 4월의 나흘 전에 공포됨.

해석 : 누군가가 어떤 자의 인격을 침해(侵害)하고[*] 비방하기 위해 악의적인 문서를 작성하여, 은밀한 곳이나 공적인 장소에[*] 게시(揭示)하여 발견되도록 내버려 둔다 해도, 그는 쪽지가 붙어 공격당한 그 사람에게 해를 입히지도 못하고, 그의 어떤 명성을 빼앗지도 못할 것이다. 그런 방식의 쪽지를 만든 자가 발견된다면, 그는 자기가 쓴 내용을 증명해야만 한다. 설령 그가 썼던 바를 증명할 수 있다 하여도, 고소하기보다 비방하였으므로 그는 채찍질 당할 것이다.

*

- famosi libelli : "명예를 훼손하는 문서들." 테오도시우스 칙법전 9권 34장의 소제목은 De famosis libellis(문서에 의한 명예훼손에 대해서)이다. famosi libelli는 문자적으로는 타인의 명예를 훼손하는 '악의적인 문서들'이라는 뜻이다. 보다 일반적으로 사용된 표현은 liber famosus(문서에 의한 명예훼손)이다.

- iniuria : "인격침해(侵害)." 넓은 의미에서 ius(義)란 단어는 iniuria(不義)와 상반된 개념이다.[3] 이런 어원적 개념에 기초하여 injuria

라는 단어가 수용되었는데, 특히 사회적 삶의 부정적인 측면을 지칭하였다. 한편 로마법은 타인의 몸이나 물건을 침해하는 것을 iniuria라고 지칭했다. 예를 들어 12표법은 타인의 신체에 대한 경미한 침해조차도 iniuria로 칭했다. iniuria는 타인의 것을 부당하게 자신의 것으로 삼는 절도(furtum)와는 대비되는 개념이다. 보다 후대에 iniuria는 타인의 인격에 대한 의도적이고 부당한 침해를 가리키게 된다. 인격은 신체, 사법적인 조건, 명예 등 세 가지 측면에서 고려되었고 이런 세 가지 측면에 해가 가해질 때 iniuria(인격침해)로 규정하였다. 디오클레티아누스 시대의 법학자인 헤르모게니아누스(Hermogenianus)는 인격침해에 대한 처벌이 특별심리소송(extra ordinem)으로 다루어졌다고 한다.4) 노예의 경우 채찍질을 당한 후 주인에게 압송되었고, 낮은 계층의 자유인(liberi humilioris loci)은 매질을 당했으며, 나머지 사람들(ceteri)은 단기 유배를 당했다고 한다(D 47.10.45).

- in secreto aut in publico : "은밀한 곳이나 공적인 장소에." 명예훼손죄는 범죄의 방법을 문제 삼지 않는다. 비밀스런 장소이든 사람들이 많이 다니는 장소이건 간에 문서를 게시함으로써 범죄가 성립되었다.

---

3) Mommsen, *Le droit pénal romain* 3, 94-98쪽(독일어 원문은 784-788쪽). 개인 인격의 보호를 법제화한 로마인의 법적 관념은 인간존중의 정수(精髓)일 뿐 아니라 현대 실정법의 인격보호권의 발판이 되었다(조규창, 『로마형법』, 478쪽).

4) Bauman, *Crime and Punishment*, 135쪽.

*

이 칙법은 문서를 통해 타인의 명예를 훼손하는 인격침해(人格侵害, iniuria)에 관한 장에 편집된 첫 번째 칙법이다. 12표법상의 인격침해는 타인의 신체와 인격을 침해하는 것으로 구성되어 있었다.[5] 신체침해는 신체 일부의 절단, 골절, 단순한 침해 등 세 가지 종류로 구분되었다. 이후 침해의 범위가 타인의 신체뿐만 아니라 사법적 조건, 명예 등으로 확장되었다. 명예훼손은 주로 말에 의한 침해(convicium)를 지칭하였다. 타인의 신체를 침해한 경우 당사자 사이에 혈연관계나 사회적 지위의 차이가 있는 경우 가중처벌 되었다. 예를 들면 자식이 부모의 신체를 침해한 경우, 피해방인이 전(前)주인의 신체를 침해한 경우, 노예가 자유인의 신체를 침해하는 등의 경우에 가중처벌 되었다.

테오도르 몸센은 12표법상 인격침해(iniuria)의 경우를 상세히 설명하였다.[6] 살인, 강간, 주거침입 등은 형법상 범죄로 처벌되었다. 고의적 살인이 아니라 과실치사인 경우는 타인에게 유발한 손해로 취급되었다. 자유인의 신체에 상처를 남긴 경우, 타인 노예의 신체에 중대한 상처를 남긴 경우, 상처를 남기지 않고 밀거나(pulsare) 때린(verberare) 경우, 타인 노예의 신체에 중하지 않은 상처를 남긴 경우, 타인의 자유를 구속한 경우 등도 인격침해에 해당한다. 명예를 훼손하는 노래(carmen famosum)나 글(libellus famosus)에 의한 인격

---

5) 이후 이 문단의 내용은 Mommsen, *Le droit pénal romain* 3, 97-101쪽(독일어 원문은 786-790쪽)을 참조했다.

6) 이 문단의 내용은 Mommsen, *Le droit pénal romain* 3, 101-110쪽(독일어 원문은 790-797쪽)을 참조했다.

침해는 공범죄(公犯罪)로 엄중하게 처벌되었다. 그 외의 인격침해는 법무관의 재량에 맡겨졌다. 정신이상자나 행위무능력자의 인격침해는 인정되지 않았으며, 단순과실이 아니라 고의적으로 법을 어기려는 의도가 있어야 인격침해로 인정되었다. 가부장의 체벌은 의도적이라 할지라도 인격침해에서 제외되었다.

12표법상 인격침해는 다양한 방식으로 처벌되었다.[7] 자유인 남자의 신체 일부가 절단된 경우는 동종보복법에 따라 처벌되었다. 자유인 남자의 골절에 대해서는 300 아스(as), 그 외의 침해에 대해서는 25 아스(as)를 지불해야 했다. 코르넬리우스 법(lex Cornelia)은 벌금형 이상을 선고하지 않는다. 12표법은 명예를 훼손하는 노래(carmen famosum)와 문서(libellus famosus)를 공범죄로 분류하였는데, 공화정기에는 법무관이 처벌하였으며 특별사문회(quaestio)에서 다루지는 않았다. 명예를 훼손하는 노래와 문서는 아우구스투스 시대에 이르러 원로원 의결을 통해서 비로소 불경죄(혹은 대역죄, maiestas)의 목록에 포함된다. 이는 아마도 아우구스투스 자신을 비방하고 모욕하는 문서 작성자를 처벌하기 위한 조치였을 것이다. 콘스탄티누스 이전까지 타인의 명예훼손에 대한 처벌은 경유배형(relegatio)이나 추방형(deportatio)을 넘지 않았다. 하지만 319년 콘스탄티누스는 위의 칙법(CTh 9.34.1)을 통해 익명의 문서에 의한 명예훼손에 대해 체형을 규정한다. 콘스탄티누스는 문서에 의한 명예훼손에 대해서 총 4개의 칙법을 공포하였다(313년 CTh 9.34.2, 319년 CTh 9.34.1, 320년 CTh 9.34.3, 328년 CTh 9.34.4).[8] 전주정 시대에 이르러 인격침해는

---

7) 이 문단의 내용은 Mommsen, *Le droit pénal romain* 3, 113-123쪽(독일어 원문은 800-808쪽)을 참조했다. 인격침해에 대해서는 조규창, 『로마형법』, 162쪽과 479쪽도 참고하라.

공범죄로서 무고(誣告, calumnia)와 같은 방식으로 처벌받았다. 유스티니아누스는 인격침해에 해당하는 문서에 의한 명예훼손에 대해 상류층은 유배형, 하류층에는 태형, 노예는 채찍형으로 제재하였다. 단순주거침입에 대해서는 유배형(exilium)이나 광산형(metallum), 공공노역형(opus publicum)을 선고하였다.

*

이 칙법은 문서에 의한 명예훼손이나 형사처벌을 목적으로 하여 타인을 중상모략하는 것은 상대방에게 어떤 해도 끼치지 않을 것임을 분명히 한다. 아울러 투서자가 자신의 주장이나 혐의사실을 증명할 수 있다 해도 적법한 고소의 과정을 거치지 않았기 때문에 태형을 받을 것이라고 하였다. 이는 막센티우스가 공포한 칙법을 폐기하는 것이다. 막센티우스는 고발의 내용이 사실로 증명될 경우에 한해 적법한 고소의 과정을 거치지 않은 자라도 용서받는다고 하였다. 콘스탄티누스는 312년 밀비우스 다리 전투 후에 로마의 원로원으로 와서 막센티우스의 칙법을 폐지하였다(CTh 15.14.3-4).[9]

전주정기에 무기명투서(無記名投書)가 많이 늘어나는데, 이는 기명(記名)의 고소인이나 고발인이 무고죄(誣告罪)로 처벌될까 두려워서 자신의 이름을 숨겼기 때문이다. 무고죄의 처벌은 고발혐의가 입증될 때 피고인이 받게 될 형벌과 동일했다. 319년의 칙법에 뒤이어 공포된 것으로 보이는 CTh 9.34.2에서 콘스탄티누스는 아프리카의

---

8) Dupont, *Le Droit criminel dans les constitutions de Constantin, Les infractions*, 84쪽.

9) Elliott, *The Christianity of Constantine The Great*, 74쪽.

전집정관인 아엘리아누스(Aelianus)에게, 투서에 이름이 적힌 자들에게 어떤 혐의도 두지 말고 정신적인 고통으로부터 자유롭게 하라고 지시하였다. 대신 고소장을 체출하는 적법한 방식을 통하여 타인의 혐의를 증명하도록 요청한다. 370년대를 전후한 시기에 발렌스 황제는 콘스탄티노플에 게시된 고시(告示)를 통해(CTh 9.34.7) 명예를 훼손하는 문서를 불태워 없앨 것을 규정하였고, 마찬가지로 적법한 절차인 법정 고발을 통해 타인의 혐의를 입증하도록 했다. 368년 마르키아노폴리스(Marcianopolis)에서 공포된 칙법(CTh 9.34.8)에서는 어느 누구도 무기명투서(無記名投書)를 두려워할 필요가 없다고 하였다. 테오도시우스 황제는 기독교인 정무총감 키네기우스(Cynegius)에게[10] 보낸 386년의 칙법에서 명예를 훼손하는 무기명투서를 발견하는 자는 누구든지 그것을 찢어버려야 하며, 읽은 내용을 어느 누구에게도 발설하지 말아야 한다고 규정했다. 20년 뒤인 406년에 이르러서 아르카디우스 황제는 발렌스와 테오도시우스의 칙법을 종합하여, 무기명투서를 찢어 없애거나 불태우지 않는 자들과 정적(政敵)에 대해 무기명투서를 사용하는 자들 등을 참수형으로 제재한다고 하였다.

이처럼 4세기 이후 5세기 초반까지의 칙법 제정의 추이를 살펴보면, 문서에 의한 명예훼손은 정치적인 적들을 제거하기 위한 수단으로 전락되어 갔음을 알 수 있다. 콘스탄티누스 이후의 칙법이 문서에 의한 명예훼손을 엄격하게 제재하려는 의도를 갖고 있었지만 실제 상황은 입법 내용과 항상 부합하는 것은 아니었다. 그라티아누스 황제의 군사령관이었던 테오도시우스가 그 좋은 예이다. 군사령관

---

10) 키네기우스에 대해서는 Nam, *"Theodosius I's Religious Policy"*, 144-146쪽을 참조하라.

테오도시우스는 유능한 군인으로 파견되는 곳마다 전선이 안정되었
다. 그런데 그라티아누스 황제는 아프리카에 있던 테오도시우스를
모반혐의로 체포하여 사형시켰다. 이때의 정황이 뚜렷하지 않은데
아마도 문서에 의한 정적(政敵)의 중상모략으로 처형된 것 같다.[11]
378년 발렌스 황제가 아드리아노폴리스 전투에서 죽은 후, 그라티아
누스는 자신이 처형했던 군사령관 테오도시우스의 아들인 테오도시
우스에게 동방의 군대를 맡겼다. 얼마 후인 379년 1월 19일 테도오
시우스는 아우구스투스로 선포되었다. 군사령관 테오도시우스의 모
반혐의가 사실이었다면 그라티아누스의 선택은 설명될 수 없을 것
이다. 이런 예는 문서에 의한 명예훼손이 규정하는 것과는 달리 무
기명투서로 피해를 입은 자들이 있었음을 보여준다.

3) 테오도시우스 칙법전 10권 10장 2절 / CTh 10.10.2 : 밀고자는 극형에 처한다.

319년 12월 1일

Imp. Constantinus a. ad populum. Comprimatur unum maximum
humanae vitae malum, delatorum[*] exsecranda pernicies, et inter primos
conatus in ipsis faucibus stranguletur, et amputata radicitus invidiae
lingua vellatur,[*] ita ut iudices nec calumniam[*] nec vocem prorsus deferentis
admittant; sed si qui delator exstiterit, capitali sententiae[*] subiugetur.

---

11) Piganiol, *L'Empire Chrétien(325-395)*, 229-230쪽 참조.

Dat. et pp. in foro Traiani kal. dec., Constantino a. v. et Licinio c. coss.

Interpretatio. Delatores dicuntur, qui aut facultates prodiderint alienas aut caput* impetierint alienum. Quicumque delator cuiuslibet rei exstiterit, in ipso proditionis* initio a iudice loci correptus continuo stranguletur, et ei incisa radicitus lingua tollatur, ut si quis proditor* futurus est, nec calumnia nec vox illius audiatur.

황제 아우구스투스 콘스탄티누스가 백성에게

밀고자들의* 저주받은 파괴적 행동은 인간의 삶의 가장 큰 한 가지 악이므로 억제되어야 한다. 재판관들이 고발자의 무고(誣告)도* 허락하지 않고 목소리도 허락하지 않도록 하기 위해, 밀고를 시도하는 초기에, 밀고가 목구멍 자체에서 조여져야 하고 시기(猜忌)의 혀는 뿌리부터 잘려서 뽑혀야 한다.* 그러나 만약 어떤 고발자가 생긴다면, 인두형(人頭刑)에* 처해야 한다.

아우구스투스 콘스탄티누스의 다섯 번째 집정관직과 카이사르 리키니우스의 집정관직 하에 12월 초하루에 트라야누스의 광장에서 공포되고 고시됨.

해석 : 다른 사람의 재산을 (국고에 귀속시키려고) 고발하거나* 다른 사람의 법적 지위를* 공격하는 자들을 밀고자들이라고 부른다. 누구든지 어떤 것의 밀고자가 되면, 그는 밀고(密告)를* 시작할 때에,

그 지역의 재판관에 의해 즉시로 체포되어 목이 졸려야 하고 그의
혀는 뿌리부터 잘려서 제거되어야 한다. 그리하여 만약 어떤 밀고자
(密告者)가 생긴다면 그의 비방이나 목소리를 듣지 말아야 한다.

*

- delator : "밀고자(密告者)." delator는 고소인(告訴人), 모자(謀者),
  밀정(密偵) 등으로 번역이 가능하나12) 여기에서는 '밀고자'로 옮
  겼다. 무기명 문서를 작성하여 타인에게 재산상의 손실을 가져
  오거나 법적으로 타인을 공격하는 경우 무기명 문서의 작성자
  를 밀고자(delator)라고 한다.

- calumnia : "무고(誣告)." 고소인 범죄는 세 가지로 구분된다.13) 고
  의적으로 고발을 조작하는 무고(誣告, calumnia), 적당한 동기 없
  이 소송을 취하하는 고소취하(tergiversatio), 원고가 피고를 두둔하
  는 원고의 소송결탁(praevaricatio) 등이다. 상대방이 처벌을 받게
  할 목적으로 악의적으로 조작하는 행위인 무고를 처벌하는 것은
  본래 민사소송상의 문제였다. 민사소송에서 재판관들이 피고가
  손해를 끼치지 않았다고 확신을 갖는 경우 피고가 손해를 끼쳤을
  경우 내야 할 금액의 1/10을 원고에게 부과하였다.14) 그런데 금전
  적 보상 이외의 다른 처벌이 예상되는 형사소송에서는 이런 방식

---

12) 조규창, 『로마형법』, 22쪽과 334쪽 참조.

13) 이하의 내용은 Mommsen, *Le droit pénal romain* 2, 179-185쪽을 참조하였다.

14) Institutiones 4.174 이하.

이 가능하지 않았고, 이에 따라 렘미우스 법(lex Remmia)을 통해 형사상 무고죄를 처벌하게 된다. 렘미우스 법은 무고범에게서 시민권을 박탈하도록 규정했고, 공직 피선거권, 투표권, 군대 징집권 등을 박탈당했다. 아울러 쇠를 달구어 이마에 무고(誣告)의 표시로 k를 찍도록 했다고 하나, 이런 형벌은 로마법 체계와 별로 부합하지 않을뿐더러 실제로 행해졌다는 증거도 없다.

- amputata radicitus invidiae lingua vellatur : "시기의 혀는 뿌리부터 잘려서 뽑혀야 한다." 이 형벌을 설근절단형(舌根切斷刑)이라고 한다. 설근절단형은 무고범이나 밀고범에게 내리던 극형(極刑)으로 미래의 범죄발생을 예방하려는 목적과 함께, 재판관의 재량권을 배제한 전주정기의 법형식주의(法形式主義)의 산물이다.[15]

- capitalis sententia : "인두형(人頭刑)."[16] 인두형은 주로 생명박탈형을 뜻한다(본 연구 CTh 9.3.1을 참조하라). 설근절단형과 편족절단형(片足切斷刑)은 생명을 앗아가는 형벌은 아니나 고통의 극심함과 형벌 이후의 후유증이 평생을 간다는 점에서 극형으로 분류되었다.[17]

- caput : "법적 지위." caput는 머리, 생명 등의 뜻이 있으나, 여기에서는 "법적 지위"로 번역하였다.[18]

---

15) 조규창, 『로마형법』, 666쪽.
16) Mommsen, *Le droit pénal romain* 3, 241-243쪽 참조.
17) 조규창, 『로마형법』, 669쪽.

- proditio : "밀고(密告)." proditio는 공화정과 원수정기에 주로 대외적(對外的) 반역죄(反逆罪) 혹은 이적행위(利敵行爲)를 의미하였다.[19] 다시 말해 도시나 요새, 군부대나 병사를 적에게 인도하는 반역 행위 혹은 비겁행위를 의미하였다. 그러나 이 칙법에서는 밀고(密告)를 의미한다.

- proditor : "밀고자(密告者)." proditio를 보라.

*

이 법은 공화정기와 원수정기의 밀고나 무고에 관한 법전통의 연속성상에 있다. 무고범이나 밀고범을 설근절단형으로 제재하는 것도 모두 이전 시기로 거슬러 올라가는 것이다. 그럼에도 불구하고 "고발자(告發者)들의 저주받은 파괴적 행동이 인간의 삶의 가장 큰 한 가지 악"이며, 이에 대한 벌로 "시기(猜忌)의 혀는 뿌리부터 잘려서 뽑혀야 한다"라는 진술은 기독교적 사고, 특히 신구약 성경의 여러 구절과 연관성이 있다. 신구약 성경에는 악한 혀에 대한 구절이 많이 나온다. 시편 10편 7절에 "그들의 입은 기만과 폭언으로 가득차 있고, 그들의 혀 밑에는 욕설과 악담이 가득합니다. 그들은 으슥한 길목에 숨어 있다가 은밀한 곳에서 순진한 사람을 쳐죽입니다"라고 했다. 시편 57편 4절에는 "내가 사람을 잡아먹는 사자들 한가운데 누워 있어 보니, 그들의 이는 창끝과 같고, 화살촉과도 같고, 그들의

---

18) Pharr, *The Theodosian Code*, 274쪽 각주 6번.

19) 조규창, 『로마형법』, 154쪽, 187쪽, 342쪽.

혀는 날카로운 칼과도 같았습니다"라고 했으며, 잠언 6장 16-19절에는 하나님께서 미워하시는 일곱 가지 죄 중의 하나가 "거짓말하는 혀"라고 하였다.

이사야서 59장 1-2절은 사람들의 죄 때문에 사람과 하나님 사이가 갈라졌다고 한다. 이사야 선지자는 그 죄에 대해서 이렇게 말한다. "너희의 손이 피로 더러워졌으며, 너희의 손가락이 죄악으로 더러워졌고, 너희의 입술이 거짓말을 하며, 너희의 혀가 악독한 말을 하기 때문이다"(사 59,3). 신약에서는 기독교 신앙을 율법의 관점에서 설명하는 야고보서가 혀의 악에 대해서 가장 진지하고 강력하게 고발한다. "혀는 곧 불이요 불의의 세계라. 우리의 지체 중에서 온 몸을 더럽히고 삶의 수레바퀴를 불사르나니 그 사르는 것이 지옥불에서 나느니라... 혀는 능히 길들일 사람이 없나니 쉬지 아니하는 악이요 죽이는 독이 가득한 것이라"(약 3,6-8).

그런데, 하나님께서는 이런 혀를 끊으실 것이다. "주님은 간사한 모든 입술과 큰소리치는 모든 혀를 끊으실 것이다"(시 12,3). 성경의 이러한 내용은 CTh 10.10.2가 말하는 고발자들의 가장 큰 악(惡)과 그 악에 대한 징벌로서의 설근절단형과 유사점이 있다. 더 나아가 "밀고가 목구멍 자체에서 조여져야 하고 시기(猜忌)의 혀는 뿌리부터 잘려서 뽑혀야 한다"는 내용은 성경에서 자주 사용되는 이중강조법으로 되어 있다. 목구멍과 혀에 대한 이중강조는 신구약에서도 발견된다. 다윗은 자기를 대적하는 자를 향해 "그들의 목구멍은 열린 무덤 같고, 혀는 언제나 아첨만 일삼습니다"(시 5,9)라고 한다. 사도바울도 로마서 3장 10-18절에서 칠십인역을 인용하면서 이렇게 말한다. "의인은 없나니 하나도 없으며 깨닫는 자도 없고 하나님을 찾는 자도 없고 다 치우쳐 함께 무익하게 되고 선을 행하는 자는 없나니 하나도 없도다 그들의 목구멍은 열린 무덤이요 그 혀로는 속임을 일삼으며 그 입술에는 독사의 독이 있고 그 입에는 저주와 악독이 가득하고,... 그들의 눈앞에 하나님을 두려워함이 없느니라"(롬 3,10-18).

설근절단형이 극심한 육체적 고통은 물론이거니와 신체를 불구로 만드는 후유증을 남겼지만, 콘스탄티누스의 칙법에서 유지되고, 교회법정에서조차 이 형벌이 선언된 것은, 신구약 성경에 나오는 혀와 입에 대한 부정적 구절을 바탕으로 하였기 때문이었을 것이다. 교회법정이 마니교도 율리아에게 설근형을 선고한 이야기에 대해서는 본 연구에 제시된 시르몬두스 칙법전 1장(333년 5월 5일)을 참조하라.

4) 테오도시우스 칙법전 9권 5장 1절 / CTh 9.5.1 : 대역죄에 관한 율리우스 법에 대해서.

320년 1월 1일(혹은 314년 1월 1일)

Ad legem Iuliam maiestatis.[*]

Imp. Constantinus a. ad Maximum praefectum Urbi. Si quis alicui maiestatis crimen[*] intenderit, cum in huiuscemodi re convictus minime quisquam privilegio dignitatis alicuius a strictiore inquisitione defendatur, sciat se quoque tormentis esse subdendum, si aliis manifestis indiciis accusationem suam non potuerit comprobare. Cum eo, qui huius esse temeritatis deprehenditur, illum quoque tormentis subdi oportet, cuius consilio atque instinctu ad accusationem accessisse videbitur, ut ab omnibus conmissi consciis[*] statuta vindicta[*] possit reportari.

In servis quoque vel libertis,[*] qui dominos aut patronos[*] accusare aut deferre temptaverint, professio tam atrocis audaciae statim in admissi ipsius exordio per sententiam iudicis comprimatur ac denegata audientia patibulo[*] adfigatur.

Proposita kal. ianuar. Volusiano et Anniano conss.

대역죄(大逆罪)에 관한 율리우스 법(法)에[*] 대해

황제 아우구스투스 콘스탄티누스가 수도총감 막시무스에게

어떤 사람이 타인을 대역죄(大逆罪)로[*] 고발하면, 이런 종류의 사건에 대해 확신을 갖고 있는 어떤 자도 여하한의 고위직 신분이라고 하여 보다 엄한 조사로부터 보호받을 수 없기 때문에, 그는 다른 명백한 증거를 통해 자신의 고발을 증명하지 못한다면, 그 자신이 또한 고문 받을 것임을 알아야 한다. 그런 경솔한 죄로 체포되는 자와 함께, 권유하고 사주하여 그가 고발을 하도록 한 것처럼 보이는 그 사람 또한 고문 받아야 한다. 그리하여 그런 행위의 모든 공범자들에게[*] 규정된 복수가[*] 가해질 수 있어야 한다.

또한 주인이나 보호자를[*] 고소하거나 비방하려고 시도하는 노예나 피해방노예의[*] 경우, 그런 흉악한 무모함을 발설하는 것은 그런 행동을 시작할 때에 재판관의 선고(宣告)를 통해 즉시로 제재될 것이고, 심리(審理)는 부인될 것이며, 십자가에[*] 달릴 것이다.

볼루시아누스와 아니아누스의 집정관직 하에 1월 초하루에 고시됨.

*

- lex Iulia maiestatis : "대역죄(大逆罪)에 관한 율리우스 법." 율리우스 카이사르(Iulius Caesar)가 기원전 43년에 제정한 대역죄에 관한 법(lex Iulia maiestatis 또는 lex Iulia de maiestate)을 지칭한다.[20] 그 내용은 크게 다음과 같이 분류할 수 있다. 적을 이롭게 하는 행위, 정체(政體)의 전복, 정무관과 사제에게 부과된 의무를 위반하는 것, 국가에 대한 시민적 의무의 불이행, 시민으로서의 종교적 의무의 불이행, 관료에 대한 침해 등이다. 대역죄의 이런 범주는 논리적인 관점에서 서로 잘 구별되지는 않으며 동일 범주 내에서도 여러 가지 계열로 또 다시 나눌 수 있다.

- maiestatis crimen : "대역(大逆)의 범죄." 대역죄(maiestas) 혹은 불경죄는 로마의 정치, 종교, 군사 등 로마의 체제에 대한 범죄를 가리키는 용어이다. 로마는 대역죄에 관한 네 개의 법을 통과

---

20) 이 문단의 내용은 Mommsen, *Le droit pénal romain* 2, 243-293쪽(독일어 원문은 546-587쪽)을 참조했다.

시킨 바 있다. 기원전 100년경의 아풀레이우스 법(lex Apuleia maiestatis), 기원전 90년경의 바리우스 법(lex Varia maiestatis), 코르넬리우스 법(lex Cornelia maiestatis), 카이사르에 의한 율리우스 법(lex Iulia maiestatis) 등이다.[21]

maiestas란 단어 자체는 어원상 '고귀하다'라는 뜻을 내포한다. 이 단어는 'maiestas populi Romani'(로마 인민의 존엄)라는 표현에서 보는 것처럼 정치권력의 우위가 아니라 존경과 위엄을 가리키는 단어였다. 테오도르 몸센을 따르면 이 단어는 민회의 대표자들을 보호하는 과정에서 로마 공법의 체계 속으로 들어온다.[22] 본래 민회의 대표자들은 로마 공동체의 관료 계층이 아니었으나 로마 민중이 자신의 대표자들에게 로마 공동체 및 정무관들과 동일한 존엄을 부여할 것을 요청하였고, 이에 따라 민회의 대표자들은 법을 통해 로마 공동체의 관료가 되었다. 로마 공동체와 정무관 및 민회의 대표자들을 공격하는 것은 '로마 인민의 존엄'(maiestas populi Romani)에 대한 공격으로 간주되어 형법상 처벌을 받게 된다. 하지만 원수정기에 이르러 대역죄(maiestas)는 주로 국가 원수(princeps)에 대한 반역을 의미하게 된다. 콘스탄티누스의 칙법에 나타난 "대역의 범죄"(maiestatis crimen)도 황제에 대한 범죄를 의미한다.

황제의 상(像)을 훼손하거나 모욕하는 행위도 대역죄 혹은 불경죄에 해당한다.[23] 본래 대역죄에 관한 아우구스투스의 법은 황

---

21) Ko, Kyung-Joo, "The Political Significance of the lex maiestatis", 39-40쪽.

22) 이하 동 문단의 내용은 Mommsen, *Le droit pénal romain* 2, 234-235쪽(독일어 원문은 538-539쪽)을 참조하였다.

23) Mommsen, *Le droit pénal romain* 2, 287쪽(독일어 원문은 582쪽).

제의 살해나 살해 시도를 겨냥하지 않았지만, 그런 종류의 범죄
는 관료에 대한 침해라는 측면에서 대역죄의 범주에 자연적으
로 들어가게 되었다. 대역죄는 원수정기 이후 황제 1인에게 모
든 권력이 집중되는 전주정기에 그 적용의 폭이 넓어진다는 견
해가 있다. 하지만 뒤퐁(C. Dupont)은 이런 일반적 견해가 사실
과 다르다고 하였다.[24] 뒤퐁의 설명을 따르면 콘스탄티누스 시
대에 대역죄에 관해서 포고된 칙법은 350년에 공포된 위의 칙
법(CTh 9.5.1)이 유일한데, 그나마도 대역죄의 관념이 정확하게
제시되지 않고 형벌이 제대로 언급되지도 않는다.

- conscii : "공범자들." 대역죄를 사주하거나 방조한 자들을 가리킨다.

- vindicta : "복수(復讐)." 본래는 막대기를 의미하나 여기에서는
  상징적인 의미로 전환되어 복수 혹은 벌을 뜻한다.

- liberti : "피해방노예들." 피해방노예(libertus)란 자유를 얻은 노
  예를 가리킨다.

- patroni : "보호자들." 보호자(patronus)는 평민을 보호하는 자일
  수도 있고 피해방노예의 옛주인일 수도 있다. 여기에서는 피해
  방노예의 옛주인을 가리킨다.

---

24) Dupont, *Le Droit criminel dans les constitutions de Constantin, Les infractions*, 29-30쪽.

- patibulum : "십자가." 노예를 채찍으로 때리기 위해 매달던 형틀이다. 파르(Pharr)는 이 단어를 '십자가'(cross)로 옮겼다.[25] 십자가형(patibulum)과 맹수형(datio ab bestias)은 노예들에게만 적용되던 고통형의 방법이다.[26]

*

콘스탄티누스의 칙법을 이해하기 위해서는 대역죄(maiestas) 혹은 불경죄에 대한 역사적인 고찰이 선행되어야 한다. 공동체 혹은 국가에 대한 범죄는 로마법상 perduellio 혹은 crimen maiestatis imminutae 라고 불렸다.[27] 후에는 줄여서 crimen maiestatis 혹은 위 칙법의 본문에서 보는 것처럼 단순히 maiestas라고 하였다. perduellio는 문자적으로 '악한 전사(戰士)'를 뜻하는데 형법적인 관점에서는 이적(利敵)행위 전체를 지칭한다.

maiestas는 전술하였듯 본래적으로는 '존엄'이나 '위엄' 등의 의미를 갖고 있었다.[28] 국가에 대한 범죄를 뜻하는 perduellio와 maiestas에 대한 적절한 그리스어 단어는 존재하지 않는다. perduellio의 경우 그리스어로 prodosia(반역)라고 옮길 수도 있고 그 외의 다른 여러 가지 단어를 사용할 수 있다. maiestas(대역죄 혹은 불경죄)라는 단어는 헬레니즘 왕국 시기의 asebeia(불경건)라는 표현과 그 내용이 유

---

25) Pharr, *The Theodosian Code*, 230쪽.

26) Dupont, *Le Droit criminel dans les constitutions de Constantin, Les peines*. 20쪽.

27) Mommsen, *Le droit pénal romain* 2, 233쪽(독일어 원문은 537쪽).

28) Mommsen, *Le droit pénal romain* 2, 235-236쪽(독일어 원문은 539-540쪽).

사하나 그리스어의 asebeia에 상응하는 라틴어 단어는 impietas일 뿐
이다. asebeia라는 그리스어 표현은 절대군주가 신과 동일시되던 때
의 정치 종교적 뉘앙스를 담고 있다.

공동체에 대한 범죄인 대역죄는 로마공화정 후기에 집중적으로
확장된 개념이다. 테오도르 몸센은 대역죄를 적을 이롭게 하는 행위,
정체(政體)의 전복, 정무관과 사제에게 부과된 의무를 위반하는 것,
국가에 대한 시민적 의무의 불이행, 시민으로서의 종교적 의무의 불
이행, 관료에 대한 침해 등 6가지 범주로 분류한 바 있다.

이적행위(利敵行爲)는 병사이든 아니든 관계없이 로마와 전쟁 중인
도시와 연대하는 행위를 지칭한다.[29] 이적행위는 적(敵) 자체보다 더
위해(危害)한 것으로 간주되었고 거의 용서받지 못했으며 일반적으
로 극형에 처해졌다. 반역죄 중 가장 중한 것으로 여겨지는 죄는 로
마의 영토나 로마 군인들을 단 한명이라도 적에게 넘겨주는 행위였
다. 이를 proditio(반역, 反逆)라고 하였다. 적과의 내통, 적에게 전쟁
물자나 정보, 전략 등을 넘겨주는 것도 이적행위에 속한다. 테오도
시우스 2세의 시대에는 야만족들에게 전함의 제조기술을 넘겨주는
것을 대역죄로 제재하였다(CTh 9.40.24 ＝ CJ 9.47.25).

공화정기 정체(政體)의 전복은 현대적인 개념의 국가전복과는 다
른 개념이다.[30] 로마 공화정기의 공법은 정치체제의 변경을 인정하
여 그것을 반역(perduellio)으로 간주하지 않았지만, 한 가지 예외, 즉
절대왕정이나 한명의 관료를 왕과 유사한 지위로 세우는 것은 법을
통해 반역으로 간주하였다. 다른 말로 하면, 공화정기의 정체(政體)

---

29) 이 문단은 Mommsen, *Le droit pénal romain* 2, 244-246쪽(독일어 원문은 546-548쪽)을 참조하였다.
30) 이 문단은 Mommsen, *Le droit pénal romain* 2, 249-254쪽(독일어 원문은 553-555쪽)을 참조하였다.

의 전복이란 공화정을 뒤엎고 왕정이나 그와 유사한 형태의 일인체제를 만드는 것을 의미한다. 하지만 정체의 전복을 막으려는 원로원과 민회의 법은 카이사르와 아우구스투스 시대에 이르러 일인 지배체제가 자리잡으면서 그 효력을 상실한다. 하지만 원수정의 시작에도 불구하고 원수직(princeps) 그 자체는 사법적인 영구성을 갖지 못했다. 로마법은 원수직 승계가 세습을 통해서 이루어지는지 선거를 통해서 이루어지는지를 결코 규정한 적이 없다. 이 때문에 원수(元首, princeps)의 사망시 수단과 방법을 가리지 않고 원수직 탈취에 성공하는 자가 원수로 인정받았다. 원수에 대한 살해 시도는 원수직이라는 특정 지위에 대한 침해로 처벌된 것이 아니라 관료 일반에 대한 침해로 간주되어 처벌되었다.

정무관과 사제에게 부과된 의무를 위반하는 것도 대역죄에 해당한다.[31] 명령을 받지 않고 전쟁하는 것, 법적인 한도를 넘어 권한을 행사하는 것, 적 앞에서 장군이 도주하는 행위 등은 반역이나 불경죄에 해당되었다. 속주 총독의 월권도 처벌되었다. 자신의 책임 하에 있는 군대를 이끌고 속주의 경계를 넘어가는 것, 후임이 도착했는데도 속주에 남아 있는 행위, 허가 없이 군대를 모집하는 행위 등이 처벌되었다. 사제직의 의무를 수행하지 않을 경우에도 처벌되었는데 이 경우 사제에 대한 처벌은 관료가 아니라 대사제(ponticus maximus)의 몫이었다. 대사제는 자신의 권한 아래 있는 사제들에게만 직접적인 사법적 권한을 행사했다.

국가가 요구하는 시민의 의무를 이해하지 않는 것도 불경죄에 해

---

31) 이 문단은 Mommsen, *Le droit pénal romain* 2, 255-261쪽(독일어 원문은 555-560쪽)을 참조하였다.

당한다.[32) 군복무의 의무는 시민의 의무 중 가장 중요한 것으로 생각되었다. 군복무자 명단은 공화정 중반기에 군사적 중요성을 상실한다. 군대징집을 회피하는 행위는 가장 오래된 반역죄로서 전주정기에도 여전히 처벌 대상이 되었다. 관료에 대한 불복종(seditio)이나 소요 행위(coetus) 등도 반역죄의 구성 요소였다. 아울러 관료가 아닌 자가 관료인척 하면서 행동할 경우 불경죄에 해당하였다. 전주정기에 이르러 위조화폐나 사유감옥을 만드는 것도 불경죄로 다스려졌다.

시민으로서의 종교적 의무를 이행하지 않는 것도 불경죄에 해당한다.[33) 로마 공동체는 정치와 종교가 융합된 공동체였다. 정치와 종교의 융합은 고대 국가의 일반적인 체제였다. 정치와 종교의 고대적 결합은 신에 대한 의무를 공적인 의무로 규정했다. 고법(古法) 시기에는 시벨의 예언서를 허락 없이 보는 경우나 맡은바 공적인 종교 행위를 행하지 않는 경우 불경죄로 처벌받았다. 카이사르는 사망 후 신격화 되는데 그의 생일을 기념하는 축제에 참여하지 않는 시민은 극형으로 위협받았다. 시리아와 소아시아의 경우 시민들이 의무적으로 신들에게 분향하도록 하였고, 250년 데키우스 황제는 제국의 모든 시민들이 옛 신들에게 분향하도록 강제하였다. 시민의 종교적 의무를 다하지 않는 경우를 기술하는 용어는 종교침해죄(crimen laesae Romanae religionis)였고, 보다 간단하게 줄여 신성모독죄(sacrilegium)라고도 하였다. 기독교인들이 로마의 국가종교를 숭배하지 않는다는 이유로 처벌된 것은 시민적 의무로서의 공적인 종교행위를 다하지 않았기 때문이다.

---

32) 이 문단은 Mommsen, *Le droit pénal romain* 2, 261-269쪽(독일어 원문은 560-567쪽)을 참조하였다.
33) 이 문단은 Mommsen, *Le droit pénal romain* 2, 269-270쪽(독일어 원문은 567-568쪽)을 참조하였다.

관료에 대한 인격침해도 반역죄로 처벌되었다.[34] 로마 인민의 관료의 권한은 법적으로(lege) 불가침의 영역이었다. 따라서 관료를 살해하거나 살해 시도를 하는 것은 가장 중대한 반역 행위로 규정되었다. 이 때 관료직의 높고 낮음은 부차적이었다. 공화정 시대에 민회는 호민관에 대한 불가침권을 법으로 제정하였다. 따라서 호민관에 대한 인신침해는 대역죄로 처벌받았다. 이와 유사하게 카이사르에 대한 인신침해나 아우구스투스에 대한 인신침해도 대역죄로 처벌받았다. 황제들에 대한 불경죄의 목록은 다양했다. 황제권을 상징하는 자주색 옷감을 생산하거나 착용하는 것, 초자연적인 방법으로 황제의 미래를 예언하는 행위, 황제의 상(像)을 해하는 경우, 황제의 수호신에 대한 맹세를 거절하는 경우, 황제의 이름으로 맹세했다가 이를 지키지 않는 경우 등이 불경죄의 목록을 구성했다. 하지만 대역죄 혹은 불경죄는 고의(故意)가 있어야 성립되었고 과실(過失)로 황제의 초상(肖像)을 훼손한 경우는 성립되지 않았다.

불경죄에 관한 코르넬리우스 법(lex Cornelia de maiestate)이나 불경죄에 관한 특별사문회(quaestio maiestatis)를 규정하는 율리우스 법(lex Iulia de maiestate)은 불경죄를 범한 자를 이탈리아 밖으로 영구 추방하도록 규정했으며 극형으로 위협하기도 했다.[35] 카이사르와 아우구스투스는 재산몰수나 부분몰수를 규정했으며, 티베리우스는 재산몰수와 함께 시민권의 상실로 처벌했다.

---

34) 이 문단은 Mommsen, *Le droit pénal romain* 2, 285-293쪽(독일어 원문은 580-587쪽)을 참조하였다.
35) 이 문단은 Mommsen, *Le droit pénal romain* 2, 300쪽(독일어 원문은 592-593쪽)을 참조하였다.

*

　이 칙법의 발신자와 포고된 시기에 대해서는 논란이 계속되어 왔다. 칙법의 발신자는 콘스탄티누스 황제 그리고 수신자는 수도총감 막시무스로 되어 있다(Imp. Constantinus a. ad Maximum praefectum urbis). 그런데 막시무스(Valerius Maximus Basilius)가 수도총감을 지낸 때는 317년 9월 1일-323년 9월 13일이었다. 이런 이유로 학자들은 이 칙법의 날짜를 320년 1월 1일로 수정하곤 했다.[36] 그런데 반즈(T.D. Barnes)는 이 칙법이 콘스탄티누스의 것이 아니라 리키니우스가 공포한 것이 아닐까 제안한 바가 있다.[37] 반즈는 여러 가지 논의를 하면서, 십자가형의 형벌을 명하는 이 칙법이 회심한 콘스탄티누스에게 적당치 않다는 의견을 피력하였다. 아울러 그는 314년 1월에 대역죄(maiestas)를 규정하는 칙법을 포고하는 정황은 콘스탄티누스보다 리키니우스에게 더 적절하다고 덧붙인다. 313년 리키니우스는 막시미누스(Maximinus)와의 전쟁에서 승리함으로 소아시아와 동방을 점령했다. 이후 막시미누스를 지지하던 자들을 제거했다. 반즈는 이런 상황에서 리키니우스가 밀고에 대한 법을 포고한 것이 적당하다고 보았다. 엘리엇(Elliott)은 반즈의 견해를 따른다.[38]

　하지만 이런 견해가 이 칙법이 콘스탄티누스의 것이 아니라는 결정적인 증거는 되지 못한다. 십자가형은 로마형법 전통에서는 아주 오래된 것으로 왕정시대와 12표법에도 이미 나타난다.[39] 본래 십자

---

36) Martindale, *The Prosopography of the Later Roman Empire*, 590쪽, Maximus 49.

37) Barnes, *"Three Imperial Edicts"*, 275-276쪽.

38) Elliott, *The Christianity of Constantine The Great*, 124쪽.

39) 십자가형에 대해서는 Mommsen, *Le droit pénal romain* 3, 254-258쪽(독일어 원문은 918-921쪽)

가형은 노예나 흉악범의 처형에 사용되었으나 시민에게 적용할 수 없는 것은 아니었다. 하지만 정죄된 자의 신분에 따라 형벌체계가 달라진 이후로는, 죄질이 중하지 않는 한 십자가형은 특정 계층에 대해서 사용되지 않았다. 테오도르 몸센은 콘스탄티누스 통치의 "마지막 시기에" 이르러 십자가형이 폐지되었다고 하였다.[40] 콘스탄티누스 시대 이후로는 십자가형(crux 혹은 patibulum)이 사라지고 대신 furca라고 부르는 교살형 장치가 사용된다. 이 장치는 길다란 장대의 끝부분을 V자형으로 벌려서 죄수를 교살하는 장치였다. 본 연구에서는 이 칙법을 320년에 콘스탄티누스가 공포한 것으로 간주하고자 한다.

콘스탄티누스가 320년 공포한 대역죄(大逆罪)에 관한 이 칙법(CTh 9.5.1)은 대역죄로 고발된 피의자(被疑者)는 사회적 직위나 신분의 예외 없이 엄격한 조사를 받게 될 것을 규정한다. 대역죄는 국사범(國事犯)이므로 혐의 조사 과정에서 고문이 광범위하게 사용되었다. 고전기에는 대역죄의 조사과정에서도 자유인에 대해서는 고문 사용이 금지되어 있었지만 전주정기에 이르러 고문은 혐의를 자백할 것을 강요하기 위해 일반적으로 사용되었다. 아울러 콘스탄티누스는 대역죄로 타인을 고발한 자는 피고의 명백한 증거를 통해 피고의 혐의 사실을 증명해야 하며, 만약 이를 증명하지 못할 경우에는 마찬가지로 고문당하도록 규정하였다. 아울러 고발자 뿐만 아니라 대역죄 고발을 교사(敎唆)하고 사주(使嗾)한 자도 고문 받을 것임을 명시하였다.

콘스탄티누스의 칙법에서 특징적인 것은 노예와 피해방노예의 대

---

40) Mommsen, *Le droit pénal romain* 3, 258쪽(독일어 원문은 921쪽).

역죄 고발을 금지한 것이다. 콘스탄티누스는 노예나 피해방노예가 주인이나 보호자를 대역죄로 고발할 경우 조사할 필요도 없이 고발자를 사형에 처하도록 하였다. 대역죄에 관한 율리아법(法)은 노예나 피해방인은 물론 미성숙자와 여성에게도 고발권(告發權)을 인정하였다.[41] 노예나 피해방인은 주인이나 보호자를 일반 형사범죄로 고소할 권리가 없었으나 대역죄로는 고발할 수 있었고, 미성숙자와 여성의 경우도 고소권에 제약이 있었지만 대역죄로의 고발은 가능했다. 그런데 3세기의 군인황제시대에 사회혼란이 가중되면서 대역죄가 보복수단으로 악용되었다. 원한관계에 있는 사람에 대해 보복하기 위한 수단과 경쟁자나 정적(政敵)을 제거하기 위한 수단으로 대역죄가 사용되었고, 노예나 피해방노예가 주인이나 보호자를 대역죄로 고발하여 가족이 몰살되는 경우가 많았다. 콘스탄티누스는 상대적으로 손쉬웠던 대역죄로의 고발이 악용되고 남용되는 것을 제어하고자 대역죄 고발요건을 보다 엄격하게 구성하여, 노예와 피해방노예의 대역죄 고발권을 없앤 것이다.[42]

원수정기에는 황제에 대한 인격침해도 대역죄 혹은 불경죄의 구성요건이 되었으므로 상대적으로 고발하기 쉬웠다. 앞서 설명했듯 황제권의 상징인 자주색 옷감을 생산하거나 착용하는 것, 황제의 미래를 점보는 행위, 황제의 상(像)을 해하는 경우, 황제의 수호신에 대한 맹세를 거절하는 경우, 황제의 이름으로 맹세했다가 이를 지키지 않는 경우 등도 대역죄에 해당되었다.[43] 루키우스 엔니우스(Lucius

---

41) 조규창, 『로마법』, 348쪽.

42) 조규창, 『로마형법』, 594쪽.

43) Mommsen, *Le droit pénal romain* 2, 290-293쪽(독일어 원문은 584-587쪽).

Ennius)는 은으로 된 티베리우스 황제의 조그만 상(像)을 녹여 평평
한 판으로 만들었다는 이유로 고발되었다. 폰티우스라는 자는 손가락
에 끼고 있던 반지에 새겨진 티베리우스의 초상을 닳리어 없애려고 했
다는 죄목으로 자신의 노예에 의해 고발당해 재판을 받아야 했다.[44]

5) 테오도시우스 칙법전 9권 34장 2절 / CTh 9.34.2 : 명예를 훼손하는 문서의 내용을 증명해야 한다.

320년 2월 25일

Idem a. ad Aelianum proconsulem* Africae. Licet serventur in officio
tuo et vicarii* exemplaria* libellorum,* qui in Africa oblati sunt, tamen
eos quorum nomina continent metu absolutos securitate perfrui sinas
solumque moneas, ut ab omni non solum crimine, sed etiam suspicione
verisimili alieni esse festinent. nam qui accusandi fiduciam gerit, oportet
comprobare, nec occultare quae scierit, quoniam praedicabilis erit ad
dicationem publicam merito perventurus.

Proposita V kal. mar. Carthagine Constantino a. VI et Constantino
c. conss.

---

44) Ko, Kyung-Joo, "The Political Significance of the lex maiestatis", 44쪽.

같은 아우구스투스가 아프리카의 전집정관[*] 아엘리누스에게

그대와 관구장의[*] 집무실에 아프리카에서 제출된 명예를 훼손하는 문서의[*] 복사본이[*] 보관되어 있음에도 불구하고, 그대는 그 복사본에 이름이 들어있는 자들이 두려움에서 자유롭게 되어 안전을 누리도록 해야 한다. 그대는 오히려 그들이 범죄뿐만 아니라 신빙성 있는 혐의에서 서둘러 멀어지도록 충고해야 한다. 왜냐하면 고소하는 데에 확신을 가지는 자는 (고소내용을) 증명해야 하고, 그가 알고 있는 것을 숨기지 말아야 하는데, 이는 그가 칭찬을 받을 만하고 마땅히 공적인 영광에 합당할 것이기 때문이다.

아우구스투스 콘스탄티누스의 여섯 번째 집정관직과 카이사르 콘스탄티누스의 집정관직 하에 카르타고에서 3월의 닷새 전에 공포됨.

*

- proconsul : "전(前)집정관." 고위직의 일반적인 승진경로는 황실 사무부의 총감, 황실법무총감, 정무총감, 집정관, 전집정관 순이었다. 감영(監營)의 정무총감(praefectus praetorio)은 해당 영(領)에서 황제 다음가는 2인자의 역할을 했는데, 동방에서는 오리엔스(Oriens) 정무총감이, 서방에서는 이탈리아(Italia)의 정무총감이 최고위직이었다. 정무총감을 지낸 후에 집정관이 되는데, 4세기 이후 집정관은 황제가 겸하는 때가 많았고, 실제적인 권한이 없는 명예직이었다. 집정관 이후에 전집정관(前執政官)으로서 속주지사

(屬州知事)가 된다. 행정편제상(上) 속주는 관구장(管區長, vicarius)
의 지휘를 받아야 했으나, 전집정관은 황제가 직접 지휘하였다.
이런 배경에서 황제가 전집정관에게 칙법을 보내게 된다.

- exemplarium : "복사본." 이 칙법을 따르면 명예를 훼손하는 문
  서의 원본 이외에 필사본을 관구장과 속주 총독의 집무실에 보
  관하도록 되어 있었다.

- vicarius : "관구장(管區長)." 콘스탄티누스 당시 로마제국에는 4
  개의 영(領)이 있었고, 각각의 영은 관구(管區)로 나뉘어 있었다.
  이 칙법은 아프리카의 관구장에게 보내진 것이다.

- libelli : "명예를 훼손하는 문서들." 본래는 '작은 책자들'이라는
  의미이나, 여기서는 명예를 훼손하는 문서를 의미한다.

6) 테오도시우스 칙법전 9권 34장 3절 / CTh 9.34.3 : 익명의 문서는 불태워야 한다.

320년 12월 4일

Idem a. ad Ianuarinum agentem vicariam praefecturam.[*] Ut accusa-
toribus[*] patientia praebenda est, si quem persequi in iudicio volunt,
ita famosis libellis[*] fides habenda non est nec super his ad nostram

scientiam referendum, cum eosdem libellos flammis protinus conducat
aboleri, quorum auctor nullus existit.

Proposita prid. non. dec. Romae Constantino a. VI et Constantino
caes. conss.

같은 아우구스투스가 정무총감 직무대리인* 야누아리누스에게

만약 고소인(告訴人)들이* 누군가를 법정에 고소하기를 원한다면,
고소인들에게 관대함이 제시되어야 하는 것처럼, 명예를 훼손하는
문서를* 신뢰하지 말아야 하고 그런 것을 우리의 옥지(玉知)에 알리
지 말아야 한다. 앞서 말한 그 문서들은 쓴 사람이 존재하지 않기 때
문에 불로써 없애버리는 것이 유익하다.

아우구스투스 콘스탄티누스의 여섯 번째 집정관직과 카이사르 콘스
탄티누스의 집정관직 하에 로마에서 12월 상현의 하루 전에 공포됨.

*

- agens vicariam praefecturam : "정무총감 직무대리."

- accusatores : "고소인들." 여기에서는 고소인의 이름이 기록되어
  있지 않은 무기명 고소인들을 가리킨다.

- famosa libella : "명예(名譽)를 훼손(毁損)하는 문서들." 문자적으로는 '악의적인 문서들'이라는 뜻이다.

7) 테오도시우스 칙법전 9권 34장 4절 / CTh 9.34.4 : 무기명 고소는 폐기되어야 한다.

328년 10월 21일

Idem a. ad Dionysium. Famosa scriptio libellorum, quae nomine accusatoris caret, minime examinanda est, sed penitus abolenda. Nam qui accusationis promotione[*] confidat, libera potius intentione[*] quam captiosa atque occulta conscriptione alterius debet vitam in iudicium devocare.[*]

Proposita Tyro XII kal. nov. Ianuarino et Iusto conss.

같은 아우구스투스가 디오니시우스에게

고소인(告訴人)의 이름이 없는, 명예를 훼손하는 내용의 문서들은 결코 조사되지 말아야 하며 완전히 폐기되어야 한다. 왜냐하면 고소(告訴)의 제출에[*] 자신이 있는 자는 허위로 된 비밀스런 글보다는 공개적인 고발로써[*] 타인의 생명을 법정으로 호출해야 한다.[*]

야누아리누스와 유스투스의 집정관직 하에 11월의 열이틀 전에 공포됨.

*

- accusationis promotio : "고소의 제출." 고소 제출의 형식적인 요건 중의 하나는 기명고소(記名告訴)였다. 무기명 고소, 즉 밀고(密告)는 허락되지 않았다.

- libera intentio : "공개적인 고발." 공개적인 고발이란 고소자의 이름을 밝힌 고소를 의미한다.

- in iudicium devocare : "법정(法廷)으로 호출하다."

8) 테오도시우스 칙법전 10권 10장 3절 / CTh 10.10.3 : 밀고자들에게 형벌을 가해야 한다.

335년 3월 22일

Idem a. ad provinciales.[*] Omnes iudices invigilare praecipimus et delatores poenis afficere. apertissimi enim iuris est, ut, quod ex cuiuscumque patrimonio[*] ceciderit in casum, et legibus et retro iuris ordine,[*] fisci advocatis[*] agentibus, vindicetur. Sed quia nonnulli praecipites secundum ius possessa patrimonia deferre non cessant, damus omnibus, qui se laesos existimant, contra delatores severitatem iudicum implorare ferro destrictam.* Nemo enim potest delatorem plus agnoscere quam ille, qui iniuriam per eius nequitiam sustinuit.

Dat. XI. kal. april. Constantinopoli, Constantio et Albino coss.

Interpretatio. Custodientes iustitiam nomen persequimur delatorum, ita ut, quum agniti et convicti fuerint delatores, gladio puniantur.

같은 아우구스투스가 속주지사(屬州知事)들에게*

우리는 모든 재판관들이 무고범에게 형벌을 가할 것을 명(命)한다. 왜냐하면 누군가의 유산으로부터* 어떤 것이 상실되었다면, 법규와 과거의 법질서에* 따라 세무변호사들이* 소송하여 권리를 되찾아야 함이 아주 명백한 법이기 때문이다. 그러나 성급한 자들은 법에 따라 소유하게 된 유산을 서슴지 않고 보고하기 때문에, 우리는 자신이 해를 입었다고 생각하는 모든 사람에게, 재판관들이 칼을 뽑아 무고범들을 엄하게 판단하도록 탄원할 것을* 허락한다. 왜냐하면 불의함으로 침해(侵害)받은 당사자 외에 어느 누구도 무고자들을 더 잘 알아볼 수 없기 때문이다.

콘스탄티누스의 집정관직과 알비누스의 집정관직 하에 4월의 열하루 전에 콘스탄티노플에서 공포됨.

해석 : 우리는 정의의 수호자로서 고발자들의 이름을 추적한다. 그리하여 고발자들은 드러나고 (유죄로) 증명되어 칼의 형벌을 받게 될 것이다.

*

- provinciales : "속주지사들." 전집정관(前執政官), 총독 등이 속주 지사가 되었다. 이 칙법은 속주지사들에게 보내어진 것이므로 지역법이 아니라 로마제국 전역에 효력을 갖는 일반법 혹은 보편법(lex generalis)이었다.

- patrimonium : "유산(遺産)."

- retro iuris ordo : "과거의 법질서." 콘스탄티누스 이전 시대의 형법(刑法) 전통을 의미한다. 이 표현은 콘스탄티누스 시대의 칙법이 과거 법 전통의 연장선 속에 있음을 보여준다.

- fisci advocatus : "세무 변호사." "세무장(稅務長)"으로 번역할 수도 있다. 이 당시에는 변호사 시험 같은 것은 존재하지 않았지만, 법학은 다른 학문과는 달리 보다 조직적인 체계를 갖추고 있었다.45) 법학의 정규 코스는 4년이었고 매년 배워야 할 내용들이 정해져 있었다. 교수가 만족할만한 수준으로 정규코스를

---

45) Jones, *The Later Roman Empire*, 999쪽.

끝낸 학생들은 증명서 같은 것을 얻게 되는데, 5세기 후반에 이르러 이 증명서는 흔히 변호사단(辯護士團)이라고 부르는 공식적인 자격증명이 된다. 유스티니아누스는 6세기에 이르러 로마와 콘스탄티노플, 베리투스(Berytus) 외의 다른 도시에서 법학을 가르치는 것을 금하였다. 그러나 유스티니아누스 시대 이전에는 로마, 콘스탄티노플, 베리투스가 법학을 독점한 것은 아니었다. 황제가 정무총감(政務摠監, praefectus praetorio)의 감영(監營, praetorium)에 세무변호사 혹은 세무장(稅務長)을 임명했으며, 속주청(屬州廳)에는 주지사(州知事)가 임명했다.46) 이들은 세무와 관계된 일을 책임졌고 임기는 통상 1-2년이었다. 감영(監營) 세무장(稅務長)은 퇴임 후에 황실고문단(皇室顧問團, consistorium)의 대관(大官, comes)이 되었다.

- severitatem iudicum implorare ferro destrictam : "재판관들이 칼을 뽑아 고발자들을 엄하게 판단하도록 탄원을(허락한다)." 문자적으로 번역하면, '고발자들에 반(反)하여 칼에 의해 뽑힌 재판관들의 엄중함에 탄원하도록 (허락한다)'이다.

---

46) Pharr, *The Theodosian Code*, 573쪽.

9) 테오도시우스 칙법전 10권 10장 4절 / CTh 10.10.4 :
   익명의 고발은 법적 효력을 상실한다.

338년 6월 12일

Imp. Constantius a. Celsino praefecto praetorio. Innocentiam securitate firmantes et quorundam audaciam prohibentes edictum promulgavimus, ne quid occultis delationibus possit in hominum licere fortunas.

Dat. prid. id. iun. Viminacio Urso et Polemio conss.

덕을 온전하게 세우고 어떤 자들의 무모함을 막고자 하였으므로, 사람들의 행복에 맞서는 숨겨진 무고(誣告)에 대해서는 어떤 가치도 주어지지 않도록, 우리는 고시(告示)를* 공포하였다.

우르수스와 폴레미우스의 집정관직 하에 비미나키움에서 6월 보름의 하루 전에 공포됨.

10) 테오도시우스 칙법전 9권 34장 5절 / CTh 9.34.5 :
    익명의 고발 문서는 불태워야 한다.

338년 6월 18일

Imp. Constantius a. ad Afros. Libellis quos famosos vocant, si fieri

possit, abolendis inclytus pater noster* providit et huiusmodi libellos
ne in cognitionem quidem suam vel publicam iussit admitti. non igitur
vita cuiusquam, non dignitas concussa his machinis vacillabit; nam omnes
huiusmodi libellos concremari decernimus.

Dat. XIIII kal. iul. Urso et Polemio conss.

황제 아우구스투스 콘스탄티우스가 아프리카인(人)들에게

가능한 한 명예를 훼손하는 문서라고 부르는 것을 없애야 한다고
우리의 고명(高明)한 아버지는* 예견했다. 그리고 그는 분명 자신이
나 사람들이 그런 문서를 알게 되는 것을 허락하지 아니한다고 명
(命)했다. 그러므로 이런 교활함에 의해 지위가 교란되어 어떤 자의
삶이 동요하지 말아야 할 것이다. 그런 이유로 우리는 이런 종류의
모든 문서가 불태워져야 함을 규정한다.

우르수스와 폴레미오스의 집정관직 하에 7월의 열나흘 전에 공포됨.

*

- inclytus pater noster : "우리의 고명(高明)한 아버지." 콘스탄티누
  스를 가리킨다. 429년 테오도시우스 2세 때에 공포된 CTh 1.1.5
  에도 inclutus란 단어를 콘스탄티누스에게 적용하였다.[47] 후임황
  제들이 "고명한"(inclutus)이라는 형용사를 콘스탄티누스에게 반

복적으로 적용하는 이유는 콘스탄티누스가 기독교 시대의 서막
을 올린 인물이라는 시대 의식을 갖고 있기 때문이다.

11) 테오도시우스 칙법전 10권 10장 7절 / CTh 10.10.7 : 투서는 재판관의 검증 이후에 황제에게 제출해야 한다.

345년 5월 15일

Idem a. ad Eustathium comitem rerum privatarum. Nulli palatino delatorios libellos de competentibus rei privatae[*] nostrae rebus accipere liceat, nec delatori ad comitatum nostrum[*] vel officium sublimitatis tuae pateat accessus, priusquam ordinarius iudex[*] cognitione suscepta veram esse delatoris adsertionem probaverit adque ad tuam sublimitatem rettulerit.

Dat. id. mai. Treviris Amantio et Albino conss.

같은 아우구스투스가 황실사유재산부(皇室私有財産部)의 총감(摠監)
에우스타티우스에게

어떤 황실 관료도 우리의 황실사유재산부(皇室私有財産部)의[*] 고유한
업무에 대한 무고(誣告)하는 문서를 받아들이지 말아야 한다. 그리고

---

47) 남성현, 「테오도시우스 칙법전의 기원에 대한 연구」, 202쪽과 209쪽.

일반재판관이[*] 조사를 행하여 무고범(誣告犯)의 주장이 사실인지를 증명하여 숭고한 그대에게 알리기 전까지는, 무고범에게 우리의 휘하(麾下)나[*] 그대의 숭고한 업무에 대한 접근을 허락하지 말아야 한다.

아만티우스와 알비누스의 집정관직 하에 트레베리에서 5월 보름에 공포함.

*

- rei privatae : "황실사유재산부(皇室私有財産部)." CTh 10.4.1을 참조하라.

- comitatus noster : "우리의 휘하(麾下)." CTh 9.16.6을 참조하라.

- ordinarius iudex : "일반재판관." 속주지사를 뜻한다.

12) 테오도시우스 칙법전 9권 34장 6절 / CTh 9.34.6 : 익명의 고발은 무효이다.

355년 10월 31일

Idem a. ad populum. Nemo prorsus de famosis libellis, qui neque aput me neque in iudiciis ullum obtinent locum,[*] calumniam[*] patiatur. Nam et innocens creditur, cui defuit accusator,* cum non defuerit inimicus.*

Dat. prid. kal. nov. Mediolano Arbitione et Lolliano conss.

같은 아우구스투스가 백성에게

나에게서도 그리고 재판에서도 고려할만한 어떤 여지도* 없는, 명예를 훼손하는 문서를 통해, 어느 누구도 중상모략을* 절대로 당하지 않을 것이다. 왜냐하면 적대자가* 없지 않지만 고소인이* 없는 자는 무죄(無罪)한 것으로 고려되어야 한다.

아르비티오와 롤리아누스의 집정관직 하에 밀라노에서 11월의 하루 전에 공포됨.

*

- ullus... locus : "고려할만한 어떤 여지." locus는 "장소", "여지" 등의 뜻이 있는데 문맥상 "고려할만한"이란 표현을 삽입했다.

- calumnia : "중상모략." 상대방에 대한 악의적인 고발을 의미한다. "무고(誣告)"라고 옮길 수도 있다. CTh 10.10.2를 참조하라.

- accusator : "고소인." 고소는 형식적인 요건을 갖추어야 하며, 특히 고소인의 이름을 기재해야 한다. 명예를 훼손하는 문서의 경우 자신의 이름을 밝히지 않고 투서(投書)하거나 사람들이 볼

수 있도록 게시하는 것이 일반적인 관행이었는데 이 경우는 적법
한 고소인이 없게 된다. "고소인이 없는 자(cui defuit accusator)"
라는 표현은 고소문건이 문서의 작성자를 밝히지 않은 무기명
의 명예훼손 문서임을 전제한다.

- inimicus : "적대자." 무기명 투서의 목적은 적대시하는 인물을
  처벌받게 하는 것이었다.

13장

행정권 남용 및 세금징수 관련 칙법

1) **테오도시우스 칙법전 10권 4장 1절 / CTh 10.4.1 : 행정권을 남용하지 말아야 한다.**

326년 3월 5일

De actoribus* et procuratoribus* et conductoribus* rei privatae.*

Imp. Constantinus a. ad Philippum vicarium urbis.* Si quis ab actore rerum privatarum nostrarum sive a procuratore fuerit vexatus, super eius calumniis* vel depraedationibus deferre querimoniam non dubitet. Quae res quum fuerit comprobata, sancimus, ut idem, qui contra provincialem quicquam moliri fuerit ausus, publice concremetur, quoniam gravior poena constituenda est in hos, qui nostri iuris* sunt et nostra debent custodire mandata.* Dat. III. non. mart. Heracleae, Constantino a. III. et Licinio III. coss.

Interpretatio. Quicumque ab actore dominico vel procuratore fuerit alicuius iniuriae improbitate vexatus, de eorum calumniis vel depraedationibus ad principem* convolare debebit. Quae res si potuerit approbari, eos, qui circa provinciales talia facere ausi sunt, placuit incendio concremari, quia graviorem poenam principes constitui voluerunt in eos, qui sui iuris sunt et sua debent custodire mandata.

황실사유재산부(皇室私有財産部)의* 관리인(管理人)과* 재정감(財政監)과* 단기임차도급자(短期賃都給者)에* 대하여

황제 아우구스투스 콘스탄티누스가 수도총감 직무대리* 필립푸스에게

만약 누군가가 우리의 황실사유재산부의 관리인(管理人)이나 혹은 재정감(財政監)에 의해 괴롭힘을 당하면, 그의 직권남용(職權濫用)과* 약탈에 대해 주저없이 제소해야 한다. 그런 사실이 증명되면, 우리는 속주주민(屬州住民)에 반(反)해 모종의 일을 감히 꾸민 그자가 공개적으로 불살라져야 함을 명한다. 우리의 권한* 아래에 속해 우리의 행정명령을* 지켜야 하는 자들에게는 보다 중한 형벌이 세워져야 하기 때문이다.

해석 : 황제에 속한 관리인(管理人)들이나 재정감(財政監)에 의해 어떤 사악한 침해로 괴롭힘을 당하는 자는 누구든지 원수(元首)에게로* 달려가야 한다. 만약 그런 사실이 증명되면 속주주민(屬州住民)들

의 주변에서 그런 것을 감히 행한 자들은 불로써 살라져야 하는 것이 우리의 기쁨이다. 원수(元首)들의 권한에 속하여 원수(元首)들의 행정명령을 지켜야 하는 자들에 대해서 원수들은 더 큰 형벌이 세워지기를 바라기 때문이다.

아우구스투스 콘스탄티누스의 세 번째 집정관직과 리키니우스의 세 번째 집정관직 하에 헤라클레아에서 3월 상현(上弦)의 사흘 전에 공포됨.

*

- actor : "관리인(管理人)." 황실사유재산부(皇室私有財産部, res privata)의 직위이다.[1] 황실사유재산부 관리인들(actores rei privatae)은 재정감(procurator)의 하위직이다. 관리인들은 영지의 현지관리책임자로서 그 수가 많았다. 발렌스의 칙법은 아시아 속주 한 곳에서도 많은 수의 황실영지부 관리인들이 있다는 것을 보여준다.

- procurator : "재정감(財政監)." 황실사유재산부(皇室私有財産部)의 최고위직인 황실영지부 총관(magistri 혹은 rationales rei privatae)의 하급직이다.[2] 동방의 직무일람표(Notitia)에 따르면 거대영지 재정감(巨大領地 財政監, procuratores saltuum)이라고 언급된다. 이집트 파피루스를 따르면 각 도시에 한명의 재정감이 있었다.

---

1) Jones, *The Later Roman Empire*, 414쪽.

2) Jones, *The Later Roman Empire*, 413쪽.

이탈리아, 로마, 시칠리아의 경우 각각 한명의 총관(rationalis)이 해당지역의 황실소유지를 책임졌고 그 아래에 재정감이 있었다. 시칠리아의 경우는 재정감이 승진하여 rationalis가 되었을 것이다. 보통 재정감은 속주의 이름과 함께, 재정감 한명이 한 속주의 황실재산의 책임자가 된다. 황실사유재산부의 총관과 그 하위직의 언급에 대해서는 CTh 1.11.2, 2.1.2, 11.19.4 등을 참조하라.[3]

- conductor : "단기임차도급자(短期賃都給者)." 황실소유의 영지를 5년 단기계약(lustrum)을 맺어 관리하는 직위이다.[4] 임차 계약은 일반적으로 강요되었고 계약기간 후에 재계약을 강요당했다.[5] 이런 임차방식은 도시와 신전 소유의 토지를 시의원들에게 강제 임차하던 로마적 전통에서 나온 것이다. 일반적으로 황실사유재산부는 거대지주들처럼 한 곳의 영지(領地, fundus)나 혹은 여러 영지의 집합인 영지구역(領地區域, massa)을 한 명의 단기임차도급자나 소작대표자(condutor)에게 임차해 주거나, 혹은 소작농(coloni)에게 직접 임차하기도 하였으나, 전자가 일반적인 방식이었다.[6]

- res privata : "황실사유재산부(皇室私有財産部)."[7] 로마제국의 세 가지 중요 재정 구조 중의 하나이다. 로마제국의 재정을 담당하는

---

3) Jones, *The Later Roman Empire*, 1166쪽 각주 5번.

4) Jones, *The Later Roman Empire*, 417쪽.

5) Jones, *The Later Roman Empire*, 788-789쪽.

6) Jones, *The Later Roman Empire*, 417쪽.

7) Jones, *The Later Roman Empire*, 411-413쪽.

부서는 크게 정무총감의 부서, 황실세금부(皇室稅金部, sacrae largitiones 혹은 res summa), 황실사유재산부(皇室私有財産部, res privata) 등 세 가지로 나뉘어져 있었다. 각각의 부서는 황제 직속관할이었다. 황실사유재산부는 황제개인의 사유재산을 관리하는 부서인데, 셉티미우스 세베루스가 속주에 자신의 재산을 관리하는 부서를 만들면서 독립된 부서가 되었다. 셉티미우스 세베루스는 수많은 자신의 정적들을 숙청하면서 그들의 재산을 몰수하여 많은 속주에 자신의 영지(領地)를 소유하였고 이를 관리하는 독립적인 부서를 만들게 된 것이다. 그런데 3세기 군인황제 시대의 혼란을 겪으면서 인플레이션이 심화되어 국가의 세수(稅收)가 줄어들자 황실세금부의 중요성이 감소되었다. 황실세금부총감(rationalis rei summae, comes sacrarum largitionum)은8) 금속 광산과 주화청 등에 대한 총책임을 맡고 있었다. 디오클레티아누스의 행정개혁으로 로마제국의 세제가 개편되어 세금이 연세(年稅, indictio)로 바뀌었고 연세(年稅)에 대한 그 책임을 정무총감이 졌지만, 황실세금부서(res summa)와 정무총감의 세금부서는 구별되어 존재했다. 황실사유재산부의 책임자를 총관(總官, magister)이라고 했으나 콘스탄티누스 시대 이후로는 rationalis rei privata(황실사유재산부 총관)라고 칭했다. 황실사유재산부 총관 아래에는 재정감(procurator), 관리인(actor), 단기임차인(conductor) 등이 있었다. 세금(fiscus)과의 차이 및 혼용에 대해서는 CTh 11.27.1(315년)의 황실사유재산(res privata)을 참조하라.

---

8) Jones, *The Later Roman Empire*, 427쪽.

황제 소유의 영지(領地)인 res privata 외에도 거대지주(巨大地主)
들도 res privata라고 불렸다.9) 거대지주(巨大地主, res privata) 역
시 각각의 관구(管區, dioecesis) 혹은 반관구(半管區)마다 거대영
지 책임자(magister rei privatae 혹은 rationalis rei privatae)를 두고
그 아래 한두 개의 속주의 영지를 관리하던 재정감(procurator),
그 아래에 관리인(actor)을 두었으며, 그 아래에 농노(coloni)나
혹은 단기임차인(短期賃借人, conductor)을 두었다. 단기 임차인
외에 영구임차인(永久賃借人, emphyteuticarii 혹은 perpetuarii)도
있었다.

- vicarius urbis : "수도총감 직무대리." vicarius는 대리인이란 의미이다.

- calumnia : "직권남용(職權濫用)." calumnia는 무고(誣告), 중상모
  략 등을 뜻하나, 여기에서는 자신의 직위를 이용해 부당한 행동
  을 하는 직권남용을 뜻한다. 본서에 제시된 CTh 10.10.2의 무고
  (誣告, calumnia)를 참조하라.

- noster ius : "우리의 권한." ius는 법률 외에도 권한(權限)이나 권
  리(權利)를 뜻할 수 있다.

- nostrum mandatum : "우리의 행정명령." 행정명령(mandatum)은
  고시(告示, edictum), 재결(裁決, decretum), 칙서(勅書) 혹은 칙답

---

9) Jones, *The Later Roman Empire*, 788쪽.

서(勅答書)(rescriptum 혹은 epistula)와 함께 칙법(勅法, constitutiones)의 4대 법원(法源)을 구성한다.[10] 행정명령은 황제가 속주의 통치를 위해 내린 행정법규정이다.[11] 본래 행정명령의 규정은 한시적으로 적용되는 것이었으나 점차 일반법규정으로 변한다. 이 결과 행정명령은 속주의 통치를 위한 행정법규정을 이루게 되었다.

- princeps : "원수(元首)." 본래 princeps란 로마 시민명부에 처음으로 그 이름이 기록되는 인물을 뜻했다. 그런데 원수정 시대 이후 황제의 이름이 시민명부의 첫 번째 자리를 차지하였으므로 princeps는 곧 황제를 뜻하는 단어로 그 의미가 변하게 된다.

*

콘스탄티누스의 세 번째 집정관직의 해는 313년이다. 그런데 313년 콘스탄티누스는 헤라클레아에 머문 적이 없다.[12] 따라서 313년보다는 326년이 적당한 해이다. 그러나 324년 리키니우스가 패한 후에 체포되어 326년 처형된다. 집정관직의 년도에 대한 설명이 잘못되었거나 본문이 오염된 것 같다. 이 칙법은 황실사유지(皇室私有地) 관리(官吏)들이 황실 소유 토지를 경작하는 농노(coloni)를 직권남용을 통해 억압·착취하여 부당이득을 얻는 독직죄(瀆職罪)에 대해 공개화형(公開火刑)으로 제재하도록 규정한다. 황실사유지는 황실사유재산부

---

10) 현승종·조규창, 『로마법』, 126-130쪽.
11) 현승종·조규창, 『로마법』, 130쪽.
12) Pharr, *The Theodosian Code*, 271쪽 각주 4번.

(res privata)에서 관리하였다. 황실사유재산부는 여러 가지 경로를 통해 축적된 황제소유의 토지관리를 주업무로 하였다. 앞서 설명한 것처럼, 황실사유재산부의 최고 책임자는 magister rei privatae, rationales rei privatae, comes rei privatae 등으로 다양하게 불린다. 이 직위의 사람들은 황제에게 직속으로 연결되어 있었다. 그런데 CTh 10.4.1은 황실사유재산부의 총관들이나 단기임차도급자(短期賃都給者)는 언급하지 않고 재정감(財政監, procuratores)과 관리인(管理人, actores)만을 언급한다. 재정감은 보통의 경우 한 개의 속주에 있는 황실영지를, 그리고 이집트의 경우 각 도(道, nomos)의 도시마다 한명씩 있었고, 그 아래에는 많은 수의 관리인(actores)들이 있었다. 황실영지의 재정감과 관리인은 로마제국의 재정수입구조상 직속상관이 황실사유재산부 총관(總管)에게 속해 있었지만, 그 업무는 각 속주에서 행했기 때문에 속주지사의 영향도 피할 수 없었던 것으로 보인다. 발렌티니아누스가 365년에 공포한 칙법에 따르면(CTh 10.4.2) 속주의 일반재판관(rectores)인 속주지사들이 공역(公役, munera publica)을 통해 재정감을 위협하거나 시의회의 조례를 통해 재정감에게 여타 부당한 부담을 부여하지 말도록 규정한다.

  로마형법은 직위의 남용을 통해 부당한 금전적 이득을 취하는 독직(瀆職)을 일찍부터 제재하였다. 공화정 시대의 독직죄(瀆職罪)란 엄격한 의미로는 속주의 관리가 현지 주민을 협박하여 금품을 갈취하는 행위를 말한다.[13] 공화정 시대의 독직죄는 식민지배의 산물이었다. 정무관은 선거로 선출되었는데 반하여 무보수 명예직이었다. 하

---

13) 로마 공화정 시대의 독직죄에 대해서는 조규창, 『로마형법』, 216-237쪽을 참조하였다.

지만 도시 로마에서는 정무관직의 선거와 업무에 수반되는 경제적 손실을 보전받을 수 없었고, 이로 인해 전집정관 등이 속주의 총독으로 부임하여 그간의 경제적 손실을 보상받을 목적으로 속주주민들을 착취하고 억압하여 부정축재를 행했다. 그리하여 공화정 시대에 독직(瀆職)에 관한 포르키아(Porcia) 법(法), 칼푸르니아(Calpurnia) 법, 유니아(Iunia) 법, 아킬리아(Acilia) 법, 세르빌리아(Servilia) 법, 코르넬리아(Cornelia) 법, 율리아(Iulia) 법 등이 제정되었다. 독직죄에 대한 형벌은 통상 갈취금액의 2-4배를 보상하는 것이었다.

원수정기에 들어와서는 아우구스투스가 속주총독과 하급관리에게 보수를 지급하여 독직죄를 예방하려고 하였다.[14] 뿐만 아니라 속주행정에 필요한 모든 비용을 국고(國庫)에서 지급하도록 하여 정무관들이 속주주민으로부터 금품징수나 갈취의 여지를 배제하였다. 이후 티베리우스 시대에 이르러 속주관리의 독직을 범죄로 구성하여 원로원의 형사재판에서 엄격히 다루기 시작했다. 이에 따라 독직죄의 범위가 확대되어 관리(官吏)의 금품착취나 횡령 뿐 아니라, 권리남용, 잔혹행위(saevita), 폭력까지 포함하였다. 독직죄에 대한 제재로는 갈취금의 4배액을 변상하는 벌금 외에도, 추방형, 관직박탈 등이 있었고, 금품갈취를 위해 시민을 살해한 경우 사형에 처해졌다.

전주정기에 이르러 관료조직의 비대화와 국가경제의 피폐화로 인한 세수감소(稅收減少)로 국가관리의 권한남용과 부정부패가 증가하였다.[15] 콘스탄티누스가 취한 군사권과 정무권의 분리, 국가관리의 직권남용에 대한 교회 사제의 감독권 등을 통해 독직은 감소하기 시

---

14) 원수정기의 독직죄에 대해서는 조규창, 『로마형법』, 350-363쪽을 참조하였다.
15) 전주정기의 독직죄에 대해서는 조규창, 『로마형법』, 599-602쪽을 참조하였다.

작하였다. 콘스탄티누스는 속주총독의 불법징세에 대해서는 금액의
2배를 배상하도록 하였고 하급관리의 경우 4배로 배상하도록 하였
다. 발렌티니아누스는 쾰른(당시의 지명은 아그리피나)에서 공포한
칙법을 통해 속주지사들이나 속주의 관료들이 공부역(公賦役)의 명목
으로 노예나 농민의 황소를 사적으로 사용했을 때에 재산몰수형과
추방형으로 제재를 가했다(CTh 11.11.1). 콘스탄티누스는 326년에
공포된 위의 칙법을 통해 황실영지부의 관리들인 재정감(procuratores)
과 관리인(actores)이 직위남용과 재물갈취를 한 경우 주저하지 말고
고발할 것과 함께 혐의가 사실로 확정될 경우 범인을 공개화형(公開
火刑)으로 다스리도록 규정하였다.

*

　　콘스탄티누스가 326년에 공포한 칙법은 황실사유재산부(皇室私有
財産部, res privata)의 관리들인 재정감(procuratres)과 관리인(actores)
이 속주민의 재물을 갈취한 것에 대해서 공개화형(publice concremetur)
으로 처벌한다.
　　무엇보다 주목할 것은 공개화형은 공화정기 이후 전주정기에도
계속된 독직죄에 대한 일반적인 형벌에 비해서 크게 강화된 형벌이
라는 점이다.[16] 독직죄(瀆職罪)에 대해서는 율리아(Iulia) 법(法)에 따
라 통상 갈취금액의 4배를 배상하는 것이 공화정기 이후 전주정기
까지 계속된 일반적인 관행이었다. 그런데 콘스탄티누스는 황제의
소유지를 담당하는 관리에 대해서는 화형을 선언하였다. 화형은 맹

---

16) 조규창, 『로마형법』, 670쪽.

수형, 수장형 등과 함께 극형(極刑, poena motifera)에 해당하였다. 동일법 중에서도 노예에게만 화형이 선고되곤 하였다. 예를 들어 노예와 동거한 여주인은 사형으로 제재하였지만 노예는 화형으로 처벌했다. 부녀약취죄(婦女略取罪)의 경우에도 범인이 자유인이면 유배형에 처했고 노예는 화형으로 처벌했다.[17]

둘째로 황제의 재산 관리인에 대한 독직죄를 공개화형이라는 가중처벌로 제재하는 것을 신구약 성서에 나타나는 '불'과 관련된 구절과 연관시켜 볼 수 있다. 화형은 로마전통의 오랜 형벌이지만 그와 동시에 구약에도 등장하는 형벌이다. 창세기의 기원설화(基源說話)에서 소돔과 고모라는 유황과 함께 쏟아진 불로 멸망당하였다(창 19,24). 모세는 이스라엘 백성이 만든 금송아지를 불에 살라 부수어 가루로 만들었다(출 32,20). 아론의 아들 나답과 아비후는 규정되지 않은 '다른 불'을 담아 분향하다가 하나님의 불로 심판을 받았다(레 10,1). 레위기의 법에서는 근친상간은 화형으로 제재된다(레 20,14). 이방신에게 분향하던 250명의 사람들이 하늘로부터 내려온 불에 의해 살라졌다(민 16,35). 신명기의 법은 정복한 도시에서 우상숭배가 발견되면 도시의 모든 것을 불태워 없앨 것을 규정한다(신 13,16). 시편 기자는 주께서 불과 유황을 악인들 위에 비처럼 쏟으시며, 태우는 바람을 그들 잔의 몫으로 안겨 주신다고 하였다(시 11,6).

예수의 말씀도 불을 심판의 상징으로 보는 구약의 연장선상에 있다. 예수는 마지막 심판에 대해 알곡은 모아 곳간에 들이고 쭉정이는 꺼지지 않는 불에 태우리라는 은유로 표현했다(눅 3,17). 산상수

---

17) 조규창, 『로마형법』, 669쪽.

훈에서는 형제에게 미련한 놈이라고 하는 자는 지옥의 불에 들어가게 될 것이라고 하였다(마 5,22). 이 외에도 예수는 여러 번 종말적인 심판의 도구로서 불을 언급한다(마 13,42 ; 18,8-9 ; 25,41). 이런 전통 속에서 히브리서의 기자가 하나님을 소멸하는 불로 언급하는 것은 전혀 낯선 것이 아니다(히 12,29). 요한계시록에서는 천년왕국 후에 하늘에서 불이 내려 이 땅의 흑암의 세력들을 멸망시킨다고 하였다(계 20,9). 이렇듯 신구약성서에서 불을 악인에 대한 심판의 도구로 보는 전통이 있었고, 이런 성경적 전통은 황실영지부(皇室領地部)의 부패한 관리들에 대해 전통적인 벌금형에 비해 아주 가혹한 형벌인 화형을 부과하라는 칙법과 연결지어볼 수 있다.

셋째로 콘스탄티누스는 자신의 칙법이 규정하는 화형이 가중처벌(加重處罰, gravior poena)임을 선언하면서, 그 이유로 황제의 직접적인 권한 아래에 있으면서도 행정명령을 어긴 것을 들고 있음을 주목할 필요가 있다. 위에서 설명한 것처럼 황실사유재산부(res privata)는 정무총감의 부서, 황실세금부(皇室稅金部, sacrae largitiones)와 함께 로마제국의 3대 재정수입원의 하나였다. 그런데 4세기에 들어서면서 정무총감의 부서와 황실세금부의 업무가 중복되었다. 반면 황실사유재산부(res privata)는 정무총감의 권한에서 독립되어 황제의 권한에 직접적으로 속해 있었다(qui nostri iuris sunt). 콘스탄티누스는 황제의 직할부서인 황실사유재산부의 관리들이 황제의 직접적인 지시인 행정명령(mandata)을 어기고 속주민을 억압 강탈한 것에 대해 화형을 선언하는데 이런 불복종을 일종의 대역죄(大逆罪, crimen maestatis)로 보기 때문인 듯하다. 에우세비오스는 콘스탄티누스의 통치 30주년을 기념하는 자리에서 콘스탄티누스 황제의 치세를 가리커 로고스(혹은 그리스도)의 대리자라고 하였다.[18] 천상의 로고스는 지상거민에 대한 통치권을 콘스탄티누스에게 주었고 콘스탄티누스는 로고스의 대리자로 지상거민을 다스린다는 것이다. 이런 관점에서 보자면 콘스탄티누스의 직접적인 명령에 대한 거역은 로고스의 대리자, 더 나아가서는 로고스에 대한 불순종으로 볼 수 있다. 아마도 이런 복합적인 이유가 내재되어 속주민을 착취한 황실영지부 관리들이 가중처벌된 것이 아닌가 생각할 수 있다.

2) 테오도시우스 칙법전 8권 4장 2절 / CTh 8.4.2

315년 5월 10일

Idem a. edicto suo ad Afros. Stationariis[*] primipilarium,[*] quorum manifesta sunt loca, coram mandatum[*] est, ut, si extra modum aliquid extorserint, sciant se capite puniendos: praeterea ne carcerem[*] habeant neve quis personam pro manifesto crimine apud se habeat in custodia neve quis amplius quam duos agasones ex provincia secum habeat vel de numidia sibi adiungat neve ex aliis provinciis agasonem habeat vel qui alicuius iam stationarii minister fuit.

Proposita VI id. mai. Karthagine Constantino a. IIII et Licinio IIII conss.

---

18) 남성현, 「에우세비우스의 정치신학」, 75-82쪽.

같은 아우구스투스가 아프리카인(人)들에게 보낸 고시(告示)

그 영역(領域)이 분명한 조달원(調達員)의* 임무를 맡은 지역치안감
(地域治安監)에게는* 다음과 같은 행정명령이* 주어져 있는 바, 만약
그들이 정도를 지나쳐 어떤 것을 강제로 빼앗으면 극형(極刑)으로 형
벌(刑罰)을 받을 것임을 알아야 한다. 이에 덧붙여 그들은 옥사(獄舍)
를* 소유할 수 없고, 명백한 범죄(犯罪)에 대해 사람을 자기 수중(手
中)에 감금(監禁)하지 말아야 하며, 속주로부터는 두 명 이상의 마부
(馬夫)를 갖지 말아야 하고, 마부(馬夫)를 누미디아나 다른 속주로부
터 갖지 말아야 함고, 과거에 지역 치안감의 부하였던 자를 갖지 말
아야 한다.

아우구스투스 콘스탄티누스의 네 번째 집정관직과 리키니우스의
네 번째 집정관직하에 카르타고에서 5월 보름의 엿새 전에 공포됨.

*

- stationarii : "지역치안감(地域治安監)." 지역치안감(stationarii)은 지
  역경찰로서 범죄를 속주청(屬州廳, provincii officium)에 보고하고
  범죄자들을 체포하여 지역 구치소에 가두는 역할을 했다. 반(半)
  군사적 성격의 직위로서 특히 도시를 약탈하던 강도떼를 제압하
  는 역할이 중요했다. 이런 업무 외에도 도시의 출입문을 감시하
  고 제국우편서류의 전달을 확인하고, 도시로 들어오는 상품에
  대한 입시세(入市稅)를 수납하는 등의 업무도 관장했다.[19]

- primipilaris : "조달원(調達員)." 조달원(primipilaris, primipilarius)은 본래 군인들에게 필요한 보급품을 조달하던 관리(官吏) 중 하나였으나, 후에는 제국행정관리들에게 필요한 물품을 조달하던 업무를 관장했다.[20] 이 직위는 많은 부담을 졌으므로 기피직(忌避職) 중의 하나였다.

- mandatum : "행정명령." 혹은 행정규정(行政規定)으로 번역할 수 있다.

- carcer : "옥사(獄舍)." 여기서 말하는 옥사(carcer)는 주지사(州知事)의 관할 하에 있는 공적(公的) 옥사가 아니라 사유옥사(私有獄舍)이다.

*

이 칙법은 콘스탄티누스가 아프리카 관구(管區, dioecesis)에 내린 행정명령(mandatum)으로 고시(edictum)의 형식으로 포고된 것이다. 행정명령의 내용은 지역치안감(stationarii)에 관한 것이다. 행정명령이 어떤 형태로 내려졌는가를 알 수 있는 좋은 예가 된다. 지역치안감(地域治安監, stationarii)은 각 도시마다 한명씩 있던 시정무관(市政務官)으로 속주청(屬州廳, provincii officium)의 업무를 보조하던 관리였다. 아프리카 관구는 마우레타니아(Mauretania), 누미디아(Numidia), 전집정관령(前執政官領) 아프리카(Africa Proconsularis), 비자

---

19) Rostovzeff, *The social and economic history of the Roman Empire*, 738-739쪽. Jones, *The Later Roman Empire*, 521쪽과 600쪽. Pharr, *The Theodosian Code*, 593쪽. 지역치안감(stationarii)을 세수관리(稅收官吏)로 번역하는 것은 적당하지 않다(조규창, 『로마형법』, 600쪽).

20) Pharr, *The Theodosian Code*, 577쪽.

키움(Byzacium), 트리폴리타니아(Tripolitania) 등 여러 개의 속주로 구성되어 있었다.[21] 풍부한 교회사 자료는 이런 아프리카의 속주들에 약 5백 개의 감독좌(監督座) 교회가 있었다는 것을 보여준다.[22] 그러나 이들 감독좌의 도시(civitas) 중에서 카르타고 같은 대도시는 열두 개 정도 밖에 되지 않았다. 아울러 도나투스파(派)와 공교회의 갈등으로 인해 한 도시에서 두 명의 감독이 첨예하게 대립하고 있는 곳이 많았다. 이런 정황으로 판단하자면 아프리카 관구에는 약 200-300개의 감독좌 교회가 있었다고 판단할 수 있을 것이고, 같은 수의 지역치안감을 생각할 수 있을 것이다.

콘스탄티누스는 지역치안감에게 몇 가지 행정명령을 내린다. 첫째는 지역치안감의 독직죄(瀆職罪)는 극형(極刑)으로(capite) 처벌받을 것임을 규정하였다. 둘째는 사유감옥(私有監獄, custodia libera) 혹은 사옥(私獄)의 금지와 범죄인에 대한 임의적 감금(監禁, custodia)의 금지이다. 율리우스 법(法)은 사옥(私獄)의 설치를 폭력죄로 보아 추방형으로 제재했다. 그러나 전주정기에 이르러 사옥(私獄)의 설치를 황제를 모독한 대역죄(大逆罪)로 보고 동시에 사옥(私獄)의 설치자를 정무관의 권한을 찬탈한 국사범(國事犯)으로 보아 사형으로 제재하였다.[23] 이 칙법은 지역치안감의 사옥설치(私獄設置)를 극형으로 제재한 전주정기 칙법의 한 예가 된다. 지역치안감은 1심재판관인 속주총독(屬州總督)을 보좌하던 지역책임자에 불과했으므로 모든 범죄사건을 속주총독에게 보고해야 했다.

---

21) Maraval, *Le Christianisme de Constantin à la conquête arabe*, 107쪽의 지도를 참조하라.

22) Jones, *The Later Roman Empire*, 715-716쪽.

23) 조규창, 『로마형법』, 596쪽.

　세 번째 규정은 지역치안감이 업무상 제공받던 마부(馬夫)에 관한 것이다. 콘스탄티누스는 지역치안감은 최고 두 명의 마부를 해당 속주로부터 지원받을 수 있지만 그 이상의 지원은 금한다. 아울러 누미디아(Numidia)나 해당지역이 아닌 여타 속주로부터 마부(馬夫)를 지원받는 것도 금한다. 특별히 누미디아가 언급되는 이유는 모호하다. 네 번째 내용은 전(前) 지역치안감의 부하였던 사람(minister)을 다시 채용하지 말 것을 규정한다.

*

　전통적으로 독직죄(瀆職罪)는 율리아 법(法)에 따라 통상 갈취금의 4배를 벌금으로 지불했으나, 콘스탄티누스는 아프리카인들에게 내린 칙령(勅令)에서 속주총독의 지휘 아래 있는 시(市)나 여타 지역치안감(地域治安監, stationarii)들의 독직을 극형(極刑)으로(capite) 엄벌할 것을 규정한다. 지역치안감들은 도시나 해당지역으로 들어오는 상품에 대해서 시입세(入市稅)를 수납했는데[24] 이 과정에서 금품을 갈취할 수 있었을 것이고, 지역치안의 책임자로서 여러 가지 방식의 수뢰(收賂)가 가능했을 것이다. 황실사유재산부(res privata) 관리들의 독직죄에 대해 공개화형을 규정했던 CTh 10.4.1과 마찬가지로 이 칙법은 독직죄에 대해 가중처벌을 규정한다. 콘스탄티누스의 시대는 사분령(四分領, tetrarchia) 체제로 인한 내전(內戰)의 결과 경기가 침체되었고 금품갈취와 수뢰 등의 부정부패가 심화되었다. 관리의 부

---

24) Jones, *The Later Roman Empire*, 600쪽.

정부패를 척결하고자 하는 콘스탄티누스의 의지를 읽을 수 있다.

콘스탄티누스의 칙법은 사유감옥(私有監獄, custodia libera) 혹은 사옥(私獄)에 대한 제재를 명문화했다. 사유감옥은 사인(私人), 특히 관료나 상류층의 집에 죄인을 가두는 방식이다.[25] "custodia libera"라는 표현은 '감금하되 자유를 준다'는 의미가 들어 있다. 이런 표현은 죄인의 도망을 방지하기 위하여 다양한 조치를 취할 수 있었지만 쇠사슬이나 기타 도구로 죄인을 결박하지 않았던 것에서 연유한다. 한니발과 전쟁하던 시대에 어떤 탈영병이 칼레스(Cales)의 사유감옥(custodia libera)에 수감된 적이 있다. 그는 낮동안에 경비들의 동반하에 외출을 할 수 있었지만 밤에는 사유감옥에 구금되었다. 사유감옥은 로마가 제국으로 발돋움한 이후에도 최상류층의 인물들이 항상 사용하던 구금방식이었다. 이는 공권에 의한 감금 방식이 효과적이지 못하던 시대의 산물이었다.

대농장에 조직되어 있던 노예구치소(ergastulum)도 주목할 필요가 있다.[26] 로마인들은 노예구치소의 예를 그리스인들로부터 빌려왔다. 노예구치소는 본래적으로 노동이 끝난 후에 노예들을 가두던 곳으로 노예경제에 기초한 제도였지 형벌의 장소는 아니었다. 그러나 노예구치소는 곧 잘못을 저지른 노예를 가두는 대농장(domus) 내부의 구치소(ergastulum) 용도로 사용된다. 대부분의 대농장은 노예들의 감옥인 노예구치소(ergastulum)를 소유하고 있었다. 관료는 주인이 죄가 있는 노예를 가둔 경우, 주인이 노예의 죄질에 따라 일정기간

---

25) 이하 사유감옥에 대한 설명은 Mommsen, *Le droit pénal romain* 1, 357-358쪽(독일어 원문은 305쪽)을 참조했다.

26) 이하 노예구치소(ergastulum)에 대한 설명은 Mommsen, *Le droit pénal romain* 3, 306-308쪽(독일어 원문은 962-963쪽)을 참조했다.

혹은 무기한 노예를 가두어 놓도록 허용할 수도 있었다. 하지만 이 경우 관료의 개입은 의무사항이 아니었다. 혹 관료가 노예의 구금에 개입하려고 할 때 주인이 거절하면 노예에 대한 주인의 소유권이 상실된 것으로 간주하였고, 이 경우 노예는 종신 강제노역형을 받는 것이 상례였다.

4세기 콘스탄티누스의 칙법에 언급된 사유감옥은 이후의 칙법에서도 몇 차례 언급된다. 테오도시우스는 388년에 사유감옥의 설치를 대역죄로 규정했고(CTh 9.11.1), 486년 황제 제노에 의해(CJ 9.5.1) 그리고 529년 유스티니아누스 황제에 의해(CJ 9.5.2) 또다시 범죄로 규정된다. 콘스탄티누스 이후의 칙법을 토대로 하면 사유감옥은 후기 로마 제국 시대에 범죄로 규정되었음이 분명하다. 사유감옥은 6세기 파피루스에서도 자주 언급된다. 특히 거대 토지를 소유한 이집트의 감독좌 교회나 아피온 가문 같은 대지주가 관리하는 영지(領地)에서 나타난다.27) 벨(H.I. Bell)은 6세기에 확인되는 거대 지주 소유의 사유감옥을 고대의 쇠락이나 중세 봉건주의의 시작으로 생각한다.28) 로빈슨도 이와 비슷한 견해인데, 중앙정부의 통제가 약해진 틈을 타 관료들과 대지주들이 사유감옥을 설치했다고 주장한다.29) 그러나 장 가스쿠(Jean Gascou)의 연구에 따르면, 많은 토지를 소유한 수도원, 교회, 기타 종교기관 등의 소위 '경건한 영지(領地)'와 거대 토지를 소유한 고관대작들의 '영광스런 영지(領地)' 등이 구비한 감옥은 국가에서 허용한 것으로 조세 저항을 억제하기 위한 수단일 따름이

---

27) Hardy, *The Large Estates of Byzantine Egypt*, 67-70쪽을 보라.

28) Bell, *The Byzantine Servile State in Egypt*, 102쪽.

29) Robinson, *"Private Prisons"*, 398쪽.

다.[30] 다시 말하면 세금납부를 거부하는 소작농을 억압하려는 목적
으로 존재하던 기관이었다는 것이다. 6세기에 자주 언급되는 거대지
주의 사유감옥은 소작농(coloni)의 조세저항을 최소화하기 위한 목적
으로 허용된 반면, 315년 5월 10일에 공포된 콘스탄티누스의 칙법
(CTh 8.4.2)이 언급하는 사옥(私獄)은 부정축재(不正蓄財)를 위해 국가
관리가 권한을 남용하는 경우에 해당한다.

3) 테오도시우스 칙법전 8권 10장 1절 / CTh 8.10.1 : 세 리의 권한 남용은 처벌되어야 한다.

315년(혹은 314년) 11월 8일

De concussionibus advocatorum sive apparitorum.

Imp. Constantinus a. proconsuli Africae. Si quis se a ducenariis[*] vel centenariis[*] ac praecipue fisci advocatis[*] laesum esse cognoscit, adire iudicia ac probare iniuriam non moretur, ut in eum qui convictus fuerit competenti severitate vindicetur.

Dat. VI id. nov. Treviris, acc. XV kal. mart. Carthagine Constantino a. IIII et Licinio IIII consulibus.

---

30) Gascou, *Les grands domaines*, 147-148쪽.

황제 아우구스투스 콘스탄티누스가 아프리카의 전집정관(前執政
官)에게

만일 누군가가 이백감고(二百監考)[*], 일백감고(一百監考)[*], 세무장(稅
務長)에게[*] 해를 입었다는 것을 알게 되면, 지체하지 말고 법정으로
가서 침해(侵害)를 증명하여, 유죄(有罪)로 드러난 자는 상응하는 엄
중함으로 복수를 받아야 한다.

아우구스투스 콘스탄티누스의 네 번째 집정관직과 리키니우스의
네 번째 집정관직 하에 트레베리에서 11월 보름의 엿새 전에 공포하
고, 카르타고에서 3월의 열닷새 전에 받아들여짐.

*

- ducenarii : "이백감고(二百監考)." 황실세금부(皇室稅金部, sacrae
  largitiones, res summa)의 하위 조직인 시세금국원(市稅金局員,
  largitionales civitatum 또는 urbium singularum)의 직위 중 두 번
  째 서열에 해당하는 직위. 어원상 '이백(二百)'과 관계가 있으나
  직무내용은 정확하게 파악되지 않는다.[31]

- centenarii : "일백감고(一百監考)." 황실세금부(皇室稅金部)의 하
  위 조직인 시세금국원(市稅金局員, largitionales civitatum 또는
  urbium singularum)의 직위 중 세 번째 서열에 해당하는 직위.

---

31) Jones, *The Later Roman Empire*, 429쪽과 584쪽.

어원상 '일백(一百)'과 관계가 있으나 직무내용은 정확하게 파악
되지 않는다.

- fisci advocatus : "세무장(稅務長)" 혹은 "세무변호사(稅務辯護士)."
patronus fisci라고도 한다(CTh 10.10.3 참조). 개별 법정의 명부(名
簿, matricula)에 등록되어 있던 법정변호사단(法定辯護士團) 중에서
최고 서열에 있는 변호사로 통상 1-2년 후에 은퇴하는 자이다.[32]

*

이 칙법은 315년에 트레베리에서 공포되어 316년 전집정관령(前
執政官領) 아프리카 속주(Africa Proconsularis)에 받아들여진 법이다.
따라서 이 칙법은 제국 전체에 보편적인 효력을 발휘하던 법이 아니
라 아프리카 관구(dioecesis)에 속해있던 여러 속주 중 카르타고를 수
도로 하는 속주에만 효력을 발생하는 지역법이었다.

이 칙법은 이백감고(二百監考, ducenarii), 일백감고(一百監考, centenarii),
세무장(稅務長, fisci advocatus) 등 세무관리(稅務官吏)들의 착취와 수
탈에 대해 법정 소송을 통해 해당 관리를 처벌하도록 규정하고 있
다. 언급되는 세 개의 직책 가운데서 이백감고와 일백감고는 황실기
관이었던 황실세금부(皇室稅金部, sacrae largitiones, res summa)의 지
역조직(largitiones)에 속한 관리들이었다. 제국의 모든 도시에 황실세
금부의 관리들(largitionales civitatum)이 있었다고 보기는 어려우며,

---

32) Jones, *The Later Roman Empire*, 508-509쪽.

아마도 중요도시에만 분산되어 있었을 것이다.[33] 전집정관령 아프리
카의 수도는 북아프리카의 거대도시인 카르타고였으므로 이 칙법이
문제삼고 있는 황실세금부의 관리들은 카르타고의 세금국 직원들
(largitionales)이다.

시세금국(市稅金局, largitiones)은 통상 열여덟 개의 부서(scrinia)로
세분되어 있었고, 직원들은 일곱 개의 직위로 구분되어 있었다.[34]
일곱 개의 직위 중 기사계급(騎士階級)은 첫 네 개의 직급으로 완장
(完丈, perfectissimi), 이백감고(二百監考, ducenarii), 일백감고(一百監考,
centenarii), 문서감고(文書監考, epistulares) 등이다. 테오도시우스 시
대의 자료에 따르면 384년 동방에는 446명의 시(市)세금국 직원들이
있었고, 이중 완장은 18명, 이백감고는 21명, 일백감고는 41명으로
하위직(下位職)일수록 수가 늘어난다.

CTh 8.10.1에서 세무장(稅務長, patronus fisci)이 언급되는 것을
주목할 필요가 있다. 이를 이해하기 위하여 콘스탄티누스 시대의
변호사 제도에 대한 이해가 요구된다.[35] 콘스탄티누스는 해당 법정
에 변호사들이 등록하도록 하였다. 아울러 이전 시대에 유지되던
개별 변호사단(辯護士團)의 변호사 숫자제한을 철폐하였다. 개별 재판
관은 자신에게 고유한 변호사단을 갖고 있었다. 정무총감(praefectus
praetorio)의 변호사단과 수도총감(praefectus urbis)의 변호사단이 가장
막강한 인재들을 보유하고 있었다. 이 외에도 로마의 소방감(praefectus
vigilum)과 콘스탄티노플의 황실사유재산부 총관(comes rei privata)도

---

33) Jones, *The Later Roman Empire*, 429쪽.

34) Jones, *The Later Roman Empire*, 583-585쪽..

35) Jones, *The Later Roman Empire*, 507-510쪽.

변호사단이 있었다. 439년에 가서 변호사의 숫자를 제한하는 제도가 다시 확인되는데, 테오도시우스 2세는 오리엔스 정무총감(praefectus praetorio Orientis)의 법정은 최고 150명의 법정변호사(法定辯護士)를 둘 수 있다고 하였다. 속주총독의 법정은 변호사의 숫자가 보다 제한적이었다. 제2 시리아(Syria Secunda)의 속주지사(praeses) 법정은 30명의 변호사를 갖고 있었다. 그런데 황제와 속주지사는 변호사단의 최고 연장자 중에서 최고 권위의 변호사를 지명하는데, 지명된 자는 세무장(稅務長, patronus fisci) 혹은 세무변호사(fisci advocatus)로 불린다. 상급법정의 세무장은 1년 임기 후에 퇴임했으며, 하급법정은 2년 임기도 가능했다. 상급법정의 세무장은 국가로부터 많은 보수를 받았다. 세무장은 변호사로서의 최고 직위였고, 모든 세무장의 꽃은 오리엔스 정무총감 법정의 세무장이었다. 변호사 지망생(supernumerarii)은 4년의 법학 공부 이후 대기자 명단에 이름을 올려야 했고, 공석이 생기면 변호사(statuti)로서 변호사단에 들어갈 수 있었다. 이후 연령을 엄격히 고려하여 세무장(patronus fisci)직을 끝으로 부(富)와 명예(名譽)를 누리며 변호사단에서 퇴직하였다.

315-316년에 공포된 CTh 8.10.1에서 시세금국(市稅金局)의 이백감고(二百監考)와 일백감고(一百監考), 그리고 세무변호사(fisci advocatus)가 동시에 언급되는 이유는 이들의 업무와 퇴임시기가 비슷한 것과 연관이 있을 것이다. 이 칙법이 아프리카 속주지사인 전집정관에게 보내어진 것이므로, 문제의 시(市)세금국은 카르타고이며 언급된 세무변호사는 카르타고에 있는 속주지사의 법정변호사일 것이다. 먼저 업무상 유사성이 있다. 시(市)세금국의 직원들(largitionales ciuitatum)의 업무는 정확하게 알려져 있지 않지만 틀림없이 여러 가지 조세

수입과 관계된 것이었다.[36] 아울러 세무변호사의 주된 업무는 세금과 관련된 법적 문제였고, 사인(私人)의 세금관련 소송도 처리하였다.[37] 그 다음으로 위의 칙법에 이들의 금품갈취에 대한 언급과 관련하여 재임연한을 고려해 보는 것이 중요하다. 전술하였듯이 세무변호사는 변호사단의 최고 직위로 1-2년 임기 후에 퇴임하는 자리였다. 카르타고는 거대 도시였으므로 세무변호사의 임기가 1년이었을 가능성이 높다. 아울러 시(市)세금국 행정관리의 경우 재직연한이 12년 밖에 되지 않고, 최고직급인 완장(完丈, perfectissimi)에 진급하지 못하고 이백감고와 일백감고에서 퇴임하는 자들이 많았다.[38] 조각가(彫刻家, sculptores)나 주화공(aurifices, argentarii) 등 황실세금부에서 일하는 기술자들의 재직연한이 30-50년이었던 것에 비하면 시(市)세금국의 행정관리의 재직연한은 눈에 띄게 짧은 것이다. 세무변호사와 시(市)세금국의 행정관리들이 수뢰(收賂)와 착취 등 부정부패의 온상이 되기 쉬웠다는 것을 반증해 준다.

*

변호사들의 경우 자신의 우월적 지위를 이용하여 착취와 수뢰를 하여도 처벌될 가능성이 많지 않았다. 아울러 바실리오스의 『편지』가 보여주는 바에 의하면 시(市)세금국의 행정관리들은 규정을 넘어서는 세금을 부과하여 속주민을 착취했다. 4-6세기에 변호사들과 세

---

36) Jones, *The Later Roman Empire*, 429쪽.

37) Pharr, *The Theodosian Code*, 573쪽.

38) Jones, *The Later Roman Empire*, 584쪽.

수담당 관리들은 악명을 떨쳤다. 콘스탄티누스는 이 칙법을 통해 속주민이 침해(侵害, iniuria)를 당할 경우 지체 없이 법정으로 가서 침해를 증명하고, 그 침해가 증명되면 시(市)세금국의 행정관리들과 세무변호사가 침해에 해당하는 형벌을 받을 것임을 선언한다. 이에 관해 전집정관령(前執政官領) 아프리카 속주에 대한 자료가 남아 있지는 않지만, 아마도 313년 대박해가 종료된 후 도나투스파(派)와 공교회의 분열로 인한 대립 때문에 발생한 특수한 상황도 배제할 수는 없다. 그러나 콘스탄티누스의 정의(正義)로운 의도와는 달리, 아프리카 속주지사 법정의 최고변호사인 세무장(patronus fisci)을 상대로 소송을 제기하는 것은 실효성이 없는 행동이었을 것이다.

4) 테오도시우스 칙법전 4권 13장 2절 / CTh 4.13.2 : 추가적인 현물세로부터 농민을 보호하기 위한 조치.

321년 7월 13일

Idem a. Menandro. Universi provinciales pro his rebus, quas ad usum proprium vel ad fiscum inferunt vel exercendi ruris gratia revehunt, nullum vectigal a stationariis* exigantur. Ea vero, quae extra praedictas causas vel negotiationis gratia portantur, solitae praestationi subiugamus.

Dat. iii id. iul. Crispo ii et Constantino conss.

같은 아우구스투스가 메난드루스에게[39]

모든 속주민(屬州民)들은 개인적인 용도나 국고(國庫)를 위해 수송하거나 또는 농장을 일구기 위해 운반하는 것들에 대해서 지역치안감(地域治安監)으로부터* 어떤 현물세(現物稅)도 요구받지 말아야 한다. 그러나 앞서 말한 목적 이외의 것이나 혹은 상행위(商行爲)를 위해 운반하는 것들에 대해서, 우리는 보통세(普通稅)를 지불하도록 하는 바이다.

크리스푸스의 두 번째 집정관직과 콘스탄티누스의 집정관직 하에 7월 보름의 사흘 전에 공포됨.

*

- stationarius : "지역치안감(地域治安監)." 본 연구 CTh 8.4.2를 참조하라.

5) 테오도시우스 칙법전 4권 13장 3절 / CTh 4.13.3 : 추가적인 현물세로부터 농민을 보호하기 위한 조치.

321년 8월 1일

Idem a. Menandro. Rusticanos usibus propriis vel culturae ruris

---

39) 메난드루스는 다른 자료를 통해서는 알려지지 않은 인물이다.

necessaria revehentes vectigal exigi non sinimus: capitali poena* proposita
stationariis* et urbanis militibus* et tertiis augustanis,* quorum avaritia
id temptari firmatur. Pro ceteris autem rebus, quas quaestus gratia
comparant vendituri, solitum eos oportet vectigal agnoscere.

Dat. k. aug. Crispo ii et Constantino conss.

같은 아우구스투스가 메난드루스에게

우리는 농부들이 개인적인 용도나 농장의 경작을 위해 필요한 것
을 운반하는 것에 대해 현물세(現物稅) 지불을 허용하지 않는다. 지
역치안감(地域治安監)과* 시주둔군(市駐屯軍)과* 제3지존군(至尊軍)들이* 탐
욕에 의해 현물세를 걷으려고 한 것이 분명하면, 인두형(人頭刑)이*
주어질 것이다. 그러나 이윤을 위해 매도(賣渡)하려고 구입하는 여타
의 것들에 대해서 그들은 보통세(普通稅)를 걷어야 한다.

크리스푸스의 두 번째 집정관직과 콘스탄티누스의 집정관직 하에
8월 초하루에 공포됨.

- stationarii : "지역치안감(地域治安監)." 본 연구 CTh 8.4.2를 참조
  하라.

- capitalis poena : "인두형(人頭刑)."[40] 본 연구 CTh 9.3.1을 참조하라.

- urbani milites : "시주둔군(市駐屯軍)."

- tertii augustani : "제3지존군(至尊軍)."

---

40) Mommsen, *Le droit pénal romain* 3, 241-243쪽 참조.

14장

묘 도굴범 관련 칙법

1) 테오도시우스 칙법전 9권 17장 1절 / CTh 9.17.1 : 도굴꾼 처벌 규정.

340년 6월 25일

De sepulchri violati.

Imp. Constantius a. ad Titianum praefectum Urbi. Si quis in demoliendis sepulchris[*] fuerit adprehensus, si id sine domini conscientia[*] faciat, metallo adiudicetur; si vero domini auctoritate vel iussione[*] urgetur, relegatione[*] plectatur. Et si forte detractum aliquid de sepulchris ad domum eius villamque[*] pervectum post hanc legem repperietur, villa sive domus aut aedificium quodcumque erit fisci viribus vindicetur.

Dat. VII kal. iul. Mediolano Acindyno et Proculo conss.

도굴된 묘(墓)에 대해서.

황제 아우구스투스 콘스탄티우스가 수도총감 티티아누스에게

만약 어떤 자가 묘(墓)를* 허물다가 체포되면 그리고 만약 그가 주인을 알지 못한 채* 그런 행동을 했다면 그는 광산형으로 선고받아야 한다. 그러나 만약 주인의 주권(主權)이나 명령으로* 강요된 것이라면, 그는 경유배형(輕流配刑)으로* 처벌받을 것이다. 그리고 만약 이 법 이후에 우연히 무덤에서 무언가를 가져다가 자기 집이나 저택(邸宅)으로* 운반한 것이 적발되면, 저택이든 집이든 어떤 건물이든 간에 국고로 귀속될 것이다.

아킨디누스와 프로쿨루스의 집정관직 하에 밀라노에서 7월의 이레 전에 공포됨.

*

- sepulchrum : "묘(墓)." 로마인은 본래 화장(火葬)을 선호했으나 기원후 1-2세기경부터 매장을 선호하게 되었다. 로마인은 목관(木棺)이 아니라 석관(石棺, sarcophagus)을 사용하여 장례를 치렀다. 지상의 경우 도시 성곽 밖의 주도로(主道路)에 석관을 놓아둔 것으로 보이며, 지상의 장지(葬地)가 부족해진 2세기 말 이후는 지하에 묘실(墓室, cubiculum)을 만들어 석관을 두었다.[1] 어느 경우건 우리나라의 매장풍습처럼 땅을 파서 흙으로 관을 덮

고 봉분을 쌓는 형태가 아니라 일정공간에 관을 놓아두는 방식이었다.

- sine domini conscientia : "주인을 알지 못한 채." 문자적으로는 "주인에 대한 인지(認知)없이"이다. 여기서 주인은 묘(sepulchrum)의 주인인 유족(遺族)이다.

- domini auctoritas vel iussio : "주인의 주권(主權)이나 명령." 여기에서의 주인은 묘의 주인을 가리킨다.

- relegatio : "경유배형(輕流配刑)." 범인을 주거지에서 축출하여 일정한 장소에 거주를 제한시키는 형벌로서 통상 2년형이었으며, 재산몰수는 법정된 경우에 한해서 인정되었으나 일반적으로 재판관의 재량에 따라 재산의 절반을 몰수(沒收)하였다.[2] 이에 반해 추방형(追放刑, deportatio)은 범인을 거주지에서 축출하여 일정 장소에 영구 유배시키는 형벌로서 전재산몰수(全財産沒收, amissio omnium bonorum)가 내재된 형벌이었다.

- villa : "저택(邸宅)." 본문에서는 노예 도굴범의 주인집을 가리킨다.[3] 본래 빌라(villa)는 도시의 대저택이나 시골 지역의 대농장(大農場)에 결합된 대저택을 의미한다. 유럽의 주요 박물관에 전

---

1) 남성현, 『고대 기독교 예술사』, 24-27쪽 참조. 3-6세기 기독교적 석관의 예술신학적 흐름은 Caillet et Loose, *La vie d'éternité*에 훌륭하게 소개되어 있다.

2) 조규창, 『로마형법』, 676쪽과 681쪽.

3) Pharr, *The Theodosian Code*, 239쪽 각주 4번.

시되어 있는 원수정과 전주정 시대의 모자이크나 프레스코화는
대부분 저택(villa)의 장식미술이었다.[4]

*

키케로는 12표법, 여타 로마법 및 그리스 법이 규정하던 묘소와
장례에 대한 법규를 『법률론』에서 설명한 바 있다.[5] 키케로에 따르
면 묘소와 장례에 대한 12표법의 내용은 '자연에 근거해서 만들어진
것이다'(secundum naturam quae norma legis est). 아울러 묘소는 '종
교적인 권리'(multa religiosa iura)를 갖고 있다.

공화정 시대에 묘지에 대한 침해는 정무관 고시를 통해서 법적으
로 보호되었다.[6] 묘의 파괴나 훼손 등 명백한 침해 외에도, 묘와 직
접적으로 관계된 인물의 허락을 받지 않고 임의로 시체를 매장한다
거나 묘지를 사유지처럼 간주해 구입, 판매하는 행위 일체가 정무관
고시를 통해 규정되었다. 묘지보존의 책임을 지고 있는 자는 소송을
제기할 수 있었고 이 경우 묘지 침해자에게는 10,000 세스테르티우
스의 벌금이 부과되어 침해받은 자에게 제공되었다.[7]

기원후 2세기까지만 해도 묘지 침해에 대해서 부과된 벌금이 원
로원 금고(金庫, aerarium)로 귀속되지 않았다. 그러다가 마르쿠스 아

---

4) 폼페이나 헤르쿨라네움(Herculaneum), 로마 등 이탈리아의 대저택(villa)에 장식되어 있던 프레스
   코화에 대해서는 Mazzoleni, *Domus*를 참조하라. 로마시대 북아프리카 대저택(villa)의 모자이크화
   에 대해서는 Abed, *Stories in Stone*을 참조하라.

5) 키케로, 『법률론』, 2.22-27.

6) 아래에 제시되는 여러 문단의 내용은 Mommsen, *La droit pénal romain* 3, 129-140쪽(독일어 원문
   은 813-821쪽)에서 참조하였다.

7) D 47.12.3. pr.

우렐리우스 시대로부터 차차 묘지침해가 형사소송의 목록에 들어가게 되었다. 이 경우 부과되는 벌금은 일부분이나 전체가 공공의 금고(金庫)로 귀속된다. 묘지침해에 대한 형사소송은 원로원 의결을 통해서 도입된 것 같다. 하지만 묘지 침해와 관련된 2세기 황제들의 칙법은 로마법사료가 아니라 비문을 통해서만 알려져 있고 로마제국의 각 지방에 따라 묘지 침해의 적용과 벌금이 다양했으므로, 이 점에 대해서 로마제국 전체에 일괄적으로 적용된 법이 존재한 것 같지는 않다. 도시 로마의 경우 묘지침해를 성직자단(團)에 고발했으며 로마 외의 다른 도시에서는 시의회에 고발했다. 시의회에 따라서 벌금의 액수는 다양했으나 최고액이 정해져 있었을 것이다. 다양한 비문을 따르면 이탈리아의 경우 100,000 세스테르티우스를 넘지 않았고 지방의 경우 5,000 세스테르티우스를 넘지 않았다.

묘지침해죄에 대한 벌금은 국가나 시의회의 금고나 성직자단의 금고로 귀속되었다. 벌금이 국가에 귀속되는 경우 본래 국고(fiscus)가 아니라 원로원 금고(aerarium)에 귀속되었다. 2세기 이후의 비문 자료에서는 국고가 자주 언급되는데 이는 이 시기부터 fiscus와 aerarium이 서로 혼용되기 시작했기 때문일 것이다. 아울러 묘지침해죄에 대한 벌금은 시의회에 귀속될 수도 있었다. 로마의 경우 성직자단이나 베스타 여사제단의 금고에도 귀속될 수 있었고 부분적으로 국고로 귀속될 수도 있었다. 하지만 이탈리아에서는 이런 방식이 확인되지 않고 제국의 다른 지방에서는 아주 드물게만 나타난다. 테오도르 몸센은 이런 벌금방식이 이교의 신들을 완전히 고려하지 않는 것이어서 상대적으로 늦은 시대에 속한다고 하였다.[8]

묘지침해의 소송방식은 다양했다. 도시 로마에서는 성직자단이

행정소송을 통해서 벌금을 정했다. 묘지와 직접적으로 관계된 자나 그 친척이 묘지침해를 고발할 수 있었고, 친척이 없다면 제삼자가 고발할 수도 있었다. 하지만 이와 관련하여 진정한 의미의 소송방식은 존재하지 않았고 고발자에 대한 보상도 주어지지 않았다. 도시 로마의 경우 국가나 성직자단의 금고에 동시에 벌금을 내는 형태가 제일 흔했다. 도시 로마 밖에서는 묘지침해가 사인소추의 대상이었고 고발자에게 보상이 주어졌다. 소송은 벌금을 수납하는 시의회의 관료들에 의해 진행되었을 것이다. 하지만 이 경우에도 시의회와 국고에 동시에 벌금을 납부하는 경우가 흔했다. 반면 국가 관리들이 직접 벌금을 징수하는 경우는 전혀 확인되지 않는다. 하지만 법률가들은 이미 2세기 말에 묘지침해를 폭력에 관한 법으로 다루었고 묘지침해죄는 특별범죄(crimina extraordinaria)가 되었음을 기억할 필요가 있다.9)

*

이 칙법은 도굴범에 대한 규정으로 테오도시우스 칙법전의 관련 규정 중에서 첫 번째로 수록되어 있다. 묘의 주인을 알지 못한 상황에서 묘의 일부를 건축자재로 사용하기 위해 훼손한 경우는 강제노역형(광산형)으로 처벌할 것을 규정한다. 일반적으로 2년형이었다. 그러나 무덤 주인의 지시로 묘를 훼손한 경우 도굴범은 경유배형으로 처벌받는다. 반면 묘 훼손을 사주한 주인에 대한 처벌은 명시되

---

8) Mommsen, *La droit pénal romain* 3, 137쪽(독일어 원문은 819쪽).
9) D 47.12과 Sententiae 1.21.

어 있지 않다. 아울러 석관이나 혹은 묘에서 떼어간 석재가 발견된 장소는 국고로 몰수된다. 주인의 지시로 묘 도굴이 이루어졌다면 도굴품은 주인의 건물로 운반되었을 가능성이 있고 이 경우 주인 소유의 건물이 몰수되는 것으로 이해할 수 있다.

앞서 살펴본 대로 묘지침해죄는 전주정기 이전에 주로 벌금형으로 제재되었지만, 콘스탄티누스의 칙법은 보다 강화된 형벌을 부과한다. 이는 전주정기의 형벌이 이전 시기에 비해 더욱 중해지는 일반적 경향에 부합하는 것이다.[10] 발렌티니아누스 3세의 칙법은 성직자들조차도 묘지 도굴에 가담한 사례를 언급한다.[11] 형벌은 경우에 따라 달랐다. 매장된 시체를 꺼내는 행위에 대해서는 상류계층은 유배형에 처해졌고 나머지 계층은 사형으로 제재되었다. 하지만 일반적으로 상류계층은 경(輕)유배형, 나머지 계층은 강제 노역형으로 처벌되었다. 콘스탄티누스는 묘 도굴을 아주 중한 죄로 간주했다. 331년 공포한 칙법(CTh 3.16.1)에서 콘스탄티누스는 남편이 살인자나 마법사나 묘 도굴꾼인 경우에 한해 부인에게 이혼할 권리를 허락한 바 있다. 이와 함께 묘지침해에 대해 벌금을 부과하는 전통도 잔존한다. 349년 콘스탄티우스는 생명형과 함께 벌금형(multa)을 나란히 언급한다(CTh 9.17.2 = CJ 9.19.3). 이 칙법에서는 묘지침해에 대한 법정 최고 벌금인 100,000 세스테르티우스가 다시 나타난다.

---

10) 이하 내용은 Mommsen, *La droit pénal romain* 3, 139-140쪽(독일어 원문은 821쪽)을 참조하였다.
11) Nov. Valentiniani 3.22.

2) 테오도시우스 칙법전 9권 17장 3절 / CTh 9.17.3 : 도굴범 처벌을 재확인한다.

356년 6월 13일

Idem a. et Iulianus caes. ad Orfitum.[*] Quosdam comperimus lucri nimium cupidos sepulchra subvertere et substantiam fabricandi ad proprias aedes transferre. Ii detecto scelere animadversionem priscis legibus[*] definitam subire debebunt.

Proposita in foro Traiani Constantio a. VIII et Iuliano caes. conss.

같은 아우구스투스와 카이사르 율리아누스가 오르피투스에게[*]

우리는 너무나 이익을 탐하는 어떤 자들이 묘를 파괴하고 건축 자재를 자기 집으로 옮긴다고 하는 것을 알게 되었다. 이 자들은 범죄가 발각되면 아주 오래된 옛 법에[*] 의해 정해진 형벌을 받아야 한다.

콘스탄티우스의 여덟 번째 집정관직과 카이사르 율리아누스의 집정관직 하에 트라야누스의 광장에 고시(告示)됨.

*

- Orfitus : "오르피투스." 오르피투스는 356년에 콘스탄티노플의 시총감이었다.[12]

- priscae leges : "오래된 옛 법(들)." 원수정기에는 묘지 침해가 범죄로 규정되어 죄상(罪狀)에 따라 극형으로 처벌받았다.[13]

*

원수정기의 묘지 침해에 관한 규정은 D 43.24.15.2, 47.10.27, 47.12.3.7 등이 있다.[14]

3) 테오도시우스 칙법전 9권 17장 4절 / CTh 9.17.4 : 도굴범 처형.

357년 6월 13일

Idem a. ad populum. Qui aedificia manium violant, domus ut ita dixerim defunctorum, geminum videntur facinus perpetrare, nam et sepultos spoliant destruendo et vivos polluunt fabricando. Si quis igitur de sepulchro abstulerit saxa* vel marmora* vel columnas* aliamve quamcumque materiam fabricae gratia sive id fecerit venditurus, decem pondo auri cogatur inferre fisco: sive quis propria sepulchra* defendens hanc in iudicium querellam detulerit sive quicumque alius accusaverit

---

12) Pharr, *The Theodosian Code*, 239쪽 참조.

13) 조규창, 『로마형법』, 391쪽.

14) 조규창, 『로마형법』, 391쪽 각주 61번.

vel officium nuntiaverit. Quae poena priscae severitati[*] accedit, nihil enim derogatum est illi supplicio, quod sepulchra violantibus videtur impositum. Huic autem poenae subiacebunt et qui corpora sepulta aut reliquias contrectaverint.

Dat. id. iun. Mediolano Constantio a. VIIII et Iuliano caes. II conss.

같은 아우구스투스가 백성에게

망혼(亡魂)의 건물, 즉 죽은 자들의 집을 침범하는 자들은 이중적 범죄를 저지르는 것처럼 보인다. 왜냐하면 묘를 파괴함으로 죽은 자들의 옷을 벗기고, 집을 지음으로써 산 자들을 더럽히기 때문이다. 그리하여 만약 어떤 자가 건축을 위해 묘로부터 바위덩어리나[*] 대리석이나[*] 기둥이나[*] 다른 어떤 재료를 가져가거나, 그것을 팔려고 그렇게 하면, 10파운드의 은을 국고에 납부해야 한다. 자신의 묘를[*] 보호하는 어떤 자가 어떤 소송을 법정으로 가져오건, 어떤 자가 누구를 고소하건, 관료들이 보고하건 간에 이런 형벌이 아주 오래된 엄중함에[*] 더해지는 바, 묘를 범한 자들에게 부과된 것으로 알려진 그 형벌로부터 어떤 것도 그에게서 제거되지 않았기 때문이다. 또한 장사(葬事)된 시체나 유골을 건드리는 자도 이 형벌을 받게 될 것이다.

아우구스투스 콘스탄티우스의 아홉 번째 집정관직과 카이사르 율리아누스의 두 번째 집정관직의 해에 밀라노에서 6월 보름에 공포됨.

*

- saxa : "바위덩어리." 대리석일 수도 있고 대리석보다 다루기가 수월한 돌일 수도 있으나 가공되지 않은 원석(原石)을 가리킨다. 대리석 산지(産地)에서 석관을 제작하여 배를 통해 운송하기 보다는, 원석을 수입하여 석관 아틀리에에서 부조하는 것이 일반적이었다.

- marmora : "대리석." 석관 몸체와 덮개는 일반적으로 대리석으로 제작되었다. 로마나 아를르 등 주요 석관이 대량으로 발견된 도시의 경우 마르마라나 프로이콘네소스의 대리석 등 유명 대리석 산지에서 온 것이 상당수이다.

- columna : "기둥." 귀족가문은 가족묘실이나 가족묘당을 만들기도 했다. 로마 지하묘지의 경우 공동묘지 내부에 가족묘실이 있는 경우도 있고 지하묘지 자체가 가족묘인 경우도 있다. 황제가문은 원형으로 된 묘당을 건축하기도 했다. 아우구스투스가 자신을 위한 원형묘당을 건축한 이후 황실가족을 위한 원형묘당이 유행하였다. 하드리아누스, 콘스탄티누스의 어머니 헬레나, 콘스탄티누스의 이복누이인 콘스탄티아의 원형묘당이 유명하다. 콘스탄티노플의 성 사도교회는 본래 콘스탄티누스의 장례묘실로 건축된 것이다. 묘당에는 대리석 기둥이 필요했고 묘실도 규모가 큰 곳이면 대리석 기둥이 필요했다.

- propria sepulchra : "자신의 묘." 가족묘실을 뜻한다고 보아야 한
  다. 가족묘실의 소유주인 유족(遺族)도 후에 가족묘실에 안치되
  기 때문에 자신의 묘라는 표현은 결국 가족의 묘도 되는 셈이다.

- prisca severitas : "아주 오래된 엄중함." CTh 9.17.3의 priscae
  leges를 참조하라.

*

로마인들의 장례 풍습은 화장에서 석관 매장으로 바뀐다. 현재
남아 있는 석관의 대부분은 2세기 이후의 것이다. 석관 장례의 경우
시신을 돌로 된 관에 넣어 도시에서 밖으로 나가는 주도로의 양편
에 진열해 놓는 것이 일반적이었던 것 같다. 혹은 지하묘지에 안치
하기도 했다. 일반적으로 석관 장례는 합장이 성행했다. 바티칸의
박물관이나 아를르의 박물관에 전시된 부부 유형의 석관은 부부의
유해를 합장하는 데에 사용되었다. 353년 8월 11일에 사망한 파우
스티누스(Faustinus)의 석관의 경우, 파우스티누스의 얼굴이 원반 모
양의 방패형 초상(imago clipeata) 안에 새겨졌다. 그러나 파우스티
누스의 부인은 353년 이후의 어느 시점에 사망하였고 파우스티누스
의 석관에는 미처 부인의 얼굴이 새겨지지 못했다. 바티칸 박물관
의 유명한 '형제석관'의 경우 쌍둥이 형제를 합장했을 가능성도 배
제할 수 없다.[15]

---

15) 파우스티누스의 석관에 대해서는 남성현, 『고대 기독교 예술사』, 58-59쪽을 참조하라.

도 34. 발렌티니아누스 3세의 석관, 455년경, 라벤나의 갈라 플라키디아의 기념당

마크리나(Macrina)의 어머니인 엠멜리나(Emmelina)는 371년에 세상을 떠나는데, 약 20여 년 전에 세상을 떠난 남편의 석관에 합장된다. 합장은 엠멜리나의 유언에 따른 것이었다.[16] 닛사의 그레고리오스는 379년 누나인 마크리나가 세상을 떠나자 부모의 석관에 합장한다. 가족을 석관에 합장하는 경우는 일반적이었으며, 같은 지역의 감독들을 합장하기도 하였다. 그러나 순교자의 석관에 일반 신도를 합장하는 것은 금지되어 있었다.[17] 일반 신자들은 순교자들의 석관 옆이나 순교 기념당 부근에 자신들의 석관을 안치하려고 하였다. 마크리나 가족의 석관은 폰투스(Pontus)의 이보라(Ibora)에서 멀지 않은 곳에 세워졌던 40명의 순교자 기념당 부근에 안치되었다.[18]

---

16) 『마크리나의 생애』, 13장. 마크리나의 석관 장례 예식은 남성현, 『고대 기독교 예술사』 354-355쪽에서 참조하였다.

17) 『마크리나의 생애』, 187쪽, 각주 1-2번.

　　*

　　이 칙법은 356년에 공포된 CTh 9.17.3에 이어 357년에 공포된 것이다. 묘를 훼손하는 자들의 두 가지 목적이 제시된다. 원석 덩어리나 다듬어진 대리석이나 기타 재료를 도굴(盜掘)하여 건축재료로 사용하는 경우와 도굴한 재료를 되파는 경우, 그리고 사체나 유골을 건드리는 행위 등을 다룬다.[19] 묘의 주인과 국가관리 외에 제삼자에도 이런 범죄행위에 대한 소권(訴權)을 갖는다. 이런 행위에 대한 형벌에 대해서는 은 10파운드의 벌금 외에도 "아주 오래된 법들", 즉 원수정기의 법률이 유효함을 확인한다. 콘스탄티우스는 340년의 칙법(CTh 9.17.1)을 통해 묘 침해범에 대해 광산형과 유배형을 규정했고, 석관이나 기타 도굴한 석재(石材)를 운반해 놓은 건물을 몰수할 것을 규정했다. CTh 9.17.1은 340년의 칙법이므로 "아주 오래된" 것은 아니지만 유효한 것으로 보아야 한다.

---

18) 『마크리나의 생애』, 187쪽, 각주 3번.

19) 묘지 건축자재의 도난에 대해서는 Sententiae 1.21.5.8을 참조하라.

참고문헌

고대자료

『공공오락에 대해서』 (테르툴리아누스의) : Tertullien, *Les spectacles*, texte et traduction par M. Turcan, *SC* 332, 1986.

『교육가』 (클레멘스의) : Clement, *Le pédagogue*, texte et traduction par Henri Irénée Marrou; Marguerite Harl, *SC* 70, 1960 ; *SC* 108, 1960 ; *SC* 158, 1970.

『교회사』 (에우세비오스의) : Eusèbe de Césarée, *Histoire ecclésiastique*, texte grec de E. Schwartz, traduction de G. Bardy, *SC* 31, 2001 ; *SC* 41, 1955 ; *SC* 55, 1958. 우리말 번역은 다음과 같다. 유세비우스 팜필루스, 『유세비우스의 교회사』, 엄성옥 역, 서울: 은성, 1990.

『교회사』 (소조메노스의) : Sozomenus, Ecclesiastical History, NPNF 2-2. http://www.ccel.org/ccel/schaff/npnf202.iii.vi.html

『기독교 강요(綱要)』 (락탄티우스의) : Lactance, *Institutions divines*, iIntroduction, texte critique, traduction, notes et index par Ch. Ingremeau et P. Monat, *SC* 326, 1986 ; *SC* 337, 1987 ; *SC* 377, 1992 ; *SC* 204 et 205, 1973 ; *SC* 509, 2007.

『단혼론』 (테르툴리아누스의) : Tertullien, *Le Mariage Unique*, texte latin et traduction française par P. Mattei, *SC* 343, 1988.

『디다케』 : *La doctrine des douze apôtres (Didache)*, introduction, texte grec, traduction et notes par W. Rordorf et A. Tuilier, *SC* 248, 1978.

『마르키온 논박』 (테르툴리아누스의) : http://www.ccel.org/ccel/schaff /anf03.v.html.

라틴어 본문과 프랑스어 번역은 *SC* 365, 1990 ; *SC* 368, 1991 ; *SC* 399, 1994 ; *SC* 456, 2001 ; *SC* 483, 2004.

『마크리나의 생애』 (닛사의 그레고리오스의) : Grégoire de Nysse, *Vie de Sainte Macrine*, introduction, texte critique, traduction, notes et index par Pierre Maraval, *SC* 178, 1971.

『멜라니아의 생애』 (게론티우스의) : Gerontius, *Vie de Sainte Mélanie*, introduction, texte grec, traduction et notes par Denys Gorce, *SC* 90, 1962.

『바나바의 편지』 : *Epître de Barnabé*, Introduction, traduction et notes par P. Prigent, texte grec par R. A. Kraft, *SC* 172, 1971.

『박해자들의 죽음』 (락탄티우스의) : Lactance, *Morts des Persécuteurs*, traduction de J. Moreau, *SC* 39, 1954.
라틴어 원문은 다음 사이트를 참조하라.
http://www.thelatinlibrary.com/lactantius/demort.shtml
영어번역은 다음 사이트를 참조하라.
http://en.wikisource.org/wiki/Ante-Nicene_Fathers/Volume_VII/Lactantius/Of_the _Manner_in_Which_the_Persecutors_Died

『법률론』: 키케로, 『법률론』, 성염 역주, 서울: 한길사, 2007. 라틴어 원문은 다음 사이트에서 참조하라. http://www.thelatinlibrary.com/cicero/leg.shtml

『법학원론』: Gaius, *Institutes*, 라틴어 본문 및 영어 번역은 다음 사이트를 참조하라. http://faculty.cua.edu/pennington/law508/roman%20law/GaiusInstitutesE nglish.htm

『변증』 (테르툴리아누스의) : Tertullianus, *Apology*, http://www.ccel.org/ccel/schaff/anf03.iv.html.

『비문』 (다마수스의) : Damase, *Inscriptions : Damase et les martyrs romains, XVIe Centenaire de la mort du pape Damase*, traduction des textes de Damase par J.-L. Charlet et J. Guyon, introduction et commentaire de Carlo

Carletti, adaptation en langue française par Jean Guyon, Commission Pontificale d'archéologie chrétienne, Cité du Vatican 1986.

『사막교부들의 금언집』 → 남성현, 『사막교부들의 금언집』을 보라.

『설교』 (나지안주스의 그레고리오스의) : Grégoire de Nazianze, *Discours 32-37*, introduction, texte critique et notes par Claudio Moreschini et traduction par Paul Gallay, *SC* 318, 1985.

『스케테의 마카리오스의 생애』 : *Vie de Macaire de Scété*, in *Les Homélies Spirituelles de Saint Macaire*, traduction française avec introduction par le Père Placide Deseille, *Spiritualité Orientale* 40, Abbaye de Bellefontaine, 1984.

『실천학』 (에바그리오스의) : Evagre le Pontique, *Traité Pratique ou le Moine*, introduction et connotation par Gabriel Bunge, *Sprititualité Orientale* 67, Abbaye de Bellefontaine, 1996. → Bunge, *Traité Pratique*를 보라.

『아우구스티누스의 생애』 : 포시디우스, 『아우구스티누스의 생애』, 이연학 · 최원오 역주, 교부문헌총서 18, 분도출판사, 2008.

『올림피아스의 생애』 : *Vie d'Olympias*, introduction, texte grec, traduction et notes par Anne-Marie Malingrey, *SC* 13 bis, 1968.

『유대인 트리포와의 대화』 : http://www.ccel.org/ccel/schaff/anf01.viii

『이교도에게』 (테르툴리아누스의) : Tertullianus, *Ad nationes*. 음 사이트를 참조하라. http://www.ccel.org/ccel/sch

『정숙에 대한 권면』 (테르툴리아누스의) : Tertullien texte latin et traduction française, *SC* 319

『초기 기독교 순교사화』 : → Maraval, *Acte*

『콘스탄티누스의 생애』 : Eusebius, *Th*

E. C. Richardson, NPNF Second Series vol. 1, Grand Rapids, 1986 reprinted, 481-559. http://www.ccel.org/ccel/schaff/npnf201.iv.vi.html
A Byzantine life of Constantine : → Beetham, *A Byzantine life of Constantine* 를 보라.

『콘스탄티누스 찬가』 (에우세비오스의) : Eusèbe de Césarée, *La théologie politique de l'Empire chrétien, Louanges de Constantin (TRIAKONTAETERIKOS)*, introduction, traduction et notes par Pierre Maraval, Les EDITIONS du CERF, Paris, 2001.

『콘스탄티누스의 편지와 연설』 : → Maraval, *Constantin, Lettres et discours*를 보라.

『팔레스티나의 순교자들』(에우세비오스의) : http://www.ccel.org/ccel/schaff/npnf201.-iii.xiv.vi.html

『편지』 (바실리오스의) : *Lettres*, Basile de Césarée, édition et traduction par Y. Courtonne, Paris: Les Belles Lettres, 1957 (*I*), 1961 (*II*), 1966 (*III*).

『편지』 (히에로니무스의) : *Corpus Scriptorum Ecclesiasticorum Latinorum*, vol. 55, S. EUSEBII HIERONYMI, Wien, 1912. 영어 번역은 인터넷 웹사이트 http://www.zeitun-eg.org/ecfidx.htm에서 참조할 수 있다.

『포르피리오스의 생애』 : Marc le diacre, *Vie de Porphyre, évêque de Gaza*, texte établi, traduit et commenté par H. Grégoire et M.-A. Kugener, Paris, 1930.

『하나님의 진노(震怒)에 대해서』 (락탄티우스의) : Lactance, *Sur la colère de Dieu*, introduction, texte critique, traduction, commentaire et index par Christiane Ingremeau, *SC* 289, 1982.

『제 아나스타시우스 찬가(讚歌)』 (가자의 프로코피우스의) : Procope de Gaza, Priscien de Césarée, *Panegyriques de l'empereur Anastase Ier*, textes traduits et commentés par Alain Chauvot, Bonn, 1986.

『오스의 생애』 : Callinicos, *Vie d'Hypatios*, introduction, texte critique et traduction par G. J. M. Bartelink, *SC* 177, 1971.

『힐라리온의 생애』 : Jérôme, *Trois vies de moines, Paul, Malchus, Hilarion*, par P. Leclerc, E. M. Morales, A. de Vogué, *SC* 508, 2007.

CJ = 유스티니아누스 칙법전(*Codex Justinianus*). CIC를 참조하라.

CIC = 로마시민대법전(*Corpus iuris civilis*). 영어번역은 *The Civil law in Seventeen volumes*, translated by S. P. Scott *vol.* 1-15 (New Jersey: The Lawbook Exchange, 1932). 법학전집(Digest = D)의 라틴어 본문과 영어번역은 *The Digest of Justinian*, translation edited by Alan Watson, *vol.* 1-4 (Philadelphia: University of Pennsylvania Press, 1985). 아울러 법학전집의 라틴어 본문은 http://webu2.upmf-grenoble.fr/Haiti/Cours/Ak/Corpus/digest.htm 에도 제시되어 있다. 유스티니아누스 칙법전(Codex Justinianus)의 라틴어 본문은 http://webu2.upmf-grenoble.fr/Haiti/Cours/Ak/Corpus/CJ9.htm 에 제시되어 있다.

Corpus Scriptorum Ecclesiasticorum Latinorum, vol. 55, S. EUSEBII HIERONYMI (Wien, 1912). 영어번역은 http://www.zeitun-eg.org/ecfidx.htm을 참조하라.

Constitutiones Sirmondianae : 시르몬두스 칙법전. 다음 사이트를 참조하라. http://ancientrome.ru/ius/library/codex/theod/sirmond.htm

CTh = 테오도시우스 칙법전(*Codex Theodosianus*). 영어번역은 Clyde Pharr, *The Theodosian Code* (New Jersey : The Lawbook Exchange, 2001). 라틴어 원문은 http://ancientrome.ru/ius/library/codex/theod/index.htm에 제시되어 있다. 16권 종교법에 대한 프랑스어 번역은 Magnou-Nortier, *Le Code Théodosien, Livre XVI*과 Rougé, *Code Théodosien Livre XVI*을 보라. 테오도시우스 칙법전 1-15권과 유스티니아누스 칙법전, 시르몬두스 칙법전의 종교법에 대해서는 *SC* 531, 2009를 보라.

D = 법학전집(法學全集, Digesta)

Institutiones : 가이우스(Gaius)의 법학원론(Institutiones)

NJ = 유스티니아누스의 신칙법(*Novellae Justinianae*). 영어번역은 *The Civil law in Seventeen volumes*, translated by S. P. Scott *vol.* 16-17 (New Jersey: The Lawbook Exchange, 1932).
유스티니아누스의 신칙법의 라틴어 본문은 http://webu2.upmf-grenoble.fr/Haiti/Cours/Ak/Corpus/Novellae.htm을 참조하라.

Regulae = 울피아누스의 Regulae

SC : *Sources Chrétiennes*

Sententiae = 파울루스의 의견서(意見書, Sententiae Pauli)

파피루스 자료

P. *Alex.* : A. Swiderek et M. Vandoni, ed., *Papyrus grecs du Musée gréco-romain d'Alexandrie*, Varsovi, 1964.

P. *Cair.Masp.* : J. Maspero, *Catalogue générale des antiquités égyptiennes du Musée du Caire.* Papyrus grecs d'époque byzantine I-III, Le Caire 1911-1916.

P. *Gronin* : A. G. Roos, ed., *Papyri Groninganae*, Amsterdam, 1933.

P. *Stras.* : F. Preisigke, ed., *Griechische Papyrus der kaiserlichen Universitäts-Landesbibliothek zu Strassburg*, I, Leipzig, 1912.

P. *Oxy.* : The Oxyrhynchus Papyri (EES GRM), 72 v., London, 1898-

현대의 연구

그라바르, 『기독교 도상학의 이해』 : 앙드레 그라바르, 『기독교 도상학의 이해』, 박성은 옮김, 이화여자대학교출판부, 2007(원저는 1968년, 1979년에 걸쳐 따로 출판된 것이다).

남성현, 「테오도시우스 1세의 종교정책」 : 남성현, 「테오도시우스 1세의 종교정책과 그의 법률 참모들(황실법무총감들)」, 『법사학연구』 44호, 2011, 279-314쪽. Nam, "Theodosius I's Religious Policy"를 보라.

______, 「간통 및 이혼에 관한 로마법과 기독교의 전통」 : 남성현, 「로마법과 기독교, 간통 및 이혼에 관한 로마법 전통과 4-6세기 기독교 시대의 칙법 전통」, 『서양고대사연구』 29집, 2011, 195-260쪽.

______, 『사막교부들의 금언집』 : 『사막교부들의 금언집』, 남성현 옮김, 두란노아카데미, 2011. 원저 : *Les apophtegmes des pères*, collection systématique, introduction, édition, traduction et notes par Jean-Claude Guy, *Sources Chrétiennes* 387, 474, 498, Edition du CERF, 1993, 2003, 2005.

______, 『고대 기독교 예술사』 : 남성현 저, 『고대 기독교 예술사』, 한국학술정보, 2011.

______, 「파피루스에 나타난 이집트 교회와 수도원의 수입구조」 : 남성현, 「파피루스에 나타난 초기 비잔틴 시대 이집트 교회와 수도원의 수입구

조」, 『서양고대사 연구』 26집, 2010, 281-322쪽.

______, 「에우세비우스의 정치신학」 : 남성현, 「콘스탄티누스 찬가에 나타난 에우세비우스의 정치신학 -콘스탄티누스를 통해서 실현된 하느님 나라」, 『한국기독교신학논총』 59호, 2008, 71-99쪽.

______, 「테오도시우스 칙법전 16권 1장 보편신앙에 관한 칙법」, 『서양고대사연구』 23(한국서양고대역사문화학회, 2008년 12월), 273-324쪽.

______, 『테오도시우스 법전 종교법 연구』 : 남성현 저, 『5세기 로마제국의 테오도시우스 법전 종교법(Codex Theodosianus XVI) 연구』, 엠-에드, 2007.

______, 「테오도시우스 칙법전의 기원에 대한 연구」 : 남성현, 「세 칙법(C.Th., I 1,5-6과 Nov. Th., 1)을 통해서 본 테오도시우스 칙법전의 기원에 대한 연구」, 『서양고대사 연구』 21집, 2007, 199-242쪽.

______, 『기독교 초기수도원 운동사』 : 남성현 저, 『기독교 초기수도원 운동사』, 엠-에드, 2006.

______, 「몬타누스 운동가 테르툴리아누스의 문화비판」 : 남성현, 「몬타누스 운동가 테르툴리아누스의 문화비판: 2-3세기 결혼 풍습-단혼, 재혼 혹은 중혼-을 중심으로」, 『오순절 신학논단』 8권, 2005, 108-147쪽.

마라발, 『제롬의 생애와 편지』 : 피에르 마라발, 『제롬의 생애와 편지』, 남성현 편역, 엠-에드, 2006.

몬타넬리, 『로마제국사』 : 인드로 몬타넬리, 『로마제국사』, 김정하 옮김, 까치글방, 1998.

맥멀렌, 『로마제국의 위기, 235-337년 로마 정부의 대응』 : 램지 맥멀렌, 『로마제국의 위기, 235-337년 로마 정부의 대응』, 김창성 옮김, 한길 그레이트 북스 121, 한길사, 2012.

브라운, 『고대 후기 로마제국의 가난과 리더십』 : 피터 브라운, 『고대 후기 로마제국의 가난과 리더십』, 서원모 · 이은혜 옮김, 태학사, 2012. 원저 : Brown, *Poverty and Leadership in the later Roman Empire*을 참조.

서원모, 「교회력의 법제화」 : 서원모, 「교회력의 법제화를 통한 후기 로마 제국의 사회적 시간의 재조직에 대한 연구」, 『한국교회사학회지』 34집, 2013, 77-114쪽.

에버릿, 『로마 최초의 황제 아우구스투스』 : 안토니 에버릿, 『로마 최초의 황제 아우구스투스』, 조윤정 옮김, 서울, 2007. Everitt, *The first emperor Augustus* : Anthony Everitt, *The first emperor Augustus*, (2006).

올슨·홀, 『삼위일체』 : 로저 올슨·크리스토퍼 홀, 『삼위일체』, 이세형 옮김, 대한기독교서회, 2004.

정기환, 콘스탄티누스의 종교정책 : 「콘스탄티누스의 종교정책: 기독교를 중심으로」, 『로마 제정사 연구』, 허승일 외, 서울대학교 출판부, 2001, 399-461쪽.

조규창, 「로마법 발전에 미친 기독교의 영향」 : 조규창, 「로마법 발전에 미친 기독교의 영향」, 『법학논집』 26집, 1991, 117-174쪽.

조규창, 『로마형법』 : 조규창, 『로마형법』, 고려대학교 출판부, 1998.

크누텔, 『로마법 산책』 : Rolf Knütel, 『로마법 산책』, 신유철 옮김, 법문사, 2008. 원저 : Knütel, *Spaziergänge im römischen Recht*

하성수, 「니사의 그레고리우스의 노예제도 이해」 : 하성수, 「니사의 그레고리우스의 노예제도 이해」, 『신학과 철학』 16권, 2010, 123-153쪽.

하이켈하임, 『로마사』 : 프리츠 하이켈하임, 『로마사』, M. 워드 외 2명 개정, 김덕수 옮김, 현대지성사, 1999.

현승종·조규창, 『로마법』 : 현승종 저, 조규창 증보, 『로마법』, 법문사, 1996.

최병조, 「로마매매법상 노예매춘금지조항」 : 조규창, 「로마매매법상 노예매춘금지조항」, 『로마의 법과 생활, 법사료에 나타난 생활법리의 사례들』 경인문화사, 2007, 203-245쪽.

Abed, *Stories in Stone* : Aïcha Ben Abed, *Stories in Stone, conserving mosaics of Roman Africa, Masterpieces from the National Museums of Tunisia*, J. Paul Getty Trust, 2006.

Adams, *The latin sexual vocabulary* : James Noel Adams, *The latin sexual vocabulary*, Johns Hopkins University Press, 1982.

Alföldy, *Histoire Sociale de Rome* : Géza Alföldy, *Histoire Sociale de Rome*, traduction d'Etienne Evrard, Paris, 1991.

Andreau, *Banking and Business in the Roman World* : Jean Andreau, *Banking and Business in the Roman World*, translated by Janet Lloyd, Cambridge University Press, 1999.

Atlas : Ministère de la Culture de la France, *Naissance des arts chrétiens, Atlas des monuments paléochrétiens de la France*, Paris : Imprimerie national éditions, 1991.

Auguet, *Cruelty and Civilization* : Roland Auguet, *Cruelty and Civilization, The Roman Games*, Routledge, 2006(1972[1]),

Baker, *Constantine The Great and The Christian Revolution* : George Philip Baker,

Constantine The Great and The Christian Revolution, Cooper Square Press, 1930.

Barnes, *Tertullian* : Timothy D. Barnes, *Tertullian, A Historical and Literary Study*, Oxford University Press, 1971.

______, *Constantine and Eusebius* : Timothy D. Barnes, *Constantine and Eusebius*, Harvard University Press, 1981.

______, "Three Imperial Edicts" : Timothy D. Barnes, "Three Imperial Edicts", Zeitschrift für Papyrologie und Epigraphik 21 (1976), 275-281.

Bauman, *Crime and Punishment* : Richard A. Bauman, *Crime and Punishment in Ancient Rome*, Routledge, 1996.

Beaucamp, *le droit impérial* : Joëlle Beaucamp, *Le statut de la femme à Byzance(4e-7e siècle), I: le droit impérial*, Paris, 1990.

Beetham, "A Byzantine life of Constantine" : Frank Beetham, "A Byzantine life of Constantine", in Richard Alston and Sam Lieu (eds.), *Aspects of the Roman East, Papers in Honour of Professor Fergus Millar FBA*, Brepols, 2007, 174-230.

Bell, "The Byzantine Servile State in Egypt" : H. I. Bell, "The Byzantine Servile State in Egypt", *The Journal of Egyptian Archaeology* 4 (1917), 86-106.

Berger, *Encyclopedic Dictionary of Roman Law* : Adolf Berger, *Encyclopedic Dictionary of Roman Law*, Philadelphia: The American Philosophical Society, 1953.

Bernet, *Les chrétiens dans l'Empire Romain* : Anne Bernet, *Les chrétiens dans l'Empire Romain, des persécutions à la conversion Ier-IVe siècle*, Perrin, 2003.

Boyd, *The Ecclesiastical Edicts of the Theodosian Code* : William Boyd, *The Ecclesiastical Edicts of the Theodosian Code*, New Jersey: The Lawbook Exchange, 2005(1905[1]).

Bradley, *Slavery and Society at Rome* : Keith Bradley, *Slavery and Society at Rome*, Cambridge University Press, 1994.

Brake, *Demons and the making of the monk* : David Brake, *Demons and the making of the monk, Spiritual combat in early christianity*, Harvard University Press, 2006.

Brown, *Authority and the Sacred* : Peter Brown, *Authority and the Sacred, Aspects of the Christianisation of the Roman World*, Cambridge University Press, 1995.

______, *Poverty and Leadership in the later Roman Empire* : Peter Brown, *Poverty and Leadership in the later Roman Empire*, Brandeis University Press, 2002.

______, *The world of Late Antiquity* : Peter Brown, *The world of Late Antiquity*,

AD 150-750, W. Norton & Company, 1971.

Bunge, *Traité Praitique* : Gabriel Bunge, *Evagre le Pontique, Traité Pratique ou le Moine, Sprititualité Orientale* 67, Abbaye de Bellefontaine, 1996.

Burckhardt, *The Age of Constantine The Great* : Jacob Burckhardt, *The Age of Constantine The Great*, University of California Press, 1949.

Caillet et Loose, *La vie d'éternité* : Jean-Pierre Caillet et Helmuth Loose, *La vie d'éternité, la sculpture funéraire dans l'Antiquité chrétienne*, Paris-Jenève, Editions du CERF-Editions du Tricome, 1990.

Choat, *Belief and Cult in Fourth-Century Papyri* : Malcolm Choat, *Belief and Cult in Fourth-Century Papyri, Studia Antiqua Australiensia vol. 1*, Brepols, 2006.

Clarke, "Antifamilial Tendencies in Ancient Christianity" : Elizabeth A. Clark, "Antifamilial Tendencies in Ancient Christianity", *Journal of the History of Sexuality*, vol. 5 (1995), 356-380.

______, *Looking at lovemaking* : John R. Clarke, *Looking at lovemaking, Constructions of sexuality in Roman Art, 100 B. C. -A. D. 250*, Berkeley, Los Angeles, London : University of California Press, 2001.

______, *The House of Roman Italy, 100 B.C.-A.D. 250* : John R. Clarke, *The House of Roman Italy, 100 B.C. -A.D. 250, Ritual, Space, and Decoration*, University of California Press, 1991.

Comfort, "Emphyteusis among the Papyri" : Howard Comfort, "Emphyteusis among the Papyri", *Aegyptus* 17 (1937), 3-24.

Constantine the Great, York's Roman Emperor, Hartley, Hawkes, Henig and Mee (eds.) : *Constantine the Great, York's Roman Emperor*, Hartley, Hawkes, Henig and Mee(eds.), York Museums and Gallery Trust, 2007.

Corbier, "Divorce and Adoption" : M. Corbier, "Divorce and Adoption as Roman Familial Strategies", in *Marriage, Divorce, and Children in Ancient Rome*, eds. Beryl Rawson, Oxford, (1991), 47–78.

Crouzel, *L'Eglise Primitive face au divorce* : Henri Crouzel, *L'Eglise Primitive face au divorce, du premier au cinquième siècle*, Paris, 1971.

Cuq, *Institutions Juridiques des Romains* : E. Cuq, *Manuel des Institutions Juridiques des Romains*, Paris, 1917.

Cutts, *Constantine The Great, The Union of The State and The Church* : Edward L. Cutts, *Constantine The Great, The Union of The State and The Church*, London, 1881.

Daube, "The Lex Julia Concerning Adultery" : D. Daube, "The Lex Julia Concerning Adultery", *The Irish Jurist* 7 (1972), 373-375.

Delmaire, *Largesses Sacrées et Res Privata* : Roland Delmaire, *Largesses Sacrées et Res Privata, L'Aerarium impérial et son administration du IVe au VIe siècle, Collection de l'école française de Rome* 121, Ecole française de Rome, 1989.

Delmaire et Rougé, *Code Théodosien Livre XVI* : *Code Théodosien Livre XVI, Les lois religieuses des empereurs romains de Constantin à Théodose II (312-348),* volume 1, texte latin de Theodore Mommsen, traduction de Jean Rougé, introduction et notes de Roland Delmaire avec collaboration de François Richard, *Sources Chrétiennes* 497, Paris: Les Editions du CERF, 2005.

Depeyrot, "Economy and Society" : Georges Depeyrot, "Economy and Society, in Noel Lenski(eds.), Age of Constantine", *Cambridge University Press* (2006), 226-254.

Drake, *Constantine and the Bishops* : Harold Allen Drake, *Constantine and the Bishops, The politics of Intolerance*, Johns Hopkins University Press, 2000.

Drijvers, "Flavia Maxima Fausta" : Jan Willem Drijvers, "Flavia Maxima Fausta: Some Remarks", in *Historia, Zeitschrift für Alte Geschichte* 41 (1992), 500-506.

Dupont, *Les Constitutions de Constantin, Les Personnes* : Clemence Dupont, *Les Constitutions de Constantin et le droit privé au début du IVe siècle, Les Personnes, Studia Juridica* 17, L'Erma di Bretschneider, Rome, 1968.

______, *Le Droit criminel dans les constitutions de Constantin, Les infractions* : Clemence Dupont, *Le Droit criminel dans les constitutions de Constantin, Les infractions*, Préface de M. F. de Visscher, Lille, 1953.

______, *Le Droit criminel dans les constitutions de Constantin, Les peines* : Clemence Dupont, *Le Droit criminel dans les constitutions de Constantin, Les peines*, Lille, 1955.

Duncan-Jones, *The Economy of the Roman Empire* : Richard Duncan-Jones, *The Economy of the Roman Empire, Quantitative Studies*, Cambridge at the University Press, 1974.

______, *Money and Government in the Roman Empire* : Richard Duncan-Jones, *Money and Government in the Roman Empire*, Cambridge University Press, 1994.

Elliott, *The Christianity of Constantine The Great* : Thomas George Elliott, University of Scranton Press, 1996.

Ephèse et Chalcédoine, Actes des conciles : Ephèse et Chalcédoine, *Actes des conciles*, traduction par A. J. Festugière, Paris, 1982.

Erdkamp, *The Grain Market in the Roman Empire* : Paul Erdkamp, *The Grain Market in the Roman Empire, A social, political and economic study*, Cambridge University Press, 2005.

Errington, *Roman imperial policy from Julian to Theodosius* : R. Malcolm, Errington, *Roman imperial policy from Julian to Theodosius*, The University of North Carolina Press, 2006.

Ferguson, *The Religions of The Roman Empire* : John Ferguson, *The Religions of The Roman Empire, Aspects of Greek and Roman Life*, general editor, H. H. Scullard, Ithaca, New York: Cornell University Press, 1970.

Fine, *Art & Judaism in the Greco-Roman World* : Steven Fine, *Art & Judaism in the Greco-Roman World, toward a New Jewish Archaeology*, Cambridge University Press, 2005.

Flusin, "Triomphe du christianisme" : Bernard Flusin, "Triomphe du christianisme et définition de l'orthodoxie", in *Le Monde Byzantin I, L'empire romain d'Orient (330-641)*, sous la direction de Morrisson, Paris: PUF (2004), 49-75.

Frier & McGinn, *A Casebook On Roman Family Law* : Bruce W Frier & Thomas A J McGinn, *A Casebook On Roman Family Law, American Philological Association, classical Resources Series*, Oxford University Press, 2004.

Futrell, *The Roman Games* : Alison Futrell, *The Roman Games, Historical Sources in Translation*, Blackwell Publishing, 2006.

Gaffiot, *Dictionnaire Latin* : Félix Gaffiot, *Dictionnaire Latin Français*, Paris: Hachette, 1934.

Garnsey, "Adultery Trials" : Peter Garnsey, "Adultery Trials and the Survival of the Quaestiones in the Severan Age", *The Journal of Roman Studies*, vol. 57 (1967), 56-60.

Garnsey and Saller, *The Roman Empire* : Peter Garnsey and Richard Saller, *The Roman Empire, Economy, Society and Culture*, University of California Press, 1987.

Gascou, "Les Grands Domaines" : Jean Gascou, "Les Grands Domaines, la cité et l'état en Egypte Byzantine", in *Fiscalité et société en Egypte byzantine*, Paris: Association des amis du Centre d'histoire et civilisation de Byzance, 125-213.

Gassowska, "Maternus Cynegius" : Magdalena Gassowska, "Maternus Cynegius, Praefectus Praetorio Orientis and the destruction of the Allat temple in Palmyra", *Archeologia* 33 (1982), 107-123.

Gaudemet, *Les Sources du Droit de l'Eglise en Occident* : Jean Gaudemet, *Les Sources du Droit de l'Eglise en Occident du IIe au VIIe siècle, Initiations au Christianisme Ancien*, Editions du CERF, 1985.

__________, *L'Eglise dans l'Empire Romain* : Jean Gaudemet, *L'Eglise dans l'Empire Romain (IVe-Ve siècle)*, Collection Histoire du Droit et des Institutions de l'Eglise en Occident, Paris, 1958 (avec mise à jour 1989).

__________, *Le mariage en occident* : Jean Gaudemet, *Le mariage en occident, Les moeurs et le droit*, Paris, 1987.

Glancy, *Slavery in Early Christianity* : Jennifer A. Glancy, *Slavery in Early Christianity*, Oxford, 2002.

Grabar, *Le Premier Art Chrétien(200-395)* : André Grabar, *Le Premier Art Chrétien (200-395)*, Gallimard, 1966.

Grierson, "Six Late Roman Medallions" : Philip Grierson, "Six Late Roman Medallions in the Dumbarton Oaks Collection", *Dumbarton Oaks Papers* 50 (1996), 139-145.

Grubbs, *Women and the Law* : Judith Evans Grubbs, *Women and the Law in the Roman Empire*, Routledge, 2002.

______, *Law and Family in Late Antiquity* : Judith Evans Grubbs, *Law and Family in Late Antiquity, The Emperor Constantine's Marriage Legislation*, Oxford University Press, 2003.

Guillaumont, *Evagre le Pontique* : Antoine Guillaumont, *Un philosophe au désert Evagre le pontique*, Librairie Philosophique J. VRIN, 2004.

Guthrie, "The Execution of Crispus" : Patrick Guthrie, "The Execution of Crispus", in *Phoenix* 20 (1966), 325-331.

Hamel, *Poverty and Charity in Roman Palestine* : Gildas Hamel, *Poverty and Charity in Roman Palestine, First Three Centuries C.E.*, University of California Press, 1990.

Hardy, *The Large Estates of Byzantine Egypt* : Edward Rochie Hardy Jr., *The Large Estates of Byzantine Egypt*, New York: AMS Press, 1931.

Harl, *Coinage in the Roman Economy, 300 B.C. to A.D. 700* : Kenneth W. Harl, *Coinage in the Roman Economy, 300 B.C. to A.D. 700*, The Johns Hopkins

University Press, 1996.

Harnack, *Mission et expansion du Christianisme* : Adolf von Harnack, *Mission et expansion du Christianisme dans les trois premiers siècles,* traduit de l'allemand par Joseph Hoffmann, Préface par Michel Tardieu, Postface par Pierre Maraval, Les Editions du CERF, 2004.

Harries, *Law & Empire* : Jill Harries, *Law & Empire in late antiquity*, Cambridge University Press, 1999.

Hillner, *Clercis, property and patronage* : J. Hillner, *Clercis, property and patronage : the case of the Roman titular churches*, in *Economie et Religion dans l'Antiquité tardive, Antiquité Tardive* 14 (2006), 59-68.

Holsapple, *Constantine The Great* : Lloyd B. Holsapple, *Constantine The Great*, New York, 1942.

Honoré, *Law in the crisis of Empire* : Tony Honoré, *Law in the crisis of Empire, 379-455AD The Theodosian Dynasty and its Quaestors*, Clarendon Press · Oxford, 1998.

Humfress, "Civil Law and Social Life" : Caroline Humfress, "Civil Law and Social Life", in Noel Lenski(eds.), *Age of Constantine*, Cambridge University Press (2006), 205-225.

Jensen, *Understanding Early Christian Art* : Robin Margaret Jensen, *Understanding Early Christian Art*, London and New York: Routledge, 2000.

Johnson and West, *Byzantine Egypt* : Allan Chester Johnson and Louis C. West, *Byzantine Egypt : Economics Studies*, Princeton University Press, 1949.

Joannou, *La Législation impériale* : Pierre Joannou, *La Législation impériale et la Christianisation de l'empire romain(311-476)*, Roma : Pontificium Institutum Orientalium Studiorum, 1972.

Jones, *The Later Roman Empire* : Arnold Hugh Martin Jones, *The Later Roman Empire 284-602, vol. I-II*, Baltimore: The Johns Hopkins University Press, 1986 (1964[1]).

Kaplan, *Les propriétés de la Couronne et de l'Eglise* : Michel Kaplan, *Les propriétés de la Couronne et de l'Eglise dans l'empire byzantin (Ve-VIe siècles)*, Paris, 1976.

Kehoe, *Law and The Rural Economy in the Roman Empire* : Dennis P. Kehoe, *Law and The Rural Economy in the Roman Empire*, The University of Michigan Press, 2007.

Ko, Kyung-Joo, "The Political Significance of the lex maiestatis" : "The Political

Significance of the lex maiestatis in the Early Principate," 『서양고대사연구』 27집, (2010), 39-58.

Koskenniemi, *The Exposure of Infants* : Erkki Koskenniemi, *The Exposure of Infants among Jews and Christians in Antiquity*, Sheffield Phoenix Press, 2009.

Kousoulas, *The life and times of Constantine the Great* : D. George Kousoulas, *The life and times of Constantine the Great, The first christian emperor*, (BookSurge Publishing; 2nd edition) 2007.

Kuefler, "The Marriage Revolution in Late Antiquity" : M. Kuefler, "The Marriage Revolution in Late Antiquity: The Theodosian Code and Later Roman Marriage Law", in *Journal of Family Law* 32 (2007), 343-370.

Landes, *Jeux et spectacles dans l'Antiquite tardive* : Chtistian Landes, *Jeux et spectacles dans l'Antiquite tardive*, Actes de la Table Ronde internationlae, Paris, 19-20 novembre 2007, organisée par Chtistian Landes et Jean-Michel Carrie, 2007.

Laniado, *Recherches sur les notables municipaux dans l'empire protobyzantin* : Avshalom Laniado, *Recherches sur les notables municipaux dans l'empire protobyzantin*, Travaux et Mémoires du centre de recherches d'histoire et civilisation de Byzance, Collège de France, Monographie 13, Association des Amis du centre d'Histoire et Civilisation de Byzance, 2002.

Lee, *Pagan & Christians in late Antiquity* : A. D. Lee, *Pagan & Christians in late Antiquity*, London and New York, Routledge, 2000.

Lenski(eds.), *Age of Constantine* : Noel Lenski(eds.), *Age of Constantine*, Cambridge University Press, 2006.

Lepelley, "Le patronat épiscopal aux IVe et Ve siècles" : Claude Lepelley, "Le patronat épiscopal aux IVe et Ve siècles : Continuités et Ruptures avec le Patronat Classique", in *L'évêque dans la cité du IVe au Ve siècle, image et autorité*, Actes de la table ronde organisée par *l'Istituto patristico Augustinianum et l'école française de Rome*(Rome, 1er et 2 décembre 1995), édités par Eric Rebillard et Claire Sotinel, Collection de l'école française de Rome-248 (1998), 17-33.

Lewis and Reinhold, *Roman Civilization* : Naphtali Lewis and Meyer Reinhold, *Roman Civilization, Selected Readings*, edited by Naphtali Lewis and Meyer Reinhold, Vol. 1. *The Republic and The Augustan Age*, Columbia University Press・New York, 1990.

Leys, *L'image de Dieu* : Roger Leys, *L'image de Dieu chez Saint Grégoire de Nysse*,

Desclée de Brouwer: Paris, 1951.

Linder, *The Jews in Roman Imperial Legislation* : Amnon Linder, *The Jews in Roman Imperial Legislation*, Michigan · Jerusalem, Wayne State University Press, 1987.

McGinn, *Prostitution* : Thomas A. J. McGinn, *Prostitution, Sexuality and The Law in Ancient Rome*, Oxford University Press, 1998.

MacMullen, *Paganism in the Roman Empire* : Ramsay MacMullen, *Paganism in the Roman Empire*, New Haven and London: Yale University Press, 1981.

__________, *Christianizing the Roman Empire* : Ramsay MacMullen, *Christianizing the Roman Empire*, A.D. 100-400, Yale University, 1984.

MacMullen and Lane, *Pagan and Christianity 100-425 C.E.* : Ramsay MacMullen and Eugene N. Lane, editiors, *Pagan and Christianity 100-425 C.E.*, Mineapolis : Fortress Press, 1992.

MacMullen, *Christianisme et Paganisme* : Ramsay MacMullen, *Christianisme et Paganisme du IVe au VIIIe siécle*, Paris: Les Belles Lettres, 2004.

__________, *Voting about God in Early Church Councils* : Ramsay MacMullen, *Voting about God in Early Church Councils*, Yale University Press, 2006.

Magnou-Nortier, *Le Code Théodosien, Livre XVI* : Elisabeth Magnou-Nortier, *Le Code Théodosien, Livre XVI et Sa réception au Moyen Âge*, Paris : Les Editions du CERF, 2002.

Maraval, *Le Christianisme de Constantin à la conquête arabe* : Pierre Maraval, *Le Christianisme de Constantin à la conquête arabe*, Paris: PUF, 1997.

______, *Constantin, Lettres et discours* : Pierre Maraval, *Constantin, Lettres et Discours*, Les Belles Lettres, 2010.

______, *Actes et passion* : Pierre Maraval, Actes et passions des martyrs chrétiens des premiers siècles, (éd.) Pierre Maraval, Les Editions du CERF, 2010.

Martindale, *The Prosopography of the Later Roman Empire* : J. R. Martindale, *The Prosopography of the Later Roman Empire, volume I A.D. 260-395*, Cambridge University Press, 1971.

Mathews, *The Clash of Gods, A reinterpretation of Early Christian Art* : Thomas F. Mathews, *The Clash of Gods, A reinterpretation of Early Christian Art*, Princeton University Press, 1995.

Mazzoleni, *Domus* : Donatella Mazzoleni, *Domus, Wall Painting in the Roman House*, Essay and texts on the sites by Umberto Pappalardo, Photographs by Luciano Romano, The J. Paul Getty Museum, Los Angeles, 2004.

McGinn, *Prostitution, Sexuality, and the Law in Ancient Rome* : Thomas A. J. McGinn, *Prostitution, Sexuality, and the Law in Ancient Rome*, Oxford University Press, 1998.

Millar, *A Greek Roman Empire, Power and Belief under Theodosius II 408-450* : Fergus Millar, *A Greek Roman Empire, Power and Belief under Theodosius II 408-450*, Sather Classical Lectures, vol. 64, University of California Press, 2006.

Miquel, *Lexique du désert* : Pierre Miquel, *Lexique du désert, Etude de quelques mots-clés du vocabulaire monastique grec ancien*, Sprititualité Orientale 44, Abbaye de Bellefontaine, 1986.

Mommsen, *Le droit pénal romain* 1 : *Manuel des Antiquités Romains*, tome 17 par Theodore Mommsen, J. Marquardt & P. Krüger, traduit de l'allemand sous la direction de M. Gustave Humbert. *Le droit pénal romain, tome* 1 par Théodore Mommsen, traduit de l'allemand par par J. Duquesne, Paris, 1907.

__________, *Le droit pénal romain* 2 : *Manuel des Antiquités Romains*, tome 18 par Theodore Mommsen, J. Marquardt & P. Krüger, traduit de l'allemand sous la direction de M. Gustave Humbert. *Le droit pénal romain, tome* 2 par Théodore Mommsen, traduit de l'allemand par par J. Duquesne, Paris, 1907.

__________, *Le droit pénal romain* 3 : *Manuel des Antiquités Romains*, tome 19 par Theodore Mommsen, J. Marquardt & P. Krüger, traduit de l'allemand sous la direction de M. Gustave Humbert. *Le droit pénal romain, tome* 3 par Théodore Mommsen, traduit de l'allemand par par J. Duquesne, Paris, 1907.

Nam, "Traces Historiques des Onze Monastères fondés par Pachôme" : Sung Hyun Nam, "Traces Historiques des Onze Monastères fondés par Pachôme, Père du Coenobium, un essai de synthèse des sources variées", *Korea Journal of Christian Studies*, vol. 51 (2007), 177-202.

____, "Theodosius I's Religious Policy" : Sung Hyun Nam, "Theodosius I's Religious Policy and His Legal Staff, Studies of Religion and Politics in the Early Christian Centuries", Edited by David Luckensmeyer and Pauline Allen, *Early Christian Studies* 13, St. Pauls Publications: Strathfield (2010), 137-157.

Nippel, *Public Order in Ancient Rome* : Wilfried Nippel, *Public Order in Ancient Rome*, Cambridge University Press, 1995.

Noy, "The Jews of Roman Syria" : David Noy, "The Jews of Roman Syria, The Synagogues of Dura-Europos and Apamea", in *Richard Alston and Sam Lieu (eds.), Aspects of the Roman East, Papers in Honour of Professor Fergus Millar FBA*, Brepols (2007), 62-80.

Odahl, *Constantine and the Empire* : Charles Marson Odahl, *Constantine and the Empire*, London and New York: Routledge, 2004.

Patlagean, *Pauvreté économique et pauvreté sociale* : Evelyne Patlagean, *Pauvreté économique et pauvreté sociale à Byzance 4e-7e siècles*, Mouton & Ecole des Hatues Etudes en Sciences Sociales, 1977.

Pharr, *The Theodosian Code* : Clyde Pharr, *The Theodosian Code*, New Jersey : The Lawbook Exchange, 2001(1952[1]).

Piganiol, *L'Empire Chrétien* : André Piganiol, *L'Empire Chrétien(325-395)*, Paris : PUF, 1972[2](1947).

Pohlsander, *The Emperor Constantine* : Hans Pohlsander, *The Emperor Constantine, second edition*, London and New York : Routledge, 1996.

Pomeroy, *Women in Classical Antiquity* : Sarah B. Pomeroy, *Goddesses, Whores, Wives, and Slaves, Women in Classical Antiquity*, New York, 1975.

Prigent, *L'Image dans le Judaisme, du IIe au VIe siècle* : Pierre Prigent, *L'Image dans le Judaisme, du IIe au VIe siècle*, Genève ; Editions Labor et Fides, 1991.

Raditsa, "Augustus' Legislation Concerning Marriage" : L. F., Raditsa, "Augustus' Legislation Concerning Marriage, Procreation, Love Affairs and Adultery", in *Aufstieg Und Niedergang der Römischen Welt, Principat, II-13*, eds. Hildegard Temporini and Wolfgang Haase (Walter de Gruyter · Berlin · New York, 1980), 310-318.

Rapp, *Holy bishops in late antiquity* : Claudia Rapp, *Holy bishops in late antiquity, the nature of christian leadership in an age of transition*, University of California Press, 2005.

Rawson (ed.), *Marriage, Divorce, and Children in Ancient Rome* : Beryl Rawson (eds.), Marriage, Divorce, and Children in Ancient Rome, Canberra · Oxford, 1991.

Robinson, *The Criminal Law* : O. F. Robinson, *The Criminal Law of Ancient Rome*,

Maryland : The Johns Hopkins University Press, 1995.

________, "Private Prisons" : Olivia Robinson, "Private Prisons", *Revue Internationale des droits de l'Antiquité* 15(1968), 389-398.

Rostovzeff, *The Social and Economic History of the Roman Empire* : Michael Ivanovitch Rostovzeff, *The Social and Economic History of the Roman Empire, Vol. I-II*, Oxford : The Clarendon Press, 1998(1957[1]).

Rougé, *Code Théodosien Livre XVI* : Jean Rougé, *Les lois religieuses des empereurs romains de Constantin à Théodose II (312-438)*, vol. 1 *Code Théodosien Livre XVI*, texte latin par Theodor Mommsen, traduction par Jean Rougé, introduction et notes par Roland Delmaire avec la collaboration de François Richard, *SC* 497, 2005.

Scullion, "'Pilgrimage' to the Oracle of Apollo at Delphi" : Scott Scullion, "'Pilgrimage' to the Oracle of Apollo at Delphi, in J. Elsner & I. Rutherford (ed.) Pilgrimage in Graeco-Roman & Early Christian Antiquity, Seeing the Gods", *Oxford University Press* (2005), 111-130.

Sider, *Christian and Pagan in the Roman Empire* : Robert D Sider, *Christian and Pagan in the Roman Empire, The witness of Tertullian*, Washington, D.C. : The Catholic University of America Press, 2001.

Simon, *Verus Israel* : Marcel Simon, *Verus Israel, A Study of the Relations between Christians and Jews in the Roman Empire AD 135-425*, Translated from the French by H. Mckeating, London, 1996.

Skinner, *Sexuality in Greek and Roman Culture* : Marilyn B. Skinner, *Sexuality in Greek and Roman Culture*, Blackwell Publishing, 2005.

Solignac, "image et ressemblance" : Aimé Solignac, "image et ressemblance", dans *Dictionnaire de Spiritualité*, t. 7-2, Paris (1971), col. 1406-1425.

Sotinel, "Le Personnel Episcopal" : Claire Sotinel, "Le Personnel Episcopal, Enquête sur la puissance de l'évêque dans cité", in *L'évêque dans la cité du IVe au Ve siècle, image et autorité, Actes de la table ronde organisée par l'Istituto patristico Augustinianum et l'école française de Rome(Rome, 1er et 2 décembre 1995)* édités par Eric Rebillard et Claire Sotinel, *Collection de l'école française de Rome-248* (1998), 105-126.

______, "Le don chrétien" : Claire Sotinel, "Le don chrétien et ses retombées sur l'économie dans l'antiquité tardive", *Antiquité Tardive 14* (2006), 105-116.

Southern, *The Roman Army* : Pat Southern, *The Roman Army*, 2006.

Thornton, *Wealth and Poverty* : Father James Thornton, *Wealth and Poverty in the Teachings of the Church Fathers*, Berkeley: St. John Chrysostom Press, 1993.

Treggiari, "Divorce Roman Style : Ease and Frequency" : Susan Treggiari, "Divorce Roman Style : Ease and Frequency", in *Marriage, Divorce, and Children in Ancient Rome*, eds. Beryl Rawson, Oxford (1991), 31-46.

________, *Roman Marriage* : Susan Treggiari, *Roman Marriage, Iusti Coniuges from the Time of Cicero to the Time of Ulpian*, Clarendon Press · Oxford, 1991.

Tristan, *Les Premières Images Chrétiennes* : Frédérick Tristan, *Les Premières Images Chrétiennes, du symbole à l'icône, IIe-VIe siècle*, Poitiers: Fayard, 1996.

Villers, *Rome et le droit privé* : Robert Villers, *Rome et le droit privé*, Paris, 1977.

Willems, *Le droit public romain* : Pierre Willems, *Le droit public romain : ou, les institutions politiques de Rome depuis l'origine de la ville jusque'à Justinien*, Paris, 1888.

Williamson, *The laws of the Roman People* : Callie Williamson, *The laws of the Roman People, Public law in the expansion and decline of the Roman Republic*, The University of Michigan Press, 2005.

Wipszycka, *Les ressources* : Ewa Wipszycka, *Les ressources et les activités économiques des églises en Egypte du IVe qu VIIIe siècle*, Bruxelles, 1972.

Ziche, "Administrer la propriété de l'Eglise" : H. Ziche, "Administrer la propriété de l'Eglise, l'évêque comme clerc et comme entrepreneur", in *Economie et Religion dans l'Antiquité tardive, Antiquité Tardive* 14 (2006), 69-78.

한글색인

콘스탄티노플 교회회의 283
콘스탄티누스 36, 43, 91, 133, 164
콘스탄티아 198, 199, 529
콘스탄티우스 2세 85, 132, 133, 270,
    276
콘스탄티우스 클로루스 54
콜로세움 37
퀼른(아그리피나를 보라) 357
쿠플러(Kuefler) 151
쿨레우스(culeus) 400
크루젤(Crouzel, 앙리 크루젤) 152
크리스토그램 28, 313, 344, 404
크리스푸스(Crispus) 25
크리스피누스(Crispinus) 220
클라우디우스 원로원의결 119
클라우디우스(다키아의 지방장관) 98
클라우디우스(황제) 111, 163, 411
클레멘스(Clemens, 알렉산드리아의) 54
클레멘티노스(Clementinos) 112
클로디우스 191
키네기우스(Cynegius) 449
키릴리오스(알렉산드리아의) 227
키지쿠스 368
키케로 189, 192, 399, 522, 534
키프리아누스(Cyprianus, 카르타고의) 138

(ㅌ)

타권자(alieni iuris) 147
타벤네시스(Tabennesis) 308
타우루스(Taurus) 19
타키투스 351
타티아누스 29, 201, 434
탈라시우스(Talassius) 381
태양숭배 54
태양신 51
태형(verberatio) 198, 312
테르툴리아누스(Tertullianus) 194
테바이드 256, 307
테살로니카 358, 417

테오도라(Theodora, 매음굴에 팔린 기독
    교인) 31
테오도라(Theodora, 황후) 31, 320
테오도르 몸센(몸센을 보라) 46, 47,
    248, 408, 446, 462, 523
테오도시우스 10, 61, 112, 216, 292,
    358
테오도시우스 칙법전 10, 17, 19, 27,
    104, 144
트라야누스 381, 390, 391, 451, 526
트라키아 368
트레베리 108, 386, 394, 481, 507, 508
트로이 166
트리어(Trier) 33
트리폴리타니아(Tripolitania) 502
특별범죄(crimina extraordinaria) 49, 524
특별부역(extraordinaria munera 혹은
    extraordinaria sordida) 72
특별사면 435
특별심리소송(特別審理訴訟,
    extraordinaria cognitio 혹은 extra
    ordinem) 49, 148, 445
특별심리재판 50
티로스 368
티베르 강 401
티베리우스 20, 388, 465, 469, 495
티투스 377
티투스 리비우스 399
티티아누스 520

(ㅍ)

파노폴리스(Panopolis) 수도원 272
파레고리우스(Paregorius) 138
파르(Ch. Pharr) 30
파비우스 법(lex Fabia) 93
파우스타 151, 153
파우스티누스(Faustinus) 530
파울라 발레리아 192
파울루스 146, 189, 190, 319, 322,

라틴어 및
영문 색인

(C)

Cabillunum 18
caelibes 305, 307
Cagliari 240
Caillet (Jean-Pierre) 542
Cales 504
Caligula 33, 34
calumnia 151, 448, 451, 452, 482, 492
canon(=pensio) 124
capitis deminutio 46
caput 46, 73, 451, 453
Caracalla 94, 202
carcer 45, 409, 501
catholica lex 258
causa capitalis (=res capitalis) 46
Ceres 195
Chapot (M.) 65
Choat (Malcolm) 542
circumcisio 374
Clemens 54
Clementinos 112
coemptio 188
cognati(=agnati) 101
comes 85, 350, 370, 477, 491, 494, 509
Comfort (Howard) 542
compressor 33
concubinatus 162
condemnatio 395
condemnatio ad bestias 22
condemnatio ad ludum 21
condemnatio ad metallum 19
confarreatio 188
confessio 157~159, 347, 387, 391,
    392
consilium propinquorum 150
consul ordinarius 41
consulares 73, 100, 206
Consus 31
contubernium 119, 162

conventus 55, 57, 58
Corbier (M.) 542
correctores 100, 206
crimen falsi 50
crimen laesae Romanae religionis 464
crimina extraordinaria 49, 524
crimina ordinaria 49
crimina publica 148
Crispinus 220
Crouzel(Henri) 542
cruenta spectacula 64
crux 467
culeus 397, 400, 402
Cuq (E.) 542
cura 42, 83, 109
curator 108, 109, 114
Cyprianus 138

(D)

Dalmatius 53
Dardanus 71
Daube (D.) 543
decennalia 27
decurio 71, 75, 427
Delmaire (Roland) 543, 551
denuntatio litis vel actionis 143
Depeyrot (Georges) 543
deportatio 31, 186, 187, 447, 521
detentio 125
detentor 125
dictio diei 48
Dido 166
dies dominica 242
Dio Chrysostom 88
Diocles 33
Divinae Institutiones 90
divortium 183, 188
dominus 35, 379, 390, 425
domus 126, 184, 504, 519, 522, 527

Hippo 39
Holsapple (Lloyd B.) 546
homicidium 39, 386
homoousios 283
honestiores 20, 159
Honorius 126, 220
Honoré (Tony) 546
Humfress (Caroline) 546
humidae 57
humiliores 19, 20, 159
Hypatios 41, 330

(I)

Ibora 531
Illyricum 410
imago 23, 24
impubes 109
Incitatus 34
infamia 138
ingenuus 95
iniuria 145, 193, 317, 427, 444~446
Innocentius 158
inofficiosum testamentum 101~103
inofficiosus 100
Interea 42, 45
interpretatio 55, 92, 97, 101, 108,
        117, 122, 129, 136, 140, 142
Italicus 35, 331
iudex 206, 290
iudicia populi 48
iudicia publica 149
iugum 281
Iunius Bassus 403
iure extranei 149
ius commercii 132
ius conubii 132
ius exponendi 87, 88
ius noxae dandi 87
ius occidendi 145

ius vendendi 87
ius vitae et necis 87, 88

(J)

Jensen (Robin Margaret) 546
Joannou (Pierre) 5, 546
Johnson (Allan Chester) 546
Jones (Arnold Hugh Martin) 546
Julia 148, 175, 222
Julius Eubulidas 85

(K)

Kaplan (Michel) 546
Kehoe (Dennis P.) 546
Ko (Kyung-Joo) 459, 469, 546
Koskenniemi (Erkki) 91, 547
Kousoulas (D. George) 547
Kuefler (M.) 547

(L)

Landes (Chtistian) 547
Laniado (Avshalom) 547
latinitas(=latina libertas, latini Iuniani) 132
lautumiae 45, 409
Lee (A. D.) 547
lenocinium 147, 149, 155
lenones 315
Lepelley (Claude) 547
Lewis (Naphtali) 547
lex Apuleia 459
lex Aquilia 145
lex Calpurnia 148
lex christiana 207
lex Cornelia 431, 447
lex Fabia 93
lex generalis 29, 357, 476
lex Iulia 148, 161
lex Iulia de adulteriis 162, 298

Ourbicios 330
ousia 53, 283

(P)

Palestina 222
Panopolis 272
Paregorius 138
parricidae manifesti 157, 399
parricidium 84, 90, 398
paterfamilias 87
pathos 416
patibulum 461
Patlagean (Evelyne) 550
periculi metus 43, 46
Pharr (Ch.) 30
Piganiol (André) 550
pignus 110
plagiarius 91
Plinius 390
poena capitis 46, 172
poenae publicae 37
Polydus 33
Pomeroy (Sarah B.) 550
Pompeianus 104
Porcia 495
Porphyrius 33
possessio 122, 125
possessores 149, 271, 278, 282
praefectus aerarii 85
praefectus annonae 49
praefectus praetorio 41, 60, 470,
    477, 509, 510, 545
praefectus urbis 41, 104, 320, 509
praeiudicium 395
praesides 100, 206
prasina 31
princeps 459, 463, 493
principales 71, 75
proconsul 350, 470

Procopius 35, 38
prohibemus 64, 65, 224, 336, 425
provincii officium 500, 501
Publicola 104
publicum lumen 43, 51, 54
publicus 45
pupillae 137

(Q)

quadrigae 31
quaestio perpetua 148
quaestor sacri palatii 26, 174, 292,
    315, 350, 372

(R)

Raditsa (L. F.) 550
Rapp (Claudia) 550
Rawson (Beryl) 542, 550, 552
rectores 75
regradatio 30
Reinhold (Meyer) 547
relegatio 31, 149, 159, 186, 447, 521
repetundae 148
repudium 148, 150, 155, 183, 188,
    189, 193, 195
res 62
res capitalis (=causa capitalis) 46
res corporales 63
res incorporales 63
res privata 85, 86, 198, 350, 368, 489,
    491, 492, 494, 496, 498, 503
Robinson (O. F.) 157, 550
Robinson (Olivia) 551
Romanization 18
Romulus 31
Rostovzeff (Michael Ivanovitch) 551
Rougé (Jean) 543
russata 31

작품명색인

작품명 다음에 나오는 일련의 숫자는 권, 장, 절 등을 표시한 것이고, 그 다음으로 나오는 숫자는 본서에 인용된 쪽수이다.

Codex Justinianus (=CJ)

CJ 1.2.1 249
CJ 1.2.24 124
CJ 1.3.5(=CTh 9.23.2) 133
CJ 1.4.1 208
CJ 2.4.18 156
CJ 3.12.2 242
CJ 3.35 145
CJ 4.66 124
CJ 5.11.7.2 184, 185
CJ 5.12.30 184
CJ 5.16.24 187
CJ 5.26.1 160, 164, 165
CJ 7.6.1.4 319
CJ 7.16.12(=CTh 11.30.2) 42, 419
CJ 7.37.2 86
CJ 8.37.9.2 143
CJ 9.4.1(=CTh 9.3.1) 42
CJ 9.4.3(=CTh 9.3.3) 418
CJ 9.5.1 505
CJ 9.5.2 505
CJ 9.9.1 148
CJ 9.9.7 145
CJ 9.9.8 147
CJ 9.9.9 149, 156
CJ 9.9.10 143, 152
CJ 9.9.30 144, 154
CJ 9.9.30.4 156
CJ 9.13.1 127, 132, 133

CJ 9.19.3(=CTh 9.17.2) 525
CJ 9.47.25(=CTh 9.40.24) 462
CJ 11.44.1(=CTh 15.12.1) 22
CJ 11.62.1 86, 124
CJ 11.63.1 124
CJ 11.71.1 86

Codex Theodosianus (=CTh)

CTh 1.5.3 19, 187
CTh 1.11.2 490
CTh 1.22.1 172
CTh 1.22.2 76
CTh 1.27.1 205, 215, 218
CTh 1.40.1 157
CTh 2.8.1 239
CTh 2.19.2 96
CTh 2.25.1 121
CTh 2.33.1 55
CTh 3.1.1 153
CTh 3.7.2 372
CTh 3.16.1 31, 179, 184, 431, 525
CTh 3.16.2 153
CTh 3.25.1 132
CTh 3.30.1 107, 114
CTh 3.30.3 113
CTh 4.6.2 20, 197, 312
CTh 4.6.3 164, 174, 176
CTh 4.7.1 235
CTh 4.8.6 94

CTh 16.8.8   374
CTh 16.8.9   374
CTh 16.8.22   374
CTh 16.9.1   365
CTh 16.9.2   372, 374, 378
CTh 16.10.1   335, 338
CTh 16.10.2   341, 344
CTh 16.10.3   342
CTh 16.10.4   345
CTh 16.10.5   343
CTh 16.10.23   222

Constitutiones Sirmondianae
(시르몬두스 칙법전)

Constitutiones Sirmondianae 1   211
Constitutiones Sirmondianae 4   361

Digesta (=D)

D 2.4.10.1   319
D 3.2.4.2   315
D 9.2   145
D 22.5.14   149
D 22.5.18   149
D 23.2.2   161
D 23.2.19   161
D 23.2.28–29   162
D 23.2.30   162
D 24.1.32.13   188, 191
D 24.1.35   190
D 24.1.60–61   191
D 24.1.62   191
D 24.2.1   191
D 24.2.2.1   189
D 24.2.2.3   189
D 24.2.3   189
D 24.2.9   190
D 24.3.56   191
D 28.3.6.7   419

D 37.6.6   184
D 37.14.7   318
D 38.5.1.10   184
D 38.11.1.1   190
D 43.24.15.2   527
D 47.10.9.4   317
D 47.10.27   527
D 47.10.45   445
D 47.12   524
D 47.12.3   522
D 47.12.3.7   527
D 48.2.4   147
D 48.2.8   147
D 48.5.6   144, 145
D 48.5.6.1   298
D 48.5.6.2   147
D 48.5.11.1   148
D 48.5.11.4   148, 150
D 48.5.11.10   147
D 48.5.12.5–6   147
D 48.5.12.10   191
D 48.5.12.13   149
D 48.5.22.2.4   146
D 48.5.23.2.4   146
D 48.5.25   146
D 48.5.26   147
D 48.5.29   147
D 48.5.29.5–6   148, 150
D 48.5.30   150
D 48.5.31.1   150
D 48.5.34.1   144
D 48.5.34.2   148
D 48.5.35.1   298
D 48.5.38.8   157
D 48.5.39.8   146
D 48.9.9   401, 403
D 48.16.1.10   147
D 48.19.8.4   20
D 48.19.8.11   68
D 48.22   187